Städte-Atlas Schlesien

Städte-Atlas Schlesien

Fritz R. Barran

Städte-Atlas Schlesien

Karten und Pläne von Auras bis Zülz

Weltbild

Genehmigte Lizenzausgabe für Verlagsgruppe Weltbild GmbH, Steinerne Furt, 86167 Augsburg
Copyright © 2002 by Verlagshaus Würzburg GmbH & Co. KG, Würzburg
Umschlaggestaltung: Uhlig, Augsburg / www.coverdesign.net
Gesamtherstellung: Firmengruppe APPL, aprinta druck, Wemding
Printed in the EU

ISBN: 978-3-8289-0883-3

2012   2010   2011   2009
Die letzte Jahreszahl gibt die aktuelle Lizenzausgabe an.

Einkaufen im Internet: *www.weltbild.de*

Inhalt

Stadt- und Landkreise

Topographische Übersichtskarte (M. 1:300 000) der Kreise in alphabetischer Reihenfolge
mit statistischen Angaben

Zum Geleit

„Schlesien, das zehnfach interessante Land", dies, ein Wort von Goethe, ist nicht nur Heimat der Schlesier, sondern ein Teil ganz Deutschlands in seinen Grenzen nach Versailles.

Wer aber kennt Schlesien? Selbstverständlich die Schlesier, aber kennen sie wirklich ganz Schlesien oder nur einen Ausschnitt der engeren Heimat? Die Mehrheit unserer Mitbürger, sie weiß von Schlesien wenig, oder überhaupt nichts. Unkenntnis ist die beste Ausgangsbasis für den Erfolg derer, die den gegenwärtigen Zustand des Unrechts zum Dauerzustand und obendrein noch zum Recht erklären wollen. Darum ist es gut, wenn dieser Städte-Atlas Schlesien – vergleichbar denen von Ostpreußen, Pommern und Ostbrandenburg – angeboten wird. Es ist eine Einladung nach Schlesien und zum Aufenthalt in Schlesien. Wer sich geistig oder auch persönlich nach Schlesien begeben will, soll Bescheid erhalten. Aber es sollen auch möglichst viele auf Schlesien, dessen Größe und Reichtum, neugierig gemacht werden. Darum ist der Städte-Atlas Schlesien ein Wegweiser und „Baedeker" in einem. Er gibt Auskunft und wirbt zugleich.

Daß dies geschieht, verdient Dank, und dieser gebührt im besonderen Maße dem Autor Fritz Barran. Er ist Pfadfinder und Informant.

In dem Städte-Atlas Schlesien zu lesen, vermittelt Wissen und bereitet Freude.

Dr. Herbert Hupka
Bundesvorsitzender der Landsmannschaft Schlesien
– Nieder- und Oberschlesien –

Vorwort

Die Städte des Deutschen Reiches im Gebiet östlich von Oder und Lausitzer Neiße, Ostdeutschland genannt, in denen nach 1945 nicht mehr deutsch gesprochen wird, sollen in der Reihe

Städte-Atlas Ostpreußen
Städte-Atlas Pommern
Städte-Atlas Ostbrandenburg
Städte-Atlas Schlesien

für die nachfolgenden Generationen mit ihren Straßen und Straßennamen sowie den wichtigen Gebäuden als deutsche Städte in Stadtplänen erhalten bleiben. Außerdem sind Straßen und Straßennamen allgemein wichtige Quellen zur Stadtgeschichte.

Im Gegensatz zur beschreibenden Literatur sollen hier die Stadtpläne sprechen und den Aufbau der Städte mit ihren Straßen und Plätzen und den wichtigen Gebäuden, Behörden, sozialen, kulturellen und industriellen Betrieben schildern.

Jeder Leser und Interessierte soll die verlorenen ostdeutschen Städte in einem Stadtplan durchwandern und die Namen der Straßen lesen können – die Straßen, in denen die Eltern und Großeltern gelebt haben und bis zur Vertreibung aus ihrer angestammten Heimat im Jahre 1945 glücklich waren.

In diesem Städte-Atlas werden sämtliche Städte und Kreise Schlesiens in Kurztexten beschrieben. Die an Polen verlorenen Städte werden, was die Hauptaufgabe dieses Buches ist, mit Stadtplänen aus der deutschen Zeit vorgestellt, ebenso werden die Kreise in den Grenzen vor 1945 gebracht, damit die Lage der Städte und Landgemeinden zueinander und die Verbindungen durch Straßen und Eisenbahnen sichtbar werden. Die anderen Städte Schlesiens, die westlich der Lausitzer Neiße liegen und deutsch geblieben sind, gehörten zur Deutschen Demokratischen Republik (DDR), bis beide deutsche Staaten am 3. Oktober 1990 zu einem Staat vereinigt wurden. Diese deutschen Städte erhalten natürlich keine Stadtpläne.

Die Zahlen über Flächengrößen, Einwohner (immer einschl. der zum Wehrdienst Gezogenen und männl. und weibl. Arbeitsdienst), Haushaltungen, politische Gemeinden, Wohnplätze, Einwohner je km², Volksschulen, Schüler und Lehrkräfte, sowie land- und forstwirtschaftliche Betriebe, Berufszugehörigkeit der arbeitenden Bevölkerung und Religionszugehörigkeit beziehen sich auf die Daten aus der letzten im Deutschen Reich stattgefundenen Volks- und Berufszählung vom 17. Mai 1939 und den Stand der Kreis-, Provinz- und Reichsgrenzen zu jener Zeit. Andere Zahlen oder Grenzen aus der Zeit vorher oder nachher sind hier nicht berücksichtigt, oder es wird besonders darauf hingewiesen. Die geschichtlichen und baugeschichtlichen Daten sind nur in knappester Form in einer Auswahl kurz angesprochen, um die Stadt zu charakterisieren, da ausreichende Literatur darüber vorhanden ist.

Die Stadtpläne wurden zum großen Teil von den Heimatkreis- bzw. Stadtvertretern und früheren Ortsansässigen freundlichst zur Verfügung gestellt und zum Teil vom Verfasser für den Druck überarbeitet. Für die vielen Städte (ca. 60 %), von denen keine Stadtpläne vorhanden waren, hat der Verfasser nach amtlichen Plänen neue aufgestellt und für dieses Buch gezeichnet.

Die Außenbezirke einiger Städte konnten in den Stadtplänen manchmal nicht dargestellt werden, weil sie den Rahmen einer Buchseite gesprengt hätten. Jedoch geben die Kreiskarten im 2. Abschnitt dieses Buches ausreichende Auskunft darüber.

Etliche Stadtpläne konnten vom Pharus Verlag, Berlin, erworben werden, der auch die Genehmigung zur Veröffentlichung erteilte. Ihm sei hier Dank dafür gesagt.

Viele ehemalige Bewohner der jeweiligen Städte haben beim Finden der Straßennamen und wichtigen Gebäude mitgeholfen, was 45 Jahre nach der Vertreibung schon nicht immer einfach war; denn viele Wissensträger waren in den über vier Jahrzehnten nach dem Krieg bereits weggestorben und haben ihr Wissen ins Grab mitgenommen. Leider waren, was die Straßennamen betrifft, meistens gar keine Aufzeichnungen gemacht worden, so daß ein paar Jahre später niemand mehr darüber hätte Auskunft geben können.

Aus diesen Gründen darf kein Anspruch auf Vollständigkeit erhoben werden. So können trotz sorgfältiger Recherchen und Vergleiche Irrtümer oder Auslassungen durchaus möglich sein – was nicht beim Verfasser liegen muß.

Allen, die mitgeholfen haben, auch denen, die unbekannt geblieben sind, sei an dieser Stelle für Ihre Mühe herzlich gedankt. Besonders bedanke ich mich bei den Vertretern der Heimatkreise und -städte sowie deren Mitarbeitern, die mich meist tatkräftig unterstützt haben und nicht zuletzt bei folgenden Landsleuten:

Dr. Eberhard Aurich; Arno Auerbach; Prof. H. Aschenbach; Werner Bimke; Herbert Brandt; Alois Bialek; Wolfgang Beier; Walter Bonert; Helmut Bittner; Siegfried Baron; Christa Blumhagen; Marlies Berger; Heinz Böttger; Barbara Bittner; Renate Boomgarden; H. Boderke; Hans-Dietrich Bittkau; Dr. Bernhard Claudé; Siegfried Damas; Wolfgang Dockhorn; Paul Decker; Wolfgang Ewig; Joachim Ewald; Fritz Eckert; Karl Heinz Eisert; Walter Fülbier; Hans Fürle; Hans Franz; Alfred Friebe; Barbara Franke; Jutta Graeve-Wölbling; Prof. Dr. Werner Gottwald; Prälat Dr. Wolfgang Grocholl; Ernst Gründer; Georg v. Gellhorn; Herbert Götz; Gerhard Gabel; Luzia Günther; Andreas Gundrum; Kurt Görlich; Adolf Gerber; Werner Gierß; Günter Gersdorf; Kurt Hartmann; Lothar Hanke; Eberhard Herbst; Georg Hoffmann; Edmund Fürst Hatzfeldt; Kurt Hippe; Dr. R. L. Janitza; Kurt Jarrasch; Jürgen Janusch; F. C. Jarczyk; H. Kadelbach; Paul Kuska; Dr. Gerhard Kaske; Rudolf Klopsch; Eberhard Kleinke sen.; Ursula Korn; Jürgen Knorrn; Anna Kirchner; H. Kirstein; Edith Kutsche; Wilfried v. Korn; Hans-Ulrich Kahle; Günter Kelbel; Alfred Kollewe; Prälat R. Kurnoth; Richard Krause; Heinz Knappe; Wolfgang Kunstmann; Maria Kahlert, G. Kossert; Jutta Ludwig; Waltraud Leinpinsel; Johannes Leuchtenberger; Wilhelm Langer; Lieselotte Matthes; Joachim Maruszczyk; Eberhard E. Muche; Dr. Heinrich Menz; Prof. Dr. Noack; Ewald Nierobisch; Heinz Niepel; Dr. Johannes Ottinger; Alfred Piperek; Josef Pollok; K. Patschke; Joachim Pokor-

10

ny; Horst Ptock; Luzie Pilz; Dr. Dieter Prause; Anneliese Reischel; Fritz W. Renner; Hans-Werner Rothe; Herbert Rothe; Herbert Rathmann; Hubert Rauhut; Günter Rasper; Heinz Richter; Ch. J. Rzepka; Kurt Szczygielski; Hans-Joachim Sikora; Norbert Schoder; Walter Schelenz; Herbert Skowronek; Siegfried Scholz; J. Schötzel; Erna von Schick; Eva-Maria Soltys; Joachim Sabock; Ernst Schukardt; Hans-Georg Stahr; Joseph Steinert; Dr. Wilfried Stahr; Dr. Hans Schukardt; Kurt Schubert; Brigitte Stürmer; Karl Tann; Franz Toenniges; Werner Taubitz; Heinz Tenbohlen; Rudolf Thiel; Erich Tschirwitz; Horst Titze; Bernhard Taube; Gerhard Trubitz; Karl Vogt; Dr. Friedrich Vetter; Gerhard Veith; Herbert Vogt; Erich Vogel; Klaus Weise; Dieter Wünsche; Gerhard Wilczek; E. Wanzek; Werner Wenzel; Bernhard Wieczorek; Wolfgang Weidel; Eleonore Zimmer; Horst Zobel.

Dank für Unterstützung sei außerdem der Landsmannschaft Schlesien gesagt und dem Institut für Angewandte Geodäsie in Frankfurt am Main sowie der Außenstelle in Berlin für die Genehmigung zum Abdruck der Kreiskarten.   F R B

Kurze geographische und wirtschaftliche Beschreibung Schlesiens

Schlesien als preußische Provinz und ostdeutsche Landschaft umfaßte das beiderseitige Einzugsgebiet der oberen und mittleren Oder, im Nordwesten in die Oberlausitz greifend. Es ist das Gebiet zwischen Sudeten im Südwesten und der polnischen Ebene im Osten, meist Tiefland als Flachhügellandschaft der osteuropäischen Ebenen, an das sich nach

Südwesten mit einer Reihe von Vorbergen die Kette der Sudeten anschließt, deren höchste Erhebung mit 1603 m die Schneekoppe ist. Es folgen der Große Schneeberg (südl. Glatz) mit 1425 m, Hohe Eule mit 1014 m Höhe. Der vielgegliederte Niederschlesische Landrücken erreicht bei Sorau mit dem Rückenberg eine Höhe von 229 m, die weinbe-

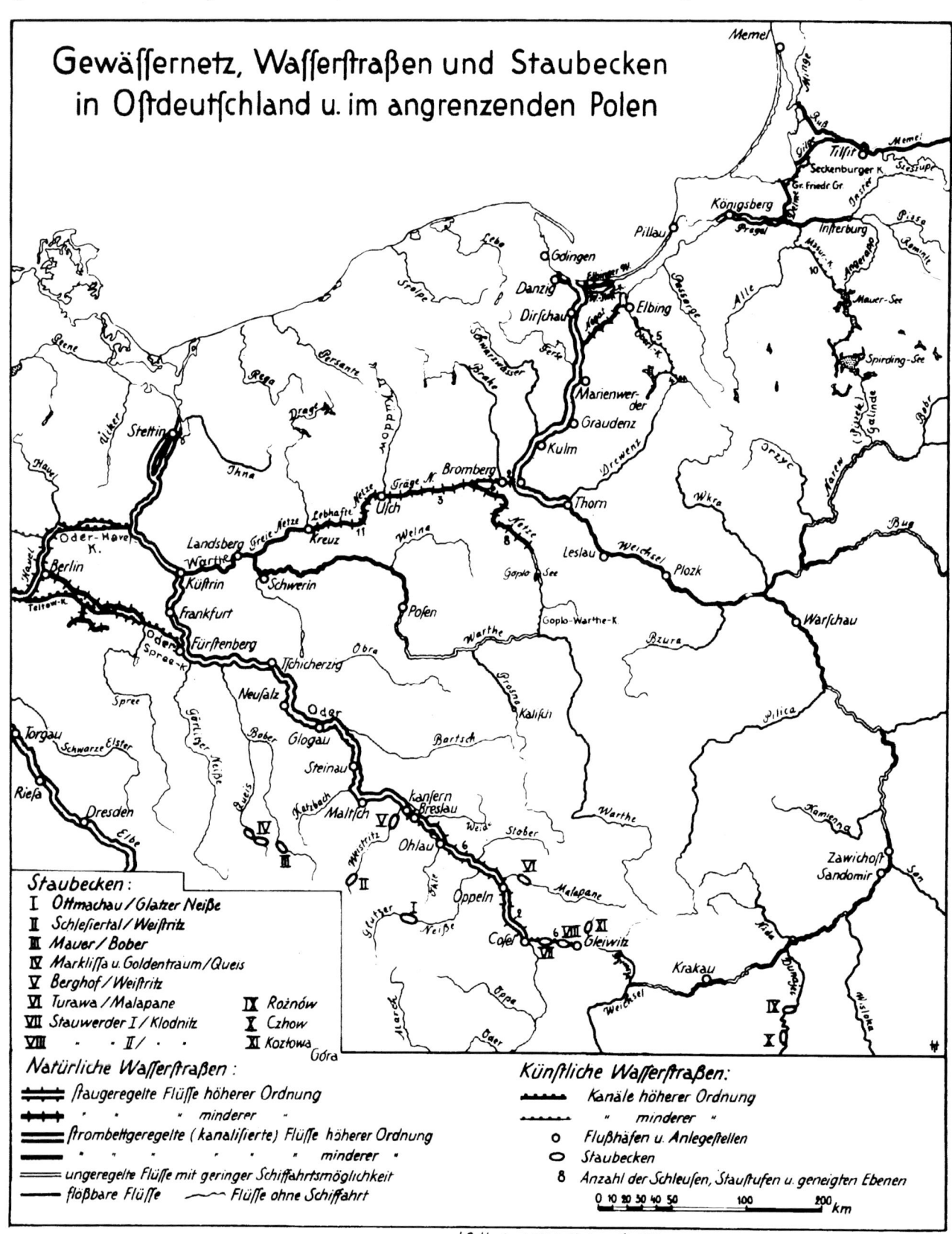

Gewässernetz, Wasserstraßen und Staubecken in Ostdeutschland u. im angrenzenden Polen

Staubecken:
I Ottmachau / Glatzer Neiße
II Schlesiertal / Weißtritz
III Mauer / Bober
IV Markliſſa u. Goldentraum / Queis
V Berghof / Weißtritz
VI Turawa / Malapane
VII Stauwerder I / Klodnitz
VIII „ „ II / „
IX Rožnów
X Czhow
XI Kozłowa Góra

Natürliche Wasserstraßen:
══╪══ staugeregelte Flüſſe höherer Ordnung
──┼── „ „ minderer „
═══ strombettgeregelte (kanaliſierte) Flüſſe höherer Ordnung
─── „ „ „ minderer „
══ ungeregelte Flüſſe mit geringer Schiffahrtsmöglichkeit
── floßbare Flüſſe ⌒ Flüſſe ohne Schiffahrt

Künſtliche Wasserstraßen:
▬▬▬ Kanäle höherer Ordnung
─ ─ ─ „ „ minderer „
○ Flußhäfen u. Anlegeſtellen
⊖ Staubecken
8 Anzahl der Schleuſen, Stauſtufen u. geneigten Ebenen

0 10 20 30 40 50   100   200 km

J. G. Herder-Inſtitut, Marburg / L. 1954   Richard Breyer

standenen Grünberger Höhen erreichen Höhen von 221 m, die Dalkauer Höhen südl. Glogau 210–230 m, die lösbedeckten Trebnitzer Höhen 256 m und der sandige Korsarenberg bei Neumittelwalde eine Höhe von 271 m.

Die Flußebenen von Oder und ihren Nebenflüssen sind fruchtbar, während die Hügelkette des flachwelligen Schlesisch-Polnischen-Höhenrückens (mit Katzengebirge und Dalkauer Hügeln) mehr karg ist.

Die Flußebenen und Hügellandschaften sind fast waldfrei und dienen dem intensiven Ackerbau und der Viehzucht.

Die Sandgebiete der niederschlesischen Heide und die Lausitzer Höhen sind mit großen Kiefernwäldern bedeckt.

Die Oder als Hauptfluß Schlesiens, die durch die ganze Provinz fließt, entwässert mit Ihren Nebenflüssen das ganze Land und ist schiffbar.

Von rechts kommen Ruda, Birau, Klodnitz, Malapane, Stober, Weide, Bartsch und Faule Obra; von links kommen Oppa, Zinna, Hotzenplotz, Glatzer Neiße, Ohle, Lohe, Weistritz, Katzbach, Bober mit Queis und Lausitzer Neiße. Die Oder und fast alle Nebenflüsse sind reguliert. Stauwerke sorgen für Energiegewinnung und gleichmäßigen Wasserstand.

Die Oder war zu einem Schiffahrtsweg1. Ordnung ausgebaut trotz erheblicher Wasserstandsschwankungen und

Blockierungen durch Eis. Sie ist durch den Klodnitz-Kanal mit dem oberschlesischen Industrierevier verbunden und stellte damit die Verbindung zum Kohlenexporthafen Stettin her. Cosel war der zweitgrößte Binnenhafen in Deutschland. Auf den schlesischen Wasserstraßen wurden 1939/40 über 5,4 Millionen t Güter befördert.

Über den Oder-Spree-Kanal war die Oder mit der Spree verbunden und erhielt so Anschluß an das märkische und sächsische Wasserstraßennetz. Damit bestand Verbindung zur Elbe und durchgehender Verkehr in den Westen Deutschlands.

Das Verkehrsnetz in Schlesien, als Teil des mitteleuropäischen Verkehrsraumes, war dicht und hatte starke Bindungen zu Berlin und Sachsen mit wichtigen Durchgangsadern nach Osteuropa. 1938 gab es 4042 km meist zweigleisige Eisenbahnstrecken, dazu 197 km Privatbahnen und 684 km Kleinbahnen. 1939 waren ca. 250 km Autobahn ausgebaut, dazu 15 140 km Reichs- und Landstraßen 1. und 2. Ordnung sowie 7730 km Gemeindestraßen.

Flugverbindungen gab es von Breslau nach Berlin, München, Frankfurt/Oder und Gleiwitz.

Die Provinz Schlesien (einschl. Hultschiner Ländchen, das im Jahr 1938 wieder an Schlesien angeschlossen worden war) hatte bei der Volkszählung am 17. 5. 1939 eine Gesamt-

Deutschland, Autobahnen und wichtigste Durchgangsstraßen

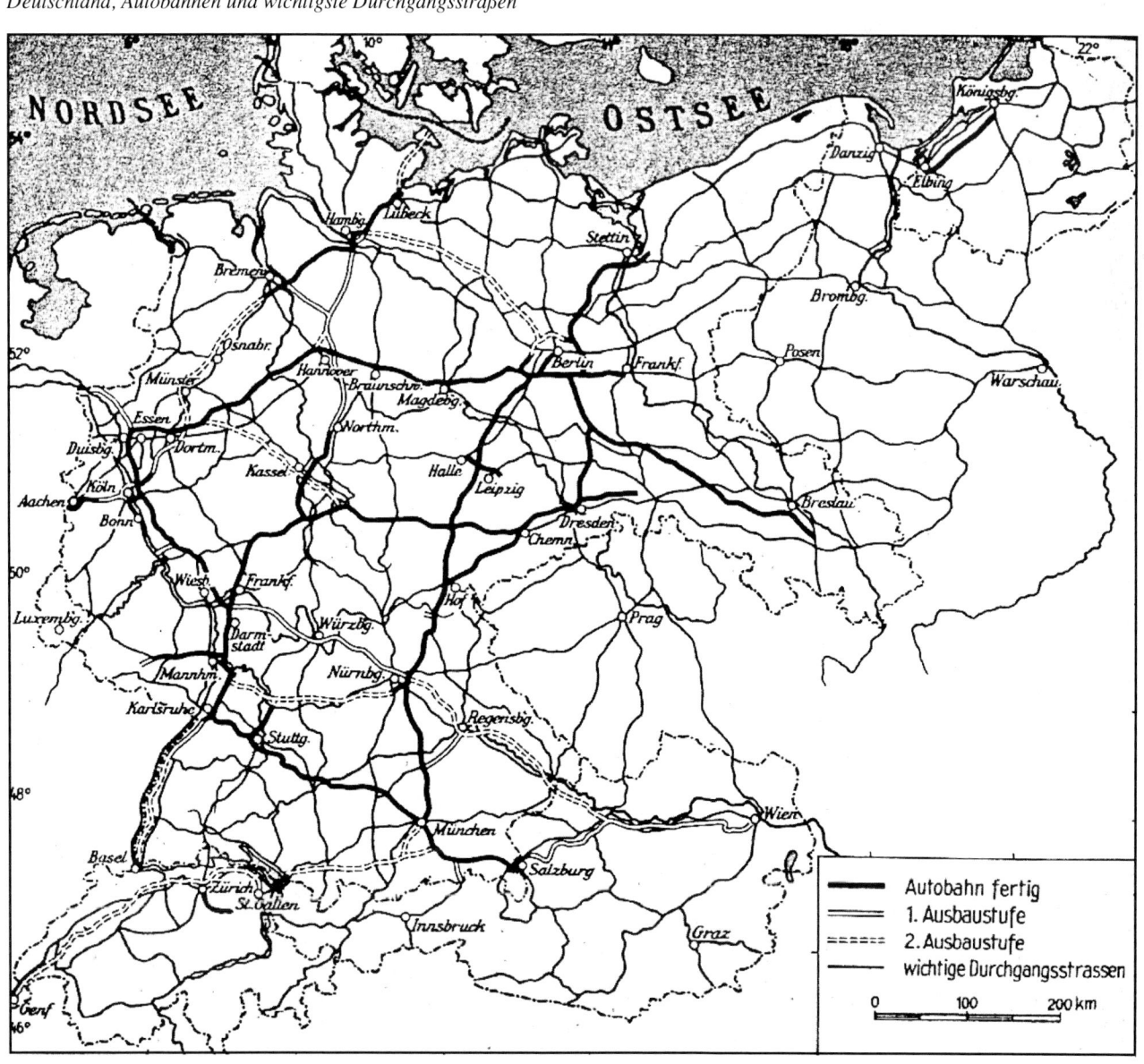

Am 17. 5. 1939 festgestellt:	Gesamtfläche in km²	Einwohner einschl. Soldaten + RAD	männlich	weiblich	Bevölkerung **ohne** Soldaten + RAD
Reg. Bez. Breslau	12 957,64	1 971 829	932 939	1 038 890	1 941 145
Liegnitz	14 023,41	1 314 710	642 552	671 158	1 283 282
Oppeln	10 032,11	1 582 225	756 841	825 384	1 563 925
zusammen **Provinz Schlesien**	37 013,16	4 868 764	2 332 332	2 536 432	4 788 352

Bevölkerungsstatistik Schlesien

fläche von 37 013,16 km² mit 4 868 764 Einwohnern, wobei diese Zahl die zum Wehrdienst Gezogenen und den männl. und weibl. Arbeitsdienst einschließt. Durchschnittlich lebten auf einem Quadratkilometer 131,5 Personen. Die Bevölkerung wohnte in 4104 politischen Gemeinden bei insgesamt 10 570 Wohnplätzen. Es gab zu der Zeit 1 422 185 Haushaltungen.

Die Provinzhauptstadt Gesamtschlesiens war zur Zeit der Volkszählung am 17. 5. 1939 Breslau. In den 3 Regierungsbezirken Breslau, Liegnitz und Oppeln gab es 14 kreisfreie Städte (Stadtkreise) und 49 Landkreise mit zusammen 128 kreisangehörigen Städten, also insgesamt 142 Städten.

Am 1. 4. 1941 wurde die **Provinz Oberschlesien** mit den Regierungsbezirken Oppeln und Kattowitz neu gebildet, mit Kattowitz als Provinzhauptstadt. Die Provinz **Niederschlesien** bestand zu der Zeit aus den Regierungsbezirken Breslau und Liegnitz mit der Provinzhauptstadt Breslau.

Vor dem Ersten Weltkrieg (1914–18) hatte Schlesien eine Flächengröße von 40 312,84 km² und im Jahr 1895 eine Einwohnerzahl von 4 415 309 Personen mit 926 325 Haushaltungen.

Das Schwergewicht der Wirtschaft lag in Oberschlesien beim Kohlen- und Erzbergbau, bei der Metall, Schwer- und Investitionsgüterindustrie, in Niederschlesien bei der Verarbeitungsindustrie, Kohlen- und Erzbergbau sowie bei der Landwirtschaft und beim Handwerk.

Von der landwirtschaftlichen Nutzfläche von 2,22 Millionen Hektar waren 81 % Ackerland, 14 % Wiesen, 3 % Weiden. Im Jahre 1938 waren 659 500 ha (29,7 %) mit Brotgetreide, 435 900 ha (19,6 %) mit Futtergetreide, 23 000 ha (1,0 %) mit Hülsenfrüchten, 302 400 ha (13,6 %) mit Kartoffeln, 97 700 ha (4,4 %) mit Zuckerrüben, 60 200 ha (2,7 %) mit übrigen Hackfrüchten, 184 500 ha (8,3 %) mit Futterpflanzen bebaut. 900 000 ha waren Wald (27 % der Fläche), davon 85 % Nadelhölzer. Der Viehbestand betrug 1939: 281 000 Pferde, 1,55 Millionen Rinder, 1,7 Millionen Schweine, 481 000 Schafe und Ziegen.

Insgesamt gab es im Jahr 1939 248 358 land- und forstwirtschaftliche Betriebe von 0,5 – über 100 ha Größe.

Im oberschlesischen Raum überwogen die Klein- und Mittelbetriebe, im niederschlesischen Raum Mittel- und Großbetriebe.

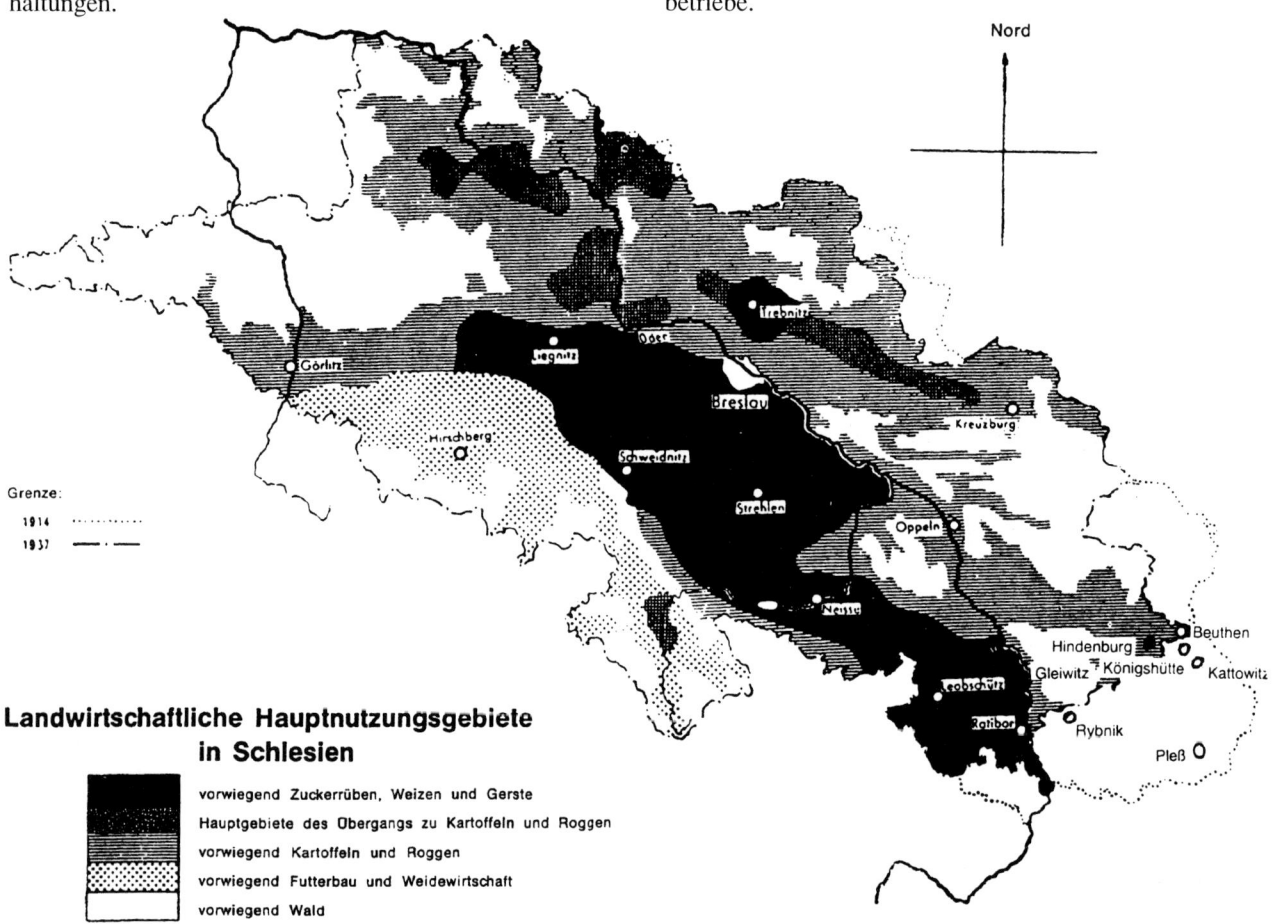

Landwirtschaftliche Hauptnutzungsgebiete in Schlesien

Grenze:
1914 ....
1937 ——·——

- vorwiegend Zuckerrüben, Weizen und Gerste
- Hauptgebiete des Übergangs zu Kartoffeln und Roggen
- vorwiegend Kartoffeln und Roggen
- vorwiegend Futterbau und Weidewirtschaft
- vorwiegend Wald

Klimatisch gehört Schlesien zum atlantisch-kontinentalen-Übergangsgebiet, das sich durch unregelmäßige sommerliche und winterliche Extremtemperaturen auszeichnet. In den Sudeten fallen im Jahr 1000 bis 1500 mm Niederschläge. Durchschnittlich liegen die Niederschläge bei 550 bis 600 mm im Jahr und bis 750 mm im Gebiet des Niederschlesischen Landrückens. Der Schnee in den langen Wintern und die trockenen Sommer förderten den Fremdenverkehr und begünstigten im Odertal auch den Getreideanbau.

Von großer Bedeutung waren die Bodenschätze besonders im oberschlesischen Industriegebiet: Im Waldenburger Revier lagerte Steinkohle. In der Lausitz wurde Braunkohle gefördert, die zum Teil brikettiert und exportiert wurde. 1938 wurden über 31 Millionen t Kohle gefördert, das waren 16,8 % der Gesamtkohlenerzeugung in Deutschland.

Kupferlagerstätten waren bei Altenberg und Haasel-Gröditzberg, Löwenberg und Goldberg zu finden.

Nickelerz wurde bei Frankenstein gefördert. Arsenlagerstätten gab es im Sudetenvorland (Reichenstein), Magnesiterz bei Schmiedeberg, Frankenberg, Baumgarten, Johannisberg; Spateisen und Roteisen im Bober-Katzbachgebirge. Zinn wurde bei Giehren im Isergebirge gewonnen. In den arsenhaltigen Gesteinslagerstätten waren in geringer Menge Gold und Silber vorhanden. Die oberschlesische Förderung von Zink- und Bleierzen war von großer Bedeutung. Bei Zobten wurde Koalin gefunden, im Falkenberger Land Basalt, Granit bei Strehlen. Die Kalkindustrie fand bei Groß Strehlitz und Gogolin vorteilhafte Standorte, die Zementindustrie bei Oppeln.

Die Industrie hatte im Jahr 1939 729 800 Beschäftigte, davon arbeiteten 61 400 im Bergbau, 51 300 in der Eisenindustrie, 61 400 in der Industrie Steine und Erden, 45 900 im Maschinenbau, 17 400 in Elektrotechnik und Optik, 6500 in der chemischen Industrie, 159 300 in der Textil- und Bekleidungsindustrie, 52 800 in der Holzindustrie, 25 200 in der Papier- und Druckindustrie, 6400 in der Lederindustrie, 91 800 in der Nahrungsmittelindustrie, 137 600 im Baugewerbe, 12 800 in der Gas-, Wasser- und Elektroindustrie. Es überwogen im Bergbau und Hüttenwesen sowie in der chemischen Industrie die Großbetriebe, in der keramischen, Papier-, Textil-, Bekleidungs- und Nahrungsmittelindustrie die Mittelbetriebe.

Von dem gesamten Produktionswert der Industrie Ostdeutschlands (heute unter polnischer Verwaltung stehende deutsche Ostgebiete) entfielen nicht weniger als 64 % auf das weitaus am stärksten industrialisierte Schlesien. Von dem verbleibenden Rest stellten Ostpreußen rd. 16 %, Ostpommern rd. 14 %, Ostbrandenburg rd. 7 %.

Schätze der Erde waren aber nicht nur Kohle und Erze, sondern auch Mineralquellen, die dem Menschen zur Gesundheit dienten. Es gab hier kohlensaure Sprudel, arsen- und radioaktive kohlensaure Stahlquellen, Eisenwässer, radioaktive Schwefelthermen und auch Luftkurorte, die wegen ihrer gesundheitlich hervorragenden Lage gern aufgesucht wurden. Die bekanntesten Heilbäder und Kurorte waren: Bad Altheide, Brückenberg, Bad Charlottenbrunn, Bad Flinsberg, Krummhübel, Bad Kudowa, Bad Landeck, Bad Reinerz, Bad Salzbrunn, Schreiberhau, Bad Schwarzbach, Bad Warmbrunn.

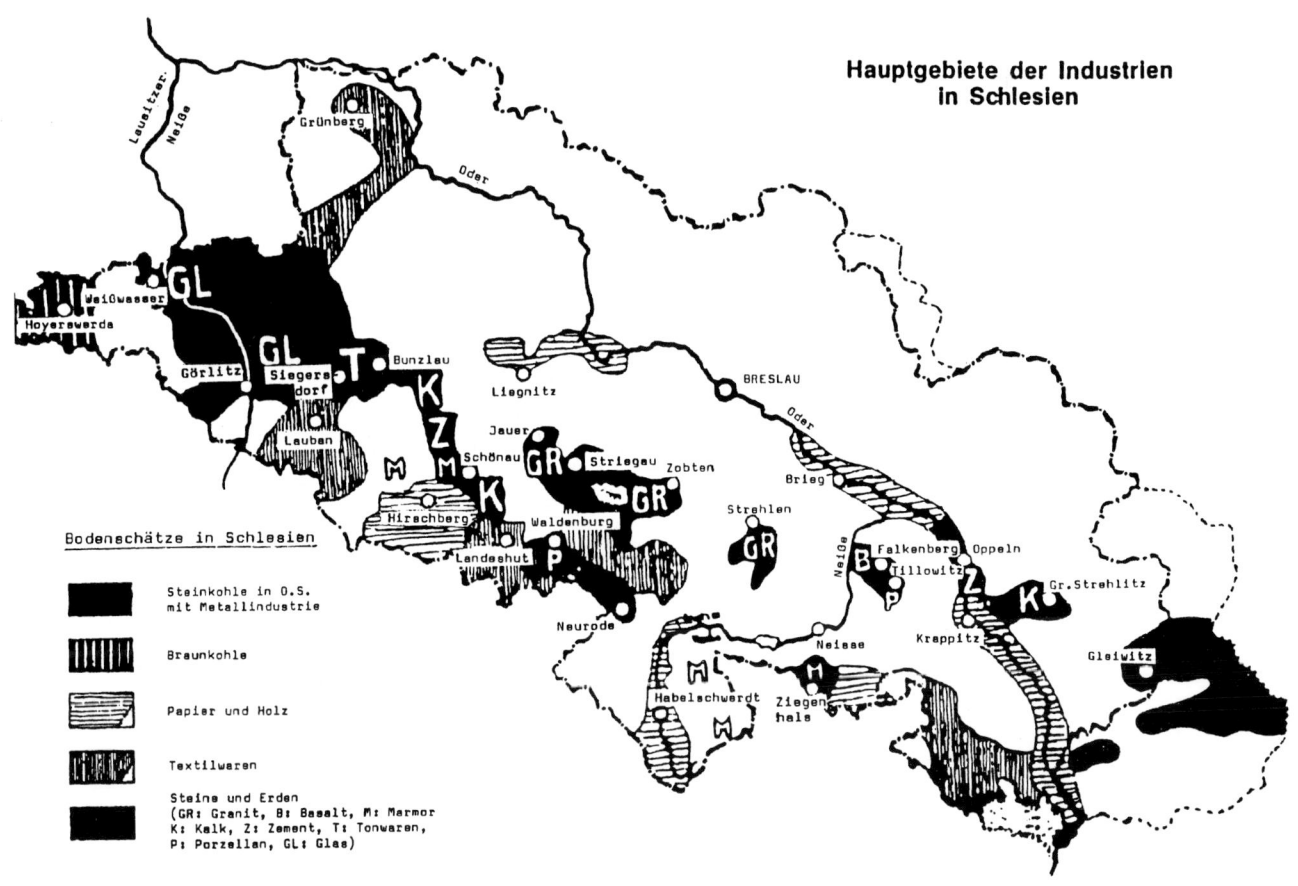

Hauptgebiete der Industrien in Schlesien

Bodenschätze in Schlesien

Steinkohle in O.S. mit Metallindustrie

Braunkohle

Papier und Holz

Textilwaren

Steine und Erden
(GR: Granit, B: Basalt, M: Marmor K: Kalk, Z: Zement, T: Tonwaren, P: Porzellan, GL: Glas)

Geschichte Schlesiens kurz gefaßt

Um 400 v. Chr. begann eine germanische Einwanderung: Kelten wanderten von Süden über die Sudetenpässe bis über die Oder. 100 v. Chr. erfolgte ein größerer Schub von germanischen Einwanderern, Vandalen (Lugier). Eine Gruppe sind die Silinger, die Mittelschlesien besiedelten und von denen Schlesien seinen Namen erhalten hat. Nach dem Abzug der Germanen in der Völkerwanderung (300–600 n. Chr.) zogen Slawen in Schlesien ein.

Die Bevölkerung Schlesiens stammt aus deutschen Einwanderungen aus dem 13. Jahrhundert, besonders aus der Mark Meißen, Thüringen, Sachsen, Hessen, Franken und zum Teil auch aus ober- und niederdeutschen Siedlern, die als Geistliche, Ritter, Bauern, Handwerker, Kaufleute und Bergleute in das Land kamen. An dieser friedlichen Kolonisation waren die Bischöfe von Breslau, der Adel und zahlreiche mit deutschen Mönchen besetzte Klöster beteiligt. Bis zum Jahre 1350 wurden mehr als 100 Städte und mehr als 1000 Dörfer nach deutschem (Magdeburger) Recht gegründet und zum größten Teil mit Deutschen besiedelt, die sich mit der geringen vorhandenen slawischen Bevölkerung vermischten. Der Osten, besonders Oberschlesiens, blieb ein Mischgebiet mit stärkerem slawischem Bevölkerungsanteil.

Im 10. Jahrhundert stand Schlesien unter böhmischer Herrschaft, seit dem Ende des 10. Jahrhunderts unter der Oberhoheit der polnischen Piasten, aus deren Haus die späteren Herzöge Schlesiens stammten.

1138 entstand durch Erbteilung das piastische Fürstentum Schlesien mit einem eigenen Herzog.

1163 setzte Kaiser Friedrich I. eine Linie des polnischen Herrscherhauses der Piasten als selbständige Herrschaft ein. Seit Mitte des 12. Jahrhunderts bis um 1350 erfolgte die deutsche Besiedlung Schlesiens.

1241 wurde der Mongolensturm abgewehrt.

1248 entstanden durch Erbteilungen die Teilherzogtümer Breslau, Liegnitz und Glogau, 1278 Jauer, 1281 Schweidnitz.

1327–29 wurde Schlesien böhmisches Lehen, König Johannes von Böhmen war deutscher Reichsfürst.

1335 verzichtete der polnische König Kasimir III. im Vertrag von Trentschin „für ewige Zeiten" auf alle Ansprüche auf Schlesien, das sich innerlich dem Deutschtum zugewandt hatte.

1420–1434 Hussitenkriege.

1469 wird Matthias Corvinus von Ungarn König von Böhmen und Herr von Schlesien.

1526 fiel ganz Schlesien mit Böhmen an die österreichischen Habsburger. Zeit der Reformation.

Der 30jährige Krieg und die Durchführung der Gegenreformation verursachten in den der Habsburgischen Krone unterstehenden Erbfürstentümern große Leiden. Durch die Rekatholisierung des evangelischen Schlesiens wurden die evangelischen Kirchen enteignet und über 200 000 Schlesier verließen aus Glaubensgründen ihre Heimat. Im Westfälischen Frieden (1648) wurden den Evangelischen nur 3 Friedenskirchen (Glogau, Jauer, Schweidnitz) zugestanden.

1707, im Altranstädter Vertrag, wurden unter Druck Schwe-

Karte aus: Walter Geisler, Oberschlesien-Atlas. Berlin 1938

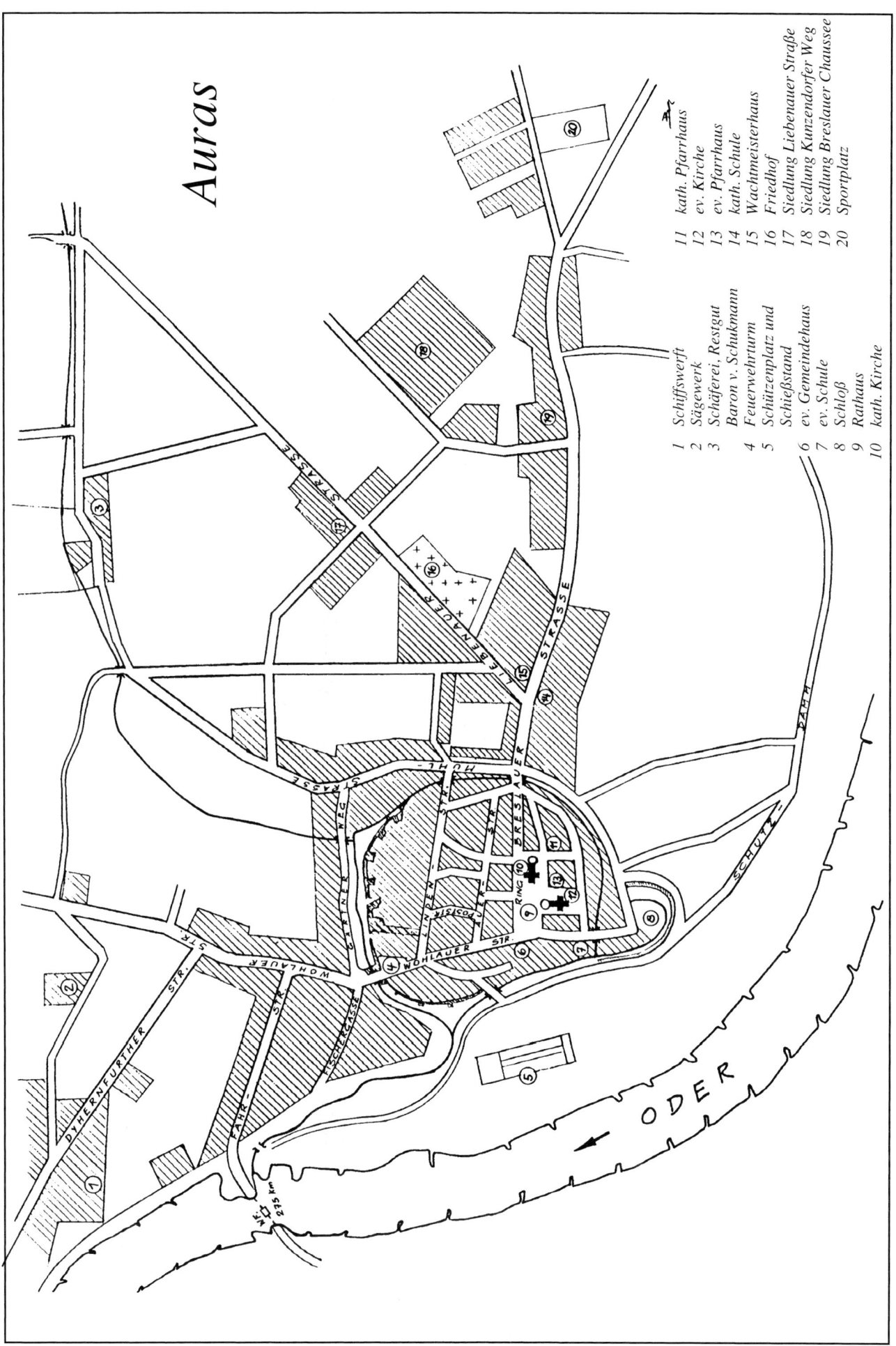

Auras

1 Schiffswerft
2 Sägewerk
3 Schäferei, Restgut Baron v. Schukmann
4 Feuerwehrturm
5 Schützenplatz und Schießstand
6 ev. Gemeindehaus
7 ev. Schule
8 Schloß
9 Rathaus
10 kath. Kirche
11 kath. Pfarrhaus
12 ev. Kirche
13 ev. Pfarrhaus
14 kath. Schule
15 Wachtmeisterhaus
16 Friedhof
17 Siedlung Liebenauer Straße
18 Siedlung Kunzendorfer Weg
19 Siedlung Breslauer Chaussee
20 Sportplatz

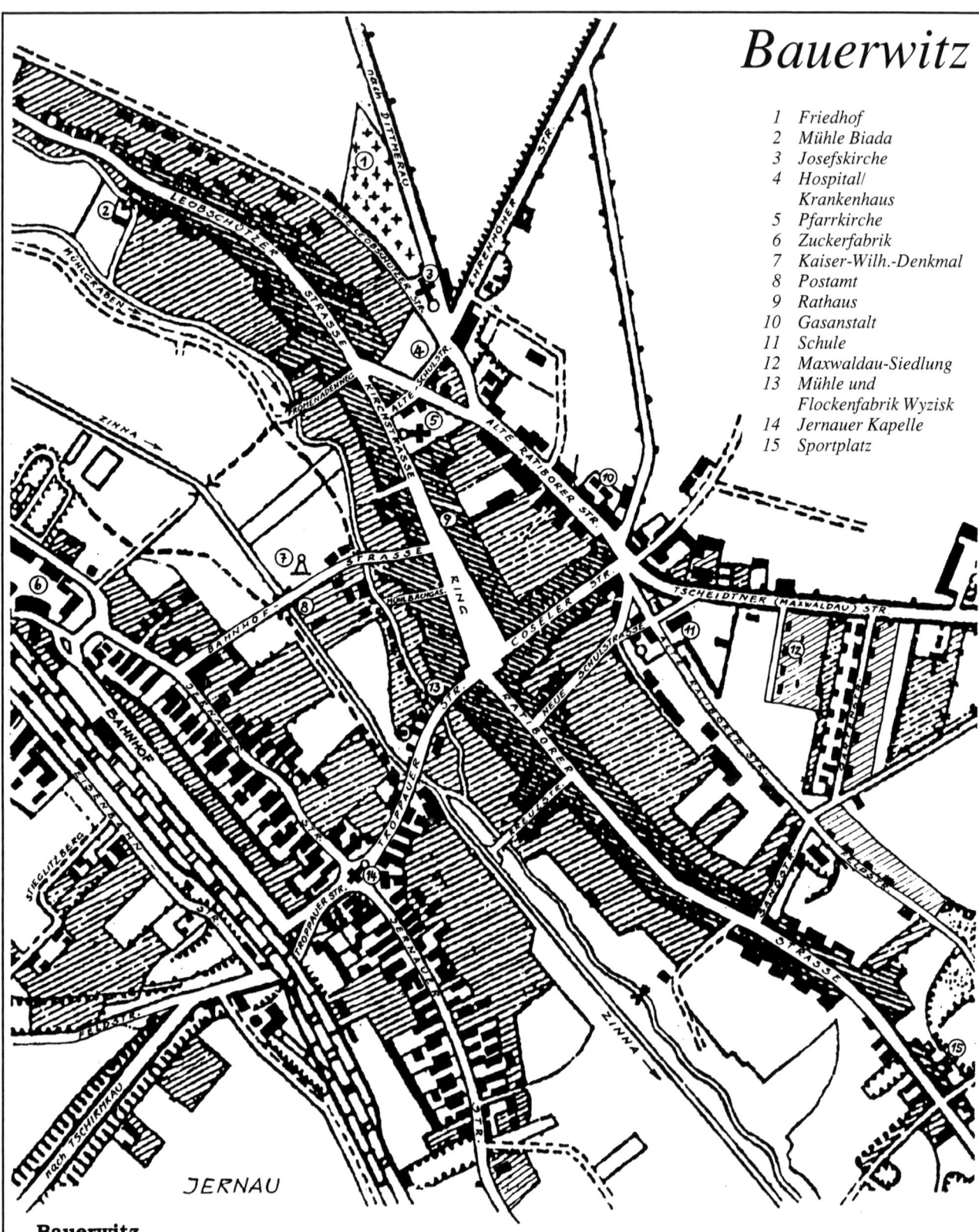

Bauerwitz

1 Friedhof
2 Mühle Biada
3 Josefskirche
4 Hospital/
  Krankenhaus
5 Pfarrkirche
6 Zuckerfabrik
7 Kaiser-Wilh.-Denkmal
8 Postamt
9 Rathaus
10 Gasanstalt
11 Schule
12 Maxwaldau-Siedlung
13 Mühle und
  Flockenfabrik Wyzisk
14 Jernauer Kapelle
15 Sportplatz

JERNAU

Bauerwitz

Stadt im Kreis Leobschütz, Regierungsbezirk Oppeln;
am linken Ufer der Zinna, 261 m über NN.
1939: 4536 Einwohner, meist katholisch, 1113 Haushaltungen
Stadtgründung in der 2. Hälfte des 13. Jahrhunderts
1296 Vogt erwähnt
1340 „oppidum", Stadtpfarrkirche erwähnt
1575 Marktrecht verliehen
1863 Schloß des Ritterguts Bauerwitz als Rathaus

1865 Eisenbahnanschluß
Volksschule, Berufsschule.
Amtsgericht.
Mühlen, Ziegeleien, Zuckerfabrik seit 1872, Molkerei,
Kartoffelflockenfabrik.
Ackerbürgerstadt mit ländlichem Charakter.
Stadtarchiv, Heimatmuseum.
Seit 1945 polnischer Name: Baborów
Patenschaft: Kreis Holzminden

Bergstadt (bis 1936 Leschnitz)

Stadt im Kreis Groß Strehlitz, Regierungsbezirk Oppeln;
am Südostfuß des Annaberges am Padolebach, 220 m über NN.

1939: 3323 Einwohner, meist katholisch, 705 Haushaltungen

1217 als „forum" erwähnt

1257 Trinitatiskirche, 1717 erneuert

1382 bereits Stadt, Stadtvogtei erwähnt

um 1800 Stadtmauer abgerissen

1934 Eisenbahnanschluß

Volksschule, Amtsgericht.

Obstbau und Obsthandel, Schnupftabakfabrik.

Heute polnischer Name: Leśnica Opolska

Patenschaft für Kreis Groß Strehlitz: Kreis Soest

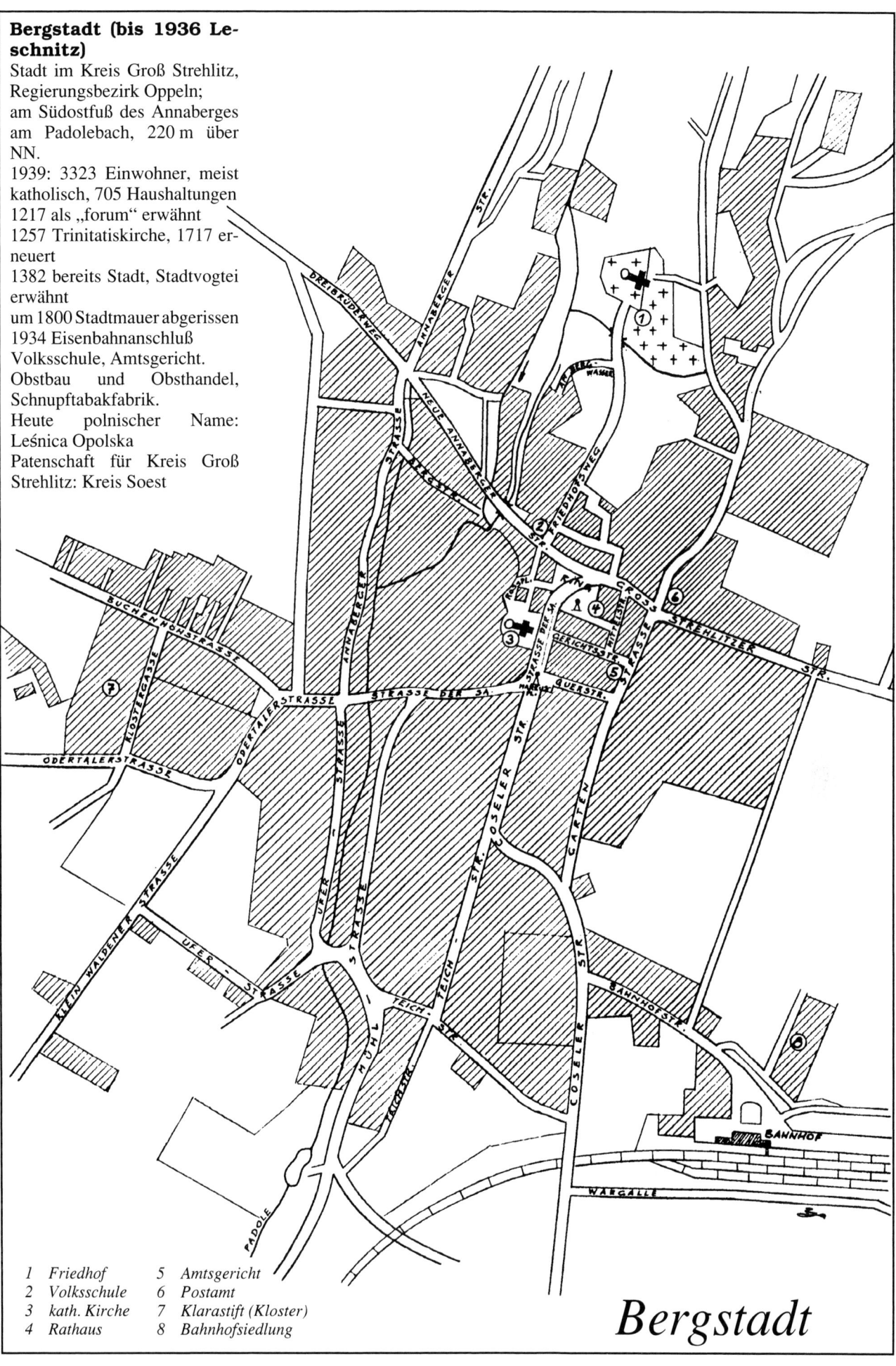

1 Friedhof
2 Volksschule
3 kath. Kirche
4 Rathaus
5 Amtsgericht
6 Postamt
7 Klarastift (Kloster)
8 Bahnhofsiedlung

Bergstadt

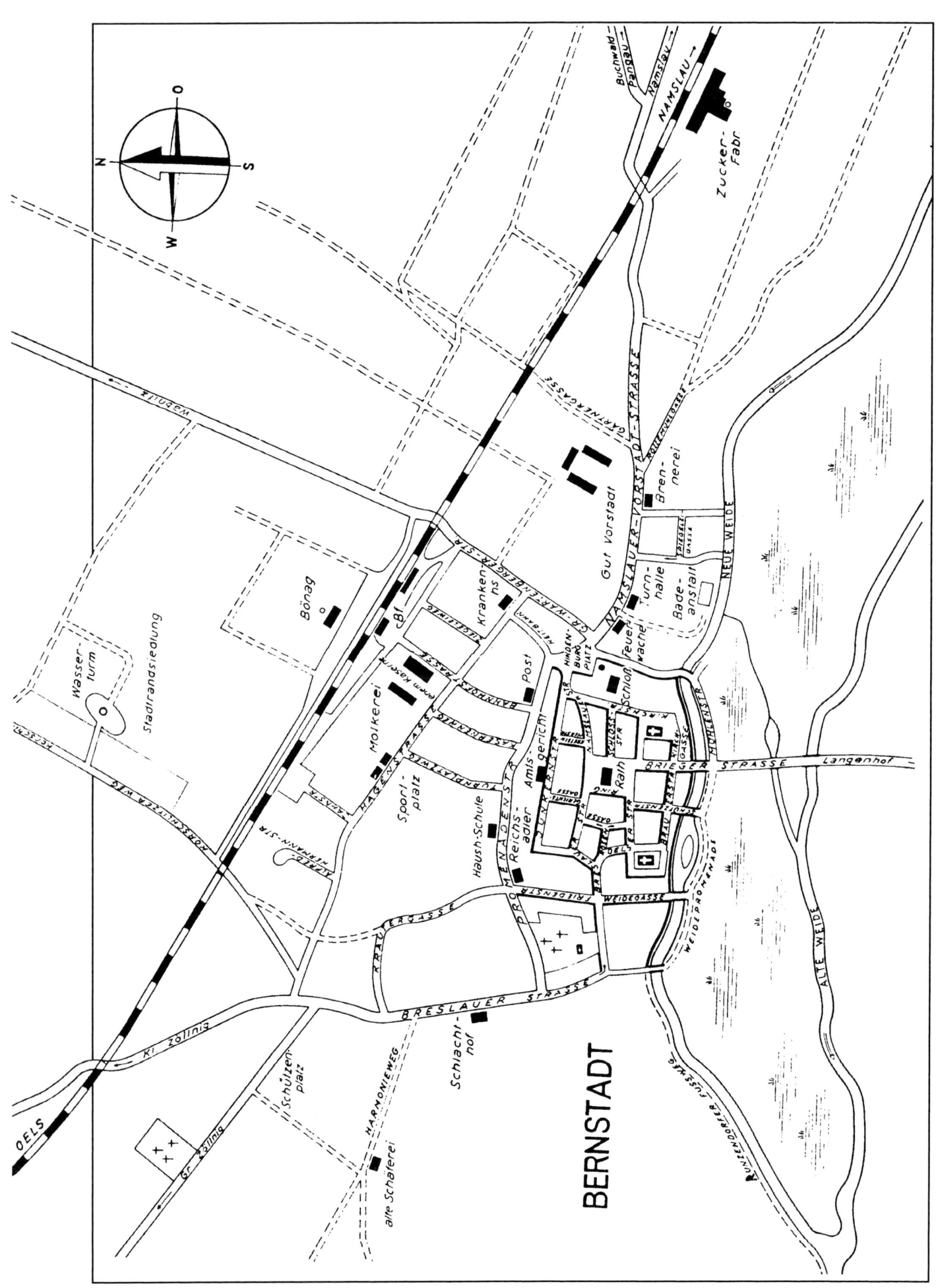

BERNSTADT

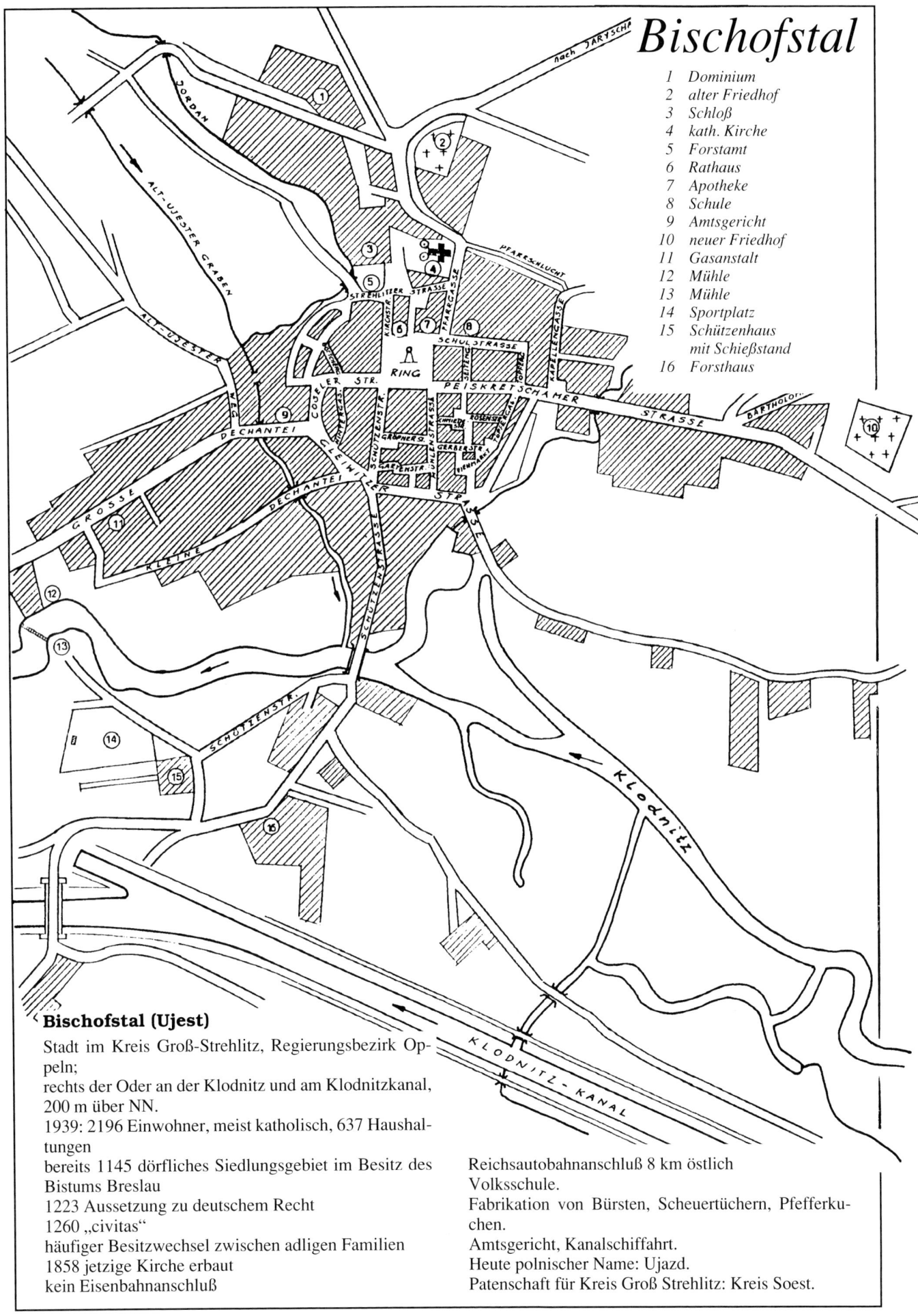

Bischofstal

1 Dominium
2 alter Friedhof
3 Schloß
4 kath. Kirche
5 Forstamt
6 Rathaus
7 Apotheke
8 Schule
9 Amtsgericht
10 neuer Friedhof
11 Gasanstalt
12 Mühle
13 Mühle
14 Sportplatz
15 Schützenhaus
   mit Schießstand
16 Forsthaus

Bischofstal (Ujest)

Stadt im Kreis Groß-Strehlitz, Regierungsbezirk Oppeln;

rechts der Oder an der Klodnitz und am Klodnitzkanal, 200 m über NN.

1939: 2196 Einwohner, meist katholisch, 637 Haushaltungen

bereits 1145 dörfliches Siedlungsgebiet im Besitz des Bistums Breslau

1223 Aussetzung zu deutschem Recht

1260 „civitas"

häufiger Besitzwechsel zwischen adligen Familien

1858 jetzige Kirche erbaut

kein Eisenbahnanschluß

Reichsautobahnanschluß 8 km östlich

Volksschule.

Fabrikation von Bürsten, Scheuertüchern, Pfefferkuchen.

Amtsgericht, Kanalschiffahrt.

Heute polnischer Name: Ujazd.

Patenschaft für Kreis Groß Strehlitz: Kreis Soest.

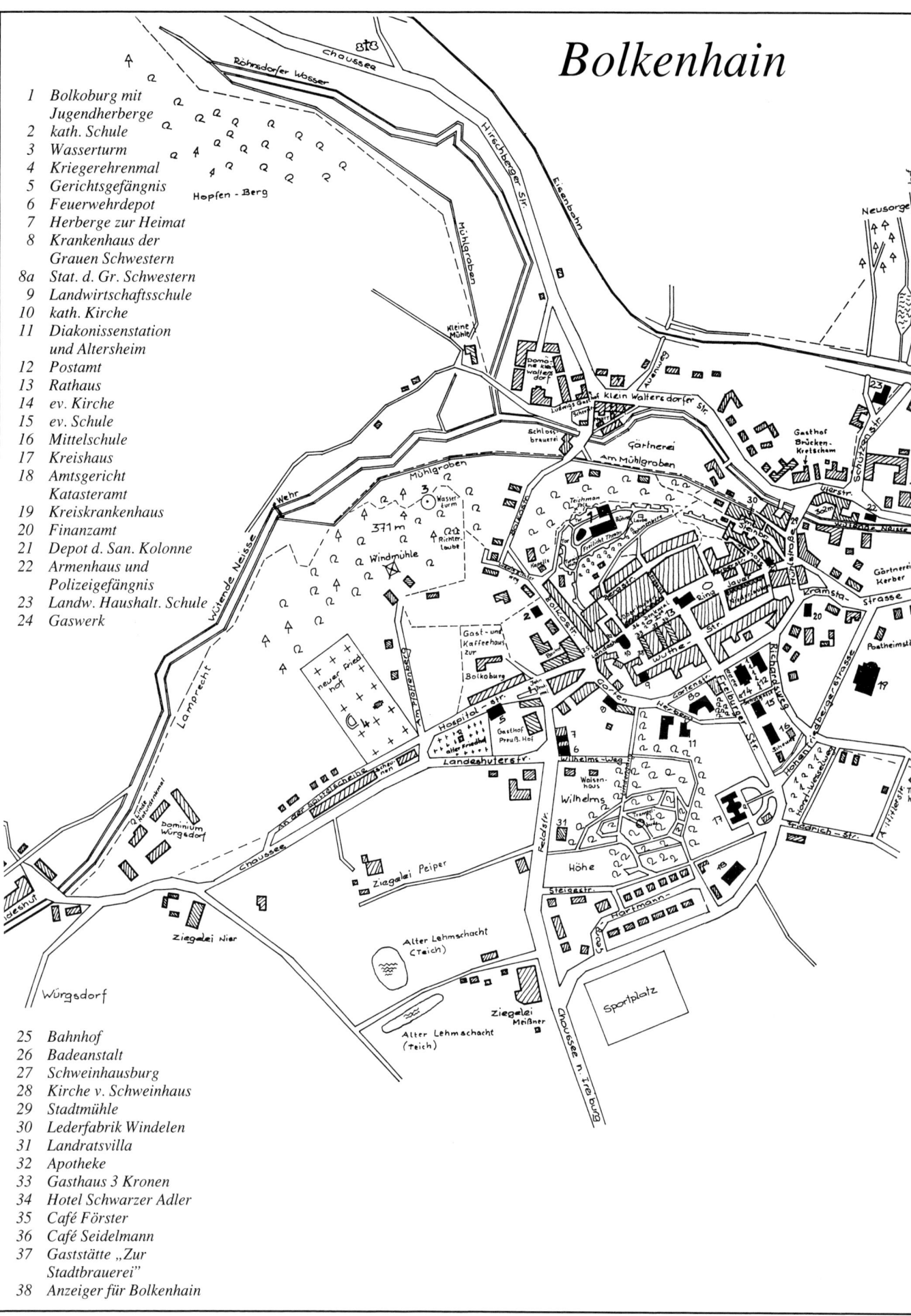

Bolkenhain

1 Bolkoburg mit
  Jugendherberge
2 kath. Schule
3 Wasserturm
4 Kriegerehrenmal
5 Gerichtsgefängnis
6 Feuerwehrdepot
7 Herberge zur Heimat
8 Krankenhaus der
  Grauen Schwestern
8a Stat. d. Gr. Schwestern
9 Landwirtschaftsschule
10 kath. Kirche
11 Diakonissenstation
  und Altersheim
12 Postamt
13 Rathaus
14 ev. Kirche
15 ev. Schule
16 Mittelschule
17 Kreishaus
18 Amtsgericht
  Katasteramt
19 Kreiskrankenhaus
20 Finanzamt
21 Depot d. San. Kolonne
22 Armenhaus und
  Polizeigefängnis
23 Landw. Haushalt. Schule
24 Gaswerk

25 Bahnhof
26 Badeanstalt
27 Schweinhausburg
28 Kirche v. Schweinhaus
29 Stadtmühle
30 Lederfabrik Windelen
31 Landratsvilla
32 Apotheke
33 Gasthaus 3 Kronen
34 Hotel Schwarzer Adler
35 Café Förster
36 Café Seidelmann
37 Gaststätte „Zur
  Stadtbrauerei"
38 Anzeiger für Bolkenhain

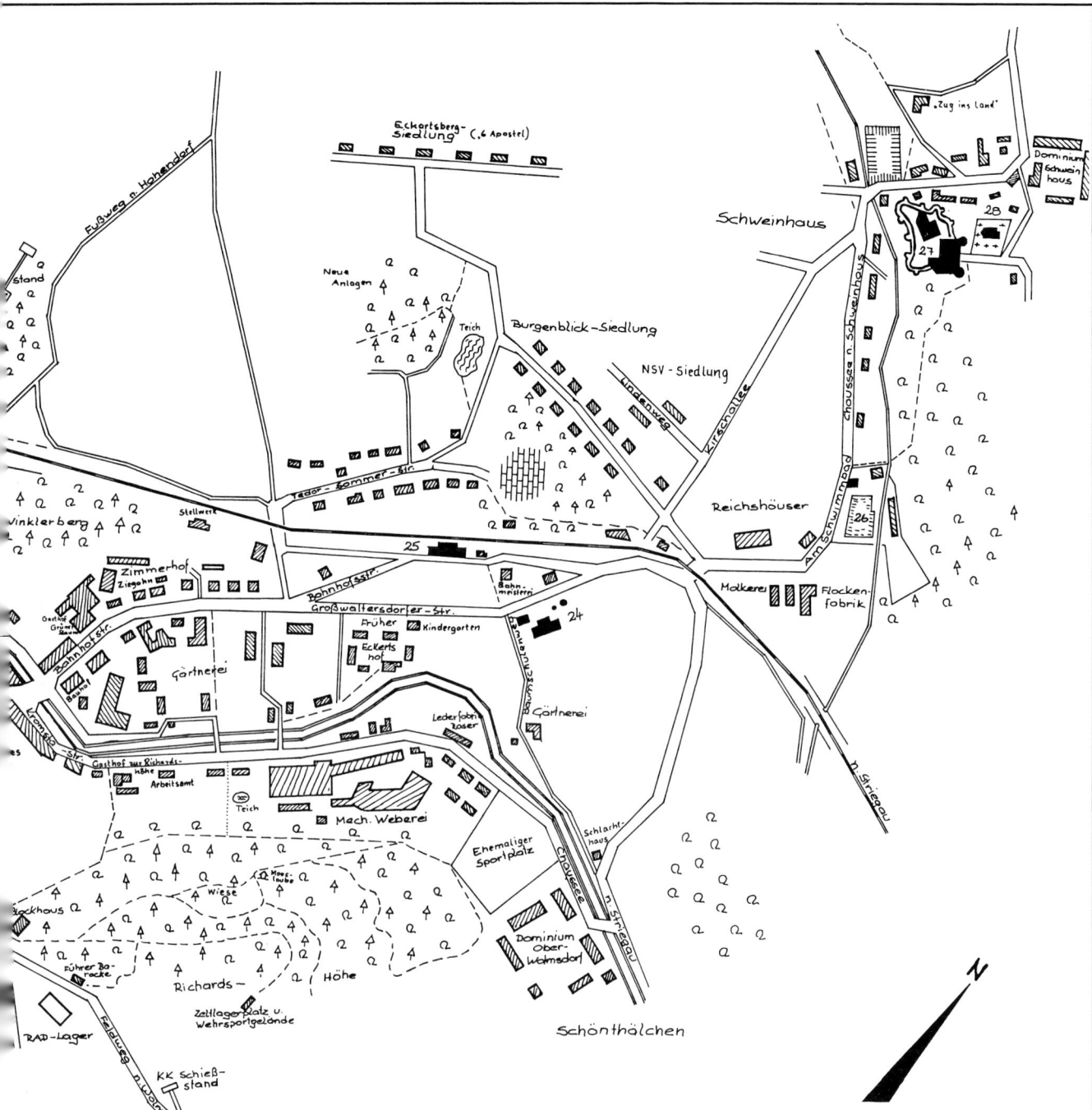

Bolkenhain

Stadt im Kreis Jauer, Reg.-Bezirk Liegnitz, Niederschlesien;

an der Wütenden Neiße, 332 m über NN.

1939: 4589 Einwohner, meist evangelisch, 1416 Haushaltungen

als deutsche Marktsiedlung nach Zerstörung durch die Mongolen (1241) durch Bolko II. vor 1276 angelegt;

1276 urkundlich genannt, Vogt erwähnt, Stadtgründung aus Wilder Wurzel

1277 Bolkoburg, ab 1534 als Renaissanceschloß umgebaut

1298 erstes Hospital mit Probstkirche

1544 Einführung der Reformation

1545 deutsche Volksschule

1629 Gegenreformation

1654 Auswanderung evangelischer Einwohner

1646 durch die Schweden erobert und beschädigt

1742 evangelisches Bethaus, 1855 evangelische Kirche

1809 Städteordnung eingeführt

1829 Stadtmauer abgebrochen

1890/1929 Eingemeindungen

1890 Eisenbahnanschluß, 1899 Anschluß an Schlesische Gebirgsbahn

Volksschule, Mädchen-Mittelschule, landwirtschaftliche Haushaltungs- und Winterschule.

Mechanische Weberei, Leder-, Textil- und Baustoffindustrie.

Ackerbürger, Handwerker.

Fremden- und Ausflugsverkehr.

Heimatmuseum auf der Bolkoburg.

Amtsgericht, Finanzamt.

Schuhindustrie, Ziegelei, Sägewerk.

Seit 1945 wenig zerstört unter polnischer Verwaltung: Bolków

Patenschaft: Stadt Borken

48

Brieg (Plan Seite 54/55)

Stadtkreis und Kreisstadt des Landkreises Brieg im Regierungsbezirk Breslau;
auf dem linken Oderufer, 45 km oberhalb von Breslau, 148 m über NN.
Gesamtfläche: 11,93 km²
Einwohner: 31 419
   davon 15 435 männlich, 15 984 weiblich
Einwohner je km²: 2633,6
Haushaltungen: 9546
Gemeinden: 1
Wohnplätze: 5
Religionszugehörigkeit:
   evangelisch: 70,0 %
   röm. katholisch: 27,2 %
1200 bereits bestehendes herzogliches Kirchdorf
1235 Wohnsitz eines Wirtschaftsverwalters des Herzogs von Breslau
um 1300 Burg
1248 zu deutschem Recht ausgesetzte Stadt, Neumarkter (Hallenser) Recht
1290 Pfarrschule St. Nikolai
1327 Magdeburger Stadtrecht
Stadtmauern (um 1300) wurden 1807 durch Franzosen geschleift
1534 Reformation eingeführt
1547–86 italienisch beeinflußte Renaissance-Bauten;
1536–74 Schloßumbau in eine Frührenaissance-Residenz mit Turm, 1741 zum Teil zerstört, im 19./20. Jahrhundert rekonstruiert, jetzt Museum
1569–72 Renaissance-Rathaus
1675 an Habsburg, damit planmäßige Rekatholisierung
1742 an Preußen
im 19. Jahrhundert Anlage vieler Industriewerke

1842 Eisenbahnanschluß
Öffentliche Volksschulen im Stadtkreis: 6
   mit insgesamt Klassen: 70
   Jungen: 1603
   Mädchen: 1547
   Lehrer: 45
   Lehrerinnen: 23
Staatliche Oberschule, städtische Oberschule für Mädchen, Mittelschule, städtische Hilfsschule, staatliche Aufbauschule, gewerbliche Berufsschule, Mädchenberufsschule, kaufmännische Berufsschule, höhere Landwirtschaftsschule, Tageshandelsschule, Winterschule.
Sitz der Behörden des Landkreises, Krankenhäuser, Stadtarchiv, Stadtbibliothek, Stadtmuseum, Amtsgericht, Landgericht, Gewerbeaufsichtsamt, Wasserbauamt, Reichsbanknebenstelle, Provinzial Heil- und Pflegeanstalt, Tageszeitungen, Hauptzollamt, Diakonissenstift, Strafanstalt, Ziegeleien, Sägewerk, Mühle, Brauerei, Drahtgewebefabrik, Schiffswerft, Lederfabrik, Zuckersiederei, Maschinenfabrik, Handschuhfabrik, Geschäftsbücherfabrik, Pianofortefabrik, Ofenfabrik, Schlachthof, Gasanstalt, Schamottefabrik, Kies- und Sandsteinwerk, Dachpappenfabrik, Kartonpapierfabrik, Elektrizitätswerk, Garnison.
Land- und forstwirtschaftliche Betriebe: Größe 0,5–5 ha: 39; 5–10 ha: 2; 10–20 ha: 1; 20–100 ha: 4; über 100 ha: 4.
Personen in der Land- und Forstwirtschaft tätig: 514, in Industrie und Handwerk: 11 288, in Handel und Verkehr: 4846.
Polnischer Name heute: Brzeg
Patenschaftsträger: Stadt Goslar

Brockau (Plan Seite 56/57)

Stadt im Kreis Breslau, Regierungsbezirk Breslau;
südöstl. an der Stadtkreisgrenze von Breslau, 148 m über NN.
1939: 8689 Einwohner, meist evangelisch, 2917 Haushaltungen
1193 als „Prochnow" erwähnt, vor 1360 Stadt „Brockow villa"
1840 herrschaftliches Schloß
1842 Eisenbahnanschluß
1910 kathol. Pfarrkirche „St. Georg"
1911 Einweihung einer evang. Pfarrkirche
1939 Stadtrechte an Brockau
Bis in neuere Zeit wegen der Nähe zu Breslau Zugehörigkeit zu Breslauer Kirchspielen, auch wirtschaftlich, deswegen keine eigene Entwicklung.
Volksschulen, evangelisch und katholisch, Mittelschule
Großer Rangierbahnhof – Eisenbahnerstadt, Landwirtschaft
Seit 1945 polnischer Name: Brochów, 1970 nach Breslau eingemeindet
Patenschaft wie Landkreis Breslau: Kreis Borken

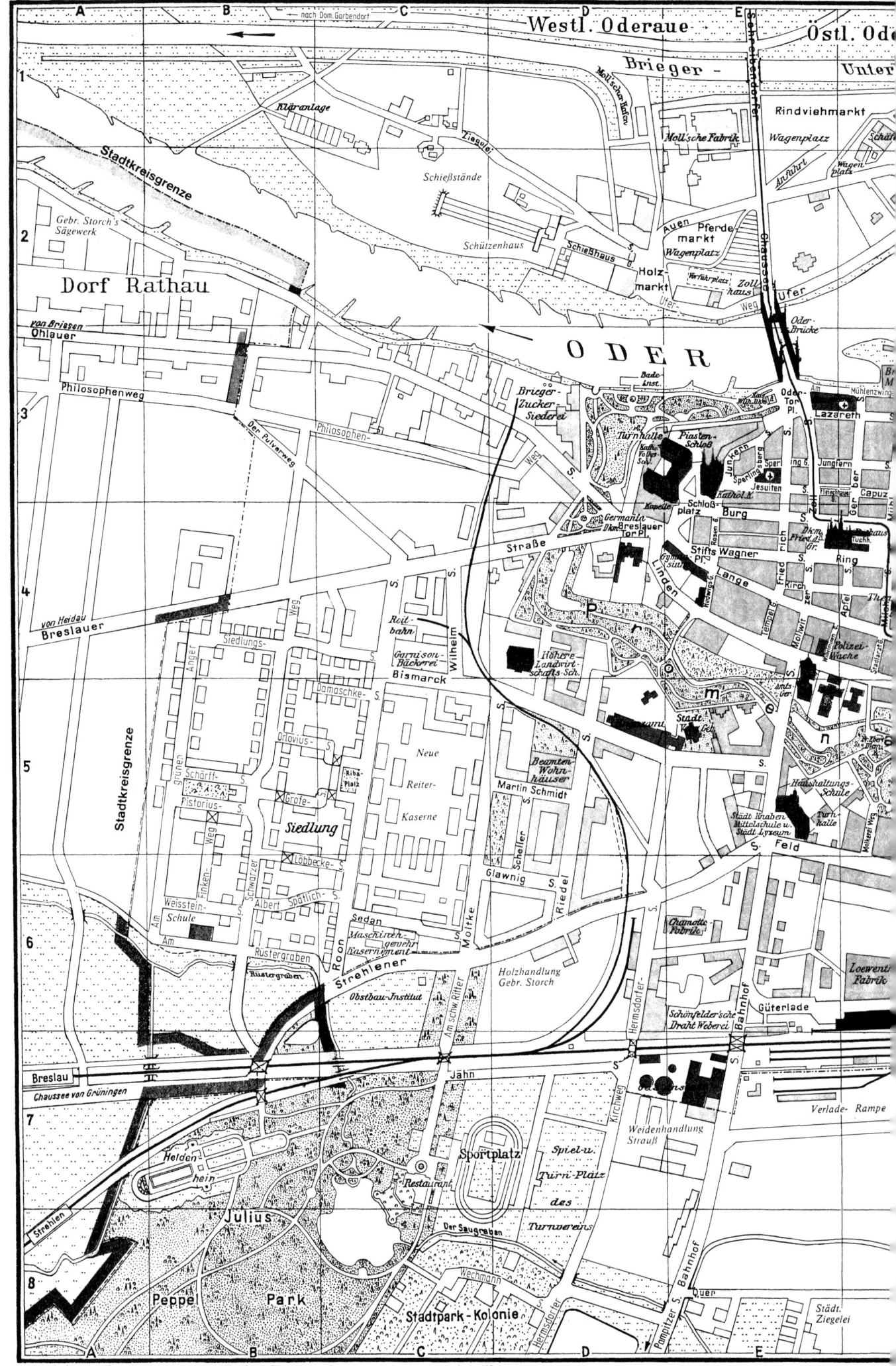

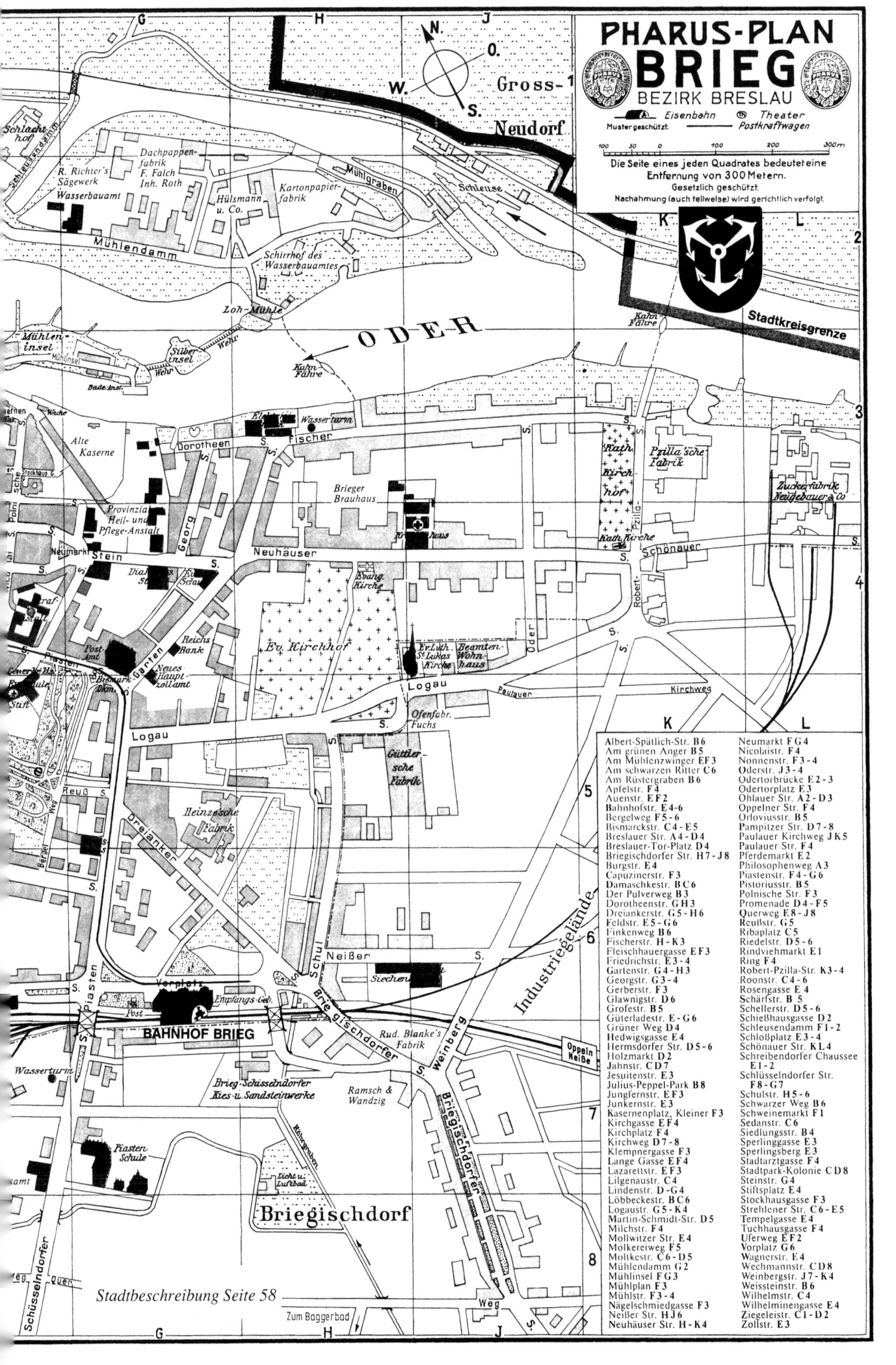

PHARUS-PLAN
BRIEG
BEZIRK BRESLAU

Mustergeschützt.

Eisenbahn   Ⓣ Theater
Postkraftwagen

100   50   0   100   200   300m

Die Seite eines jeden Quadrates bedeutet eine
Entfernung von 300 Metern.
Gesetzlich geschützt.
Nachahmung (auch teilweise) wird gerichtlich verfolgt.

Stadtkreisgrenze

O D E R

Gross-

Neudorf

Stadtbeschreibung Seite 58

BAHNHOF BRIEG

Briegischdorf

Zum Baggerbad

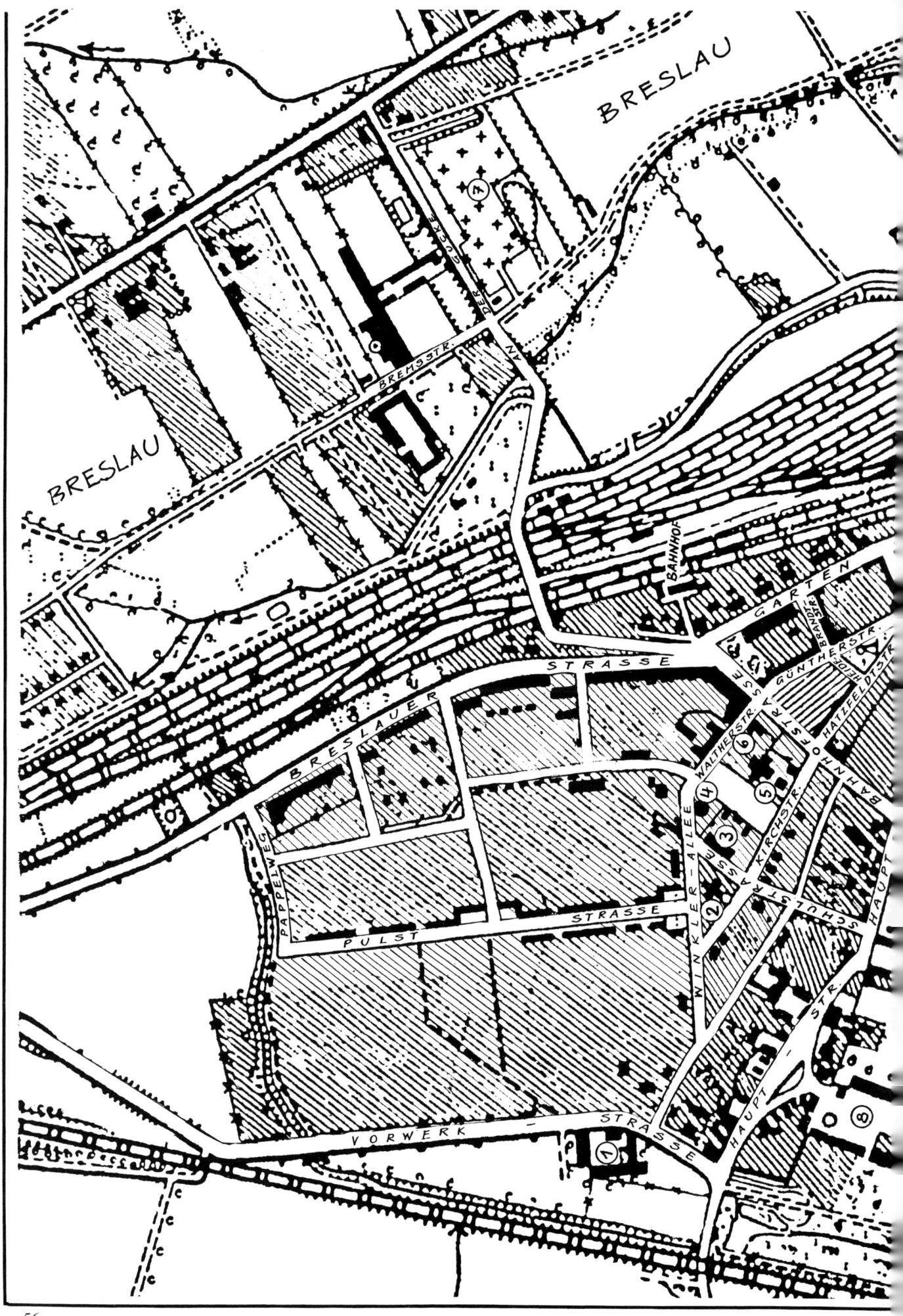

BRESLAU

BRESLAU

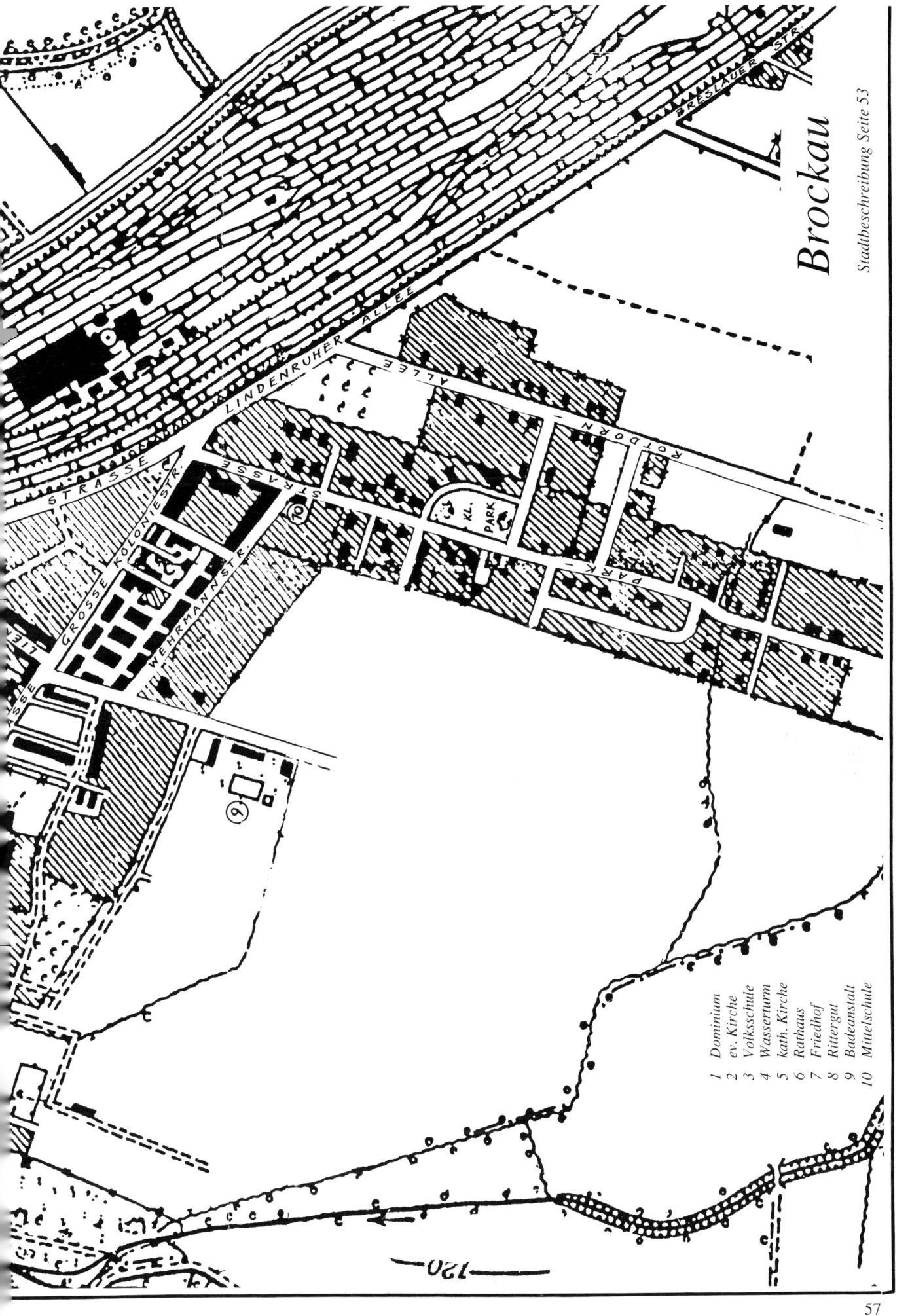

Brockau

Stadtbeschreibung Seite 53

1 Dominium
2 ev. Kirche
3 Volksschule
4 Wasserturm
5 kath. Kirche
6 Rathaus
7 Friedhof
8 Rittergut
9 Badeanstalt
10 Mittelschule

57

Bunzlau

Kreisstadt im Regierungsbezirk Liegnitz;
auf dem rechten Ufer des Bober, 175–194 m über NN.
1939: 21 946 Einwohner, meist evangelisch, 6271 Haushaltungen
Frühpiastische Furt- und Brückensiedlung am linken Boberufer
1202 als Mittelpunkt eines Burgbezirks bezeugt
1241 haben 150 Bergleute aus Bunzlau an der Mongolenschlacht teilgenommen
1242 gegründet und 1251 urkundlich als Stadt erwähnt; im 13. Jahrhundert Magdeburger Stadtrecht
1250–1309 zum piastischen Herzogtum Glogau, 1312 zu Jauer und mit diesem zur Krone Böhmens, 1742 zu Preußen
13. Jahrhundert Pfarrkirche St. Maria bezeugt, 1724 mit Barockfiguren geschmückt
1390 Schulmeister
Reste der Stadtmauer (14./15. Jahrhundert) sind erhalten
1525 Rathausbau
1597, am 23. 12. Martin Opitz geboren, geadelt als Martin Opitz von Boberfeld, Begründer der schl. Dichterschule
1756 barocke evangelische Kirche auf der zerstörten Burg erbaut
1754 Zahnsche Schul- und Waisenanstalten gegründet;
1844 Eisenbahnanschluß, Bunzlauer Boberviadukt gebaut, ältestes und längstes Brückenbauwerk Schlesiens
1906 Kleinbahn Bunzlau – Neudorf
1913 Kleinbahn Bunzlau – Modlau, beide Kleinbahnen
1921 zur Bunzlauer Kleinbahn vereinigt
1914 Hallenschwimmbad
1935 Untersuchungsarbeiten und Erschließung der bedeutendsten Kupferlagerstätte auf deutschem Boden, erste Ausbaustufe 1944 fertiggestellt
3 Volksschulen, Hilfsschule, Oberschule, städtische Berufsschule, bäuerliche Werkschule, Keramische Fachschule und Glasfachschule, Mittelschule, Aufbauschule, Lyzeum, Polizei/Gendarmeriefachschule, Truppführerschule des Reichsarbeitsdienstes.
Glasindustrie, Wollspinnereien, Eisengießereien, Pappefabrik, Gebrauchsgeschirr (Bunzlauer Gut), Steinzeugwerke, Tonwarenfabriken.
Staatl. Behörden, Landestheater, Amtsgericht, Zollamt, Finanzamt, Kreisbehörden, Krankenhaus, Arbeitsamt, weltberühmter Steinmetzbetrieb, Stadtarchiv, städtisches Museum, Kreisarchiv, Bücherei der Staatl. Zahnschen Schulanstalten mit Internat.
Prov. Heil- und Pflegeanstalt.
8 Töpfereien, Landmaschinenbau.
Wehrbezirkskommandantur, Wehrkreiskommando, Garnison.
1945 zu 60 % zerstört. Polnischer Name heute: Bolesławiec
Patenschaft: Stadt Siegburg

1	Kirche	17	Kleinbahnhof
2	Gut	18	Carlswerk
3	Sportplatz	19	Prov. Heil- u.
4	Hospital		Pflegeanstalt
5	Pumpstation	20	Lyzeum
6	Jugendhaus	21	kath. Schule
7	Schlachthof	22	ev. Friedhof
8	Spinnerei	23	Amtsgericht
9	Wilhelmshof	24	kath. Friedhof
10	Gasanstalt	25	ev. Schule
11	Tonröhrenfabrik	26	Städt. Waisenhaus
12	Gymnasium	27	Landratsamt
13	Theater	28	keram. Fachschule
14	Rathaus	29	Wasserwerk
15	ev. Kirche	30	Kreiskrankenhaus
16	kath. Kirche	31	Schießstand

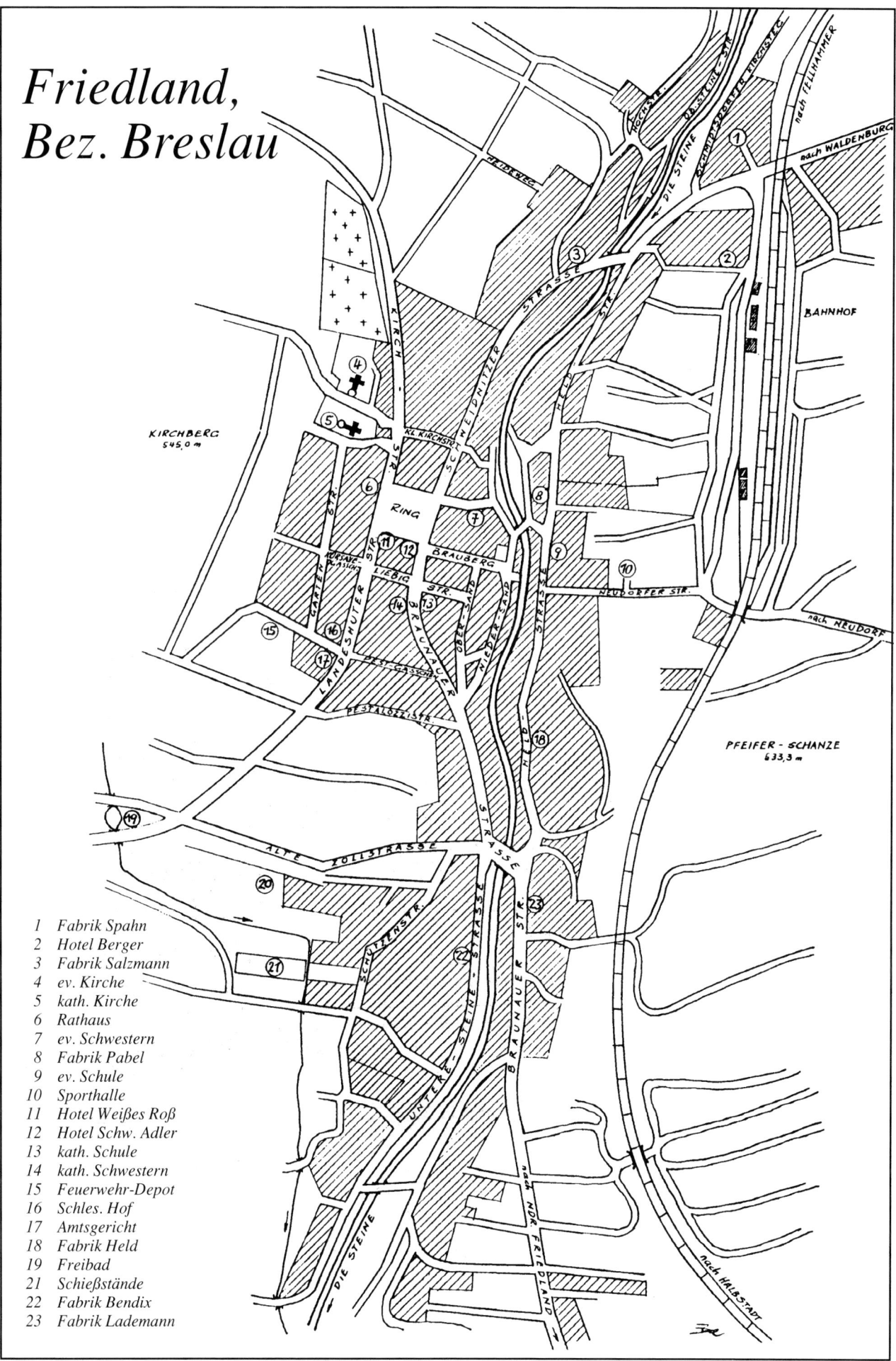

Friedland, Bez. Breslau

1 Fabrik Spahn
2 Hotel Berger
3 Fabrik Salzmann
4 ev. Kirche
5 kath. Kirche
6 Rathaus
7 ev. Schwestern
8 Fabrik Pabel
9 ev. Schule
10 Sporthalle
11 Hotel Weißes Roß
12 Hotel Schw. Adler
13 kath. Schule
14 kath. Schwestern
15 Feuerwehr-Depot
16 Schles. Hof
17 Amtsgericht
18 Fabrik Held
19 Freibad
21 Schießstände
22 Fabrik Bendix
23 Fabrik Lademann

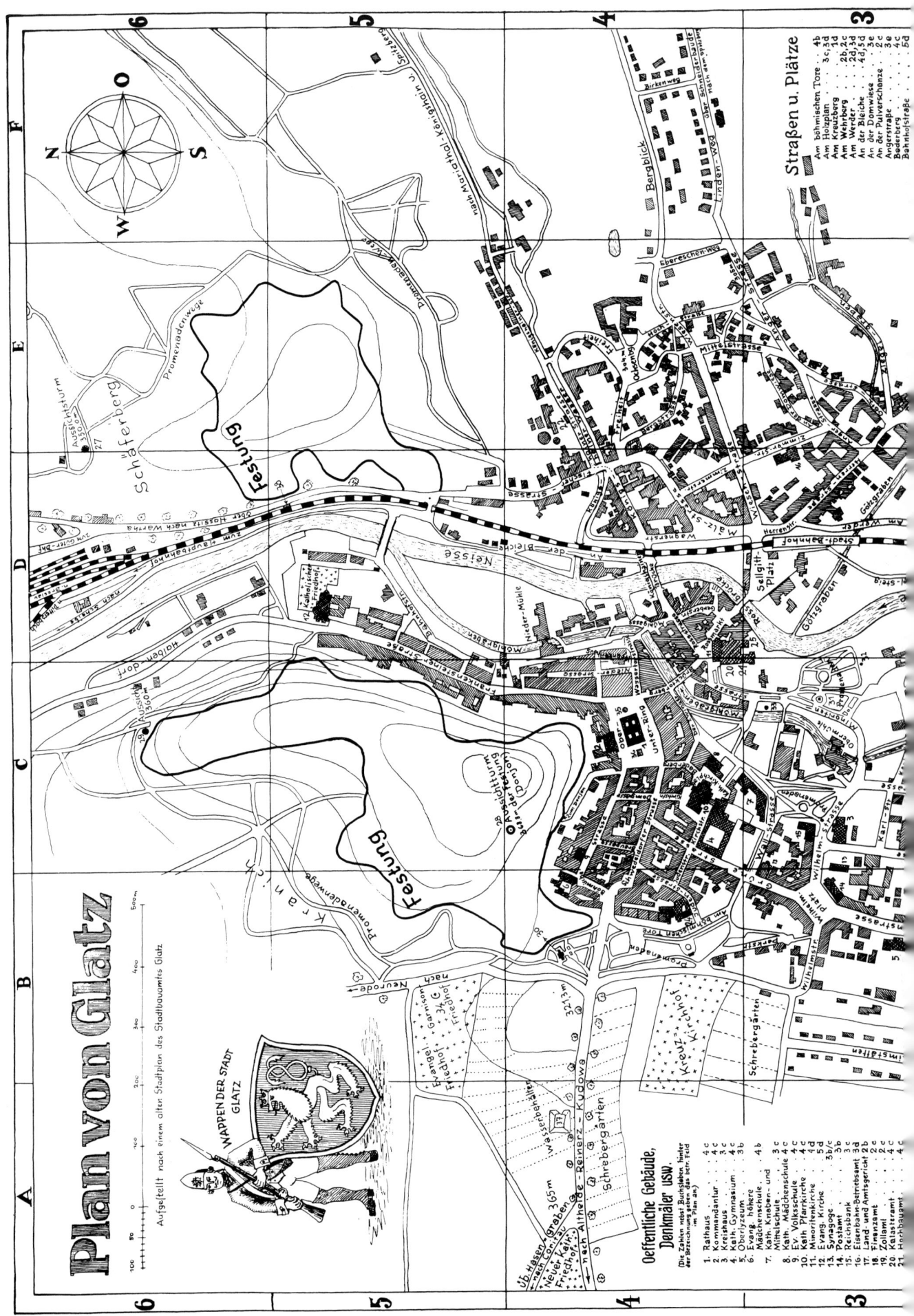

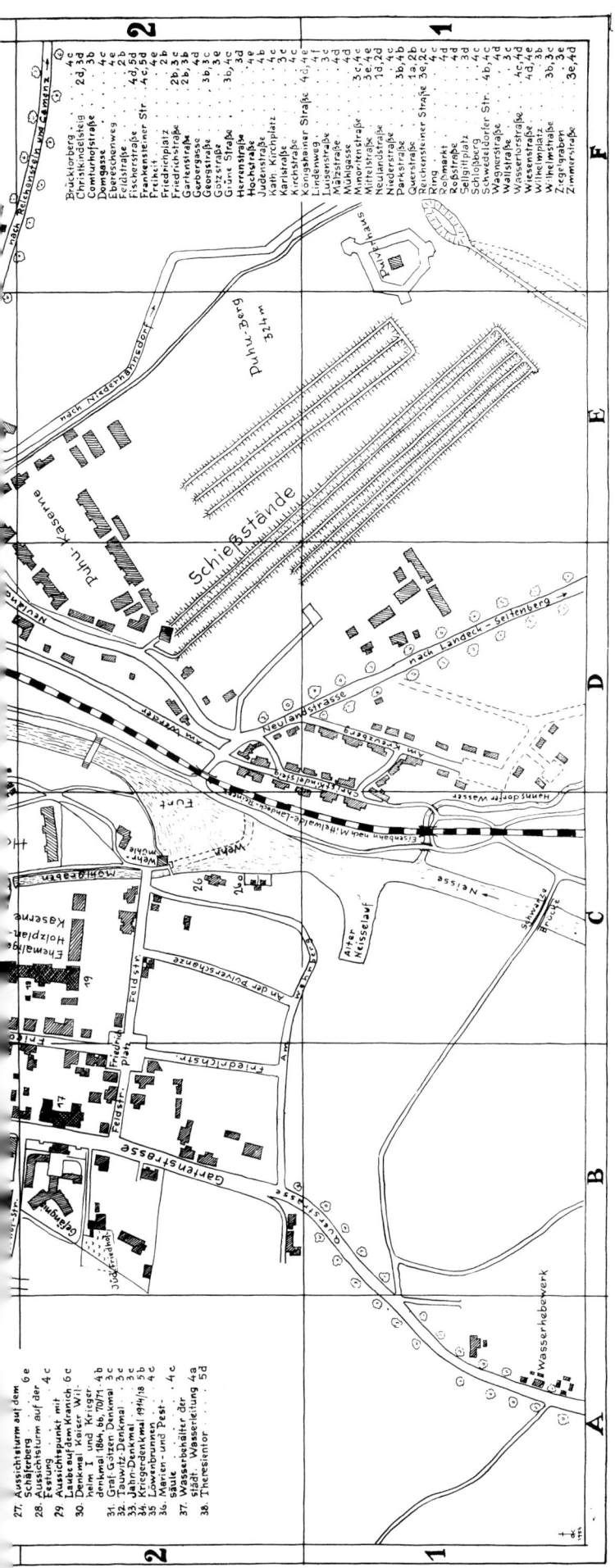

Brückenberg	4 c	Königshainer Straße	4 d, 4 c
Christkindelsteig	2 d, 3 d	Lindenweg	4 e
Comturhofstraße	3 b	Luisenstraße	3 c
Domgasse	4 c	Mälzstraße	3 c
Domgasse	4 c	Mühlgasse	3 e, 4 e
Ebereschenweg	2 b	Minoritenstraße	3 c, 4 c
Feldstraße	2 b	Mittelstraße	1 d, 2 d
Fischerstraße	4 d, 5 d	Neulandstraße	4 c
Frankensteiner Str.	4, 5 d	Niederstraße	3 c, 4 c
Freiheit		Parkstraße	3 b, 4 b
Friedrichplatz	2 b	Querstraße	1 a, 2 b
Friedrichstraße	2 b, 3 b	Reichensteiner Straße	3 e, 2 c
Gartenstraße	2 b, 3 b	Ring	
Gerbergasse	3 b, 3 c	Rohrmarkt	3 d
Georgstraße	3 e	Roßschlacht	4 d
Götzstraße	3 e	Sellgillplatz	4 d
Grüne Straße	3 b, 4 c	Schloßberg	4 d
Herrnstraße	3 d	Schwedeldorfer Str.	4 b, 4 c
Hochstraße	4 e	Wagnerstraße	4 c
Judenstraße	4 c	Wallstraße	4 c, 4 d
Kath. Kirchplatz	4 c	Wasserstraße	4 d, 4 e
Karlstraße	4 d	Wiesenstraße	
Kirchstraße	4 c	Wiesenvorstraße	4 c, 4 d
Königshainer Straße	4 d, 4 c	Wilhelmplatz	
		Wilhelmstraße	3 b, 3 c
		Ziegelgraben	3 e
		Zimmerstraße	3 e, 4 d

27. Aussichtsturm auf dem	6 e
28. Schäferberg	
Aussichtsturm auf der	4 c
Festung	
29. Aussichtspunkt mit	6 c
30. Laube auf dem Kranich	
Denkmal Kaiser Wil-	
helm I und Krieger-	
denkmal 1864, 66, 70/71	4 b
31. Graf Götzen Denkmal	3 c
32. Tauwitz Denkmal	3 c
33. Jahn-Denkmal	3 c
34. Kriegerdenkmal 1914/18	5 b
35. Löwenbrunnen	4 c
36. Marien- und Pest-	
säule	4 c
37. Wasserbehälter der	
städt. Wasserleitung	4 a
38. Theresientor	5 d

Glatz

Kreisstadt im Regierungsbezirk Breslau; beiderseits der Glatzer Neiße zwischen der Mündung der Weistritz und Steine, 303 m über NN. 1939: 22 000 Einwohner, meist katholisch, 5934 Haushaltungen im 10. Jahrhundert als böhmische Grenzfestung gegen Polen bezeugt im 12. Jahrhundert von Deutschen besiedelt, erhielt Magdeburger Stadtrecht, Mittelpunkt der Grafschaft Glatz, Zeit der Aussetzung zu Deutschem Recht unbekannt 1350 wurden auch die Slawen dem deutschen Recht unterstellt

1371 Beurkundung, daß das Recht schon vom Kaiser verliehen worden sei im 14. und 15. Jahrhundert spätgotische katholische Pfarrkirche, 1673 barock umgebaut 1426 Münzhoheit 1597–1622 Gegenreformation 1655–89 Jesuitenkolleg (später kath. Gymnasium), barocke Bürgerhäuser, Rathausturm, Statuen auf Brücke 1772 Religionsfreiheit 1807 Hauptbollwerk gegen Napoleon 1813 Sammelpunkt für die Erhebung gegen die Fremdherrschaft

1868 Eisenbahnanschluß Volksschulen, Mittelschule, Oberlyzeum, Gymnasium, Berufsschule, Landwirtschaftsschule, landwirtschaftliche Winterschule. Stadttheater, Museum, Stadtarchiv, Heimatkundearchiv. Amtsgericht, Landgericht. Museum des Glatzer Gebirgsvereins. Eisenbahnwerkstätten, Metallwaren-, Bau- und landwirtschaftliche Veredlungsindustrie. 1945 fast unversehrt unter polnische Verwaltung, polnischer Name heute: Kłodzko Patenschaftsträger: Stadt Lüdenscheid

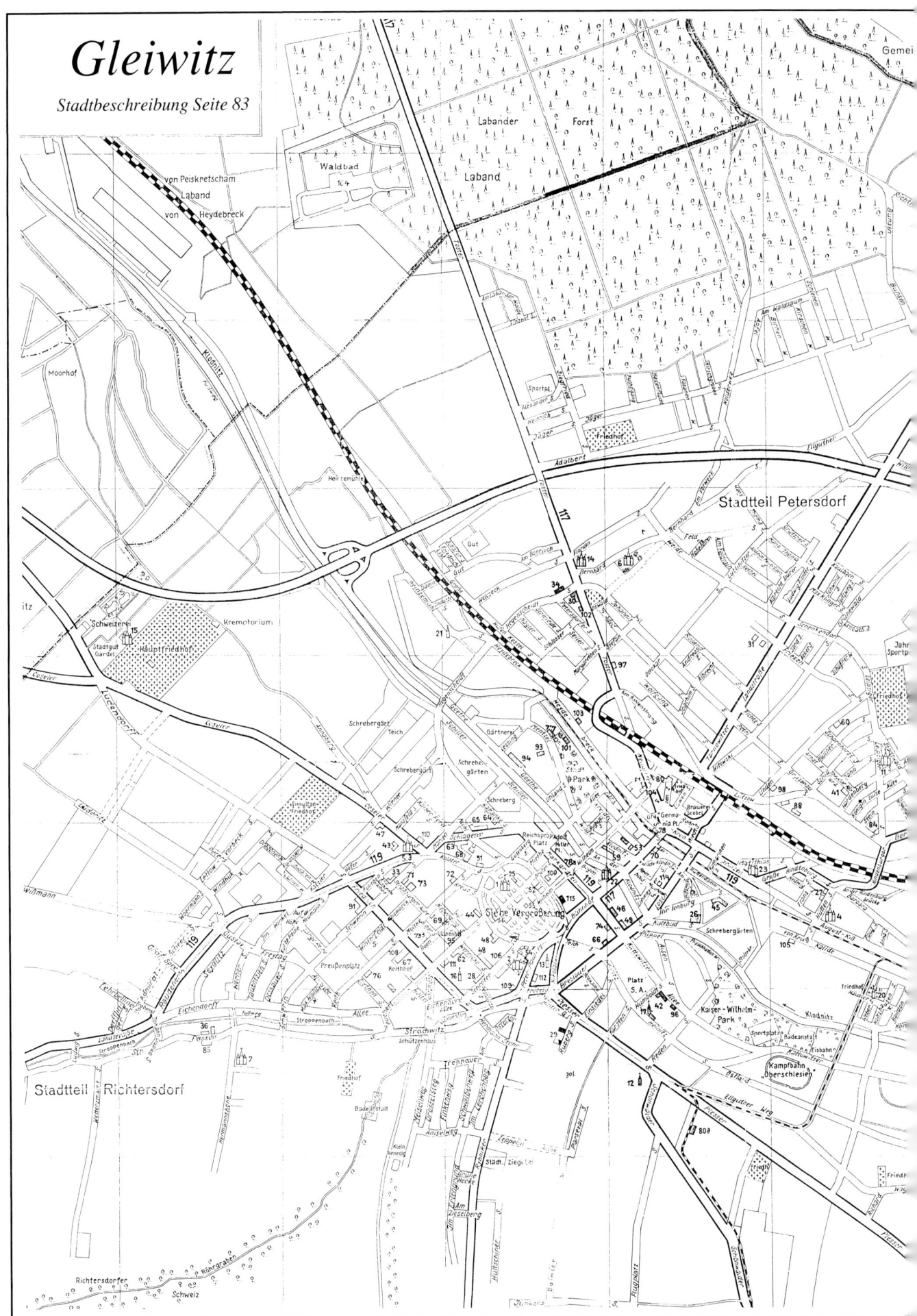

Gleiwitz

Stadtbeschreibung Seite 83

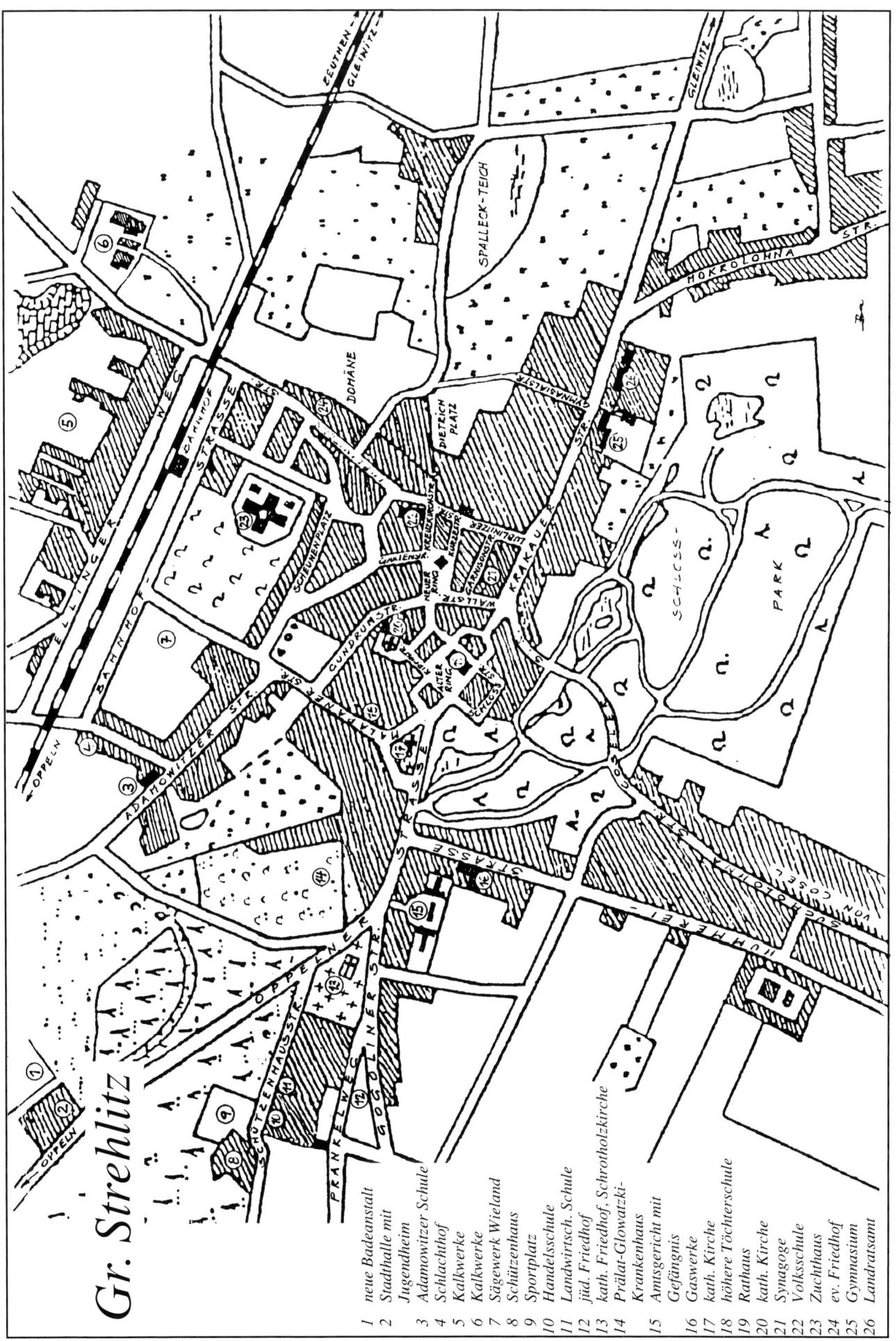

Gr. Strehlitz

1 neue Badeanstalt
2 Stadthalle mit
   Jugendheim
3 Adamowitzer Schule
4 Schlachthof
5 Kalkwerke
6 Kalkwerke
7 Sägewerk Wieland
8 Schützenhaus
9 Sportplatz
10 Handelsschule
11 Landwirtsch. Schule
12 jüd. Friedhof
13 kath. Friedhof, Schrotholzkirche
14 Prälat-Glowatzki-
   Krankenhaus
15 Amtsgericht mit
   Gefängnis
16 Gaswerke
17 kath. Kirche
18 höhere Töchterschule
19 Rathaus
20 kath. Kirche
21 Synagoge
22 Volksschule
23 Zuchthaus
24 ev. Friedhof
25 Gymnasium
26 Landratsamt

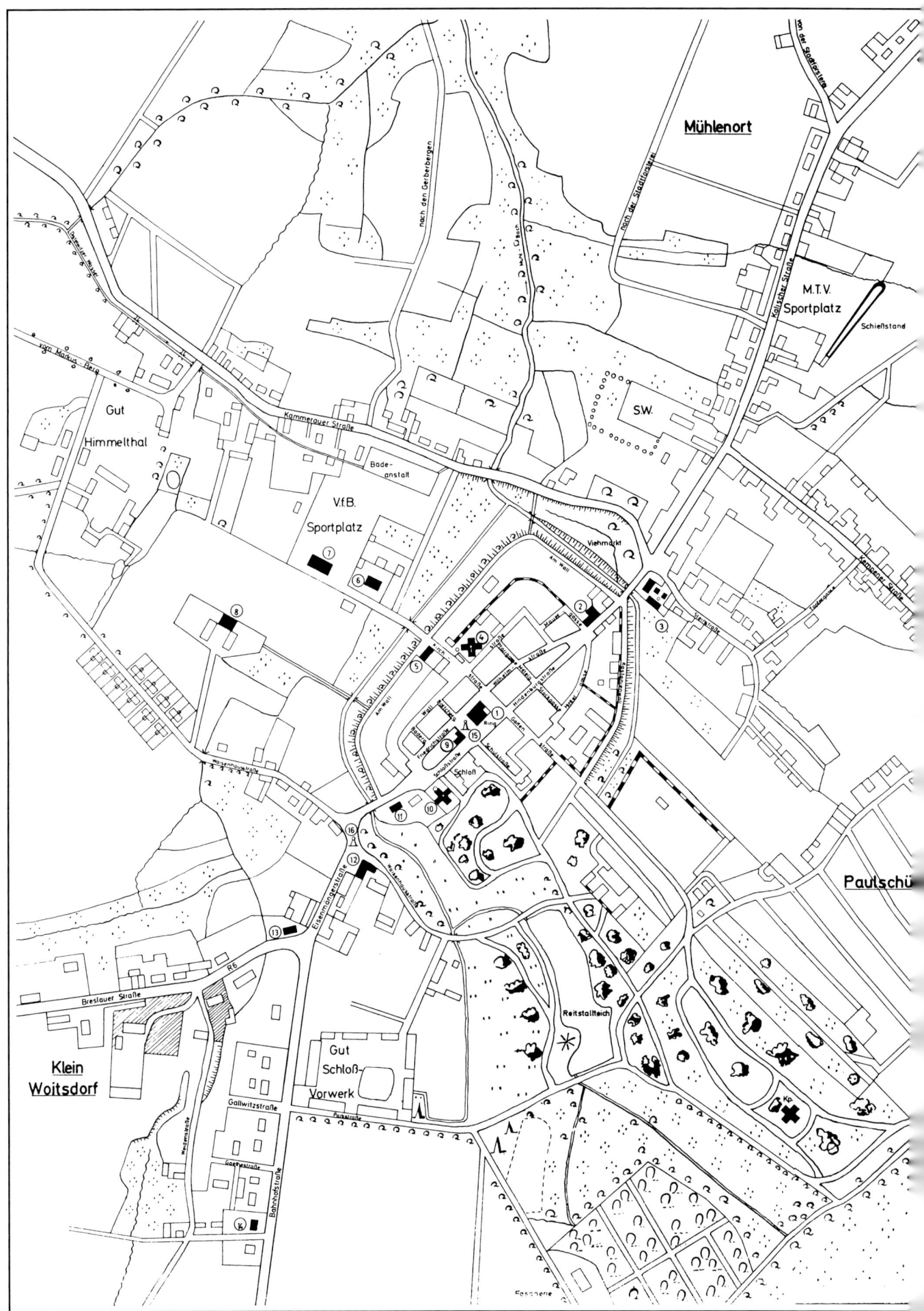

Mühlenort

M.T.V.
Sportplatz

Schießstand

S.W.

Gut
Himmelthal

Kammerauer Straße

Badeanstalt

Viehmarkt

V.f.B.
Sportplatz

⑦

⑥

⑧

②

③

④

⑤

①

⑮

⑨

Schloßkirche

Schloß

⑪

⑩

⑯

⑫

⑬

Eisennagergestraße

R6

Breslauer Straße

Paulschü

Reitstallteich

Kp.

Klein
Woitsdorf

Gut
Schloß-
Vorwerk

Gallwitzstraße

Gaustraße

Bahnhofstraße

Ⓚ

Fasanerie

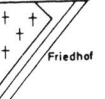
Friedhof

Gr. Wartenberg

1 Rathaus
2 Landratsamt und
  Kreishaus
3 Gasanstalt
4 kath. Kirche
5 kath. Schule
6 ev. Schule
7 Jugendhaus
8 kath. Waisenhaus
9 Amtsgericht
10 ev. Kirche
11 Post
12 Adelenstift
13 A. O. K.
14 Katasteramt
15 Kriegerdenkmal
16 Jahndenkmal

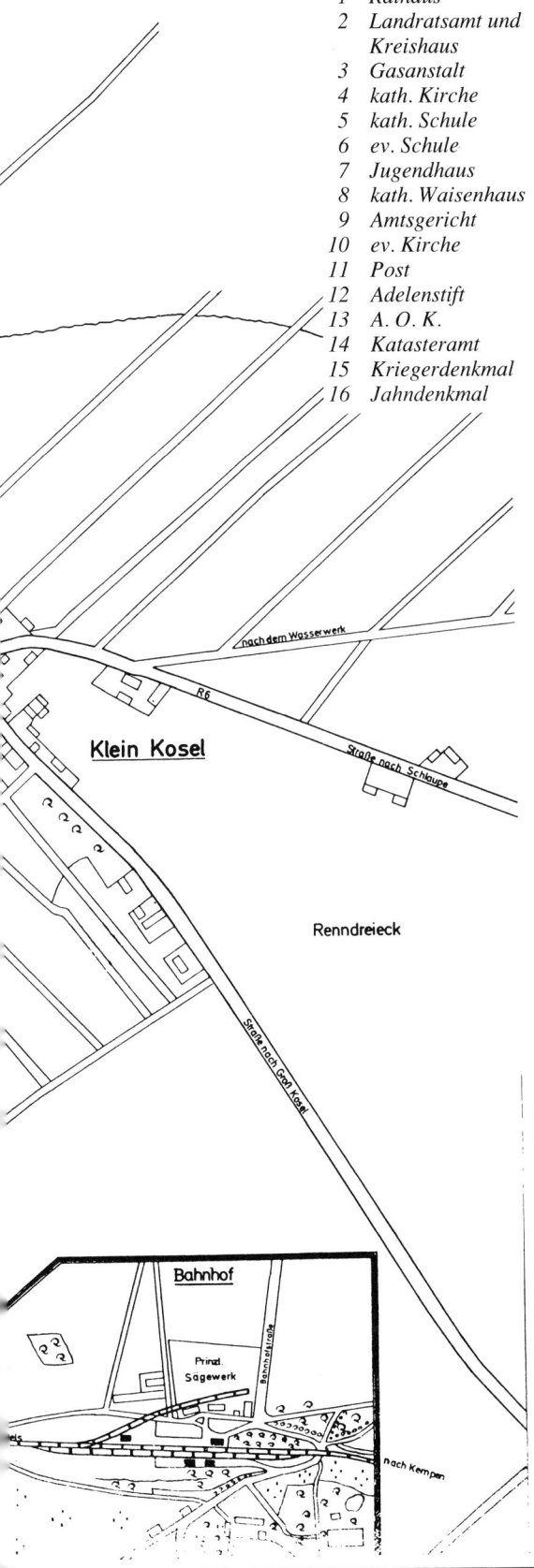

Klein Kosel

nach dem Wasserwerk

R6

Straße nach Schlaupe

Renndreieck

Straße nach Groß Kosel

Bahnhof

Prinzl.
Sägewerk

Bahnhofstraße

nach Kempen

Groß Wartenberg

Kreisstadt im Regierungsbezirk Breslau;
nahe der deutsch/polnischen Grenze von 1920 (2 km),
153 m über NN.
1939: 3089 Einwohner, meist evangelisch, 909 Haushaltungen
vor 1276 als Stadt begründet
1287 Magdeburger Recht bezeugt
1395 Pfarrschule erwähnt
1489 Freie Standesherrschaft
1494 katholische Pfarrkirche als Hallenkirche erneuert;
1785–89 evangelische Schloßkirche erbaut von Carl
Gotthard Langhans
1818 Neubau des Rathauses
1853 letzter Ausbau des Prinz-Biron-von-Curlandschen
Schlosses
1920 fällt der halbe Kreis (382,46 km^2) ohne Abstimmung an das neu erstandene Polen
Evangelische Volksschule, katholische Volksschule.
Kreisbehörden, Kreiskrankenhaus, Amtsgericht.
Kartoffelflockenfabrik, Maschinenbau, Mühlenbetrieb,
Sägewerke.
1945 zu mehr als 50 % zerstört, Rathaus und Schloß
durch Brandstiftung zerstört und der Rest abgebrochen.
Heutiger polnischer Name: Syców
Patenschaft: Kreis Schaumburg (Stadthagen)

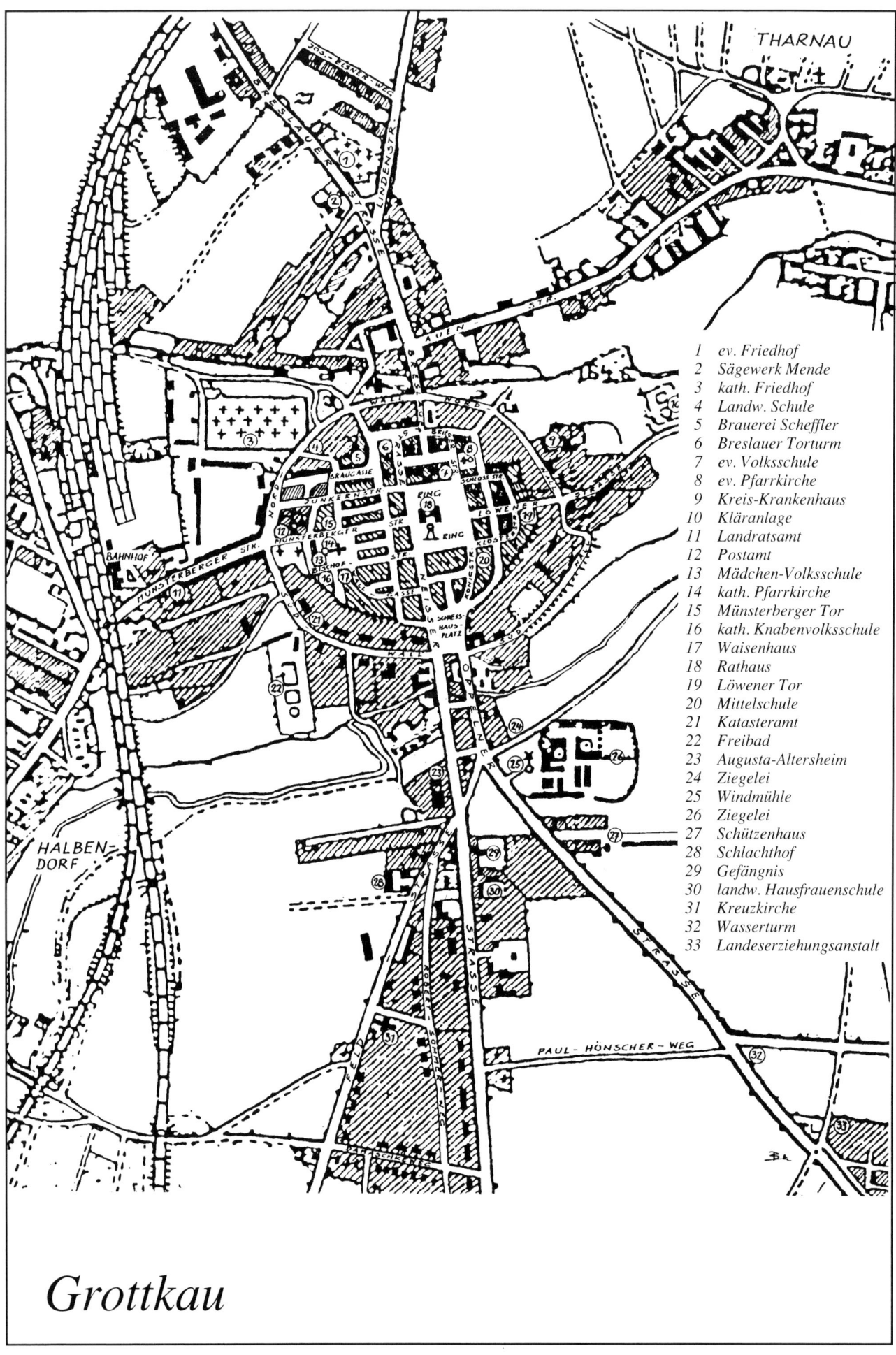

THARNAU

1   *ev. Friedhof*
2   *Sägewerk Mende*
3   *kath. Friedhof*
4   *Landw. Schule*
5   *Brauerei Scheffler*
6   *Breslauer Torturm*
7   *ev. Volksschule*
8   *ev. Pfarrkirche*
9   *Kreis-Krankenhaus*
10 *Kläranlage*
11 *Landratsamt*
12 *Postamt*
13 *Mädchen-Volksschule*
14 *kath. Pfarrkirche*
15 *Münsterberger Tor*
16 *kath. Knabenvolksschule*
17 *Waisenhaus*
18 *Rathaus*
19 *Löwener Tor*
20 *Mittelschule*
21 *Katasteramt*
22 *Freibad*
23 *Augusta-Altersheim*
24 *Ziegelei*
25 *Windmühle*
26 *Ziegelei*
27 *Schützenhaus*
28 *Schlachthof*
29 *Gefängnis*
30 *landw. Hausfrauenschule*
31 *Kreuzkirche*
32 *Wasserturm*
33 *Landeserziehungsanstalt*

Grottkau

Grottkau

Kreisstadt im Regierungsbezirk Oppeln;
links der Oder in der schlesischen Ebene am Ostrand der Sudetenvorhöhen (Strehlener Berge), 173 m über NN.
1939: 4867 Einwohner, meist katholisch, 1382 Haushaltungen
1210 slawisches Dorf Grodcowichi genannt, 1234 in deutsches Dorf umgewandelt
1268 auf der Gemarkung von „novum Grodcow" ausgesetzt
1278 an die heutige Stelle verlegt mit deutschem (Neumarkter) Recht, seit 1324 Breslauer Stadtrecht, ab 1467 Magdeburger Recht
1282 Pfarrkirche beurkundet
1296 Stadtmauer mit 4 Tortürmen, 1664 erhöht, z. T. noch erhalten
im 13. Jahrhundert katholische Pfarrkirche St. Michael;
1847 evangelische Kirche erbaut
von 1344 bis 1810 Hochfürstliche Bischöfliche Stadt;
1847 Eisenbahnanschluß
1427, 1524 und 1532 Schlesische Fürstentage in Grottkau
Volksschule, höhere Knaben- und Mädchenschule, einzige Landfrauenschule in Oberschlesien.
Kreisbehörden.
Handwerkerstadt mit bescheidenem Handel, Getreidemärkte.
Maschinenbau- und Lackfabriken, Zigarrenfabrik.
Viehmärkte und Jahrmärkte.
Heimatmuseum, Heimatarchiv, Bücherei.
1945 teilzerstört, heutiger polnischer Name: Grodków
Patenschaft: Stadt Beckum

Grünberg i. Schles. (Plan auf Seite 100/101)

Kreisstadt im Regierungsbezirk Liegnitz;
inmitten von Gärten und Weinbergen in der klimatisch begünstigten Hügellandschaft der Grünberger Heide südlich der Oder, 139 m über NN.
1939: 26 076 Einwohner, meist evangelisch, 9059 Haushaltungen
1222 durch fränkische und flämische Siedler gegründet
1272 Befestigung des Ortes durch Plankenzaun
1272 katholische Stadtpfarrkirche
1302 als Stadt bezeugt, 1305 „cives" erwähnt
1329 an Böhmen, 1742 an Preußen
1429 Gräben und Mauer, 1827 Mauer abgebrochen
1522 erste lutherische Predigt, 1628 Katholisierungsversuche
1651 Wegnahme evangelischer Gotteshäuser
1746 evangelische Pfarrkirche, seit 1911 Christuskirche, 1917 Erlöserkirche
1870 Eisenbahnanschluß
seit 1314 Weinbau, seit Ende 19. Jahrhunderts Rückgang, nördlichstes Weinbaugebiet Deutschlands
1922 700jähriges Stadtjubiläum
3 evangelische, 1 katholische Volksschule, Hilfsschule, Realgymnasium, Oberschule für Mädchen, Berufsschule, Handelsschule, Fortbildungsschule, Haushaltsschule, Lehranstalt für Obst-, Wein- und Gartenbau.
Amtsgericht, Reichsbank, Zollamt, Gerichtsgefängnis, Arbeitsamt, Bethesda-Krankenhaus, Diakonissen-Mutterhaus, Jugendherberge, Städt. Kindererholungsheim, Schwesternheim, Waisenhaus, Hospital. Stadthalle, kathol. Krankenhaus, Privatklinik.
Kreisbehörden, Städtische Gasanstalt, Schlachthof.
Synagoge, Heimatmuseum, Weinmuseum, Lehrerbücherei.
Braunkohlenbergbau seit 1840, Maschinen- und Waggonbau, Tuch-, Papier-, Textilindustrie, Elektroindustrie, Konserven-, Spirituosen-, Schaumweinfabriken, erste Sektkellerei in Deutschland.
Garnison. Tageszeitung.
Seit 1945 polnischer Name: Zielona Góra
Patenschaft: Stadt Mainz

Guhrau (Plan auf Seite 102)

Kreisstadt im Regierungsbezirk Breslau;
im fruchtbaren Hügelland rechts des Unterlaufs der Bartsch, 87 m über NN.
1939: 5650 Einwohner, meist evangelisch, 1636 Haushaltungen
1155 und 1245 als „Villa Gora" genannt
im 12. Jahrhundert als slawischer Ort bezeugt
1289 in planmäßige Stadtanlage umgewandelt
1300 „civitas", Magdeburger Recht, Münzgerechtigkeit
vom 13. bis 17. Jahrhundert Tuchmacherstädtchen
1375 Holzbefestigung, Ende 15. Jahrhundert Mauer mit 12 Wehrtürmen, Rathaus erwähnt
1517 spätgotische Backstein-Hallenkirche St. Katharina mit Barockanbauten
16. Jahrhundert Aufschwung des Müllereigewerbes, 99 Windmühlen, nach 2. Hälfte des 19. Jahrhunderts Verfall
um 1600 stärkere Verbreitung der Reformation
1628 Gegenreformation, alle Kirchen wieder katholisch, Abwanderung von Protestanten nach Polen
1885 Eisenbahnanschluß
Volksschule, Realgymnasium, Gemeinschaftsschule.
Kreisbehörden, Kreiskrankenhaus.
Orgelbauanstalt, Zuckerfabrik, Molkerei, Bierbrauerei, Dampfmühle, Wasserwerk, Gasanstalt.
Stadtarchiv, Heimatmuseum.
Seit 1945 polnischer Name: Góra
Patenschaft: Stadt Herzberg/Harz

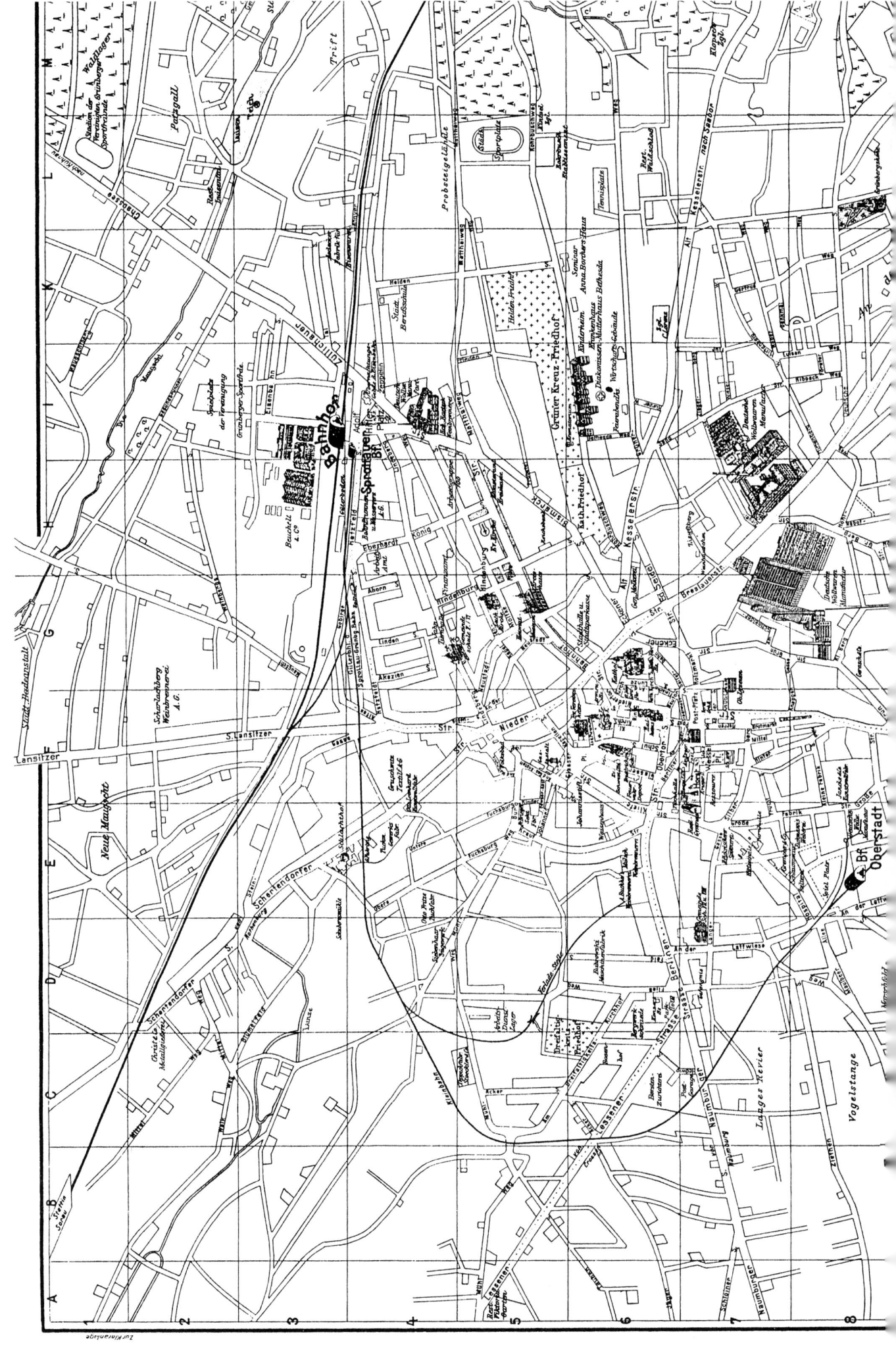

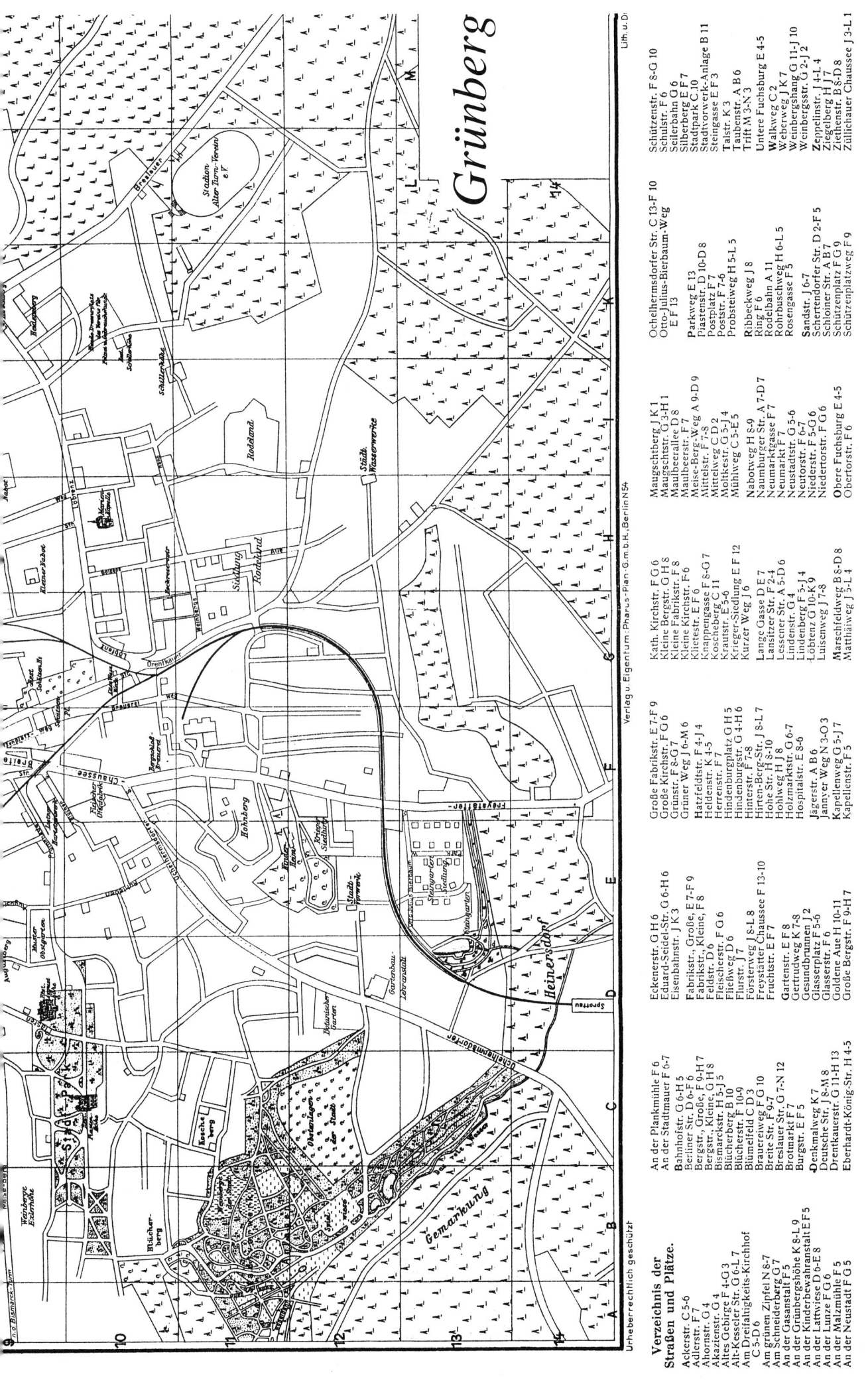

Grünberg

Verlag u. Eigentum: Pharus-Plan G.m.b.H., Berlin N54
Lith. u. Dr.

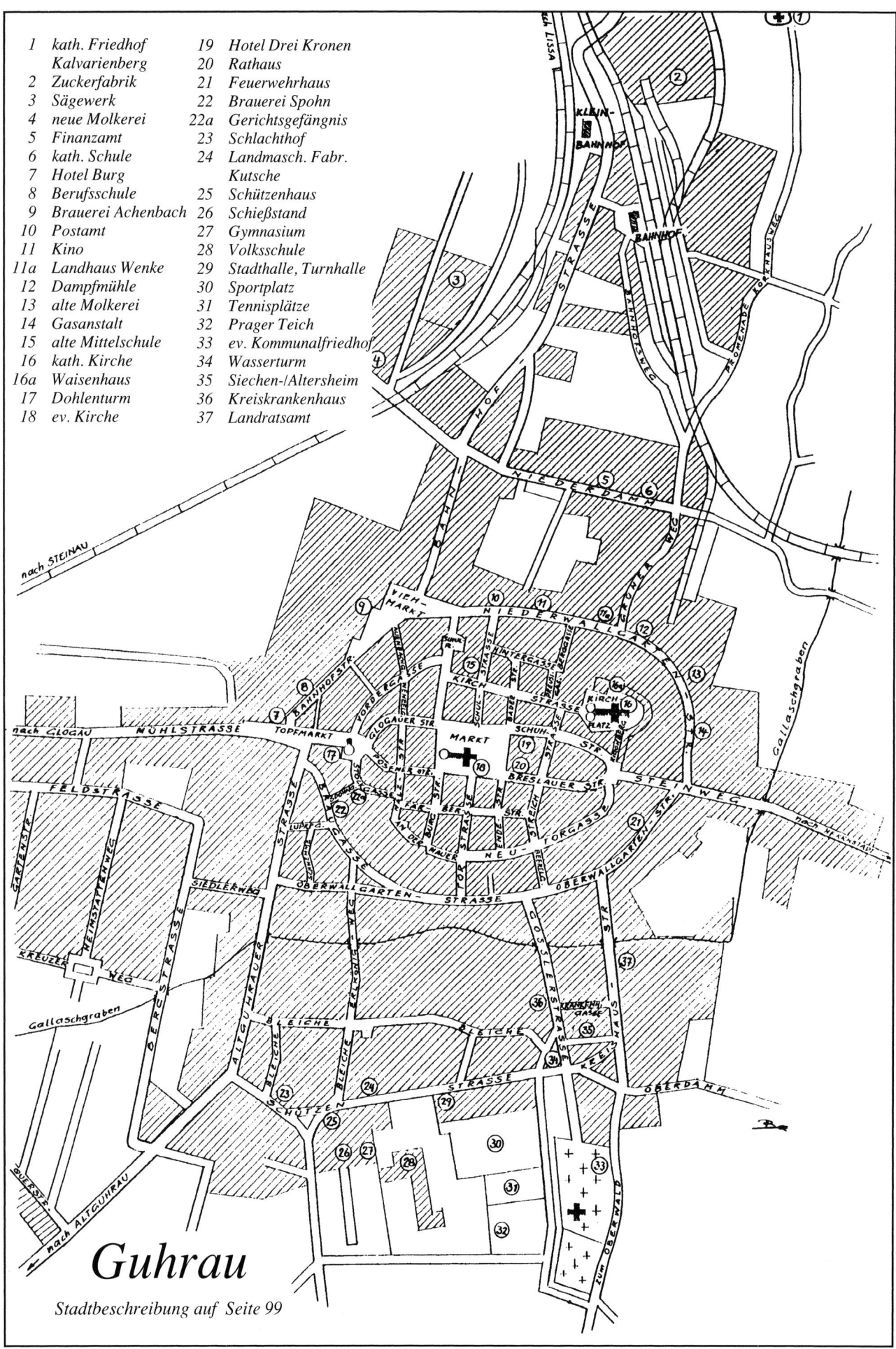

1   kath. Friedhof
    Kalvarienberg
2   Zuckerfabrik
3   Sägewerk
4   neue Molkerei
5   Finanzamt
6   kath. Schule
7   Hotel Burg
8   Berufsschule
9   Brauerei Achenbach
10 Postamt
11 Kino
11a Landhaus Wenke
12 Dampfmühle
13 alte Molkerei
14 Gasanstalt
15 alte Mittelschule
16 kath. Kirche
16a Waisenhaus
17 Dohlenturm
18 ev. Kirche

19 Hotel Drei Kronen
20 Rathaus
21 Feuerwehrhaus
22 Brauerei Spohn
22a Gerichtsgefängnis
23 Schlachthof
24 Landmasch. Fabr.
    Kutsche
25 Schützenhaus
26 Schießstand
27 Gymnasium
28 Volksschule
29 Stadthalle, Turnhalle
30 Sportplatz
31 Tennisplätze
32 Prager Teich
33 ev. Kommunalfriedhof
34 Wasserturm
35 Siechen-/Altersheim
36 Kreiskrankenhaus
37 Landratsamt

Guhrau

Stadtbeschreibung auf Seite 99

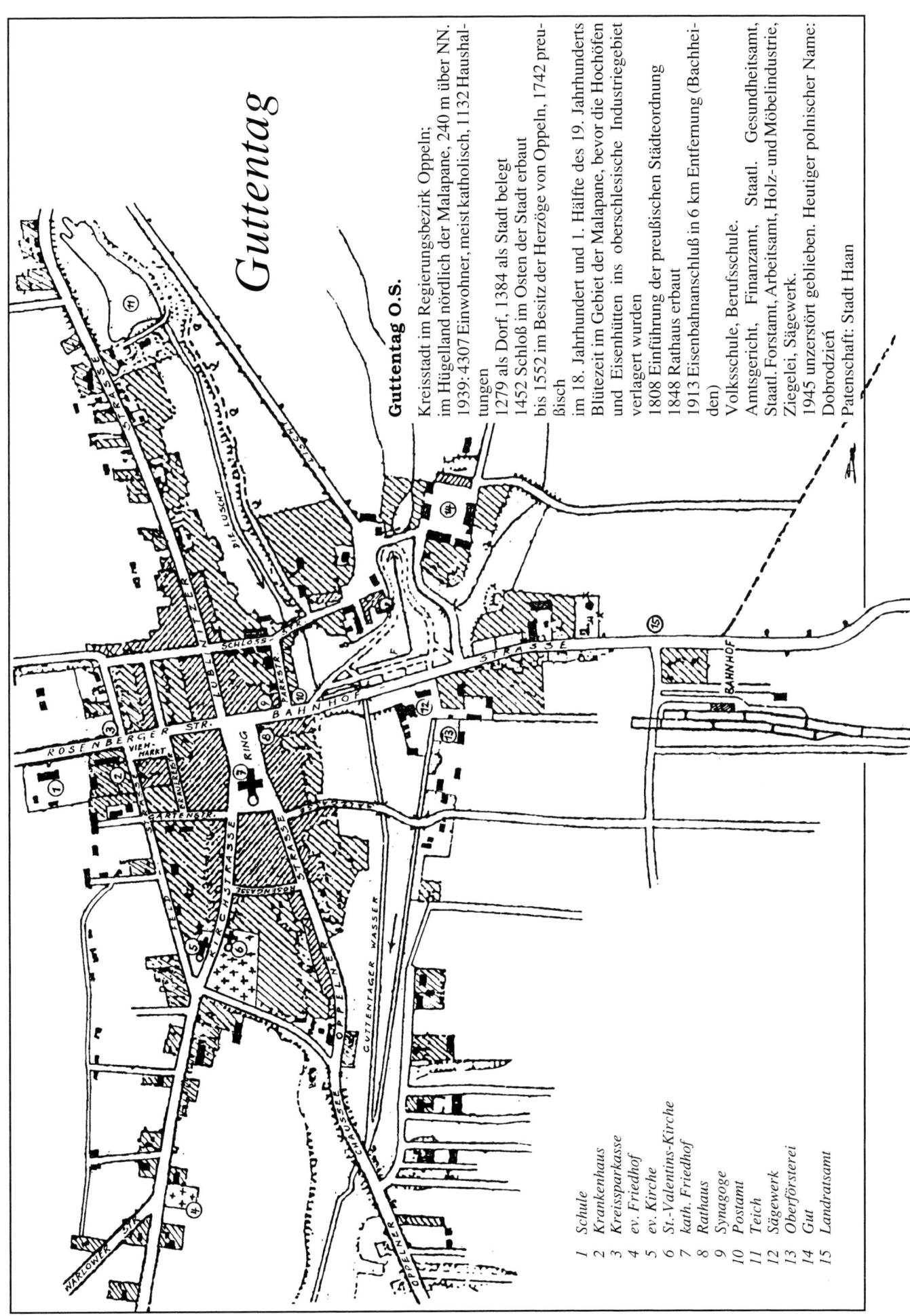

Guttentag

Guttentag O.S.

Kreisstadt im Regierungsbezirk Oppeln; im Hügelland nördlich der Malapane, 240 m über NN. 1939: 4307 Einwohner, meist katholisch, 1132 Haushaltungen

1279 als Dorf, 1384 als Stadt belegt

1452 Schloß im Osten der Stadt erbaut

bis 1552 im Besitz der Herzöge von Oppeln, 1742 preußisch

im 18. Jahrhundert und 1. Hälfte des 19. Jahrhunderts Blütezeit im Gebiet der Malapane, bevor die Hochöfen und Eisenhütten ins oberschlesische Industriegebiet verlagert wurden

1808 Einführung der preußischen Städteordnung

1848 Rathaus erbaut

1913 Eisenbahnanschluß in 6 km Entfernung (Bachheiden)

Volksschule, Berufsschule.

Amtsgericht, Finanzamt, Staatl. Gesundheitsamt, Staatl. Forstamt, Arbeitsamt, Holz- und Möbelindustrie, Ziegelei, Sägewerk.

1945 unzerstört geblieben. Heutiger polnischer Name: Dobrodzień

Patenschaft: Stadt Haan

1 Schule
2 Krankenhaus
3 Kreissparkasse
4 ev. Friedhof
5 ev. Kirche
6 St.-Valentins-Kirche
7 kath. Friedhof
8 Rathaus
9 Synagoge
10 Postamt
11 Teich
12 Sägewerk
13 Oberförsterei
14 Gut
15 Landratsamt

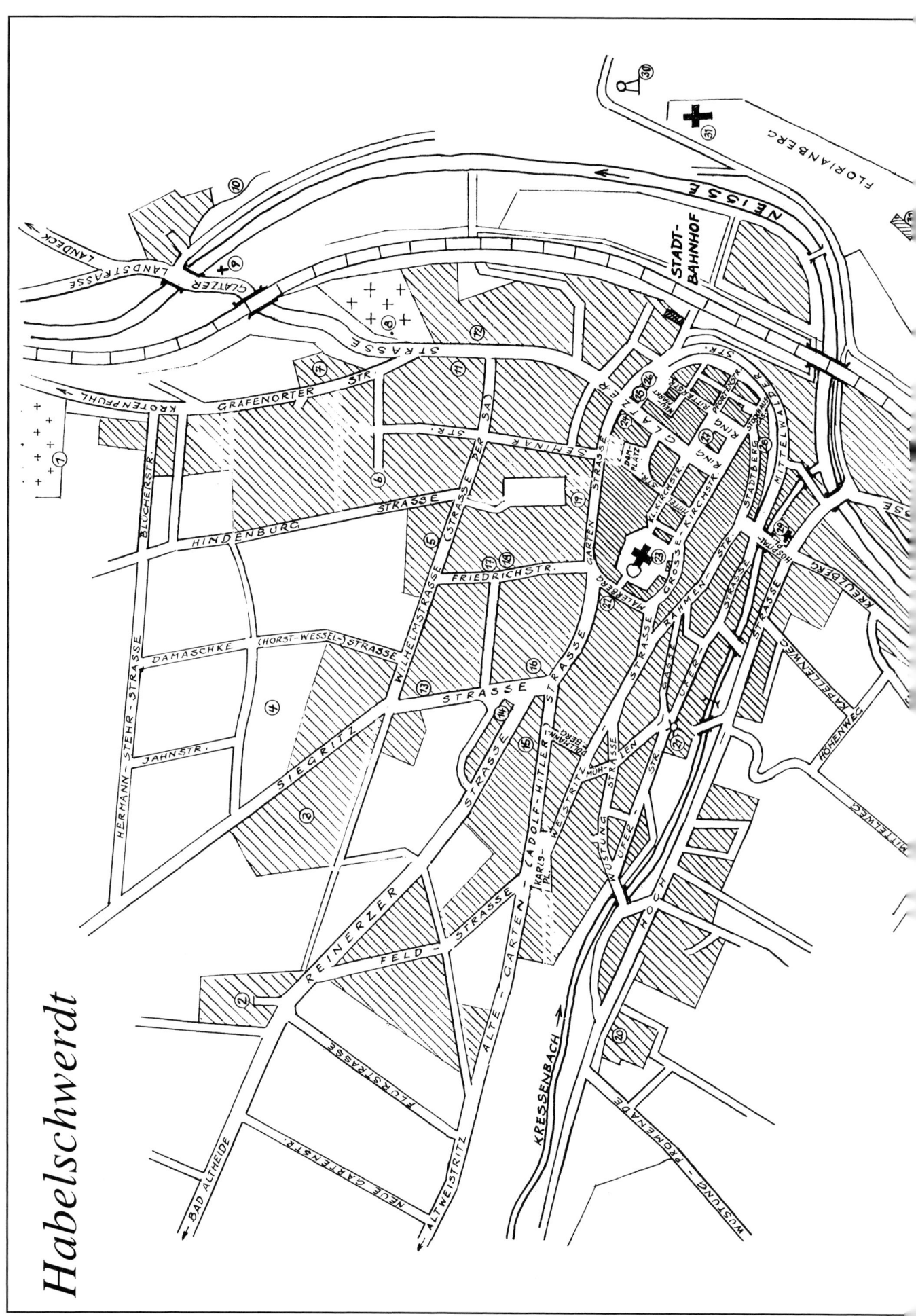

Habelschwerdt

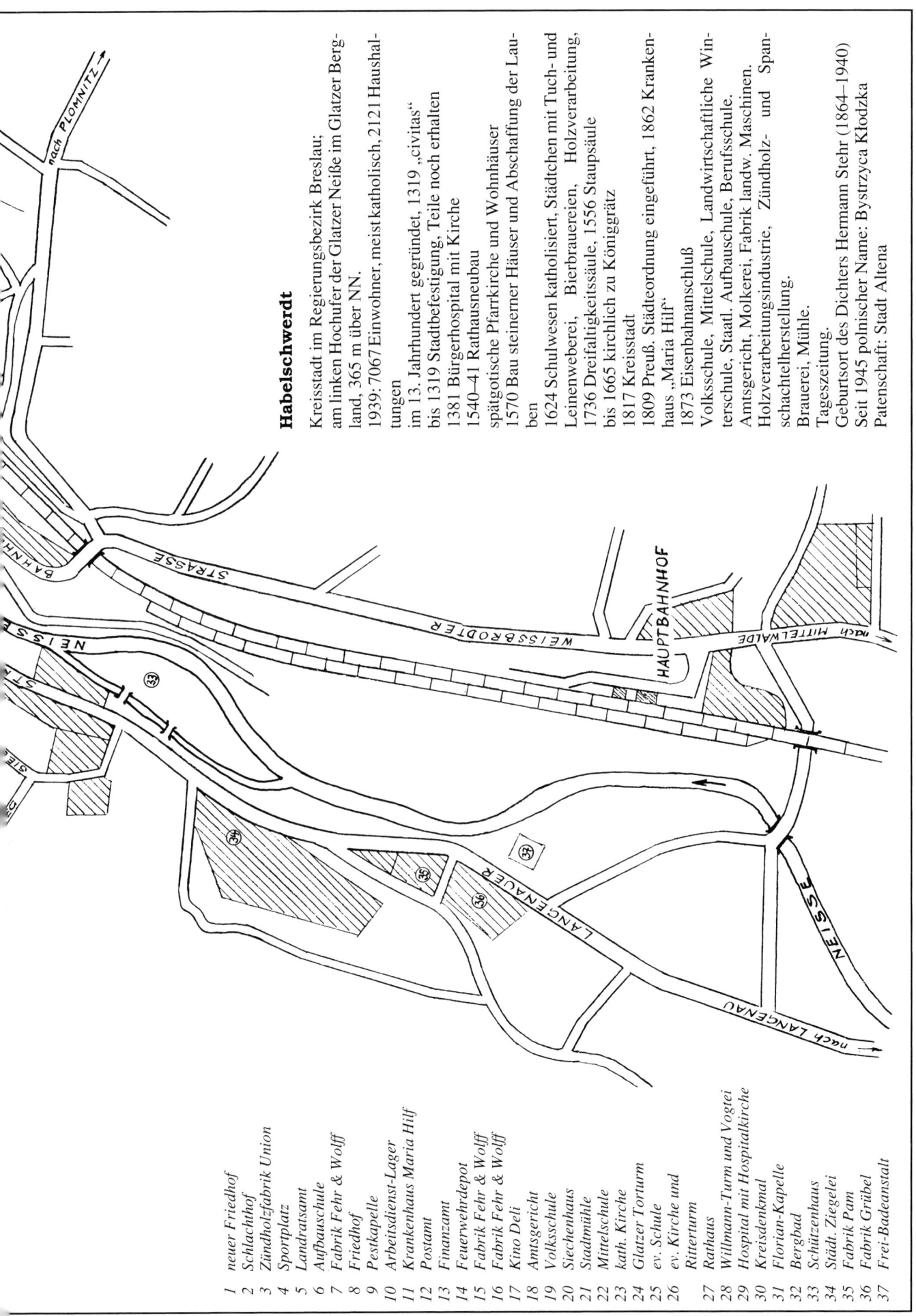

Habelschwerdt

Kreisstadt im Regierungsbezirk Breslau; am linken Hochufer der Glatzer Neiße im Glatzer Bergland, 365 m über NN.

1939: 7067 Einwohner, meist katholisch, 2121 Haushaltungen

im 13. Jahrhundert gegründet, 1319 „civitas"
bis 1319 Stadtbefestigung, Teile noch erhalten
1381 Bürgerhospital mit Kirche
1540–41 Rathausneubau
spätgotische Pfarrkirche und Wohnhäuser
1570 Bau steinerner Häuser und Abschaffung der Lauben

1624 Schulwesen katholisiert, Städtchen mit Tuch- und Leinenweberei, Bierbrauereien, Holzverarbeitung,
1736 Dreifaltigkeitssäule, 1556 Staupsäule
bis 1665 kirchlich zu Königgrätz
1817 Kreisstadt
1809 Preuß. Städteordnung eingeführt, 1862 Krankenhaus „Maria Hilf"

1873 Eisenbahnanschluß

Volksschule, Mittelschule, Landwirtschaftliche Winterschule, Staatl. Aufbauschule, Berufsschule. Amtsgericht, Molkerei, Fabrik landw. Maschinen. Holzverarbeitungsindustrie, Zündholz- und Spanschachtelherstellung.
Brauerei, Mühle.
Tageszeitung.
Geburtsort des Dichters Hermann Stehr (1864–1940)
Seit 1945 polnischer Name: Bystrzyca Kłodzka
Patenschaft: Stadt Altena

1   neuer Friedhof
2   Schlachthof
3   Zündholzfabrik Union
4   Sportplatz
5   Landratsamt
6   Aufbauschule
7   Fabrik Fehr & Wolff
8   Friedhof
9   Pestkapelle
10 Arbeitsdienst-Lager
11 Krankenhaus Maria Hilf
12 Postamt
13 Finanzamt
14 Feuerwehrdepot
15 Fabrik Fehr & Wolff
16 Fabrik Fehr & Wolff
17 Kino Deli
18 Amtsgericht
19 Volksschule
20 Siechenhaus
21 Stadtmühle
22 Mittelschule
23 kath. Kirche
24 Glatzer Torturm
25 ev. Schule
26 ev. Kirche und Ritterturm
27 Rathaus
28 Willmann-Turm und Vogtei
29 Hospital mit Hospitalkirche
30 Kreisdenkmal
31 Florian-Kapelle
32 Bergbad
33 Schützenhaus
34 Städt. Ziegelei
35 Fabrik Pam
36 Fabrik Grübel
37 Frei-Badeanstalt

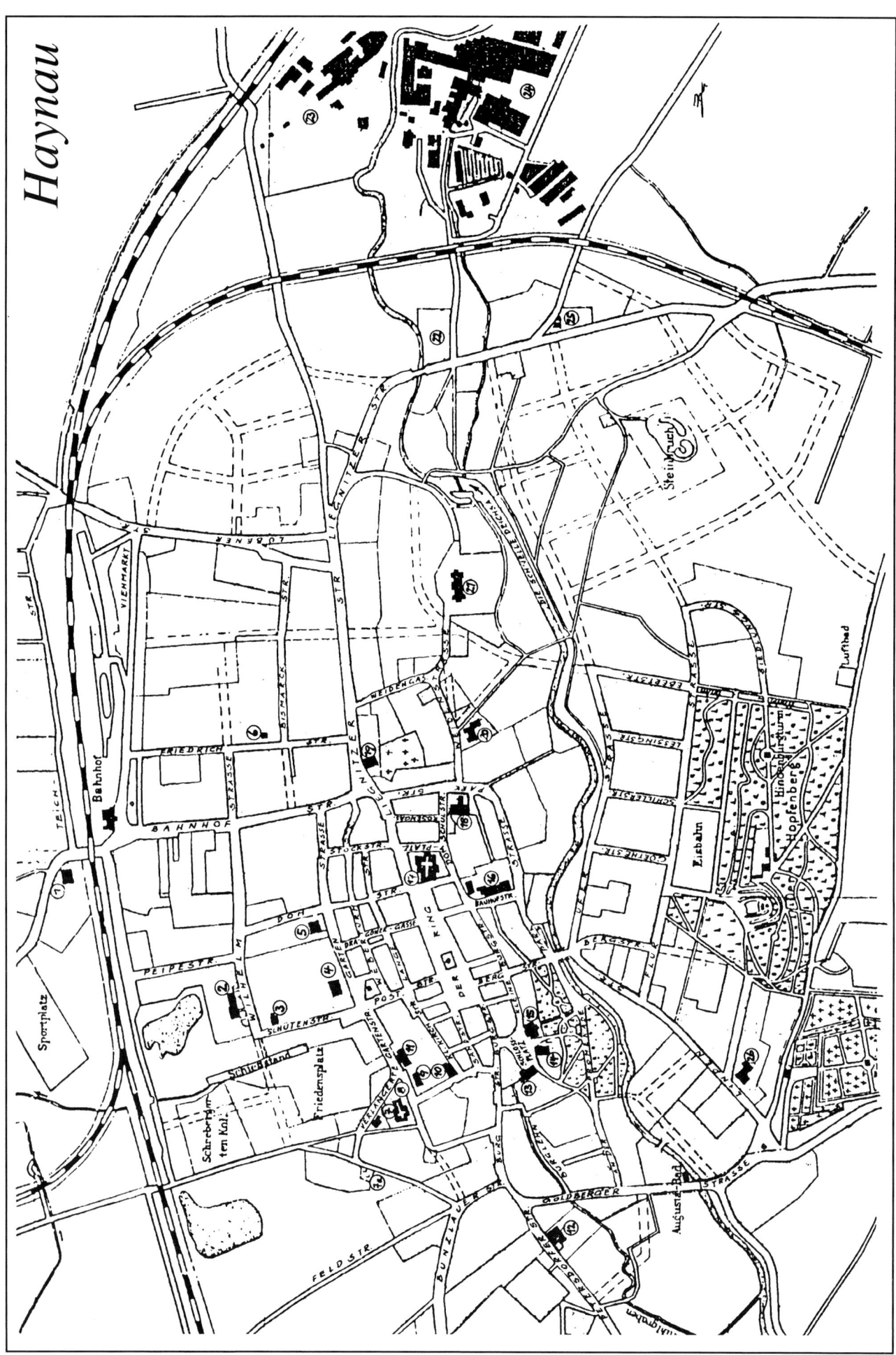

Haynau

Haynau

Stadt im Kreis Goldberg, Regierungsbezirk Liegnitz; unterhalb des Hopfenberges in einer Talmulde auf dem linken Ufer der Schnellen Deichsa, 150 m über NN.
1939: 11 114 Einwohner, meist evangelisch, 3850 Haushaltungen
Gründung in der 2. Hälfte des 13. Jahrhunderts
1288 „civitas"
1299 Pfarrer erwähnt
1333 Magdeburger-Breslauer-Liegnitzer Recht
1357 Stadtmauer mit Wall erwähnt, später zum größten Teil abgerissen, Reste erhalten
16. Jahrhundert herzogliches Schloß
1648 Pfarrkirche, spätgotischer Ziegelbau mit Sandsteinteilen, Tuchgewerbe, Papier- und Ledererzeugung

1845 Eisenbahnanschluß
seit 1936 Reichsautobahn
Volksschule, Realschule, Berufsschule, Landwirtschaftsschule.
Städt. Krankenhaus, Städt. Bürgerheim, Prov. Elektrizitäts-Werk, Schlachthof, Zuckerfabrik, Papierfabrik, Leder- und Metallwaren, Malzfabrik, Ziegelei, Senfmehlfabrik, Maschinenfabrik, Dampfsäge- und Hobelwerk, Möbelindustrie, Eisengießerei, Raubtierfallen-Fabrik mit Weltruf.
Stadtarchiv, Heimatmuseum.
Seit 1945 polnischer Name: Chojnów
Patenschaft: Stadt Solingen

1	*Städt. Gaswerke*	*14*	*ev. Mädchenschule*
2	*Landwirtsch. Schule*	*15*	*Rathaus*
3	*Synagoge*	*16*	*Realgymnasium*
4	*Postamt*	*17*	*ev. Kirche*
5	*Reichsbank*	*18*	*ev. Knabenschule*
6	*Zollamt*	*19*	*ev. Pfarrhaus*
7	*kath. Kirche*	*20*	*Städt. Bürgerheim*
7a	*jüd. Friedhof*	*21*	*Städt. Krankenhaus*
8	*Liebfrauenplatz*	*22*	*Städt. Schlachthof*
9	*kath. Schule*	*23*	*Haynauer Zuckerfabrik AG*
10	*alte kath. Kirche*	*24*	*Papierfabrik*
11	*ev. Kinderheim*	*25*	*Maschinenfabrik*
12	*Prov. Elektr. Werk*	*26*	*Amtsgericht u. Gefängnis*
13	*alte Schule*		

Herrnstadt (Stadtplan auf Seite 109)

(Stadtplan auf Seite 109)

Stadt im Kreis Guhrau, Regierungsbezirk Breslau; im Bartschtal in welliger Hügellandschaft, 89 m über NN.
1939: 2941 Einwohner, meist evangelisch, 750 Haushaltungen
1290 als deutsche Stadt von Herzog Heinrich I. von Glogau gegründet
1312 Distriktort, keine Stadtmauer
1524 Einführung der Reformation
1657 evangelische Volksschule, 1710 fast alle Gebäude durch Großbrand zerstört
1707 Rückgabe der 1675 konfiszierten evangelischen Kirchen
1764 nach fast völliger Zerstörung durch die Russen im 7jährigen Krieg (1759) Wiederaufbau der Stadt, auch der Mathiaskirche (1766)
1779 evangelische Andreaskirche neu erbaut (Landkirche), 1812 katholische Volksschule
1822 nach Bränden 1710 und 1759 Rathaus erbaut

1886 Eisenbahnanschluß, 1892 katholische Pfarrkirche
1920 Abtretung von 44,3 km² Kreisfläche ohne Abstimmung an Polen nach Grenzschutzkämpfen im Januar 1920
1933 Beendigung der 1790 begonnenen Bartsch-Regulierung
Volksschule mit 6 gehobenen Klassen, Fortbildungsschule, Landwirtschaftsschule des Kreises Guhrau.
Dampfsägemühle, Dampfmahlmühle, Ziegelei, Spiritusbrennerei, Molkerei, Gasanstalt, Wasserwerk, Domäne mit Spiritusbrennerei.
Bartschtalmuseum, Städt. Heimatmuseum, evangelisches Jugendheim.
1945 nach kampfloser Einnahme durch die sowjetischen Truppen Niederbrennen ca. 70 % der Gebäude sowie Andreas-Kirche
Polnischer Name heute: Wąsosz (Stadtrechte verloren)
Patenschaft: Stadt Herzberg/Harz

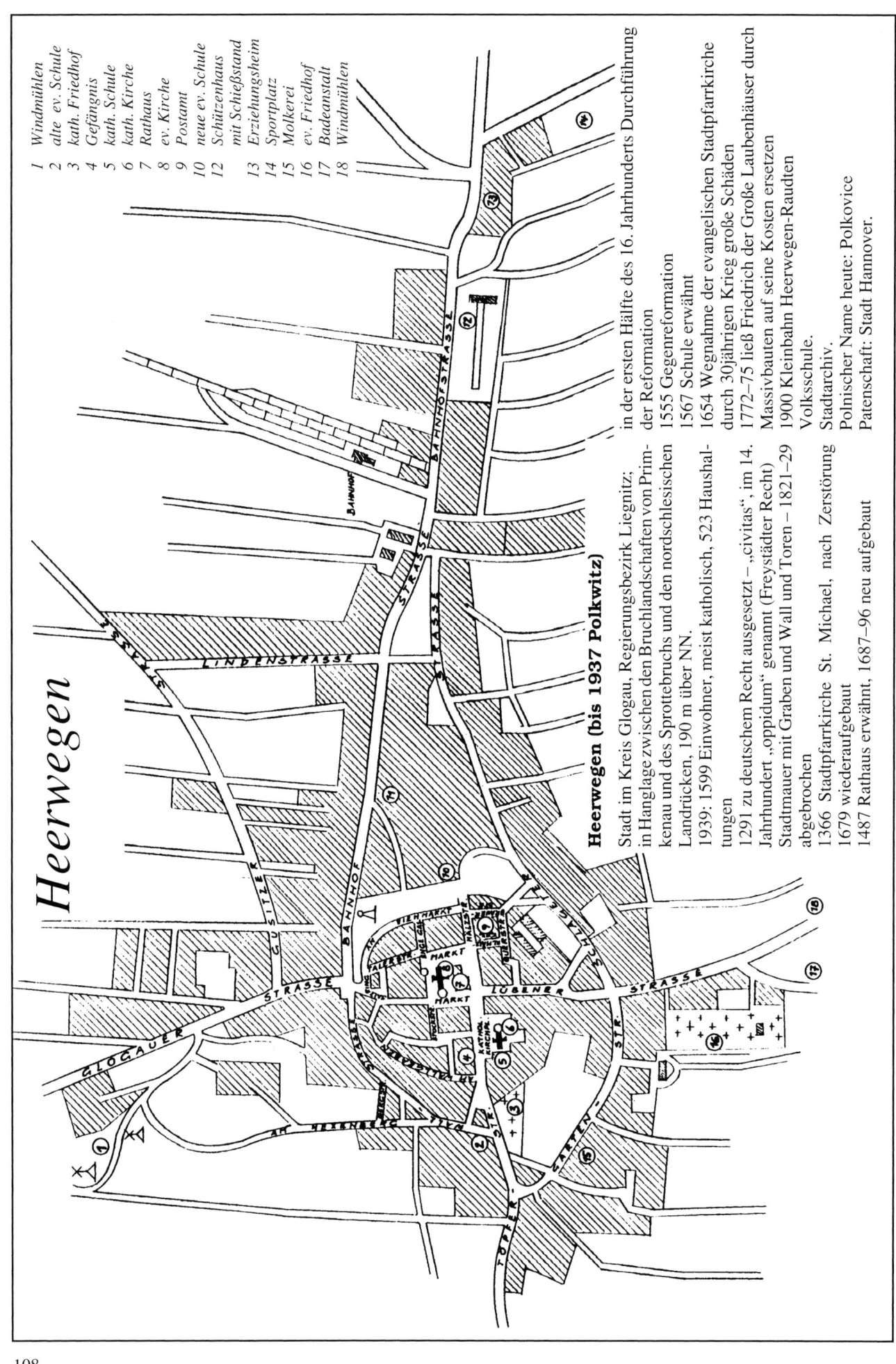

Heerwegen

1 Windmühlen
2 alte ev. Schule
3 kath. Friedhof
4 Gefängnis
5 kath. Schule
6 kath. Kirche
7 Rathaus
8 ev. Kirche
9 Postamt
10 neue ev. Schule
12 Schützenhaus mit Schießstand
13 Erziehungsheim
14 Sportplatz
15 Molkerei
16 ev. Friedhof
17 Badeanstalt
18 Windmühlen

Heerwegen (bis 1937 Polkwitz)

Stadt im Kreis Glogau, Regierungsbezirk Liegnitz; in Hanglage zwischen den Bruchlandschaften von Primkenau und des Sprottebruchs und den nordschlesischen Landrücken, 190 m über NN.
1939: 1599 Einwohner, meist katholisch, 523 Haushaltungen
1291 zu deutschem Recht ausgesetzt – „civitas", im 14. Jahrhundert „oppidum" genannt (Freystädter Recht) Stadtmauer mit Graben und Wall und Toren – 1821–29 abgebrochen
1366 Stadtpfarrkirche St. Michael, nach Zerstörung 1679 wiederaufgebaut
1487 Rathaus erwähnt, 1687–96 neu aufgebaut

in der ersten Hälfte des 16. Jahrhunderts Durchführung der Reformation
1555 Gegenreformation
1567 Schule erwähnt
1654 Wegnahme der evangelischen Stadtpfarrkirche durch 30jährigen Krieg große Schäden
1772–75 ließ Friedrich der Große Laubenhäuser durch Massivbauten auf seine Kosten ersetzen
1900 Kleinbahn Heerwegen-Raudten
Volksschule.
Stadtarchiv.
Polnischer Name heute: Polkovice
Patenschaft: Stadt Hannover.

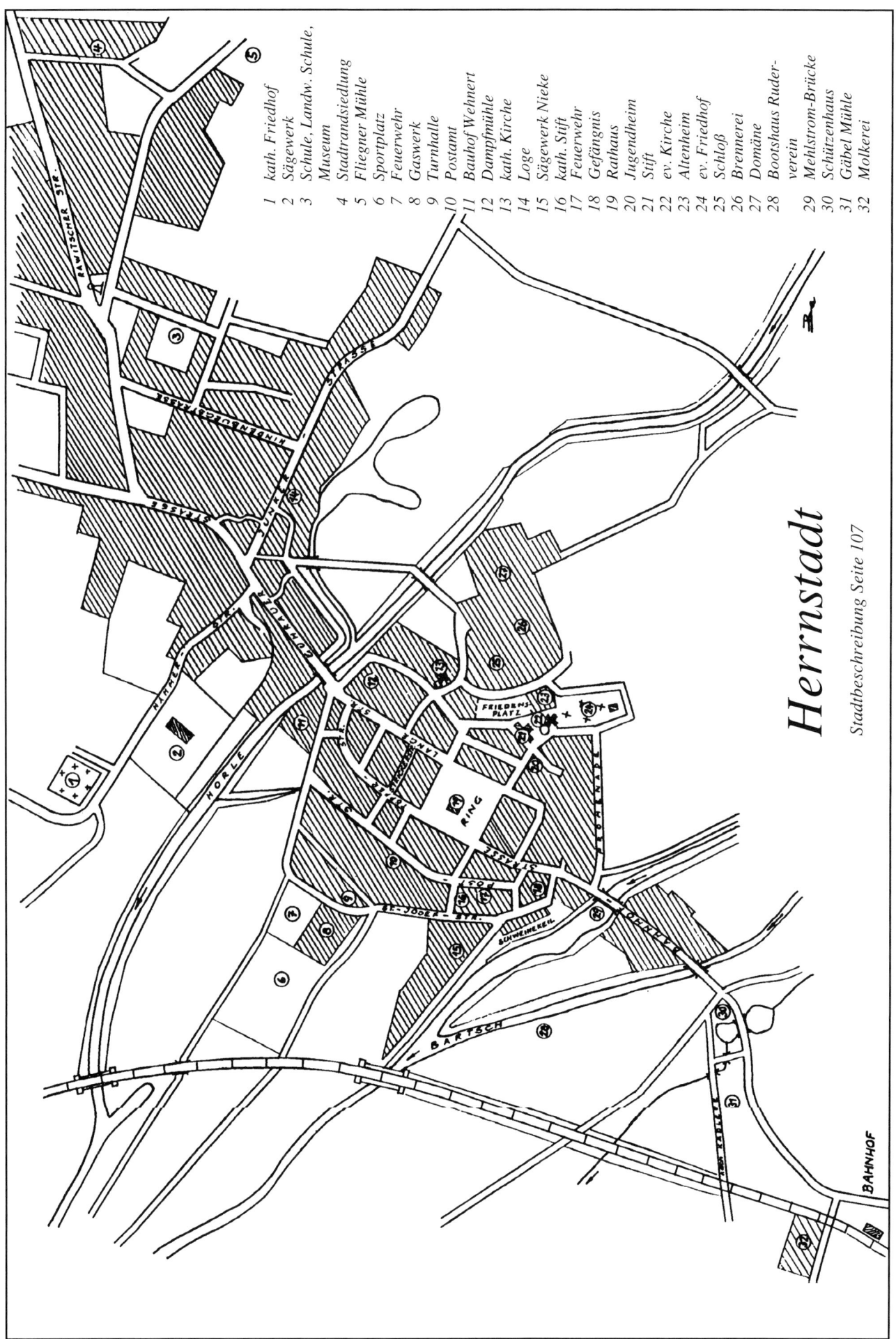

Herrnstadt

Stadtbeschreibung Seite 107

1 kath. Friedhof
2 Sägewerk
3 Schule, Landw. Schule, Museum
4 Stadtrandsiedlung
5 Fliegner Mühle
6 Sportplatz
7 Feuerwehr
8 Gaswerk
9 Turnhalle
10 Postamt
11 Bauhof Wehnert
12 Dampfmühle
13 kath. Kirche
14 Loge
15 Sägewerk Nieke
16 kath. Stift
17 Feuerwehr
18 Gefängnis
19 Rathaus
20 Jugendheim
21 Stift
22 ev. Kirche
23 Altenheim
24 ev. Friedhof
25 Schloß
26 Brennerei
27 Domäne
28 Bootshaus Ruder-
verein
29 Mehlstrom-Brücke
30 Schützenhaus
31 Gäbel Mühle
32 Molkerei

109

Hindenburg, Oberschl.

STADTTEIL GRÖLING

STADTTEIL MATHESDORF

Waldbad Mathesdorf

Norden

Schwarzer Weg

Siedlung

Siedlung vom 4. Juli

Reichsautobahn

Zerniker Forst

Schulzensteig

Kleinsiedlung

Mathes Str.

Pestalozzi Str.

Tannenberg

Beuthener Wasser

Birkenweg

Am Bach

Skagerrak

Park

Kanal

Kath.

Bergmanns Siedl.

Anger Lüderitz Str.

Robert-Koch-Str.

Schleusitzer Str.

Feld Str.

Horst Heinrich

Friedhof

Kronprinzen

Peiskretscham Groß-Strehl. Breslau

Anhalter Str.

Kleinsiedlung

Weg

Friedens weg

Weg

Zuckmanteler Weg

Kath. Friedhof

Horst Wessel-Pl.

Fürsten Str.

Querstr.

Zeppelinstr.

Friedh.

Kronprinzen

Schillerstr.

Hardenberg

Brücke Pl.

Ulbersdorfer Weg

Freiwaldauer

Eisenbahn

Karl

von Jenke Weg

Lehmgrubenstr.

Roonstr.

Bitterstr.

Hatzfeld

Zedlitz

Yorck

Aufmarschwiese

Sport-platz

Seydewitz

von Breslau

Eisenbahn

Olympia

Adolf Hitler Kampfbahn

HJ H

Bahnhof Gleiwitz-Ost

Kleingartenanlage

Schulgarten

Freibad Friesen

STA

Kleingartenanlage Weg

Fritz Reuter Str.

Weide

Kleinsiedl.

Lerchen

Siedlung Süd

Am Teiche

Schützen haus

Vogel

Kath. Friedhöfe

Hegerhaus

Küsteracker

Försterweg

Spielwiese

ZEICHENERKLÄRUNG

Bebaute Ortsteile usw.

Öffentliche Gebäude, Anstalten

Wald

Park

Friedhöfe

Kleingärten

Wiesen

Gewässer Freibäder

Reichsautobahn

Eisenbahn

Hausnummern der Kronpr-Str.

Durchgangstraßen

Straßenbahnlinien

Autobuslinien

Stadtkreisgrenze

Straßen

Wege

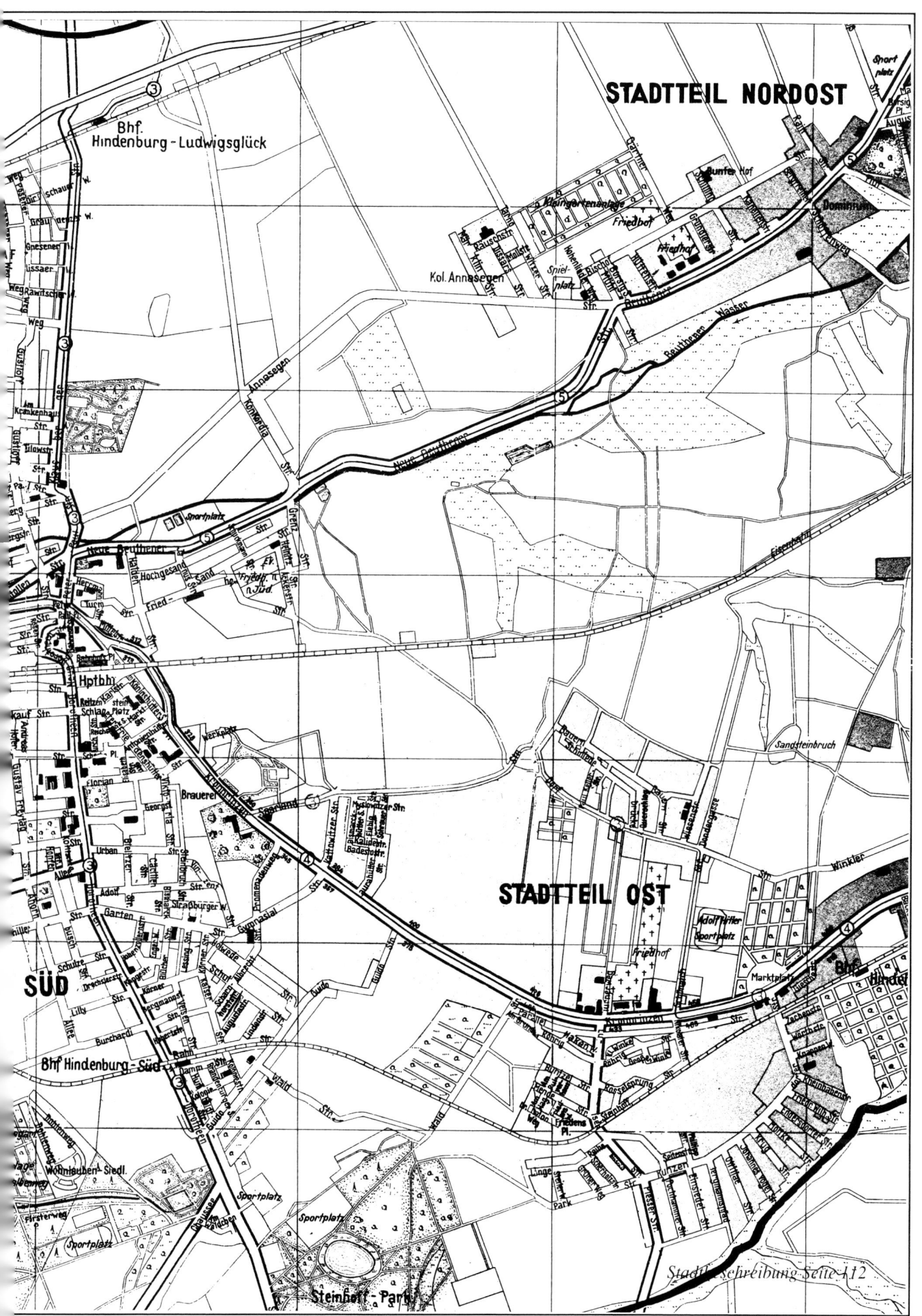

STADTTEIL NORDOST

Bhf.
Hindenburg - Ludwigsglück

STADTTEIL OST

SÜD

Bhf Hindenburg - Süd

Steinhoff - Park

Hindenburg (Zabrze) (Plan auf Seite 110/111)

Stadtkreis im Regierungsbezirk Oppeln;
auf der Oberschlesischen Platte am Beuthener Wasser
im Mittelpunkt des oberschlesischen Industriegebiets,
287 m über NN, bis 1915 Name: Zabrze.
Gesamtfläche: 44,06 km^2
Einwohner: 126 220
   davon 61 398 männlich, 64 822 weiblich
Einwohner je km^2: 2864,7
Haushaltungen: 38 035
Gemeinden: 1
Wohnplätze: 8
Religionszugehörigkeit:
   evangelisch: 7,9 %
   römisch-katholisch: 89,8 %
1. 10. 1922 Verleihung des Stadtrechts, Eingemeindung
von umliegenden Dörfern, dadurch Aufstieg zur modernen Industriegroßstadt.
Ende des 13. Jahrhunderts als deutsches Waldhufendorf, Kunzendorf, durch den Bischof von Breslau gegründet.
1305 erstmals erwähnt
1780 erster Hochofen errichtet
1790 erstes Kohlenflöz erbohrt, Königin-Luisen-Grube, Eisenbahnanschlüsse, Straßenbahnen nach Beuthen, Gleiwitz usw.
Bei der Abstimmung 1921 stimmten 51 % der Wähler Hindenburgs für Deutschland. Durch die Grenzziehung danach verlor die Stadt die Verbindung mit den Industrieplätzen Oberschlesiens.
Am 26. Oktober 1939 wurde der Stadtkreis Hindenburg OS. in den neugebildeten Regierungsbezirk Kattowitz eingegliedert.

Öffentliche Volksschulen im Stadtkreis: 30
   mit insgesamt Klassen: 389
   Jungen: 8551
   Mädchen: 8437
   Lehrer: 264
   Lehrerinnen: 123
Mittelschulen für Jungen und Mädchen, Gymnasium, Oberlyzeum mit Frauenschule, Oberrealschule, Höhere Handelsschule, Haushaltungsschule, Fach- und Berufsschulen, Konservatorium, Musikfeste.
Zusammen mit Beuthen und Gleiwitz ein Landestheater; Heimatmuseum, Stadtarchiv, Stadtbücherei, Krankenhäuser, Kampfbahn mit gedeckter Halle, Waldbad, Amtsgericht, Zollamt, Straßenbahn, Bierbrauerei.
Kohlenbergbau, Eisenhütten, chemische Industrie, Drahtseilfabrik, Mahlmühlen, Säge- und Hobelwerke, Glasfabrik, Brikettfabrik, Großkraftwerk.
Große Betriebe waren: Preuß. Bergwerks- und Hütten AG, Borsigwerke AG, Vereinigte Oberschlesische Hüttenwerke AG, Oberschlesische Kokswerke und Chemische Fabriken AG und andere, Donnersmarckhütte.
Land- und forstwirtschaftliche Betriebe: Größe 0,5–5 ha: 239; 5–10 ha: 28; 10–20 ha: 2; 20–100 ha: 1, über 100 ha: 3.
Personen in der Land- und Forstwirtschaft tätig: 1319
   in Industrie und Handwerk: 78 128
   in Handel und Verkehr: 12 302
1945 wenig zerstört, polnischer Name heute: Zabrze.
Ein Teil der deutschen Bevölkerung mußte 1945, soweit zur Aufrechterhaltung des Arbeitsprozesses von den Polen benötigt, bleiben. Der Großteil wurde hinausgetrieben, 1951 allmähliche Aussiedlung.
Patenschaft: Stadt Essen

Hirschberg i. Rsgb. (Plan auf Seite 114/115)

Stadtkreis und Sitz der Kreisbehörden des Landkreises, Regierungsbezirk Liegnitz;
an der Mündung des Zacken in den Bober im Hirschberger Kessel am Fuße des Riesengebirges, 345 m über NN.
Gesamtfläche: 28,07 km²
Einwohner: 35 296
    davon 17 674 männlich, 17 622 weiblich
Einwohner je km²: 1257,4
Haushaltungen: 10 573
Gemeinden: 1
Wohnplätze: 12
Religionszugehörigkeit:
    evangelisch: 73,2 %
    römisch-katholisch: 19,6 %
1288 als Mittelpunkt eines deutschen Rodungsbezirks gegründet
1299 „civitas" genannt, Löwenberger Recht
14.–15. Jahrhundert 3schiffige katholische Pfarrkirche
15. Jahrhundert doppelte Mauer mit Graben, 1862 abgebrochen
1543 Marienkirche erwähnt, zerstört, 1735–37 wiederaufgebaut
1566 eigenes Schulgebäude errichtet
1709–18 evangelische barocke Gnadenkirche, die bedeutendste der 6 schlesischen Gnadenkirchen – auf Gnadenfriedhof viele Grabkapellen. Den Markt umsäumen spätbarocke und Rokoko-Giebelhäuser mit Lauben
18. Jahrhundert Rathausbau

1870 Ausdehnung der Stadt, Villenviertel, Siedlung Sonnenland
1866 Eisenbahnanschluß.
Öffentliche Volksschulen im Stadtkreis: 6
    mit insgesamt Klassen: 76
    Jungen: 1473
    Mädchen: 1515
    Lehrer: 50
    Lehrerinnen: 20
Gymnasium, Lyzeum, Mittelschule, Hochschule für Lehrerbildung, Frauenschule.
Stadttheater, Museum und Bibliothek des Riesengebirgsvereins, Stadtarchiv, Kreisbehörden des Landkreises, Krankenhaus, Tageszeitung.
Hirschberg war Mittelpunkt des Fremdenverkehrs ins Riesengebirge, zu dem elektrische Bahnen führten.
Herstellung von Textilien, Maschinen, Papier, Zellstoff, Zement, Likör, Glas- und Holzwaren.
Flugverbindung mit Breslau seit 1937.
Im Stadtkreis gab es 93 land- und forstwirtschaftliche Betriebe von 0,5–5 ha Größe; 39 von 5–10 ha; 17 von 10–20 ha; 9 von 20–100 ha; 2 Betriebe über 100 ha Größe.
587 Personen waren in der Land- und Forstwirtschaft tätig, 11 640 in Industrie und Handwerk, 8257 in Handel und Verkehr.
1945 unzerstört unter polnische Verwaltung. Polnischer Name: Jelenia Góra
Patenschaft: Kreis Hildesheim (Alfeld/Leine)

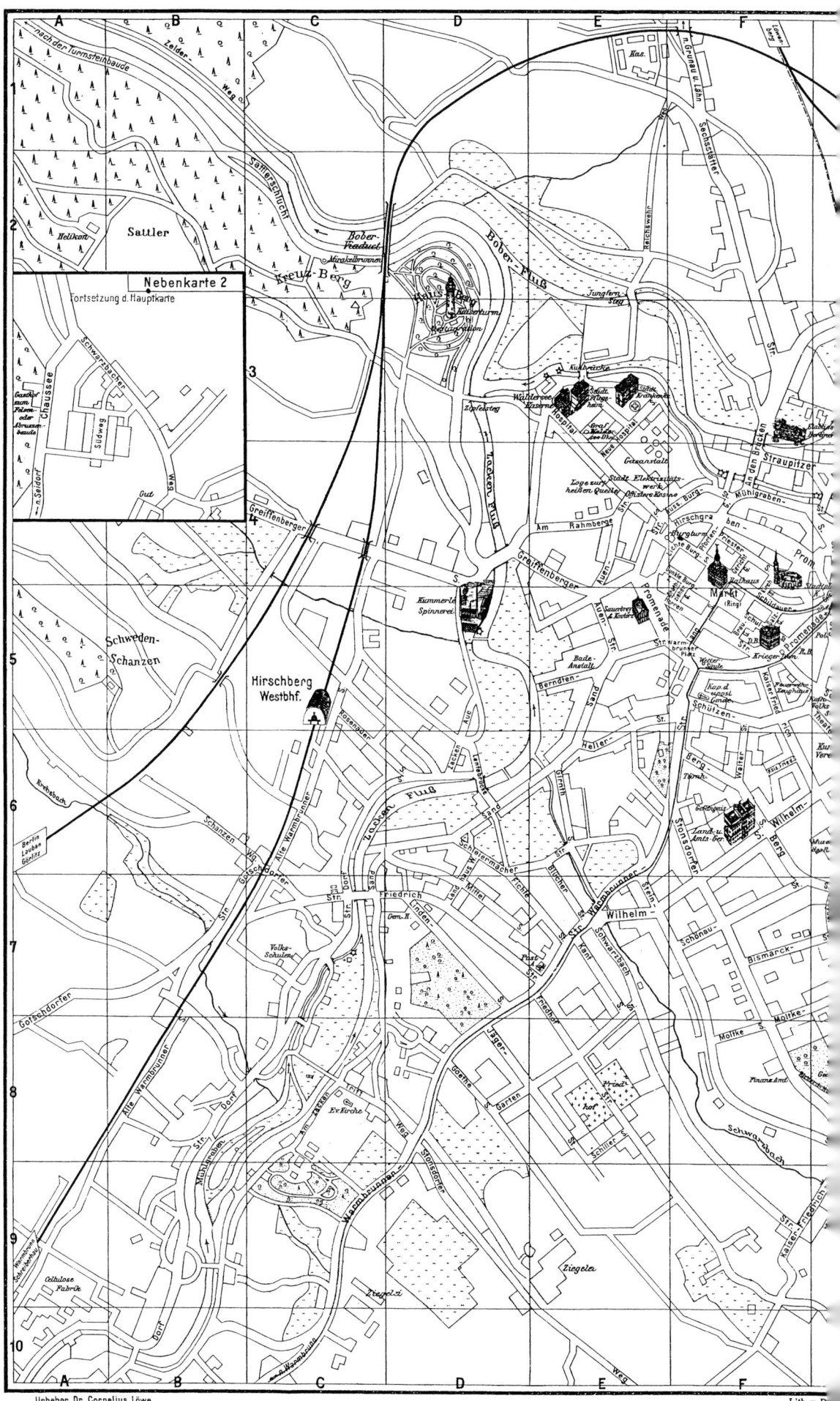

Nebenkarte 2
Fortsetzung d. Hauptkarte

114

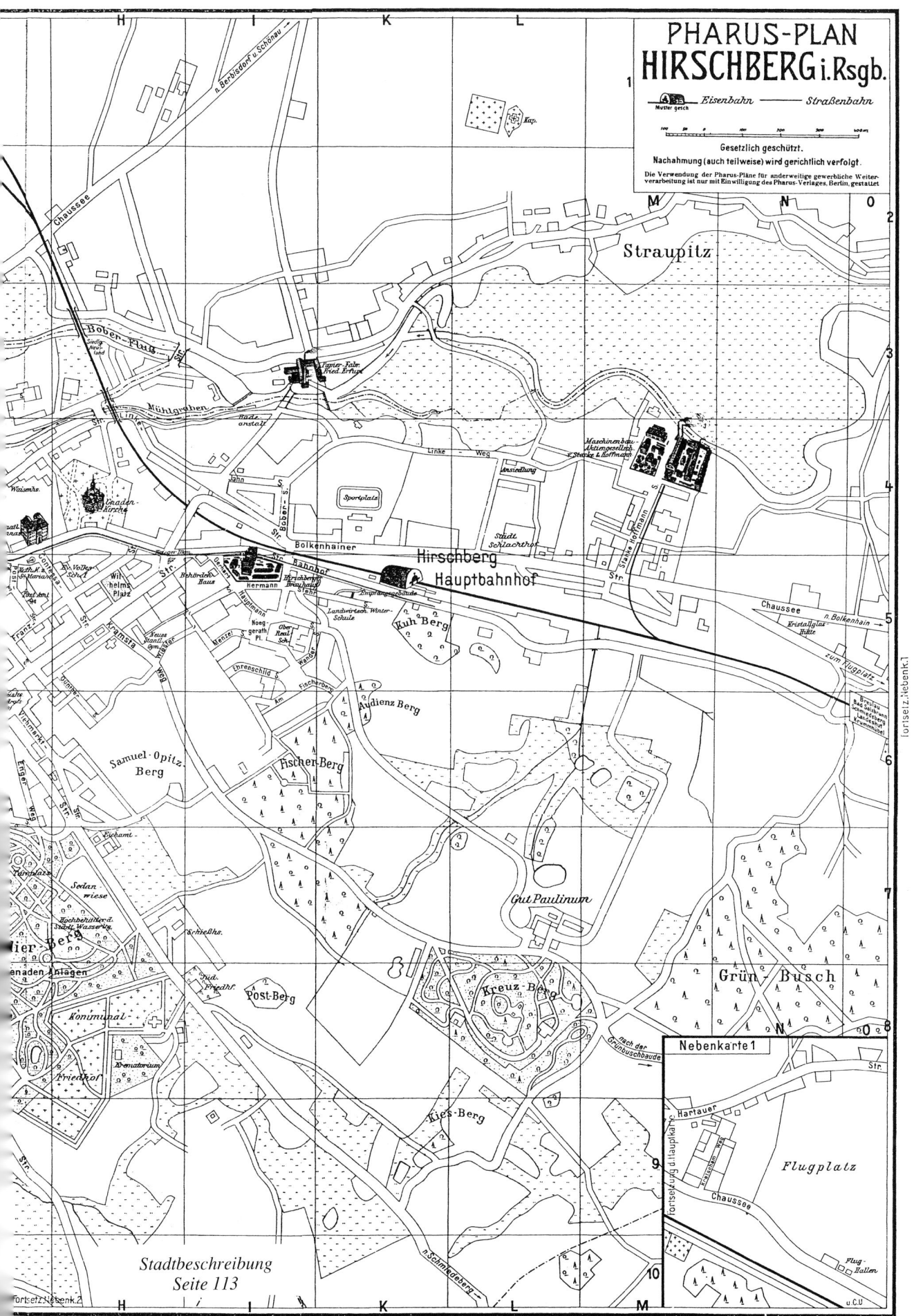

PHARUS-PLAN
HIRSCHBERG i. Rsgb.

Eisenbahn ———— Straßenbahn

Gesetzlich geschützt.
Nachahmung (auch teilweise) wird gerichtlich verfolgt.
Die Verwendung der Pharus-Pläne für anderweitige gewerbliche Weiter-
verarbeitung ist nur mit Einwilligung des Pharus-Verlages, Berlin, gestattet

Straupitz

Bober-Fluß

Hirschberg
Hauptbahnhof

Samuel-Opitz-Berg

Fischer-Berg

Gut Paulinum

Grün-Busch

Post-Berg

Kreuz-Berg

Kies-Berg

Nebenkarte 1

Flugplatz

Stadtbeschreibung
Seite 113

G.m.b.H., Berlin W 57, Bülowstr. 66.

115

Hohenfriedeberg

Stadt im Kreis Jauer, Regierungsbezirk Liegnitz;
am Nordhang des Vorgebirges der Sudeten, 300 m über NN.
1939: 1094 Einwohner, meist evangelisch, 325 Haushaltungen
1289 Pfarrkirche als Dorfkirche, Gründung Anfang 14. Jahrhundert
1386 „oppidum"
15. Jahrhundert Kirche „St. Michael" erbaut, 1730 barocke Ausgestaltung
1409 Marktrecht verliehen von König Wenzel von Böhmen
1629 evangelische Kirche weggenommen, 1632 wieder evangelisch

1741 Rathaus erwähnt
Bei Hohenfriedeberg siegte Friedrich II. von Preußen am 4. 6. 1745 im 2. Schlesischen Krieg über die vereinigten Österreicher und Sachsen. 1742 ev. Kirche „zum Kreuze Christi" als Bethaus.
Bahnstation Kauder in 4,5 km Entfernung.
Evangelische Schule, katholische Schule.
Schloß und Rittergut, Wasserwerk, Altersheim.
Stadtarchiv.
Geburtsort des Schriftstellers Fedor Sommer (1864–1930).
1945 polnischer Stadtname: Dobromierz (Stadtrecht verloren)
Patenschaft: Stadt Herne für den Kreis Jauer

Hoyerswerda (ohne Plan)

Kreisstadt im Regierungsbezirk Liegnitz;
an der Schwarzen Elster, 120 m über NN.
1939: 7222 Einwohner, meist evangelisch, 2254 Haushaltungen
1272 Wasserburg erwähnt, 1468 abgerissen, 1592 Neubau
1371 Verleihung des Marktrechts durch Karl IV.
1423 Stadtrecht und freie Ratskür
1413 wendische Kirche, Frauenkirche erwähnt, später abgebrochen

1449 Rathaus erbaut, 1680 neues Rathaus
1540 Reformation
1870 Eisenbahnanschluß
Volksschule, Hilfsschule, Oberschule, Landwirtschaftliche Berufsschule.
Glasindustrie.
Heimatmuseum.
Als westlich der Neiße gelegene Stadt nach 1945 zur DDR, 1990 zur Bundesrepublik Deutschland.
Kein Stadtplan

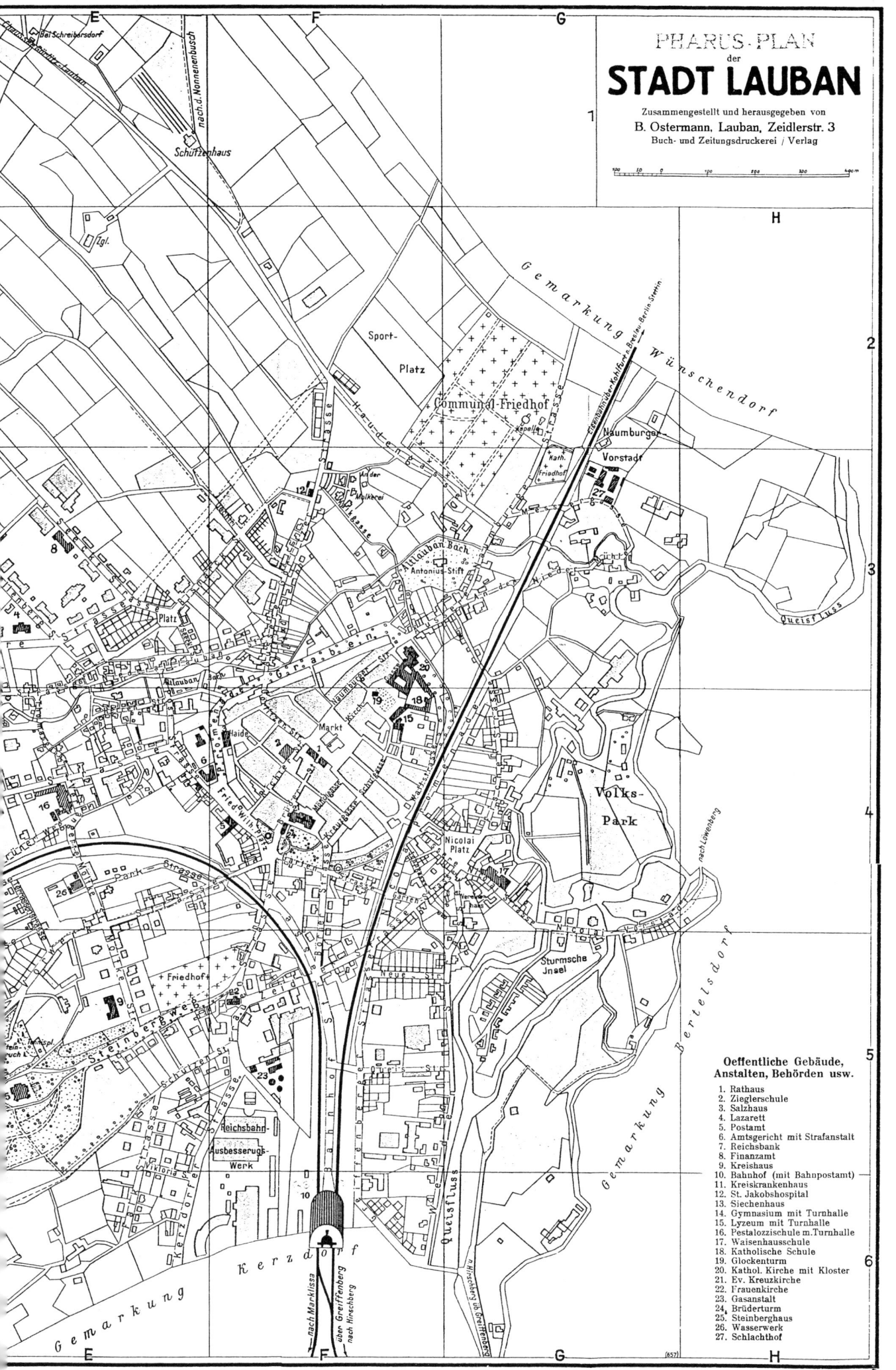

PHARUS-PLAN
der
STADT LAUBAN
Zusammengestellt und herausgegeben von
B. Ostermann, Lauban, Zeidlerstr. 3
Buch- und Zeitungsdruckerei / Verlag

Oeffentliche Gebäude,
Anstalten, Behörden usw.

1. Rathaus
2. Zieglerschule
3. Salzhaus
4. Lazarett
5. Postamt
6. Amtsgericht mit Strafanstalt
7. Reichsbank
8. Finanzamt
9. Kreishaus
10. Bahnhof (mit Bahnpostamt)
11. Kreiskrankenhaus
12. St. Jakobshospital
13. Siechenhaus
14. Gymnasium mit Turnhalle
15. Lyzeum mit Turnhalle
16. Pestalozzischule m. Turnhalle
17. Waisenhausschule
18. Katholische Schule
19. Glockenturm
20. Kathol. Kirche mit Kloster
21. Ev. Kreuzkirche
22. Frauenkirche
23. Gasanstalt
24. Brüderturm
25. Steinberghaus
26. Wasserwerk
27. Schlachthof

Lith., Druck, Verlag u. Eigentum: Pharus-Verlag G. m. b. H., Berlin W 57, Bülowstr. 66.

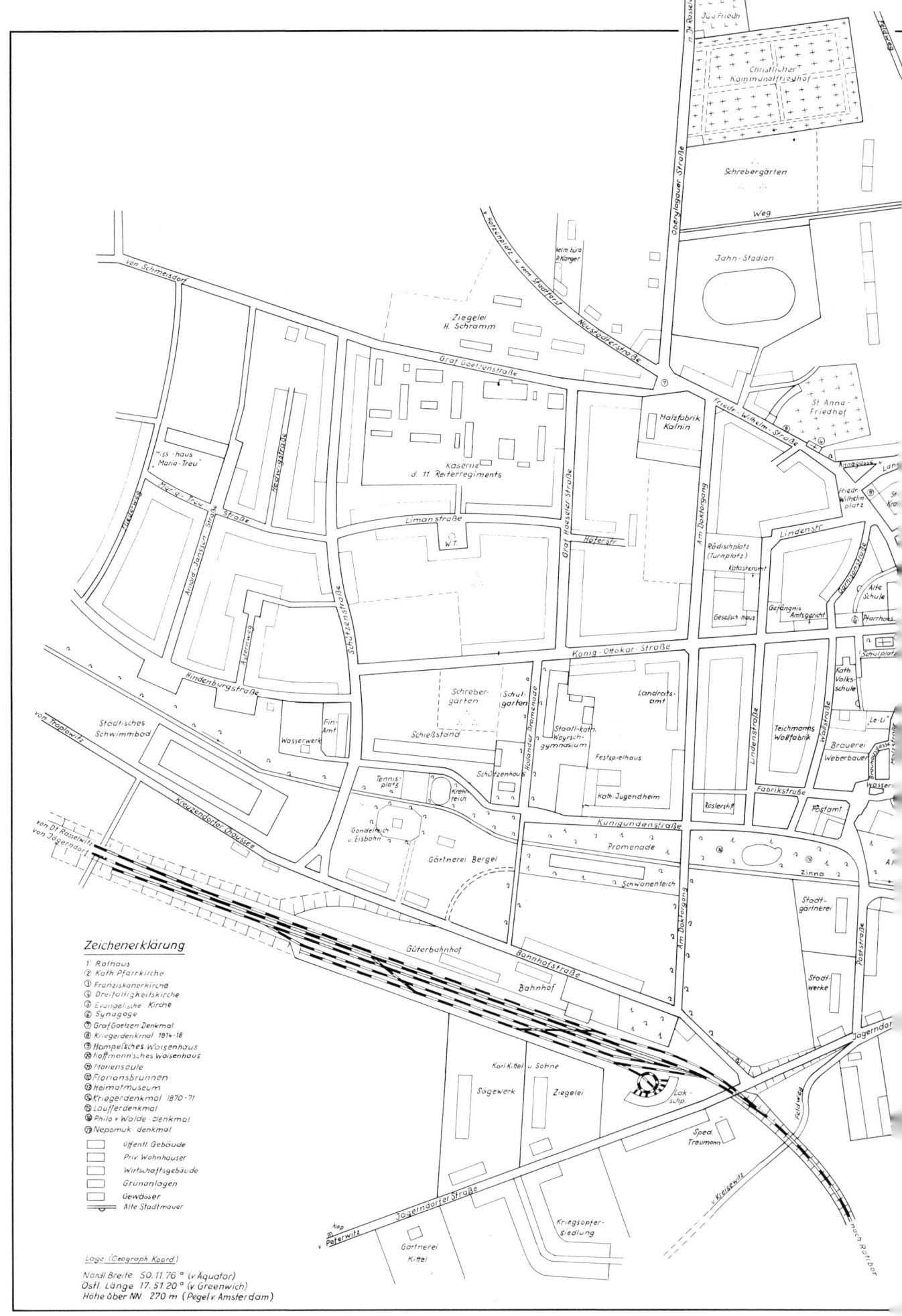

Zeichenerklärung

① Rathaus
② Kath. Pfarrkirche
③ Franziskanerkirche
④ Dreifaltigkeitskirche
⑤ Evangelische Kirche
⑥ Synagoge
⑦ Graf Goetzen Denkmal
⑧ Kriegerdenkmal 1914-18
⑨ Hampel'sches Waisenhaus
⑩ Hoffmann'sches Waisenhaus
⑪ Mariensäule
⑫ Floriansbrunnen
⑬ Heimatmuseum
⑭ Kriegerdenkmal 1870-71
⑮ Laufferdenkmal
⑯ Philo v. Walde - denkmal
⑰ Nepomuk - denkmal

☐ Öffentl. Gebäude
☐ Priv. Wohnhäuser
☐ Wirtschaftsgebäude
☐ Grünanlagen
☐ Gewässer
▬ Alte Stadtmauer

Lage: (Geograph. Koord.)

Nördl. Breite 50. 11. 76 ° (v. Äquator)
Östl. Länge 17. 51. 20 ° (v. Greenwich)
Höhe über NN. 270 m (Pegel v. Amsterdam)

146

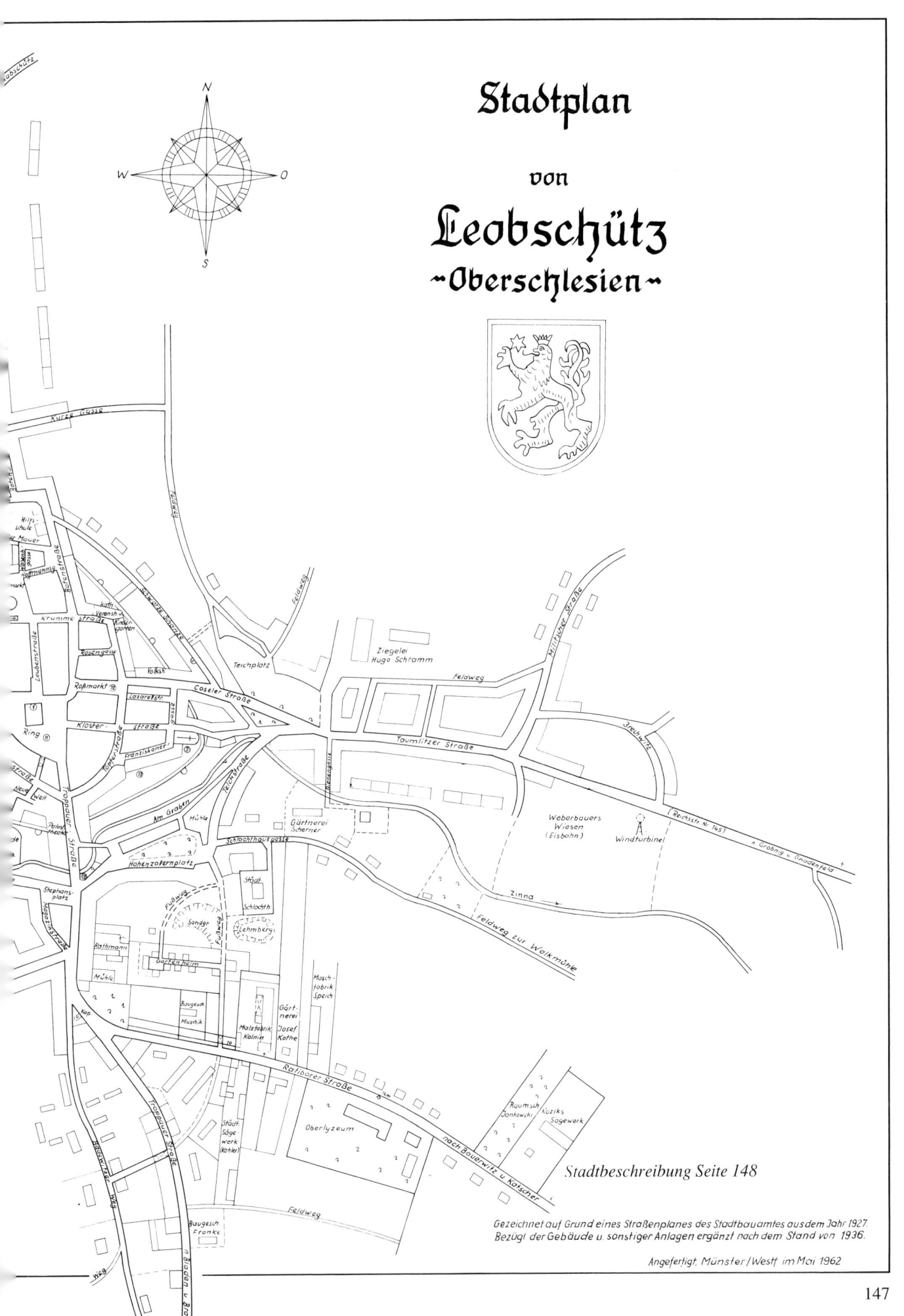

Stadtplan

von

Leobschütz

~Oberschlesien~

Stadtbeschreibung Seite 148

Gezeichnet auf Grund eines Straßenplanes des Stadtbauamtes aus dem Jahr 1927.
Bezügl. der Gebäude u. sonstiger Anlagen ergänzt nach dem Stand von 1936.

Angefertigt, Münster/Westf. im Mai 1962

Leobschütz (Plan auf Seite 146/147)

Kreisstadt im Regierungsbezirk Oppeln;
am linken Ufer der Zinna auf lehmig-sumpfigem Untergrund, 284 m über NN.
1939: 13 505 Einwohner, meist katholisch, 4026 Haushaltungen
1107 slawische Siedlung bezeugt, daneben 1187 deutsche Stadt angelegt mit Leobschützer Recht
1275 Stadtrecht von König Ottokar II. bestätigt, gehörte zu Mähren und kam 1318 zum Herzogtum Troppau, 1742 an Preußen
Leobschütz war Mutterstadt und bis 1626 Oberhof der Städte mit Leobschützer Recht
13. Jahrhundert frühgotische Pfarrkirche
1272 Schuhmacherzunft
1282 Stadtmauer erwähnt, 1383 Rathaus erwähnt
16.–18. Jahrhundert um den Ring Bürgerhäuser mit Laubengängen
1597 Mühle vor dem Niedertor erwähnt
1627 Beschießung durch Wallenstein und Plünderung;
18. Jahrhundert barocke Franziskanerkirche mit Gymnasium, 1738 Mariensäule
1764 teilweise Abtragung der Mauer
1856 Eisenbahnanschluß
1859 Erweiterung der Stadt nach Westen
1921 Abstimmung: 9896 Stimmen für Deutschland, 90 für Polen.
Volksschulen, Gymnasium, Lyzeum, Berufsschulen.
Kreisbehörden, Krankenhaus.
Brauereien, Mälzereien, Wollwarenfabrik, Mühlenwerke, Ziegeleien, Sägewerke, Baustoffindustrie, Maschinenfabrik, landwirtschaftliche Verarbeitung, Getränkeindustrie, Landhandel.
Kreisheimatmuseum.
1945 zu 40 % zerstört. Polnischer Ortsname: Głubczyce
Patenschaft: Stadt Oldenburg/Old.

Lesten (Tschirnau)

Stadt im Kreis Guhrau, Regierungsbezirk Breslau;
auf der südposener Hochfläche, 3 km östlich vom schlesischen Landgraben, 110 m über NN.
1939: 840 Einwohner, meist evangelisch, 255 Haushaltungen
1515 Privileg zur Erbauung einer Stadt von König Wladislaw von Böhmen nach deutschem Recht
1540 Bestätigung des Stadtrechts
1584 Stadtgründung durch Balthasar II. von Stosch, bis 1600 wurden 100 Stadthäuser errichtet
1593 erstes Rathaus, neues Rathaus 1799–1800
1596 Stadtbefestigung mit Wall und Graben, Mauer gegen Osten
1598 Schule genannt
erste Hälfte des 15. Jahrhunderts kath. Kirche St. Laurentius
1742 ev. Kirche, Umbau 1867
1710 Tuchmacher, 1852 Webstuhlbetrieb eingestellt;
Tschirnau bis 19. 1. 1937, seitdem Lesten (nach der Familie von Lestwitz)
kein Eisenbahnanschluß
Evangelische Schule, katholische Schule.
Zollkommissariat, Molkerei.
Stadtarchiv.
Nach 1945 polnischer Stadtname: Czernina (Stadtrecht verloren)
Patenschaft: Stadt Herzberg

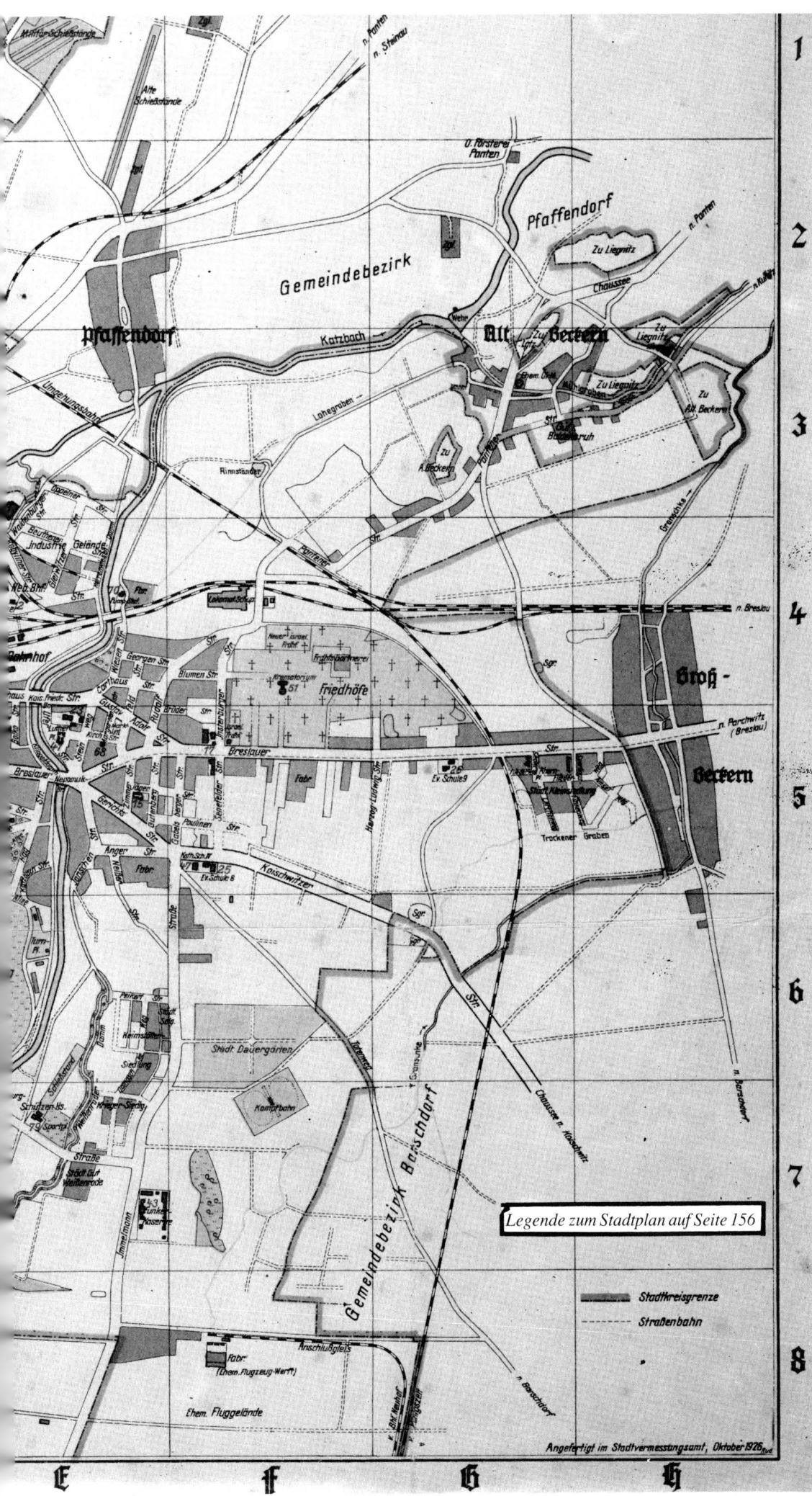

Legende zum Stadtplan auf Seite 156

Stadtkreisgrenze
Straßenbahn

Angefertigt im Stadtvermessungsamt, Oktober 1926

155

Öffentliche und bemerkenswerte Baulichkeiten (alphabetisch geordnet)

Nr. im Plan	Viereck im Plan
1 Amts- und Landgericht	D 5
2 Apost.-kath. Kirche	E 5
3 Arbeitsamt (ehem. Ob.-Lyzeum)	D 6
4 Armenhaus, städt.	E 5
5 Auguste-Viktoria-Schule, städt. Lyzeum	D 6
6 Badeanstalt Volksbad Hägerwiese	D 7
7 Badeanstalt Volksbad I	C 4
8 Badeanstalt Volksbad II	C 4
9 Badeanstalt Wilhelmsbad	D 6
10 Badeanstalt Hedwigsbad	C 5
11 Bahnhof, Haupt-	E 4
12 Bahnhof, Neben-	E 4
13 Bahnpostamt	D 4
14 Berufs- und Höhere Handelsschule, städt.	D 5/6
15 Dreifaltigkeitskirche, kath.	E 5
16 Eichamt	D 5
17 Elektrizitätswerk m. Wagenhalle	F 5
18 Elektrische Überland-Zentrale	E 3
19 Ev. Volksschule 1 (Hedwig-Schule)	C/D 5
20 Ev. Volksschule 2 (Dänemark-Schule)	B/C 5
21 Ev. Volksschule 3 (Dornbusch-Schule)	D 6
22 Ev. Volksschule 4 (Töpferberg-Schule)	D 4
23 Ev. Volksschule 5 (Lutherschule)	E 5
24 Ev. Volksschule 6/7 (Grün-Schule)	E 5
25 Ev. Volksschule 8	F 5
26 Ev. Volksschule 9	G 5
27 Finanzamt	B/C 5
28 Garnison-Lazarett (Sanitätsstaffel Liegnitz)	B/C 5
29 Gaswerk, städt.	D 4
30 Gefängnis, Gerichts-	D 5/6
31 Gefängnis, Polizei-	D 5
32 Gesellschaftshaus (Ressource)	D 5/6
33 Glogauer Tor-Turm	D 5/6
34 Gymnasium, staatl. (Ritterakademie)	D 5
35 Gymnasium, städt.	D 5
11 Haupt-Bahnhof	E 4
36 Hauptpost u. Telegraphenamt	D 4
37 Haupt-Zollamt	D 5
38 Haynauer Tor-Turm	D 5
10 Hedwigsbad	C 5
39 Johannes-Kirche, kath.	D 5
40 Jüdische Religionsschule	D 5
41 Kaiser Friedrich-Gedächtnis-Kirche, ev.	E 5
42 Kaserne des Infant.-Reg. 8 und der Schutzpolizei	C 5/6
43 Kaserne der Maschinengewehr-kompanie	E 7
44 Katasteramt	B 5
45 Kath. Volksschule I/III	D 5
46 Kath. Volksschule II	D 5

Nr. im Plan	Viereck im Plan
47 Kath. Volksschule IV	F 5
48 Krankenhaus, städt. (mit Kreislerstift)	C 5
49 Krankenhaus Bethanien	D 6
50 Krankenhaus, Kreis-	C 8
76 Krankenhaus, Skt. Georgenstift	D 5
51 Krematorium mit Friedhofskapelle	F 4
52 Kreisausschuß	D 5/6
44 Kulturamt	B 5
1 Land- und Amtsgericht	D 5
52 Landratsamt	D 5/6
53 Landwirtschaftliche Aufbauschule	E 5
54 Liebfrauen-Kirche, evang.	D 5
55 Licht-Luft-Bad	B 6
56 Liegnitz-Wohlauer Fürstentums-landschaft	D 5
57 Loge Pythagoras z. d. drei Höhen	D 5
5 Lyzeum, städt.	D 6
58 Marstall, städt.	D 7
59 Martinskirche, evang.-luth.	D 6
60 Mädchen-Mittel-Schule (ehemaliges Lehrerseminar)	C 6
61 Museum, Niederschlesisches	D 6
62 Mütter- und Säuglingsheim, städt.	B 6
12 Neben-Bahnhof	E 4
63 Ober-Realschule	D 5
64 Palmenhaus u. Stadtgärtnerei	D 6
65 Peter-Paul-Kirche, evang.	D 5
66 Piastenschloß (Regierung)	D 5
36 Postamt, Haupt-	D 4
67 Postamt, Friedrichsplatz 12	D 5
13 Postamt, Bahn-	D 4
68 Postagentur Kirchstraße 4	E 5
69 Postagentur Jauerstraße 33	D 6
70 Pumpstation Carthaus	E 4
71 Pumpstation, Zentral-	D 3
72 Pumpwerk Hägerwiese	D 7
73 Rathaus, altes	D 5
74 Rathaus, neues	D 5
66 Regierung (Piastenschloß)	D 5
75 Reichsbank	D 5
34 Ritterakademie	D 5
39 Sankt Johannes-Kirche, kath.	D 5
76 Skt. Georgenstift (Krankenhaus)	D 5
28 Sanitätsstaffel Liegnitz	B/C 5
77 Schießhaus, städt.	D/E 6
78 Schlachthof, städt.	E 4
79 Schützenhaus	E 7
80 Synagoge	D 5
81 Taubstummen-Anstalt	C 5
82 Taubstummen-Heim	B 5
83 Theater, Stadt-	D 5
84 Theater, Sommer-	C 5
85 Theater, Walhalla- (alte Kirche)	C 5
86 Vereinshaus, evang.	D 5
6 Volksbad Hägerwiese	D 7
7 Volksbadeanstalt I	C 4
8 Volksbadeanstalt II	C 4
87 Volkshaus	D 5
88 Waisenhaus	C 7
89 Wasserwerk Siegeshöhe, städt.	B 7
72 Wasserhebewerk Hägerwiese	D 7
9 Wilhelmsbad	D 6

AUFGESTELLT NACH EINER UNTERLAGE
DES STADTBAUAMTES LÜBEN AUS DEM JAHRE 1930

DÜSSELDORF, 1954   HORST GLADIS

GERHARD WEBER VERLAG, LORCH (WÜRTT.)

UNGEFÄHRER MASSTAB

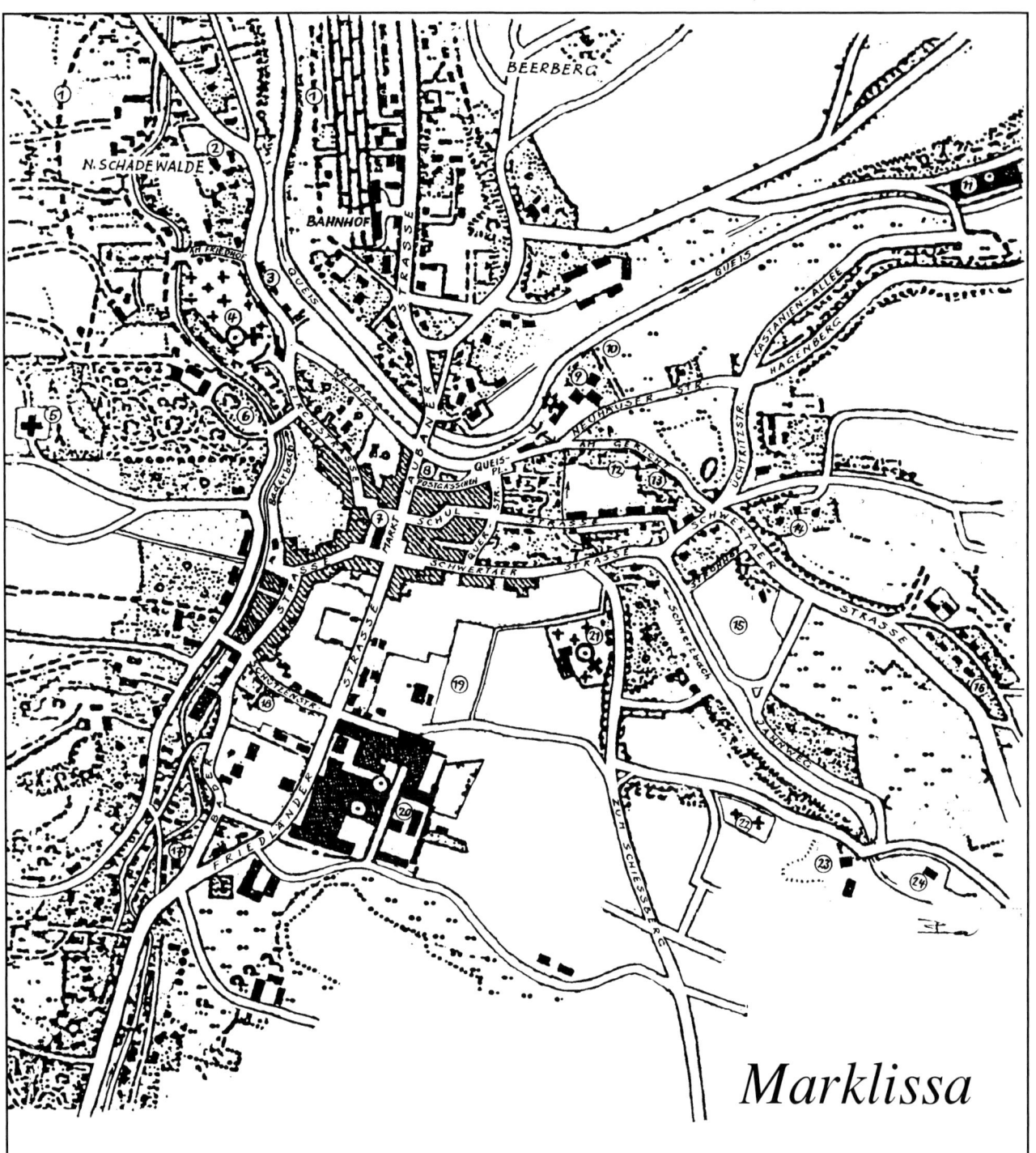

Marklissa

Marklissa

Stadt im Kreis Lauban, Regierungsbezirk Liegnitz; in einer Mulde auf dem linken Flußufer der Queis, 234 m über NN.

1939: 2201 Einwohner, meist evangelisch, 812 Haushaltungen

1144 „castrum Lesne" bezeugt

zwischen 1319 und 1329 „oppidum forense"

1329 Mittelpunkt deutscher Waldhufendörfer und Straßenort

Nach Zerstörung durch die Hussiten (1431), Hochwasser (1432) und Brand (1434) Verlegung in höhere geschützte Lage, unbefestigt, aber 3 Tore

1346 Stadtpfarrkirche, 1703–11 nach Brand der Holzkirche Neubau aus Steinen, 1854 Kirche erneuert

1647 Rektor der Schule erwähnt

1852–53 kath. Kirche erbaut

1876–89 Brände, danach Holzhäuser durch Steinhäuser ersetzt

Hauptumschlagplatz für Leinwand in der Oberlausitz;

1896 Eisenbahnanschluß

1901–05 Talsperre queisaufwärts

Volksschule, Oberschule

Amtsgericht.

Basaltwerk, Sägewerk, Seidenindustrie, Spinnerei und Weberei.

Museum, Stadtarchiv.

Fremdenverkehr.

Nach 1945 polnischer Name: Leśna

Patenschaft wie Kreis Lauban

Militsch

1 kath. Kirche
2 kath. Schule
3 Rathaus/Amtsgericht
4 Apotheke
5 Synagoge
6 Feuerwehrdepot
7 luth. Kirche
8 Postamt
9 Hotel
10 ev. Kirche
11 Gendarmerie
12 Volksschule
13 Katasteramt/Kreiskasse
14 Kino
15 Molkerei
16 Brennerei
17 Grenzland-Oberschule
18 Städt. Krankenhaus
19 Gasanstalt
20 Gräfl. Forstamt
21 alte Schule
22 RAD. ehem. Mittelschule
23 Gräfl. Oberförsterei
24 Schützenhaus
25 RAD-Lager
26 Landratsamt

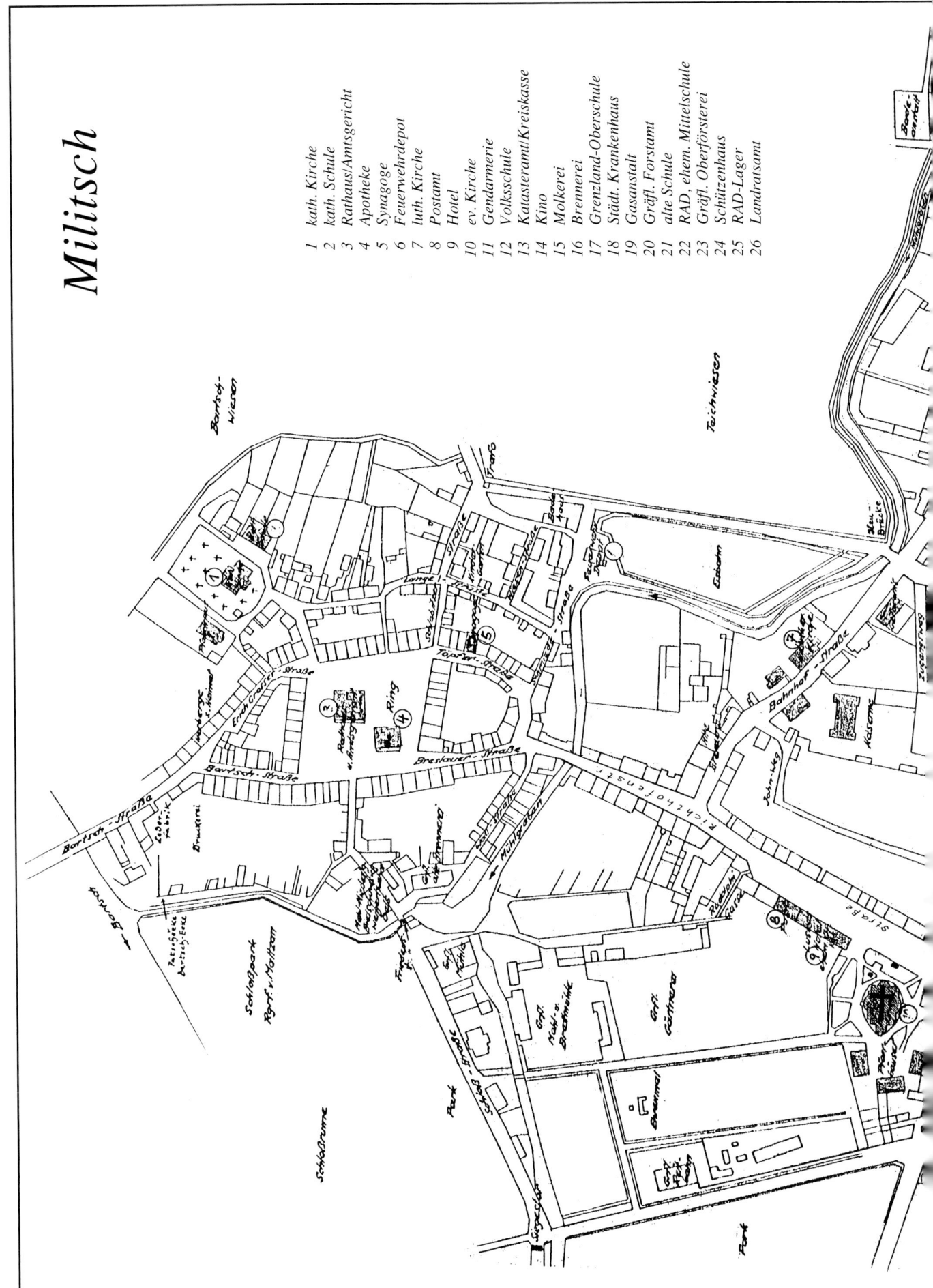

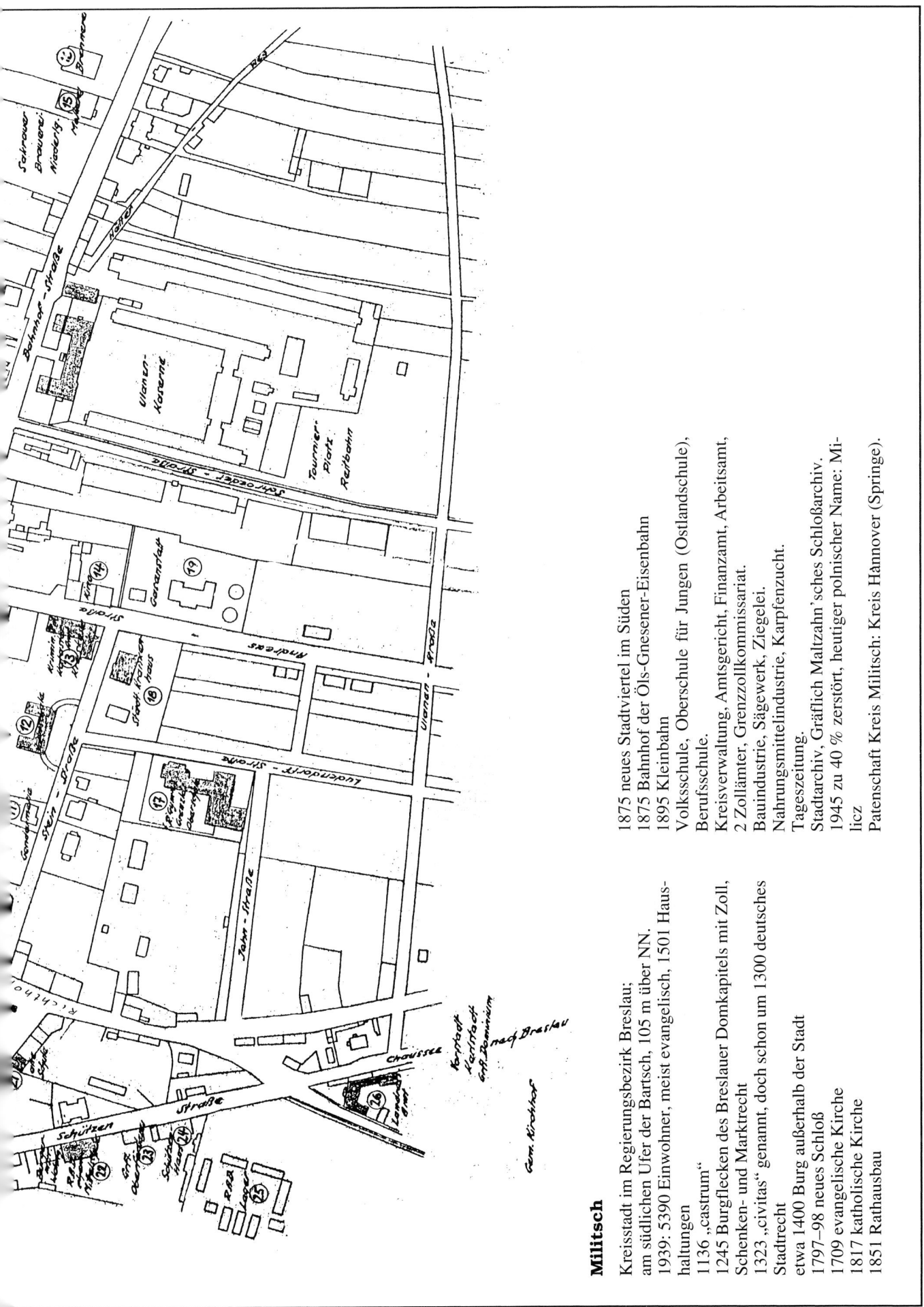

Militsch

Kreisstadt im Regierungsbezirk Breslau;
am südlichen Ufer der Bartsch, 105 m über NN.
1939: 5390 Einwohner, meist evangelisch, 1501 Haushaltungen
1136 „castrum"
1245 Burgflecken des Breslauer Domkapitels mit Zoll,
Schenken- und Marktrecht
1323 „civitas" genannt, doch schon um 1300 deutsches
Stadtrecht
etwa 1400 Burg außerhalb der Stadt
1797–98 neues Schloß
1709 evangelische Kirche
1817 katholische Kirche
1851 Rathausbau

1875 neues Stadtviertel im Süden
1875 Bahnhof der Öls-Gnesener-Eisenbahn
1895 Kleinbahn
Volksschule, Oberschule für Jungen (Ostlandschule),
Berufsschule.
Kreisverwaltung, Amtsgericht, Finanzamt, Arbeitsamt,
2 Zollämter, Grenzzollkommissariat.
Bauindustrie, Sägewerk, Ziegelei.
Nahrungsmittelindustrie, Karpfenzucht.
Tageszeitung.
Stadtarchiv, Gräflich Maltzahn'sches Schloßarchiv.
1945 zu 40 % zerstört, heutiger polnischer Name: Mi-
licz
Patenschaft Kreis Militsch: Kreis Hannover (Springe).

165

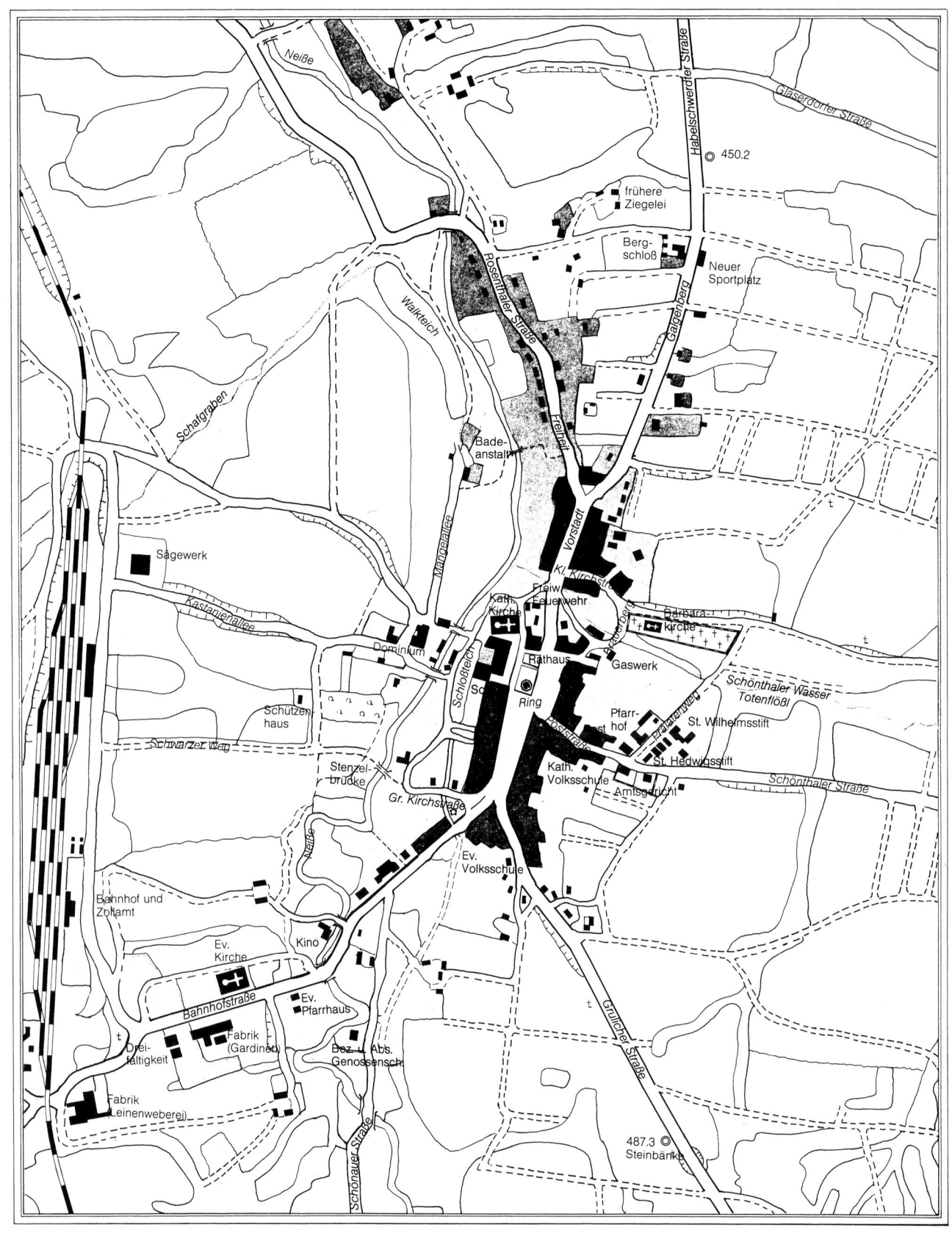

Mittelwalde

Mittelwalde Schles.

Stadt im Kreis Habelschwerdt (Niederschlesien) Regierungsbezirk Breslau;
am Oberlauf rechts der Glatzer Neiße, am Südende des Glatzer Kessels, 450 m über NN.
1939: 2586 Einwohner, meist katholisch, 821 Haushaltungen
In unbekannter Zeit angelegt, Stadtgründung um 1294, im 14. Jahrhundert Stadtrecht, ursprünglich Siedlung auf dem Gelände der Glatzer Vorstadt, 1428 in den Hussitenkriegen zerstört, Neuanlage des Schlosses noch im 15. Jahrhundert, keine Befestigung

1589 Hospital erweitert
Gegenreformation 1622
1891 Wilhelmsstift als Krankenhaus erbaut
1900 Neubau protestantische Kirche
1871 Eisenbahnanschluß
Volksschule, Oberschule.
Gardinenfabrik, Leinenweberei, Sägewerk.
Amtsgericht, 2 Zollämter.
Fremdenverkehr.
Seit 1945 polnischer Name: Międzylesie
Patenschaft: Stadt Lohne/Oldenburg

Münsterberg i. Schl. (Plan auf Seite 168/169)

Stadt im Kreis Frankenstein (Schles.), Regierungsbezirk Breslau;
in beherrschender Lage über dem oberen Ohlebecken, 208 m über NN, im Vorland der Sudeten.
1939: 8892 Einwohner, meist katholisch, 2782 Haushaltungen
als slawisches Dorf Sambice 1234 erwähnt
1241 vermutlich von Mongolen zerstört
zwischen 1241 und 1253 als deutsche Stadt neu gegründet
1266 „civis", 1291 „civitas", 1359 und 1405 „oppidum"
1281 Stadtpfarrkirche St. Georg, Ziegelrohbau mit frühgot. Westportal
1301 Burg
1363 Stadtmauer und Tore erwähnt – Reste erhalten

1537 Reformation, 1629 Gegenreformation
1561 Rathausbau
1798 Bau einer evangelischen Kirche, 1891 ev. luth. Kirche
1871 Eisenbahnanschluß
Volksschule, Oberschule für Jungen, Staatl. Oberschule in Aufbauform, Berufsschulen.
Amtsgericht, Finanzamt, Zollamt.
Tageszeitung.
Steinzeugröhren-, Landmaschinen-, Konserven-, und Nahrungsmittelindustrie, Zuckerfabrik, Seifen- und Wachswaren, Bürstenbinderei, Ziegelei, Sägewerk. Landhandel.
Stadtarchiv, Heimatmuseum.
Polnischer Name heute: Ziębice
Patenschaft: Stadt Bielefeld

Muskau (ohne Plan)

Stadt im Kreis Rothenburg (Ob. Laus.), Regierungsbezirk Liegnitz;
am Nordrand des großen Lausitzer Forstes, westlich der Lausitzer Neiße, 108 m über NN.
1939: 5010 Einwohner, meist evangelisch, 1643 Haushaltungen
vor 1200 kirchlicher Mittelpunkt
1361 Erweiterung Veste Muskau einschließlich Schloß, mehrfach Neubauten
1429 „Stetchin" genannt
1452 städtische Rechte erweitert und bestätigt
keine Stadtmauer, doch 2 Tore
1826 Rathausneubau nach Brand von 1766

1888 Mausoleum des Fürsten v. Pückler
1872 Eisenbahnanschluß
Volksschule, Städtische Mittelschule, Berufsschule.
Braunkohlenbergbau, 2 Glashütten, Ziegelei, Dachsteinfabrik, Tonindustrie, Sägewerk, Bürstenfabrik, Papier- und Kartonagenfabrik, Brauerei.
Amtsgericht, Zollamt, Arbeitsamt, Reichsbanknebenstelle, Reichsautobahn.
Städtisches Archiv, Schloßarchiv, Heimatmuseum.
Als westlich der Lausitzer Neiße gelegene Stadt kam Muskau nach 1945 zur DDR, 1990 zur Bundesrepublik Deutschland
Kein Stadtplan

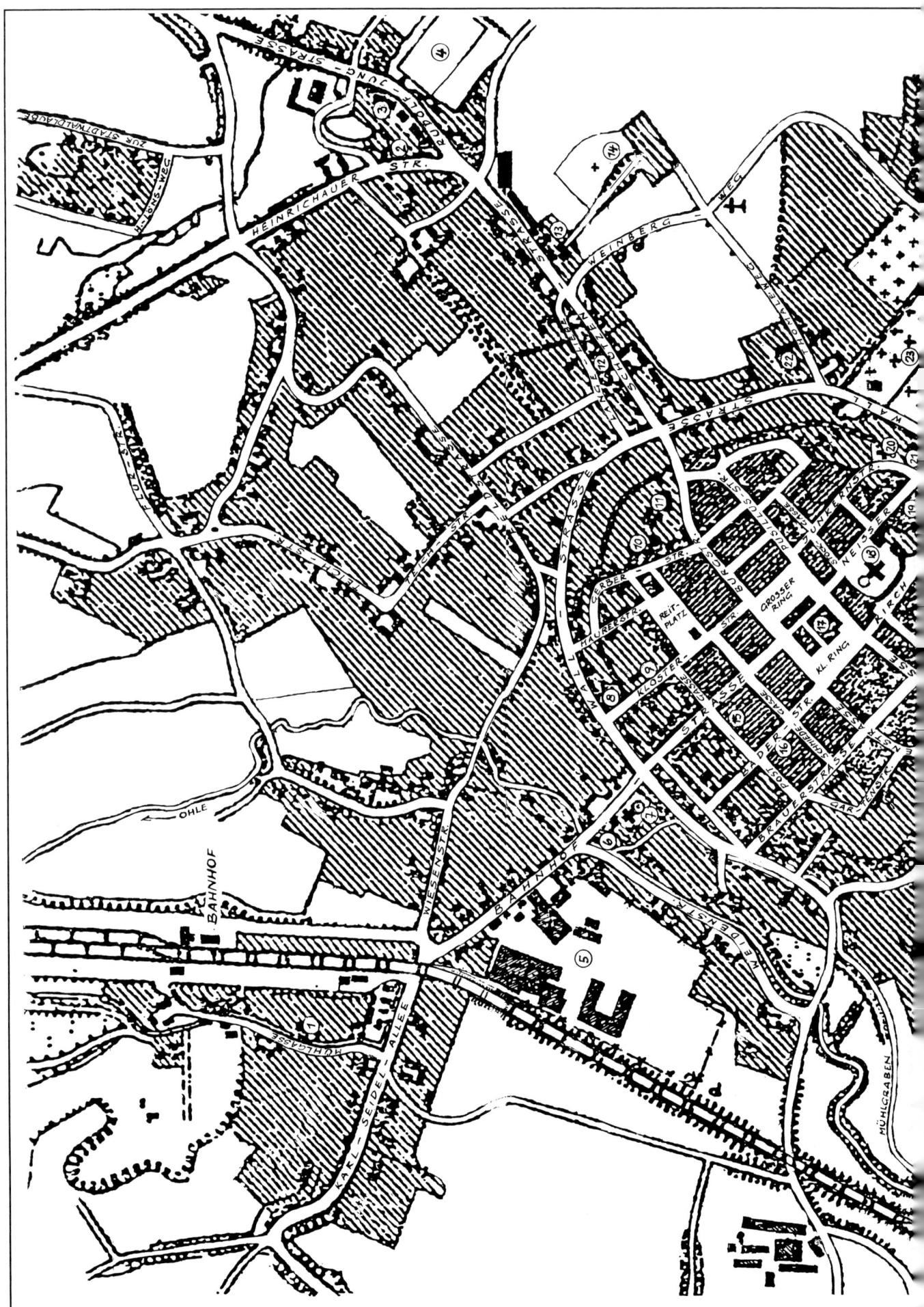

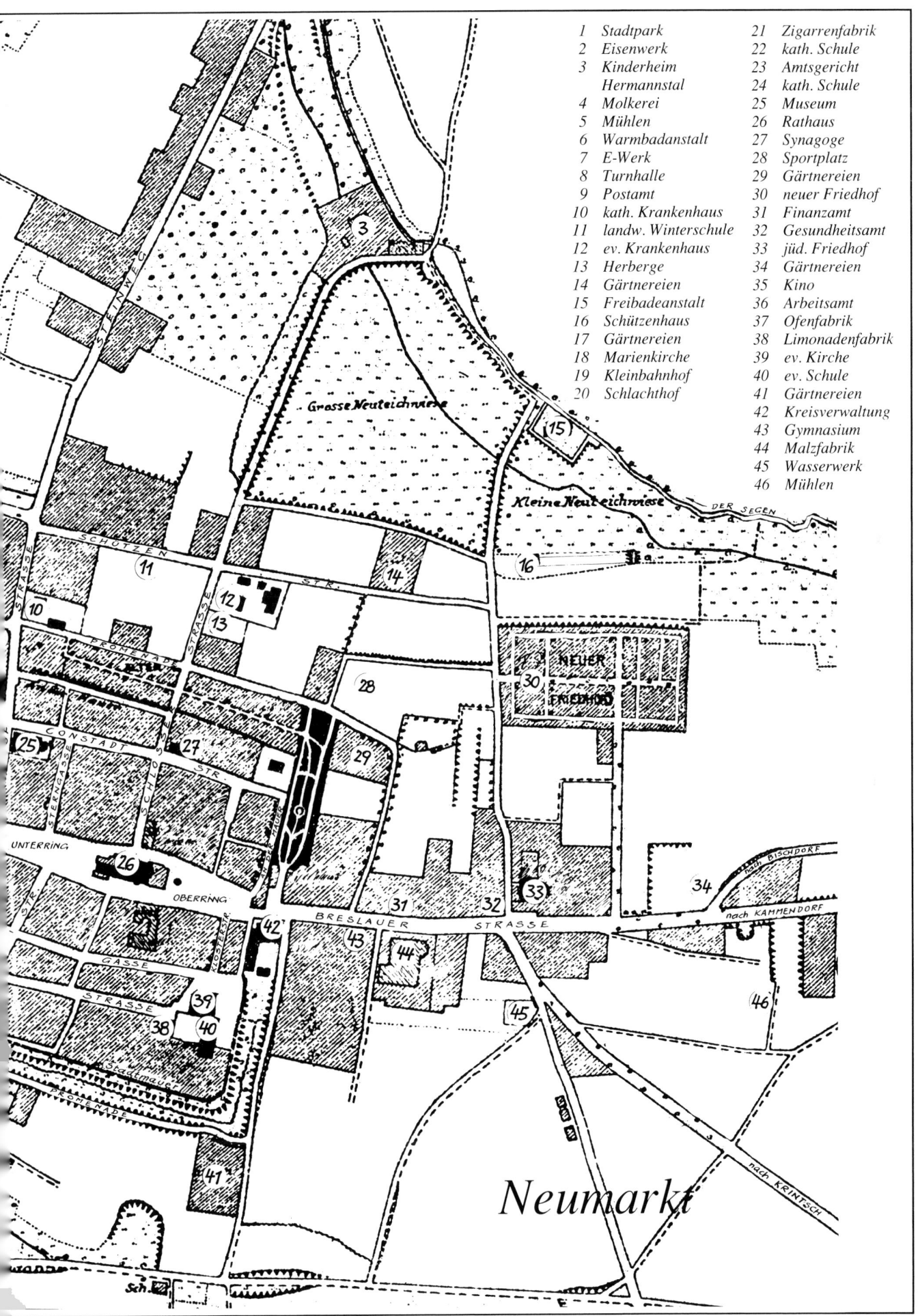

1 Stadtpark
2 Eisenwerk
3 Kinderheim
   Hermannstal
4 Molkerei
5 Mühlen
6 Warmbadanstalt
7 E-Werk
8 Turnhalle
9 Postamt
10 kath. Krankenhaus
11 landw. Winterschule
12 ev. Krankenhaus
13 Herberge
14 Gärtnereien
15 Freibadeanstalt
16 Schützenhaus
17 Gärtnereien
18 Marienkirche
19 Kleinbahnhof
20 Schlachthof
21 Zigarrenfabrik
22 kath. Schule
23 Amtsgericht
24 kath. Schule
25 Museum
26 Rathaus
27 Synagoge
28 Sportplatz
29 Gärtnereien
30 neuer Friedhof
31 Finanzamt
32 Gesundheitsamt
33 jüd. Friedhof
34 Gärtnereien
35 Kino
36 Arbeitsamt
37 Ofenfabrik
38 Limonadenfabrik
39 ev. Kirche
40 ev. Schule
41 Gärtnereien
42 Kreisverwaltung
43 Gymnasium
44 Malzfabrik
45 Wasserwerk
46 Mühlen

Neumarkt

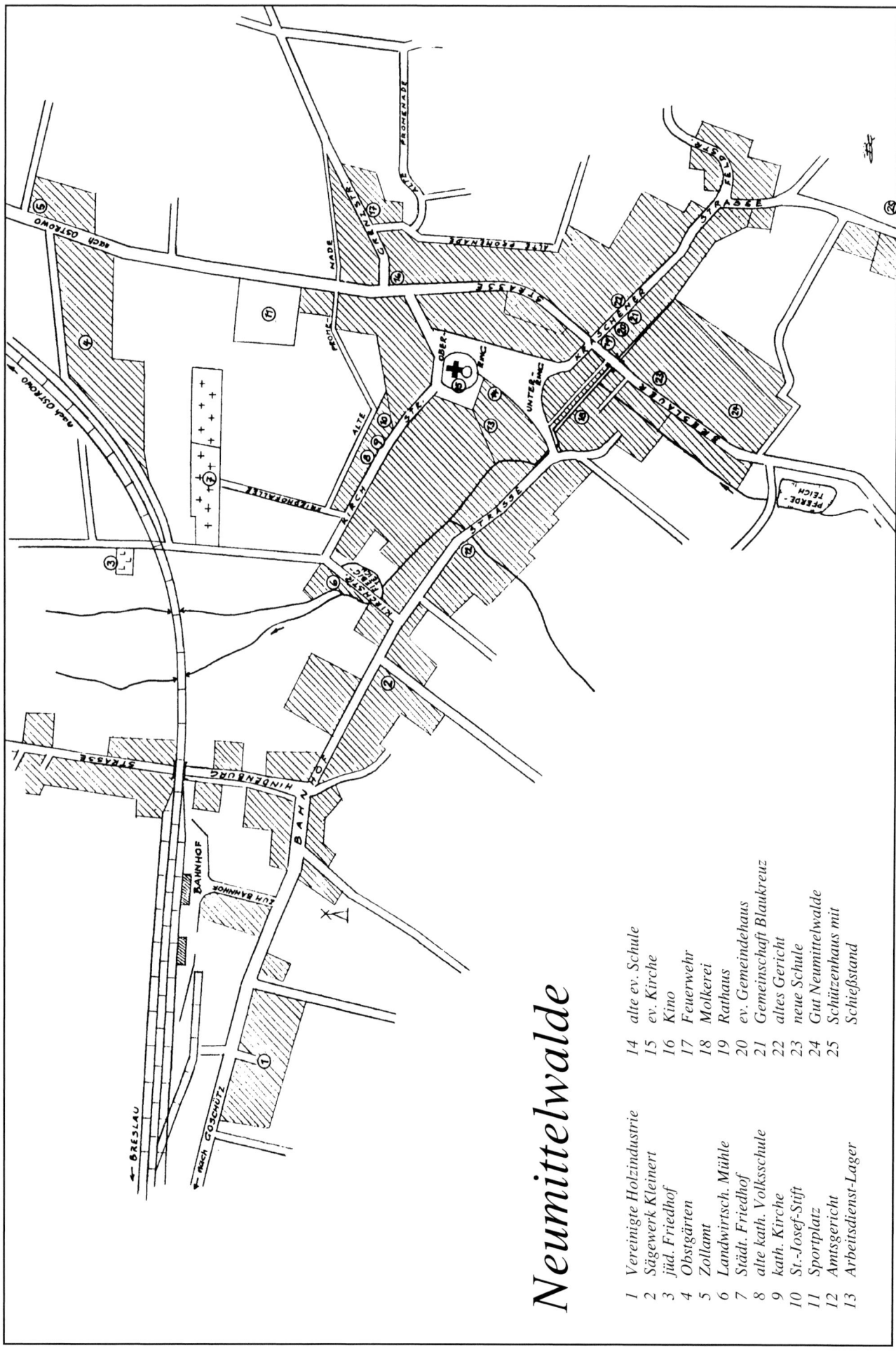

Neumittelwalde

1 Vereinigte Holzindustrie
2 Sägewerk Kleinert
3 jüd. Friedhof
4 Obstgärten
5 Zollamt
6 Landwirtsch. Mühle
7 Städt. Friedhof
8 alte kath. Volksschule
9 kath. Kirche
10 St.-Josef-Stift
11 Sportplatz
12 Amtsgericht
13 Arbeitsdienst-Lager

14 alte ev. Schule
15 ev. Kirche
16 Kino
17 Feuerwehr
18 Molkerei
19 Rathaus
20 ev. Gemeindehaus
21 Gemeinschaft Blaukreuz
22 altes Gericht
23 neue Schule
24 Gut Neumittelwalde
25 Schützenhaus mit
Schießstand

Neumittelwalde

Stadt im Kreis Groß Wartenberg, Regierungsbezirk Breslau;
am Südhang der Ausläufer des Katzengebirges gelegen, 271 m über NN.
1939: 1649 Einwohner, meist evangelisch, 486 Haushaltungen
1340 Herrschaft bezeugt, Herausbildung eines Marktfleckens am Herrschaftsmittelpunkt
1637 von Herzog Heinrich Wenzel von Oels-Bernstadt zur Stadt erhoben, um zwei Stadtkerne gewachsen, auf hohem Berge die evangelische Kirche, am Hügelfluß das alte Schloß, keine Befestigung, kein Rathaus
1755 beachtlicher Weinbau, eingeführt durch württembergische Einwanderer unter Bürgermeister Johann Jakob Lutz
1836/39 Neubau der abgebrannten ev. Kirche „Zum heiligen Kreuz"

1859 Gründung einer kath. Schule
1893 Kath. Kirche St. Joseph (angeschlossen St.-Josephs-Stift)
1910 Eisenbahnanschluß
1920 Verlust der Hauptabsatzgebiete durch die neue Grenze zu Polen
1930 (ca.) das gräfl. von Reichenbach'sche Schloß wird Rathaus
1933 die Arbeitsdienstabteilung 2/112 zieht in die alte ev. Volksschule am Ring ein
Volksschule, Amtsgericht, Grenzzollamt, Arbeiterzentrale zur Vermittlung von Landarbeitern aus Polen.
Bezirksmolkerei, zwei Sägewerke.
Handwerker, Ackerbürgerstadt.
1945 sehr stark zerstört (ca. 80 %)
Polnischer Name heute: Międzybórz
Patenschaft: Kreis Schaumburg (Stadthagen)

Neurode (Plan auf Seite 182)

Stadt im Kreis Glatz, Regierungsbezirk Breslau;
am Süd-Westrand des Eulengebirges im Nordwestwinkel der Grafschaft Glatz, 376–420 m über NN, im Tal der Walditz gelegen.
1939: 10 059 Einwohner, meist katholisch, 3346 Haushaltungen
1337 planmäßig, ohne Mauern gegründet mit deutschem Recht
1434 Erneuerung des Stadtrechts
Schloß aus dem 14. Jahrhundert, 1796 umgebaut;
16. Jahrhundert Rathausbau, 1844, 1892–94 Um- und Ausbauten
Seit dem 15. Jahrhundert, verstärkt seit dem 19. Jahrhundert, wird Steinkohle abgebaut
1530 Reformation, 1624 Gegenreformation
1767 Lorettokapelle, 1866 Errichtung einer evangelischen Kirche
Laubenhäuser in der Unterstadt

1880 Eisenbahnanschluß
Katholische Volksschule für Jungen und Mädchen je achtklassig, evangelische Volksschule, Oberschule für Jungen (Kl. 1–5), Haushaltungs- und Gewerbeschule für Mädchen, kaufmännische und gewerbliche Fortbildungsschule, Stickschule.
Knappschafts-Lazarett, Waisenhaus und Altersheim, Amtsgericht mit Gefängnis, Zollamt, Finanzamt, Arbeitsamt, Städt. Krankenhaus, Kunststeinfabrikation, Sägewerk, 3 Jalousie- und Rolladenfabriken, Brauerei, Tonwerke, Schamotteerzeugungswerk, Ofenfabriken, Steinkohlenbergbau, Textilfabriken, Druckerei, Färberei, Likörfabrik, Brennereien, landwirtschaftliche Verarbeitungsindustrie, Molkerei.
Landwirtschaft wegen der Höhenlage nicht sehr ertragreich. Wallfahrtskirche auf dem Annaberg.
Nach 1945 polnischer Name: Nowa Ruda
Patenschaft: Stadt Castrop-Rauxel

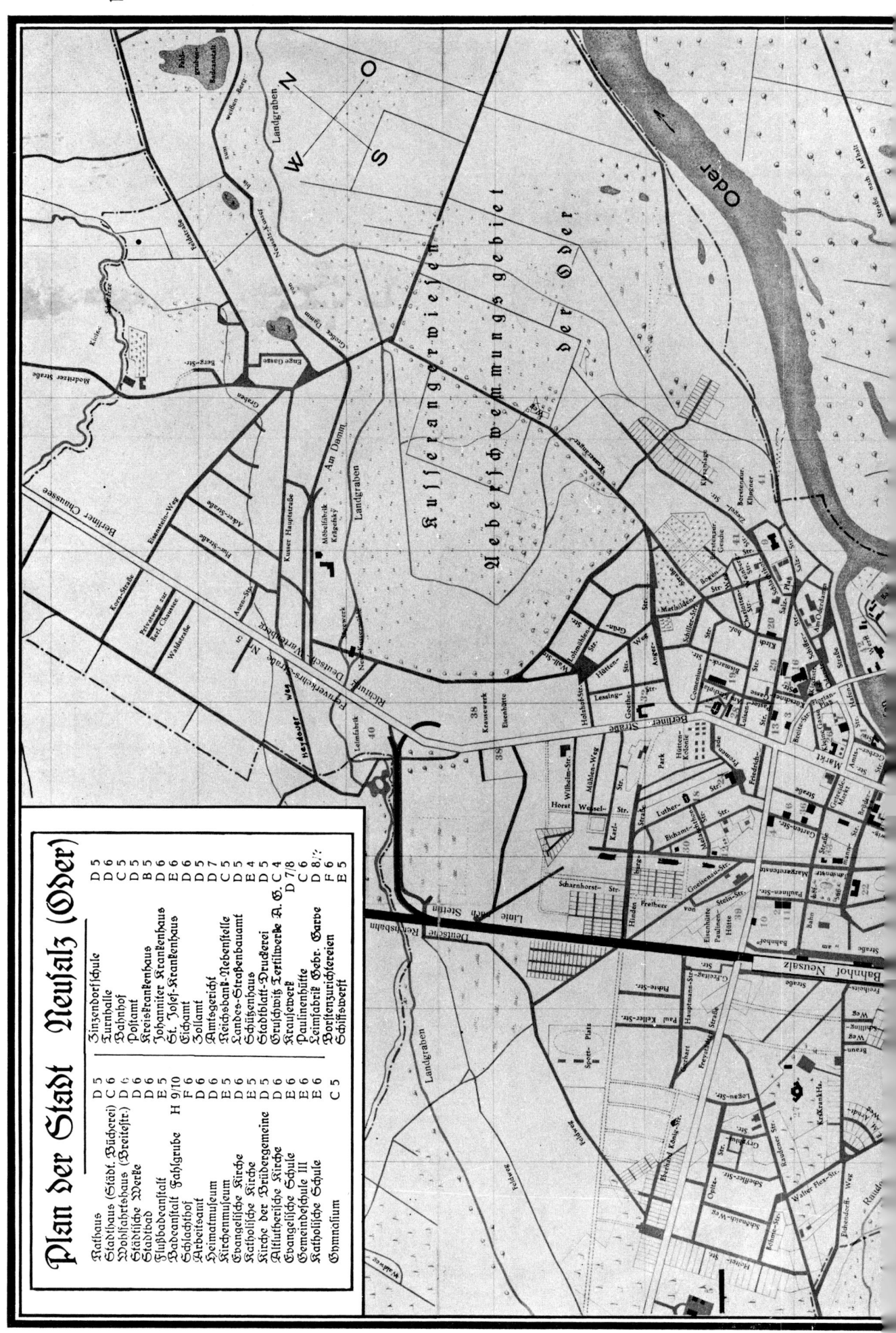

Plan der Stadt Neusalz (Oder)

Rathaus	D 5	Zinzendorfschule	D 5
Stadthaus (Städt. Bücherei)	C 6	Turnhalle	D 6
Wohlfahrtshaus (Breitestr.)	C 6	Bahnhof	C 5
Städtische Werke	D 6	Postamt	D 5
Stadtbad	D 6	Kreiskrankenhaus	B 5
Flußbadeanstalt	E 5	Johanniter Krankenhaus	D 6
Badeanstalt Fahlgrube	H 9/10	St. Josef-Krankenhaus	E 6
Schlachthof	F 6	Eichamt	D 6
Arbeitsamt	D 6	Zollamt	D 5
Heimatmuseum	D 6	Amtsgericht	D 7
Kirchenmuseum	E 5	Reichsbank-Nebenstelle	C 5
Evangelische Kirche	D 6	Landes-Straßenbauamt	D 5
Katholische Kirche	E 5	Schützenhaus	E 4
Kirche der Brüdergemeine	D 5	Stadtblatt-Druckerei	D 5
Altlutherische Kirche	D 6	Gruschwitz Textilwerke A. G.	C 4
			D 7/8
Evangelische Schule	E 6	Krautzwerk	C 6
Gemeindeschule III	E 6	Paulinenhütte	D 8/9
Katholische Schule	E 6	Leimfabrik Gebr. Garbe	F 6
Gymnasium	C 5	Borstenzurichtereien	E 5
		Schiffswerft	

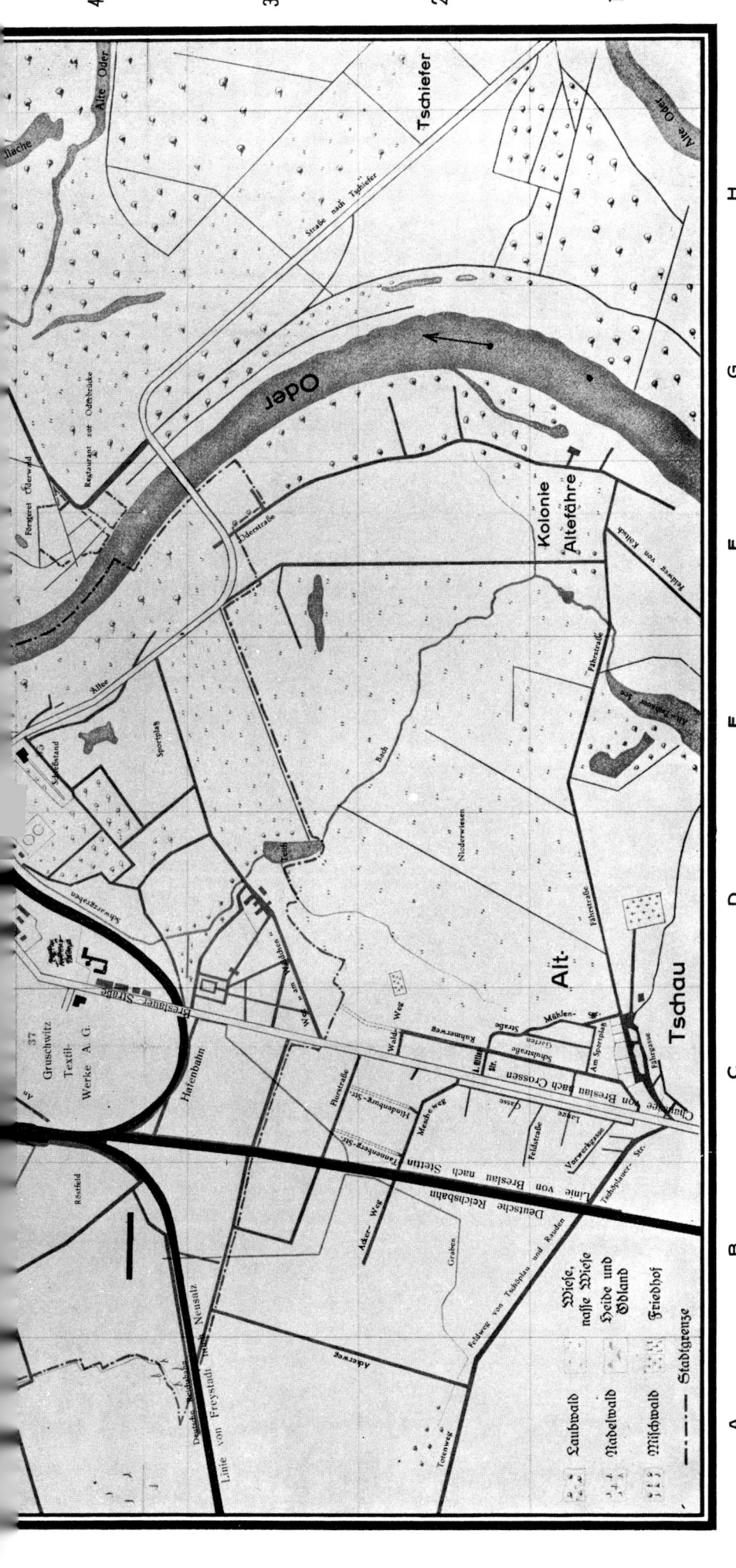

Neusalz (Oder)

Stadt im Kreis Freystadt, Regierungsbezirk Liegnitz; am linken Ufer der Oder, 63 m über NN. 1939: 17 326 Einwohner, meist evangelisch, 5744 Haushaltungen

1563 Seesalzsiederei „Zum neuen Saltze" an der Stelle der Altstadt, 1713 Stillegung
1597 evangelische Pfarrkirche geweiht, wurde 1651 katholische Pfarrkirche St. Michaeliskirche
1743 königliche Immediatstadt

1769 Bethaus der Herrenhuter-Brüdergemeinde
1839 Einweihung einer evangelischen Kirche
1870 Holzbrücke über die Oder, 1932 Neubau
1871 Eisenbahnanschluß
1897 Ausbau des Hafens
3 evangelische, 2 katholische Volksschulen, Städt. Realgymnasium, Berufsschule.
Amtsgericht, Zollamt, Eichamt, Arbeitsamt, Reichsbanknebenstelle.

Bürsten- und Pinselfabrik, Maschinenfabrik, Eisengießerei, Eisenhütte und Emaillierwerk, Ofenfabrik, Möbelfabrik, Leimfabrik, Kartonagenfabrik, Dachpappenfabrik, Mühlenwerke, Ölmühle, Zigarrenfabrik.
Städt. Archiv, Städt. Bücherei, Heimatmuseum.
Tageszeitung.
1945 zu 30 % zerstört, polnischer Name heute: Nowa Sól
Patenstadt: Offenbach/Main

181

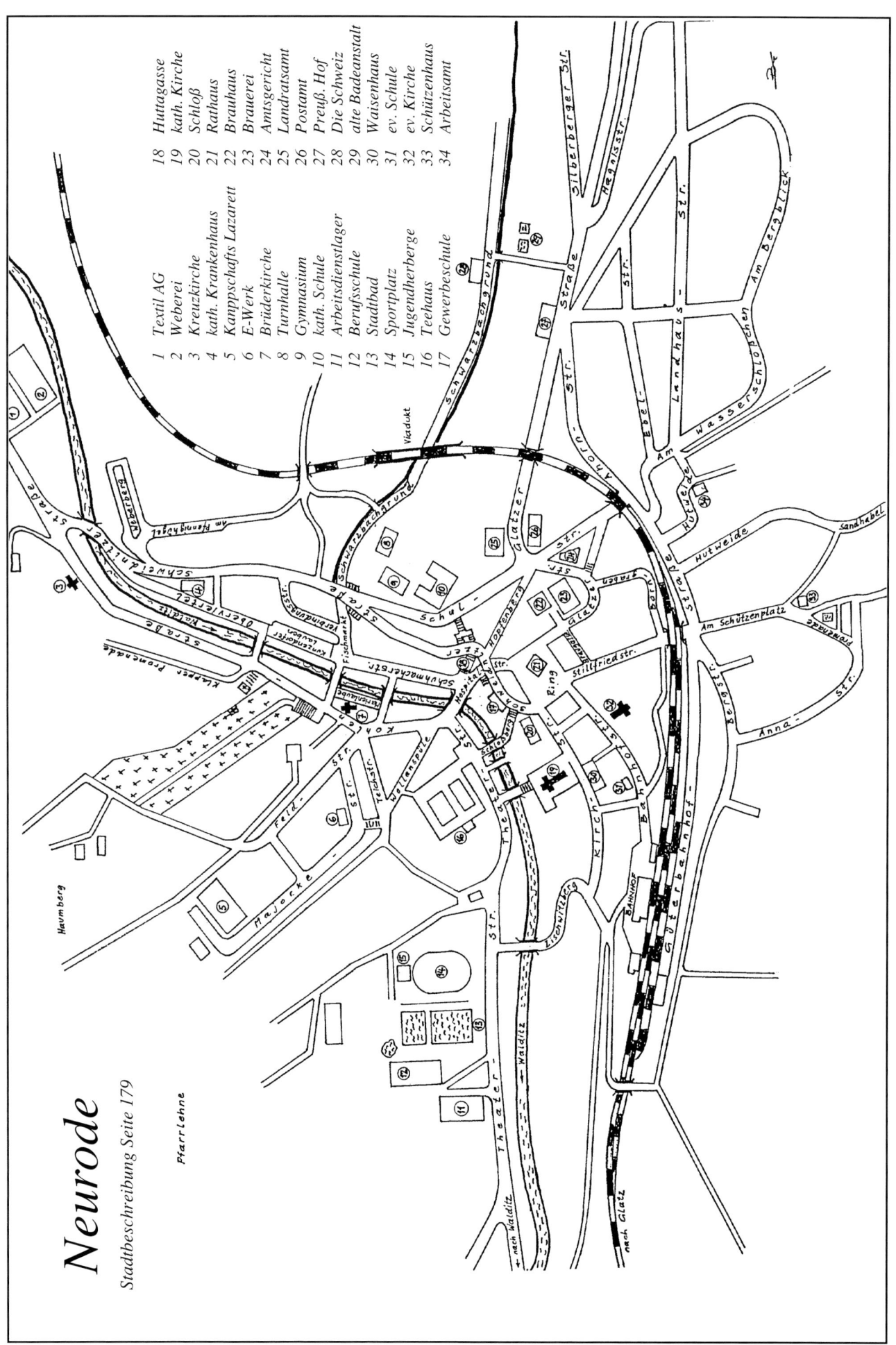

Neurode

Stadtbeschreibung Seite 179

1 Textil AG
2 Weberei
3 Kreuzkirche
4 kath. Krankenhaus
5 Kanppschafts Lazarett
6 E-Werk
7 Brüderkirche
8 Turnhalle
9 Gymnasium
10 kath. Schule
11 Arbeitsdienstlager
12 Berufsschule
13 Stadtbad
14 Sportplatz
15 Jugendherberge
16 Teehaus
17 Gewerbeschule
18 Huttagasse
19 kath. Kirche
20 Schloß
21 Rathaus
22 Brauhaus
23 Brauerei
24 Amtsgericht
25 Landratsamt
26 Postamt
27 Preuß. Hof
28 Die Schweiz
29 alte Badeanstalt
30 Waisenhaus
31 ev. Schule
32 ev. Kirche
33 Schützenhaus
34 Arbeitsamt

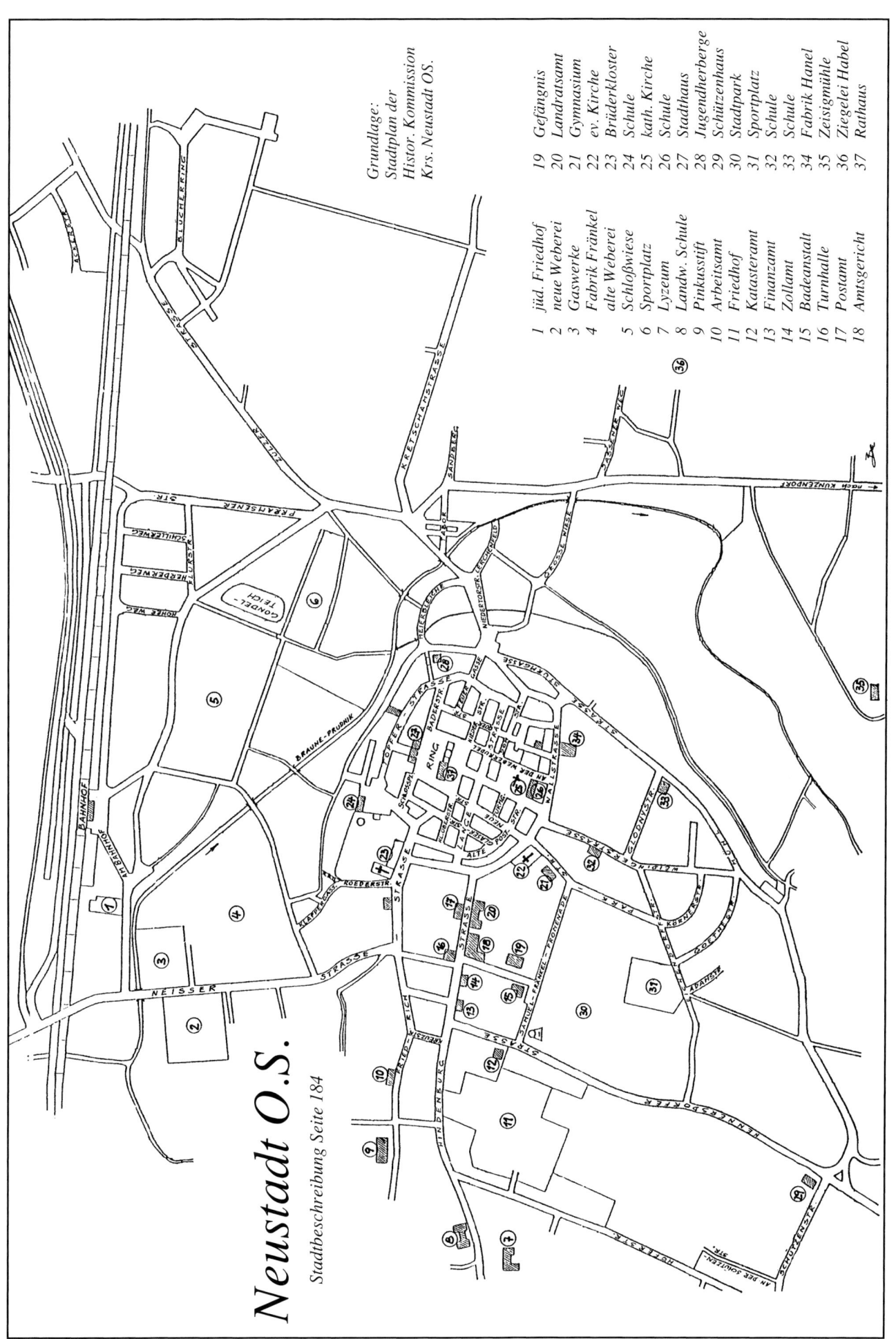

Neustadt O.S.

Stadtbeschreibung Seite 184

Grundlage:
Stadtplan der
Histor. Kommission
Krs. Neustadt OS.

1 jüd. Friedhof
2 neue Weberei
3 Gaswerke
4 Fabrik Fränkel
  alte Weberei
5 Schloßwiese
6 Sportplatz
7 Lyzeum
8 Landw. Schule
9 Pinkusstift
10 Arbeitsamt
11 Friedhof
12 Katasteramt
13 Finanzamt
14 Zollamt
15 Badeanstalt
16 Turnhalle
17 Postamt
18 Amtsgericht
19 Gefängnis
20 Landratsamt
21 Gymnasium
22 ev. Kirche
23 Brüderkloster
24 Schule
25 kath. Kirche
26 Schule
27 Stadthaus
28 Jugendherberge
29 Schützenhaus
30 Stadtpark
31 Sportplatz
32 Schule
33 Schule
34 Fabrik Hanel
35 Zeisigmühle
36 Ziegelei Habel
37 Rathaus

Neustadt O.S. (Plan auf Seite 183)

Kreisstadt im Regierungsbezirk Oppeln;
am Fuße der Bischofskoppe, an 3 Seiten von der Prudnik umflossen, 265 m über NN.
1939: 17339 Einwohner, meist katholisch, 5715 Haushaltungen
1262 Burg Wogendrossel angelegt, 1806 abgebrannt;
1279 auf grünem Rasen vor der Burg Stadt mit deutschem Recht angelegt
vor 1302 „civitas" mit Magdeburger Recht, 1. Urkunde, befestigt, 1536 Stadtmauer erwähnt, Türme, Wall mit Planken und Graben mit Wasser
1321 kathol. Pfarrkirche erwähnt
1654 Kapuzinerkloster neben Begräbniskirche gebaut
1735 Rathaus abgebrannt und wiederhergestellt, 1782 erneuert, wurde 1849 Gericht
1738 Barockkirche vollendet
1779 Stadt von Österreichern stark zerstört
1852 Franziskanerkloster eingeweiht
1876 Eisenbahnanschluß
1896 Stadthaus mit prächtiger Fassade erbaut
1902–04 evangelische Kirche erbaut
Volksschulen für Knaben und Mädchen, Staatl. Oberschule für Jungen, Städt. Oberschule für Mädchen, Handels- und Berufsschule, Landwirtschaftsschule, Volkshochschule, Krankenpflegeschule.
Kreisverwaltung, 2 Krankenhäuser, 2 Altersheime, Waisenhaus, Amtsgericht, Hauptzollamt, Finanzamt, Arbeitsamt.
Lederwarenherstellung, Schuhfabrik, Damast- und Leinenfabrikation.
Essig-, Mostrich-, Seifen-, Zementwaren-, Möbelfabriken, Mühlenwerke, Ziegelei, 3 Sägewerke, 2 Brauereien, Färberei.
Tageszeitung, Städt. Archiv, Stadtbibliothek, Heimatmuseum, Jugendherberge.
Hallenschwimmbad, Buchdruckerei.
Garnisonstadt.
1945 zu 20 % zerstört, heutiger polnischer Name: Prudnik
Patenschaft: Stadt Northeim

Neustädtel

Stadt im Kreis Freystadt N.-Schl., Regierungsbezirk Liegnitz;
links der Oder, am Ostufer des Weißfurt, 80 m über NN.
1939: 1712 Einwohner, meist evangelisch (71 %), 578 Haushaltungen
um 1220 als deutsche Siedlung
1296 als deutsche Stadt erwähnt, Stadtgründung wahrscheinlich 1290
1296 „Nowestat", 1336: „Nova Civitas Linda"
1305 Stadtpfarrkirche erstmals erwähnt, 1376 Pfarrer erwähnt
im 14. Jahrhundert (1386 erwähnt) Wirtschaftsmittelpunkt für 7 Dörfer bis vor 1420, danach zum Weichbild Freystadt gehörig
1409 Schulmeister erwähnt
1474 und 1678 große Stadtbrände
1536 Stadtmauer mit 4 Toren, später abgerissen
1540 Pfarrkirche evangelisch bis 1628, danach wieder katholisch
1629 Vertreibung des evangelischen Geistlichen
1652 Gegenreformation
1690 Stadtherrschaft geht an den Jesuitenorden bis 1766
1741 Einsetzung eines evangelischen Pfarrers durch Friedrich II.
1744 Evangelisches Bethaus eingeweiht, 1785 erneuert, 1888 Turm
1877 neues Rathaus an das alte angebaut
1892 Eisenebahnanschluß
1906–22 Braunkohlenbergbau
Je 1 evangelische und katholische Volksschule, höhere Privatschule, Landfrauenschule (1898) der Landwirtschaftskammer Niederschlesien.
Ton- und Dachziegelwerke, Sägewerk, Küchenmöbelfabrik, seit etwa 1300 Stadtmühle.
Herrschaftsarchiv Deutsch Wartenberg.
1945 stark zerstört. Polnischer Name: Nove Miasteczko
Patenschaft wie Kreis Freystadt: Landkreis Limburg-Weilburg

Niesky (ohne Plan)

Stadt im Kreis Rothenburg Ob. Laus., Regierungsbezirk Liegnitz;
auf einer Hochebene gelegen zwischen der Schwarzen und der Weißen Schöps am Rande der Oberlausitzer Heide, 175 m über NN.
1939: 7729 Einwohner, meist evangelisch, 2258 Haushaltungen
1742 als Niederlassung der Herrenhüter Brüdergemeinde gegründet
1752 Betsaal eingeweiht, 1875 durch Neubau mit Turm ersetzt
1892 evangelische Kirchengemeinde
Kirchenbau 1897–1900
1935 katholische Kirche eingeweiht
1872 Eisenbahnanschluß
1929 Ödernitz, Neuhof und Neu-Särchen zusammengelegt
28. 8. 1935 Stadtrechte
2 Volksschulen, höhere Mädchenschule (Mittelschule), private Oberschule, Berufsschule, Landwirtschaftsschule.
Amtsgericht, Arbeitsamt.
Braunkohlenbergbau, Eisengießerei, Maschinen- und Motorenbau, Stahlbau, Fahrzeugbau.
Möbelindustrie, Lackfabrik, Seifenfabrik.
Bauindustrie, Tonwarenherstellung, Schmuckwarenindustrie, Seidenraupenzucht.
Da westlich der Lausitzer Neiße gelegen, kam Niesky nach 1945 zur DDR, 1990 zur Bundesrepublik Deutschland.
Kein Stadtplan

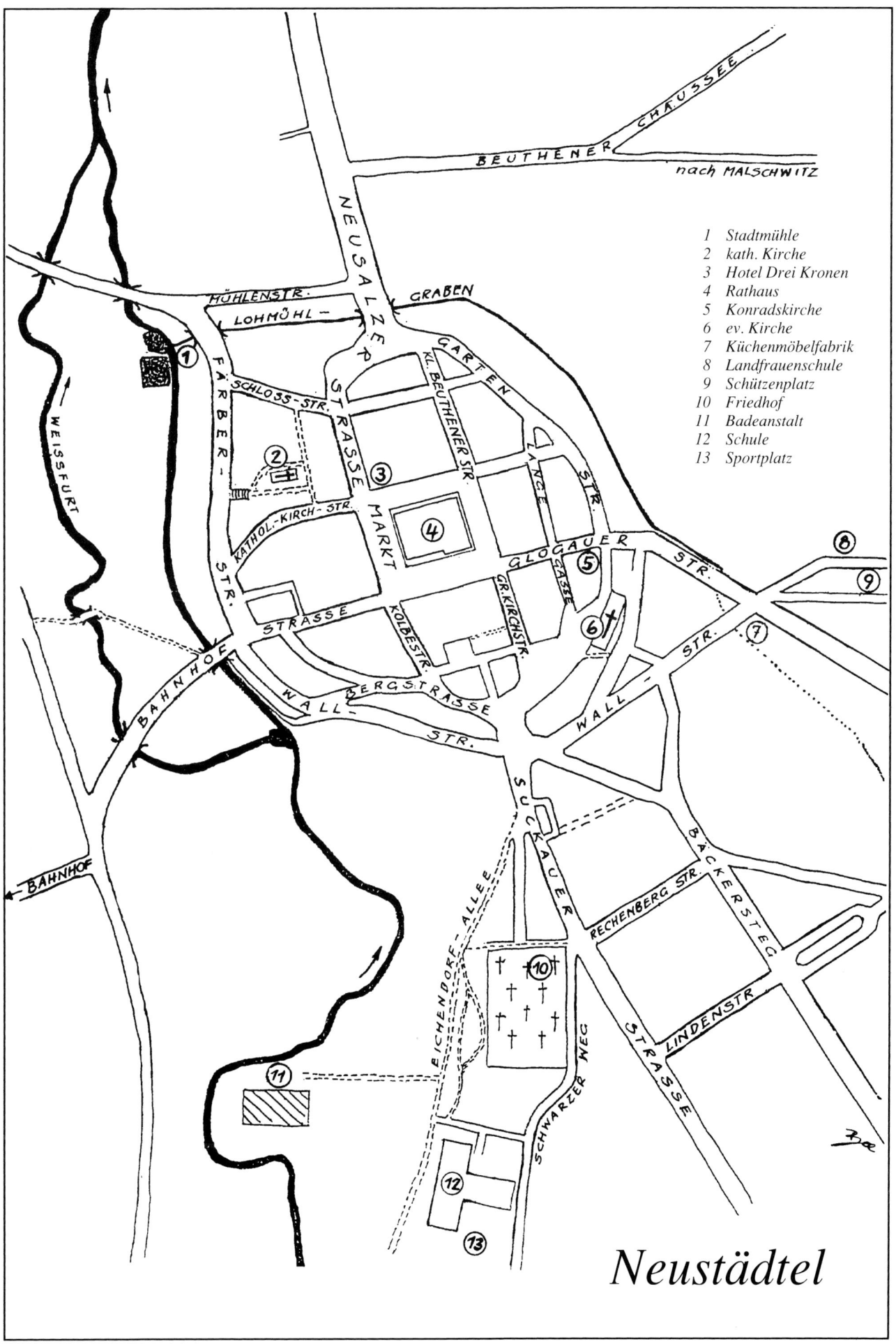

1 Stadtmühle
2 kath. Kirche
3 Hotel Drei Kronen
4 Rathaus
5 Konradskirche
6 ev. Kirche
7 Küchenmöbelfabrik
8 Landfrauenschule
9 Schützenplatz
10 Friedhof
11 Badeanstalt
12 Schule
13 Sportplatz

Neustädtel

185

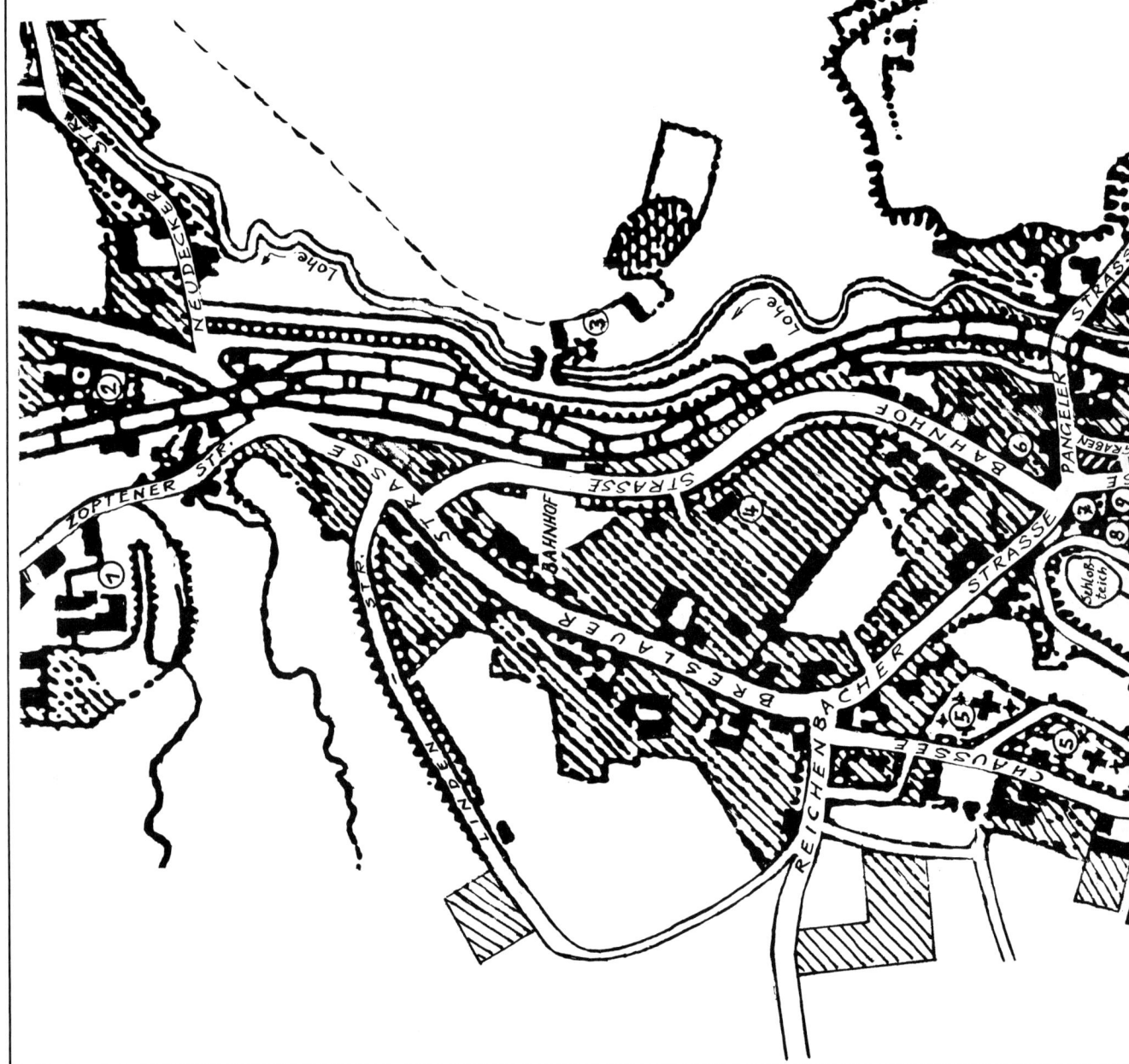

Nimptsch

Stadt im Kreis Reichenbach (Eulengebirge), Regierungsbezirk Breslau;

auf einem allseitig steil abfallenden Bergrücken oberhalb des oberen Lohetales, 242 m über NN.

1939: 3523 Einwohner, meist evangelisch, 970 Haushaltungen, spätgermanische Burg

Ende 13. Jahrhundert Anlage deutscher Herzogsburg und deutschrechtlicher Stadt, Neumarkter Stadtrecht

1244 Kirche „St. Adalbert"

1295 Stadtpfarrkirche „St. Peter und Paul", wechselnd kath./evgl., Stadtmauer z. T. noch erhalten

1735 Neubau kath. Pfarrkirche

Stadt nach Bränden 1853/59 massiv aufgebaut, Eingemeindungen

1865 Neubau Rathaus nach Brand 1853

1884 Eisenbahnanschluß

Volksschule.

Amtsgericht, Zollamt, Arbeitsamt.

Städt. Archiv, Heimatmuseum.

Polnischer Name heute: Niemcza

Patenschaft wie Kreis Reichenbach (Eulengeb.): Kreis Warendorf

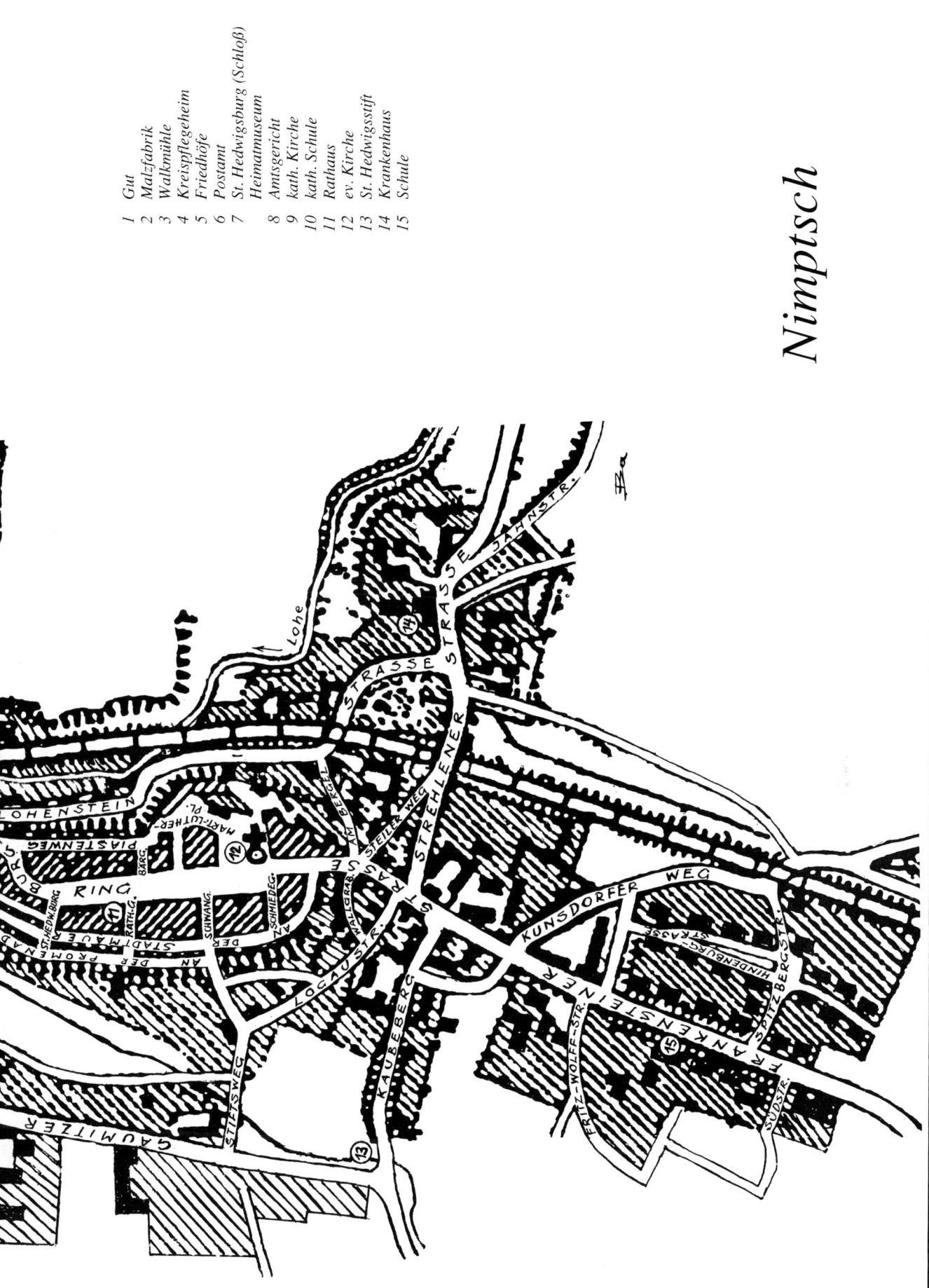

Nimptsch

1 Gut
2 Malzfabrik
3 Walkmühle
4 Kreispflegeheim
5 Friedhöfe
6 Postamt
7 St. Hedwigsburg (Schloß)
Heimatmuseum
8 Amtsgericht
9 kath. Kirche
10 kath. Schule
11 Rathaus
12 ev. Kirche
13 St. Hedwigsstift
14 Krankenhaus
15 Schule

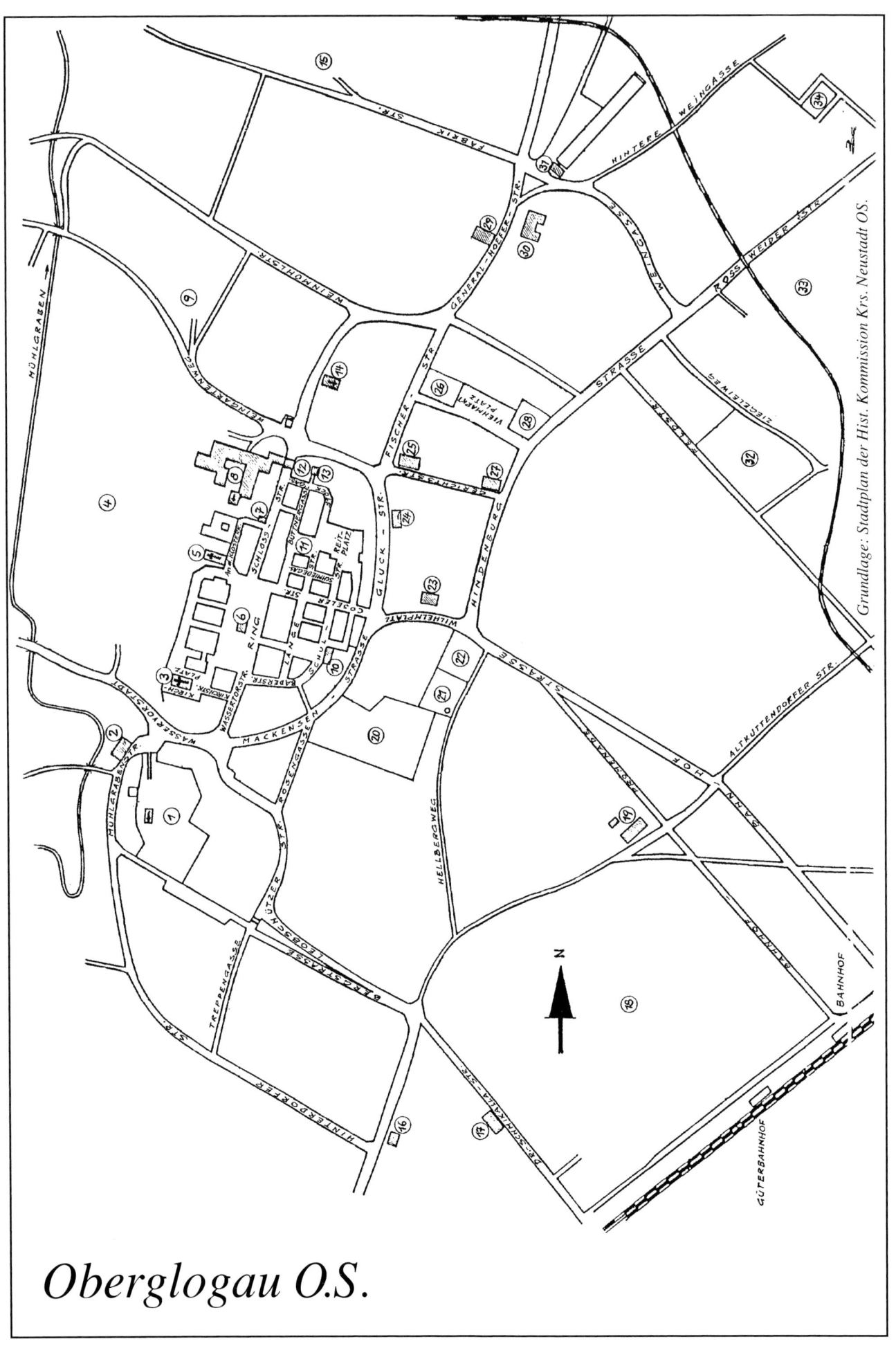

Grundlage: Stadtplan der Hist. Kommission Krs. Neustadt OS.

Oberglogau O.S.

Oberglogau O.S.

Stadt im Kreis Neustadt O.S., Regierungsbezirk Oppeln;

auf dem erhöhten rechten Ufer der Hotzenplotz, 208 m über NN.

1939: 7581 Einwohner, meist katholisch, 2080 Haushaltungen

1223 als Dorf erwähnt

1248 „St. Bartholomäus" erwähnt

1275 Erhebung zur Stadt, 1373 Magdeburger Recht nachgewiesen

1372 Gründung des Kollegiatstiftes

1428 Hussiten zerstören die Stadt

16. Jahrhundert Reformation, 17. Jahrhundert Gegenreformation

1608 Rathausbau

1623 Bau der Minoritenkirche „St. Franziskus"

1636 Wiederaufbau des Klosters nach Zerstörung 1632 durch die Sachsen

1810 Kloster säkularisiert

1855 Neugründung evangelischer Gemeinden, 1856 Kirchenbau

1876 Eisenbahnanschluß

Volksschule, Oberschule (vorher kath. Lehrerseminar), Mittelschule, Berufsschule.

Amtsgericht, Zollamt, Arbeitsamt, Krankenhaus.

Zuckerfabrik, Backwarenfabrik, Dampfmaschinen-Fabrik, Ziegeleien, Molkerei, Mühle, Sägewerk, Buchdruckerei, Stadtwerke, Schlachthof.

Städt. Archiv, Heimatmuseum.

Tageszeitung.

1945 zu 40 % zerstört, polnischer Name heute: Głogówec

Patenschaft: Stadt Fulda

1	Friedhof	18	Hellberg
2	Mühle	19	Krankenhaus
3	kath. Kirche	20	Ziegelei
4	Schloßpark	21	Gartenbad
5	Klosterkirche	22	Stadtwerke
6	Rathaus	23	Postamt
7	Hl. Grab	24	Waisenhaus
8	Schloß	25	Amtsgericht
9	Flachsfabrik	26	kath. Sem. Haus
10	kath. Schule	27	Arbeitsamt
11	Kartoffelmarkt	28	Schlachthof
12	Schloßtor	29	Turnhalle
13	Stockhausturm	30	Aufbauschule
14	ev. Kirche	31	Schützenhaus
15	Zuckerfabrik	32	Sportplatz
16	Berufsschule	33	Schloßziegelei
17	Volksschule	34	Annabergsiedlung

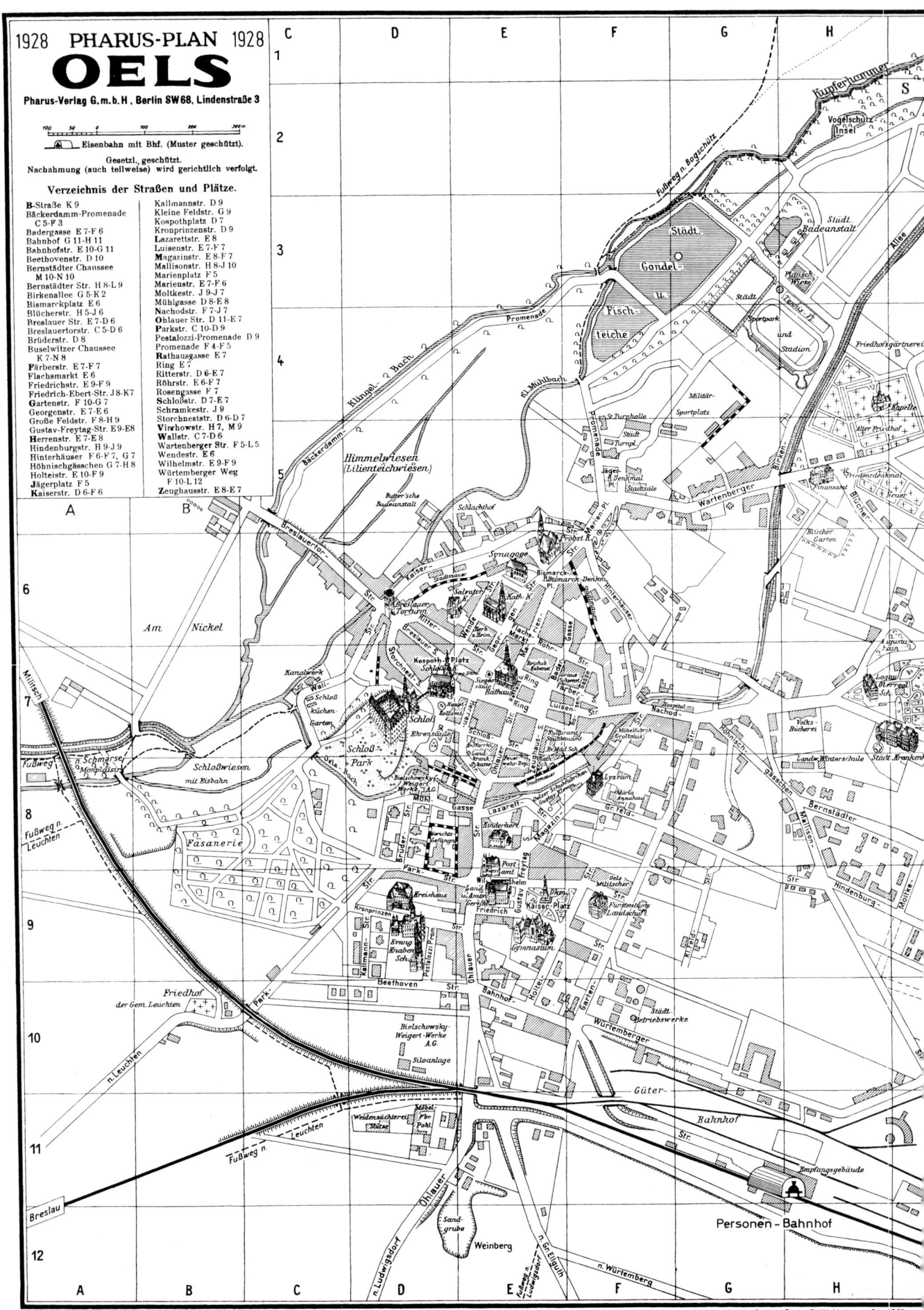

1928 PHARUS-PLAN 1928
OELS

Pharus-Verlag G.m.b.H , Berlin SW68, Lindenstraße 3

🚂 Eisenbahn mit Bhf. (Muster geschützt).

Gesetzl. geschützt.
Nachahmung (auch teilweise) wird gerichtlich verfolgt.

Verzeichnis der Straßen und Plätze.

B-Straße K 9
Bäckerdamm-Promenade C 5-F 3
Badergasse E 7-F 6
Bahnhof G 11-H 11
Bahnhofstr. E 10-G 11
Beethovenstr. D 10
Bernstädter Chaussee M 10-N 10
Bernstädter Str. H 8-L 9
Birkenallee G 5-K 2
Bismarckplatz E 6
Blücherstr. H 5-J 6
Breslauer Str. E 7-D 6
Breslauertorstr. C 5-D 6
Brüderstr. D 8
Buselwitzer Chaussee K 7-N 8
Färberstr. E 7-F 7
Flachsmarkt E 6
Friedrichstr. E 9-F 9
Friedrich-Ebert-Str. J 8-K 7
Gartenstr. F 10-G 7
Georgenstr. E 7-E 6
Große Feldstr. F 8-H 9
Gustav-Freytag-Str. E 9-E 8
Herrenstr. E 7-E 8
Hindenburgstr. H 9-J 9
Hinterhäuser F 6-F 7, G 7
Höhnischgässchen G 7-H 8
Holteistr. E 10-F 9
Jägerplatz F 5
Kaiserstr. D 6-F 6

Kallmannstr. D 9
Kleine Feldstr. G 9
Kospothplatz D 7
Kronprinzenstr. D 9
Lazarettstr. E 8
Luisenstr. E 7-F 7
Magazinstr. E 8-F 7
Mallisonstr. H 8-J 10
Marienplatz F 5
Marienstr. E 7-F 6
Moltkestr. J 9-J 7
Mühlgasse D 8-E 8
Nachodstr. F 7-J 7
Ohlauer Str. D 11-E 7
Parkstr. C 10-D 9
Pestalozzi-Promenade D 9
Promenade F 4-F 5
Rathausgasse E 7
Ring E 7
Ritterstr. D 6-E 7
Röhrstr. E 6-F 7
Rosengasse F 7
Schloßstr. D 7-E 7
Schramkestr. J 9
Storchnestr. D 6-D 7
Virchowstr. H 7, M 9
Wallstr. C 7-D 6
Wartenberger Str. F 5-L 5
Wendestr. E 6
Wilhelmstr. E 9-F 9
Würtemberger Weg F 10-L 12
Zeughausstr. E 8-E 7

Urheber: Dr Cornelius Löwe.

Lith., Druck, Verlag u. Eigentum Pharus-Verlag G.m.b.H. Berlin SW68 Lindenstr.3. 1928

190

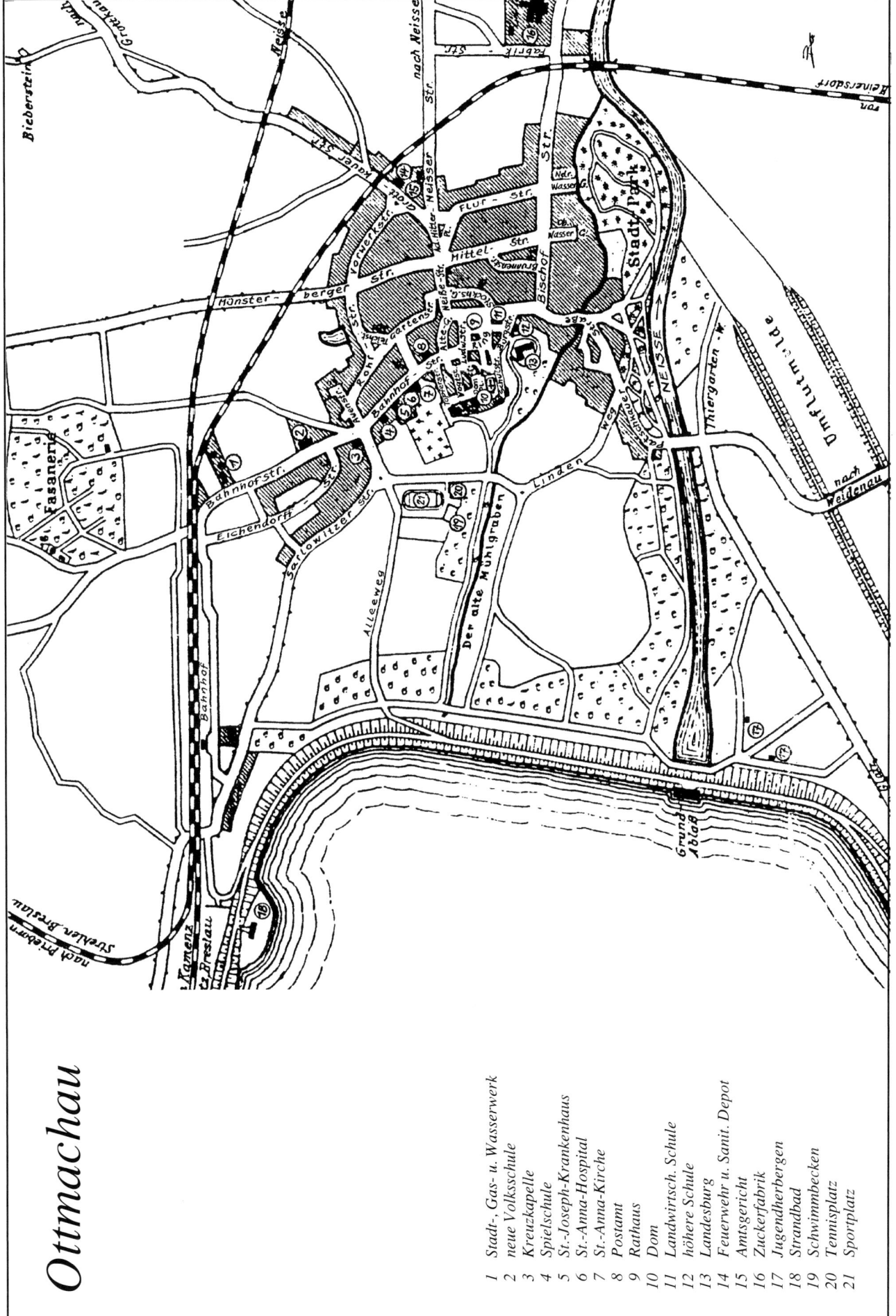

Ottmachau

1 Stadt-, Gas- u. Wasserwerk
2 neue Volksschule
3 Kreuzkapelle
4 Spielschule
5 St.-Joseph-Krankenhaus
6 St.-Anna-Hospital
7 St.-Anna-Kirche
8 Postamt
9 Rathaus
10 Dom
11 Landwirtsch. Schule
12 höhere Schule
13 Landesburg
14 Feuerwehr u. Sanit. Depot
15 Amtsgericht
16 Zuckerfabrik
17 Jugendherbergen
18 Strandbad
19 Schwimmbecken
20 Tennisplatz
21 Sportplatz

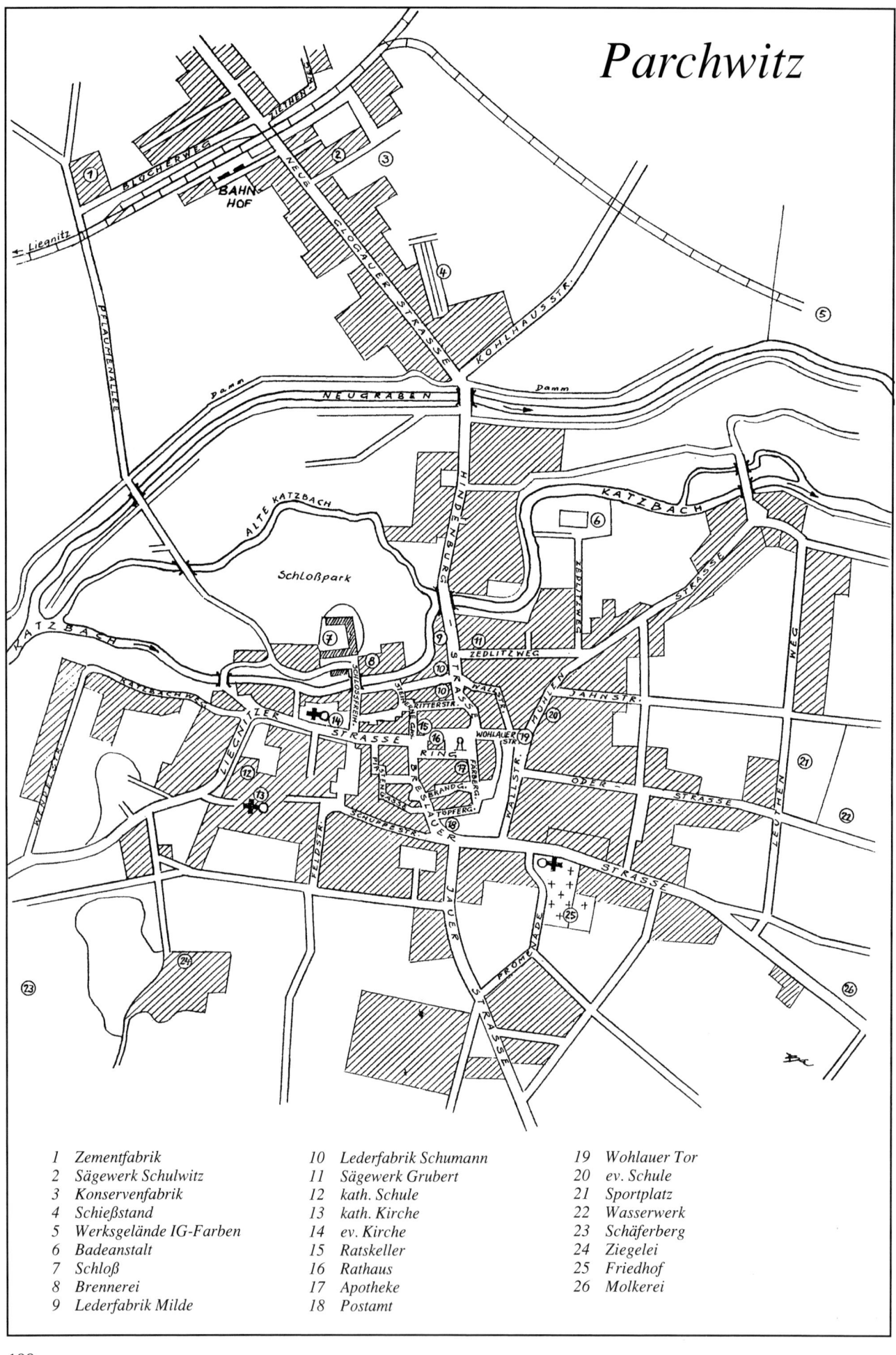

Parchwitz

1 Zementfabrik
2 Sägewerk Schulwitz
3 Konservenfabrik
4 Schießstand
5 Werksgelände IG-Farben
6 Badeanstalt
7 Schloß
8 Brennerei
9 Lederfabrik Milde

10 Lederfabrik Schumann
11 Sägewerk Grubert
12 kath. Schule
13 kath. Kirche
14 ev. Kirche
15 Ratskeller
16 Rathaus
17 Apotheke
18 Postamt

19 Wohlauer Tor
20 ev. Schule
21 Sportplatz
22 Wasserwerk
23 Schäferberg
24 Ziegelei
25 Friedhof
26 Molkerei

Parchwitz

Stadt im Kreis Liegnitz, Regierungsbezirk Liegnitz; an der Katzbach, ca. 4 km vor der Mündung in die Oder im Urstromtal, 102 m über NN.

1939: 2797 Einwohner, meist evangelisch, 884 Haushaltungen

1217 erstmals erwähnt als „villa Parchovici"

zwischen 1250 und 1255 neben der Burg Parchwitz als „Deutschenstadt" gegründet, 1250 Kirchenschule

1293 als Stadt „zum Laeß" Magdeburger Stadtrecht

bis 1428 Stadtgraben und Holzplankenzaun, durch Hussiten zerstört

1430–50 Mauerbau, 6 Stadttore, 1833 abgebrochen

1424 Rathaus in Massivbauweise, Neubau 1642

1524 Reformation

Kirchen: 1271 Stadtpfarrkirche „St. Andreas" wurde evangelisch und wieder katholisch, ausgebaut und renoviert, 1845 katholische Kirche „St. Johannes", Begräbniskirche „St. Leonhard" 1480 erwähnt

1898 Eisenbahnanschluß

Volksschule, Gewerbliche Fortbildungsschule.

Amtsgericht, Zollamt.

Konservenfabrik, Gerberei, Ziegelei, E-Werk, Großmühle, Wasserwerk, Zementwarenfabrik, Sägewerk, Stadtarchiv, Kinderhort.

Polnischer Name seit 1945: Prochowice

Patenschaft: Stadt Fürstenfeldbruck

Patschkau (Plan auf Seite 200)

Stadt im Kreis Neisse, Regierungsbezirk Oppeln; am rechter Ufer der Glatzer Neiße, im südwestlichen Zipfel des Regierungsbezirks Oppeln, 5 km vor der Mündung der Glatzer Neiße in das Ottmachauer Staubecken, 222 m über NN.

1939: 7522 Einwohner, meist katholisch, 2327 Haushaltungen

1254 Aussetzung eines Marktes mit deutschem Stadtrecht, „villa forensis", 1300 als „civitas"

1350 Befestigungsanlage, Graben, Zwingermauer und Ringmauer, 3 Stadttore mit Tortürmen, später z. T. abgetragen und Graben eingeebnet

1350 Stadtpfarrkirche „St. Johannes" erbaut

16. Jahrhundert Rathausbau, Renaissance-Bürgerhäuser

1632–44 abgebrannte hölzerne „St. Nikolaikirche" in Holz neu erbaut, 1831 in Ziegelsteinen

1875 Eisenbahnanschluß

Katholische und evangelische Volksschulen, Oberschule für Jungen, Lyzeum der Armen Schulschwestern, Landwirtschaftsschule, Berufsschule.

Amtsgericht, Zollamt, Arbeitsamt, Krankenhaus, Zementwarenfabrik, Klinkerwerke, Bilderleistenfabrik, Sägewerk, Büromöbelfabrik, Zündhölzerfabrik, Wasserwerk.

Kerzen- und Seifenfabrik, Schulgeräteherstellung, Schlachthof.

Städt. Archiv, Heimatstube des Patschkauer Landes.

Kreis-Altersheim, Fürstbischöfl. Altersheim.

1945 zu 15 % zerstört, polnischer Name heute: Paczków

Patenschaft: Stadt Einbeck

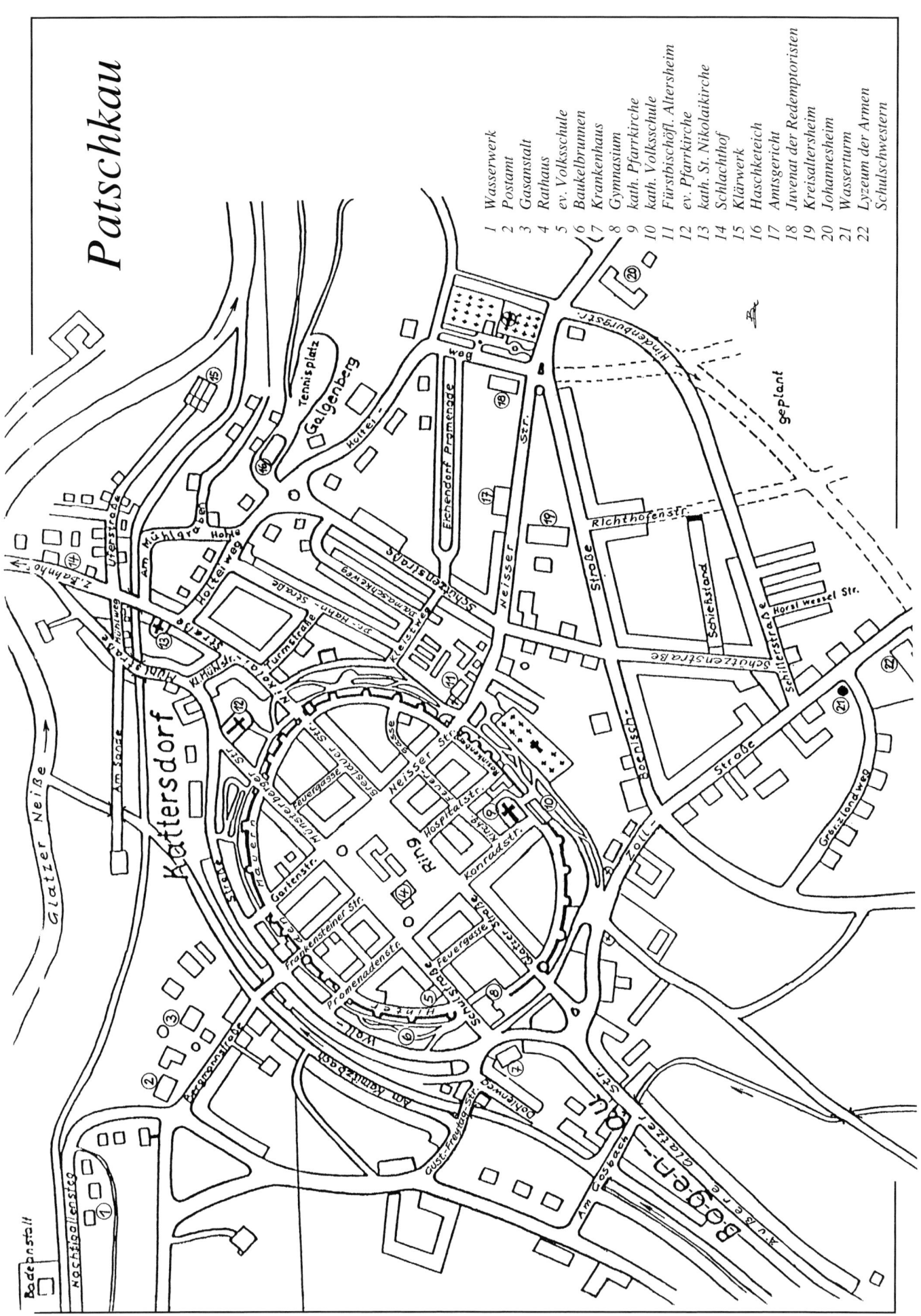

Patschkau

1 Wasserwerk
2 Postamt
3 Gasanstalt
4 Rathaus
5 ev. Volksschule
6 Baukelbrunnen
7 Krankenhaus
8 Gymnasium
9 kath. Pfarrkirche
10 kath. Volksschule
11 Fürstbischöfl. Altersheim
12 ev. Pfarrkirche
13 kath. St. Nikolaikirche
14 Schlachthof
15 Klärwerk
16 Haschketeich
17 Amtsgericht
18 Juvenat der Redemptoristen
19 Kreisaltersheim
20 Johannesheim
21 Wasserturm
22 Lyzeum der Armen
   Schulschwestern

Peiskretscham (Plan auf Seite 202/203)

Stadt im Landkreis Tost-Gleiwitz, Regierungsbezirk Oppeln;
rechts der Drama, 228 m über NN.
1939: 7734 Einwohner, meist katholisch, 2072 Haushaltungen
1256 als Kirchdorf erwähnt (Piskowice), vorhandene Siedlung, wurde bald Stadt mit deutschem Recht
1327 „civitas" genannt, von Mauer und Wall umgeben, keine Reste mehr vorhanden
1412 Pfarrkirche mit barockem Gewölbe
seit 1760 ansehnliche Hüttenindustrie, 2 Hochöfen,
Eisenwalzwerk, später eingegangen
1822 Rathaus wiederaufgebaut
1879 Eisenbahnanschluß, großer Verschiebebahnhof;
1895 Eingemeindungen
Volksschule, höhere Schule, Oberschule für Knaben, Bergschule, Fachschulen.
Amtsgericht, Krankenhaus
Eisenbahnerstadt
An der Stadtgrenze Staubecken Stauwerder.
Seit 1945 polnischer Name: Pyskowice
Patenschaft: Kreis Bottrop

Pitschen (Plan auf Seite 204/205)

Stadt im Kreis Kreuzburg O.S., Regierungsbezirk Oppeln;
in hügeliger Landschaft, 17 km nördlich der Kreisstadt, in unmittelbarer Nähe zu Polen, 176 m über NN.
1939: 3021 Einwohner, meist evangelisch, 832 Haushaltungen
1228 von deutschen Siedlern „auf grünem Rasen" angelegt
1268 als Stadt erwähnt
1283 Stadtpfarrkirche erwähnt, später „St. Nikolai", 1767 Neubau
1293 Kirche „St. Hedwig"
1427 Stadt durch Polen geplündert
1431 durch Hussiten verwüstet
1875 Eisenbahnanschluß
Volksabstimmung 20. 3. 1921: 2103 Deutsch, 59 Polen.
Evangelische Volksschule, katholische Volksschule.
Amtsgericht, Zollamt.
Ziegelei, Sägewerk, Viehmärkte.
Stadtarchiv.
1945 zu 80 % zerstört, polnischer Name heute: Byczyna
Patenschaft wie Kreis Kreuzberg O.S: Stadt Göttingen

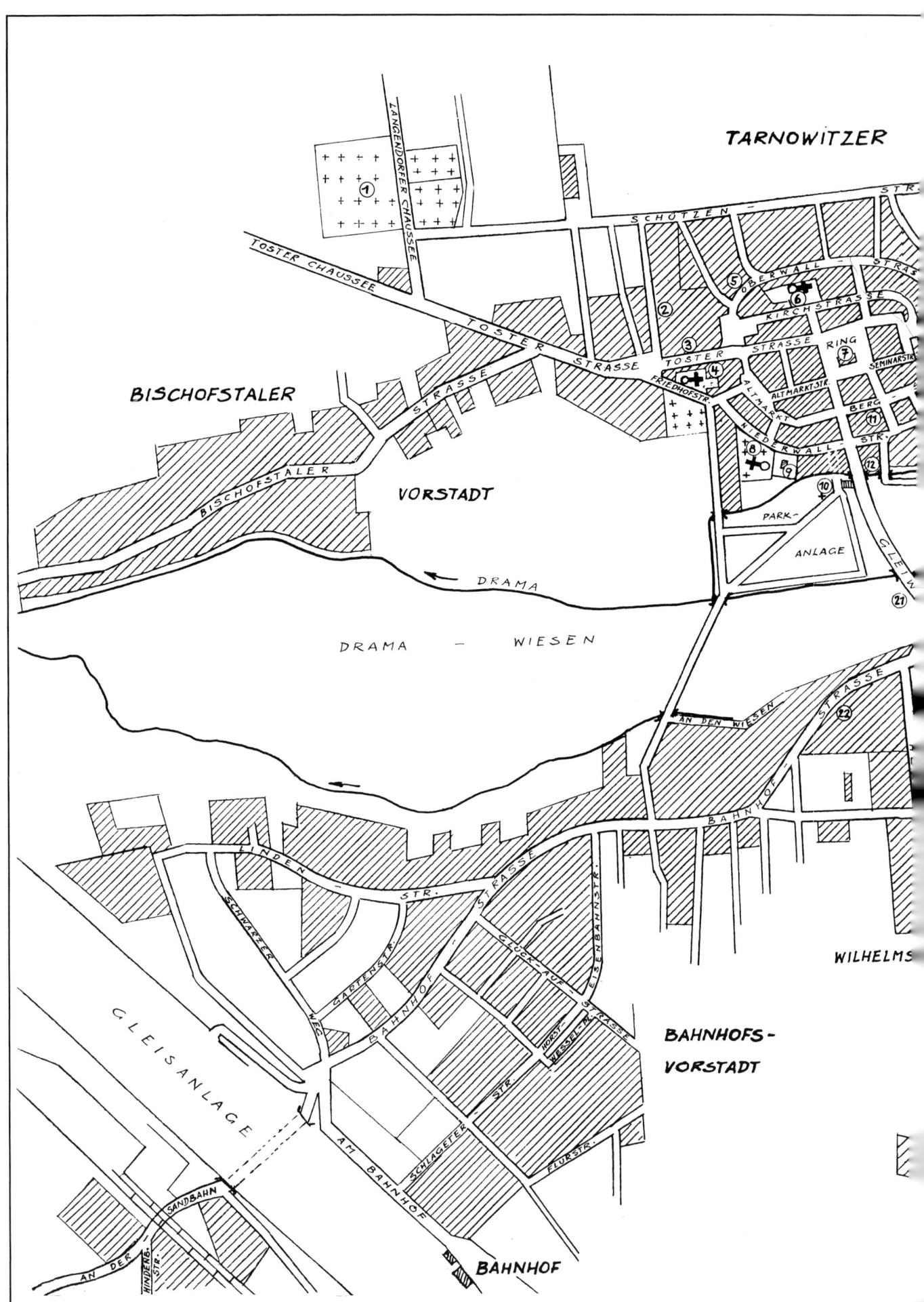

TARNOWITZER

BISCHOFSTALER

VORSTADT

DRAMA

DRAMA — WIESEN

PARK-ANLAGE

WILHELMS

BAHNHOFS-VORSTADT

GLEISANLAGE

BAHNHOF

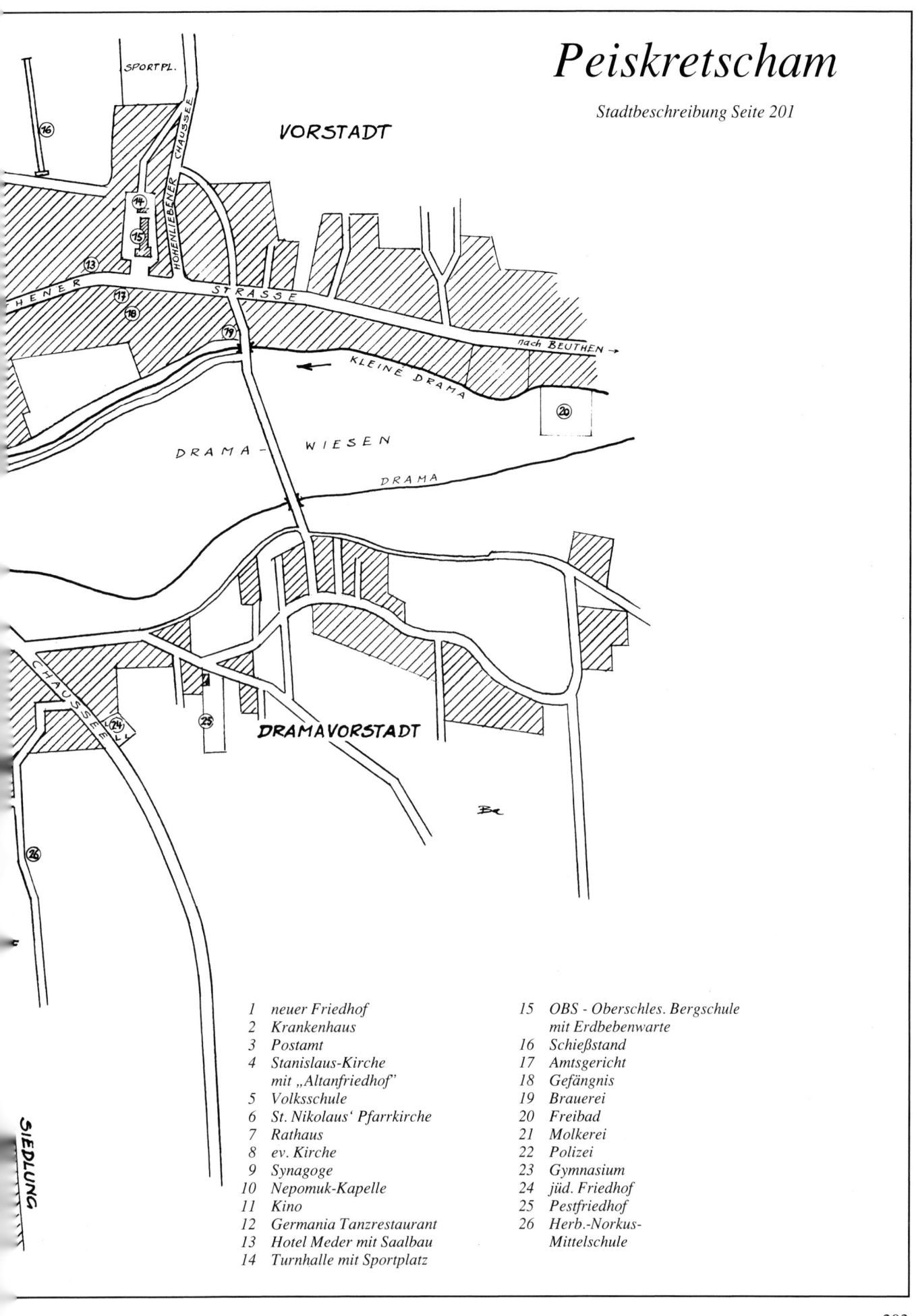

Peiskretscham

Stadtbeschreibung Seite 201

VORSTADT

SPORTPL.

nach BEUTHEN →

KLEINE DRAMA

DRAMA – WIESEN

DRAMA

DRAMAVORSTADT

SIEDLUNG

1	neuer Friedhof	15	OBS - Oberschles. Bergschule
2	Krankenhaus		mit Erdbebenwarte
3	Postamt	16	Schießstand
4	Stanislaus-Kirche	17	Amtsgericht
	mit „Altanfriedhof"	18	Gefängnis
5	Volksschule	19	Brauerei
6	St. Nikolaus' Pfarrkirche	20	Freibad
7	Rathaus	21	Molkerei
8	ev. Kirche	22	Polizei
9	Synagoge	23	Gymnasium
10	Nepomuk-Kapelle	24	jüd. Friedhof
11	Kino	25	Pestfriedhof
12	Germania Tanzrestaurant	26	Herb.-Norkus-
13	Hotel Meder mit Saalbau		Mittelschule
14	Turnhalle mit Sportplatz		

Pitschen

Stadtbeschreibung Seite 201

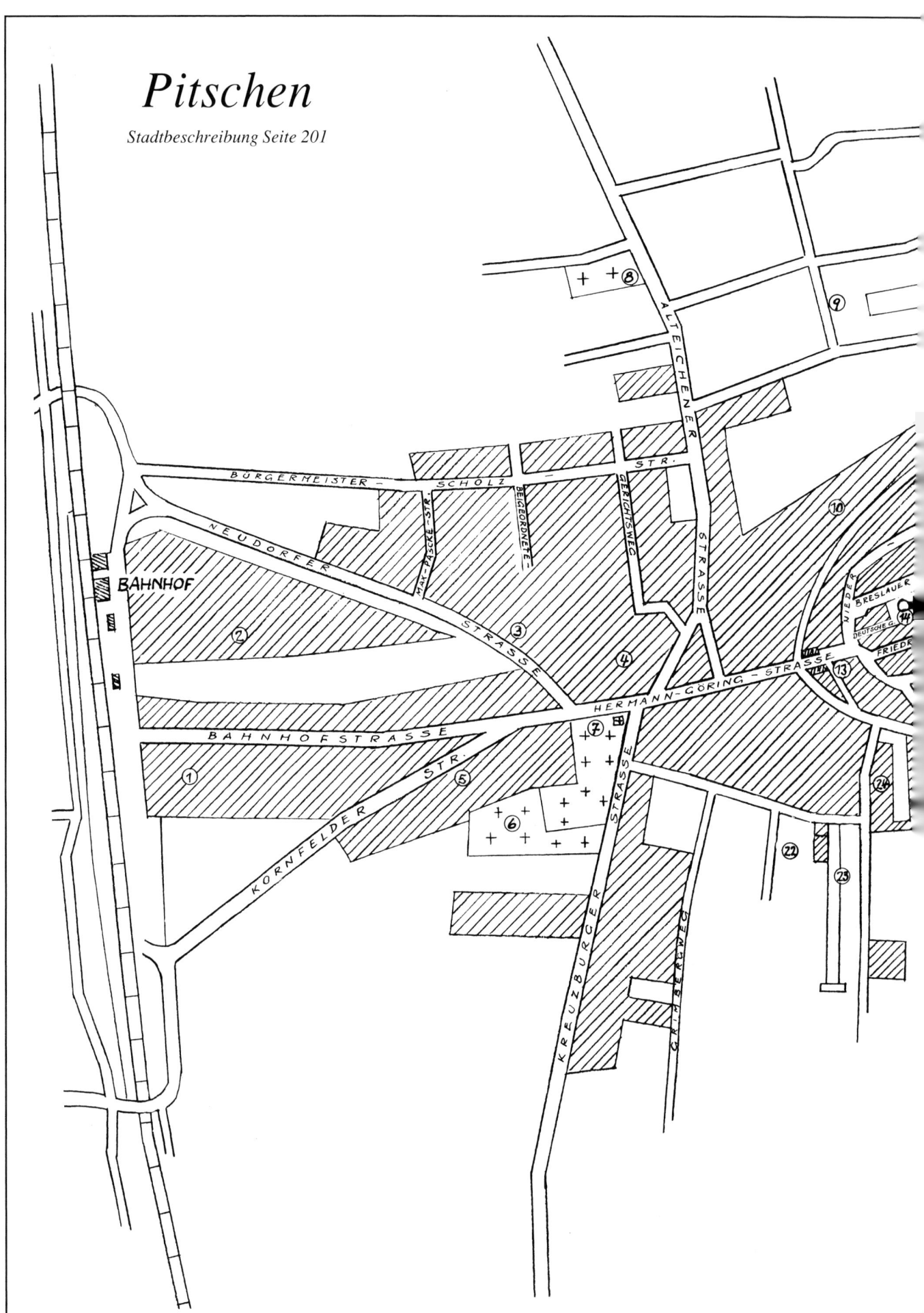

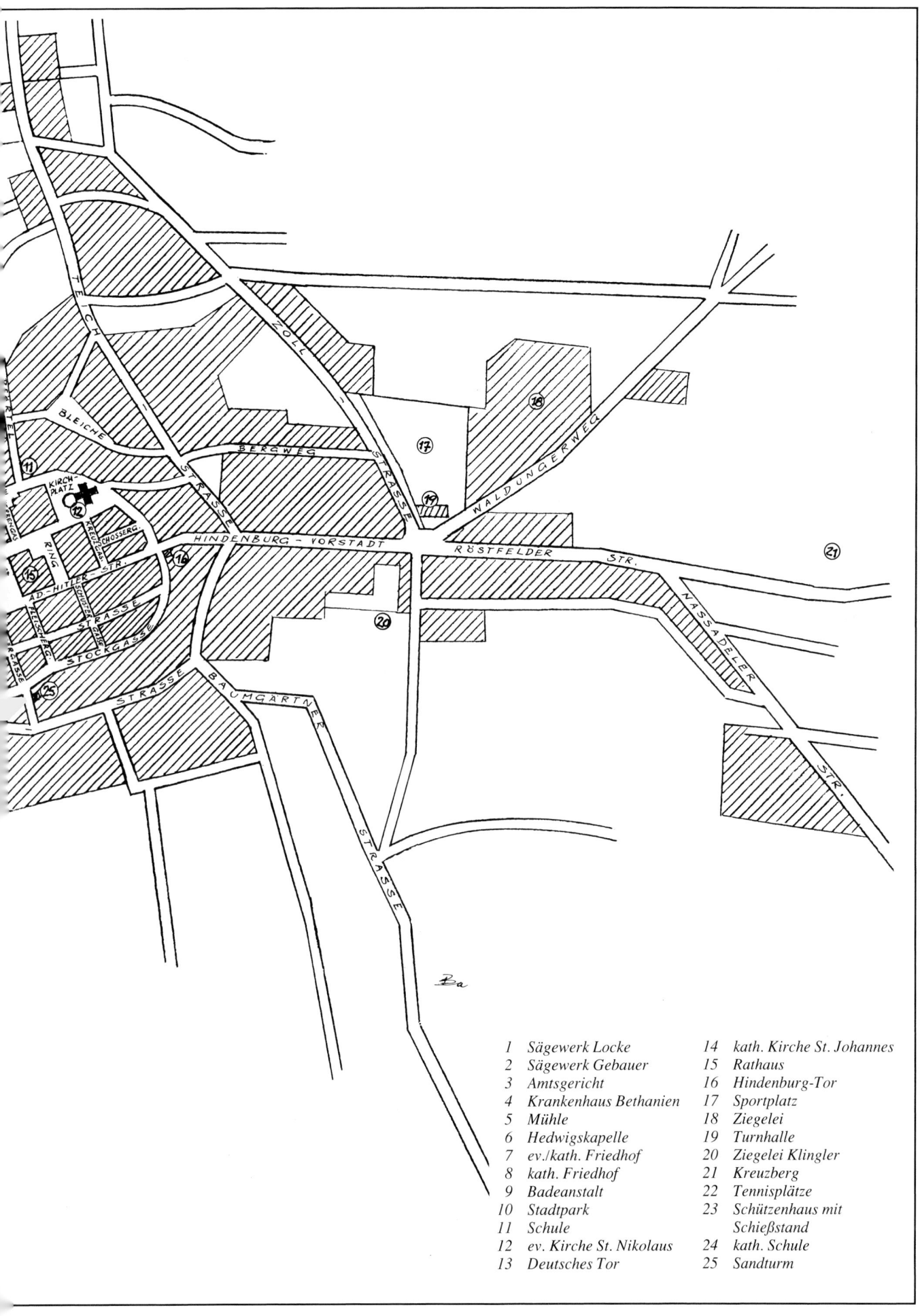

1   Sägewerk Locke
2   Sägewerk Gebauer
3   Amtsgericht
4   Krankenhaus Bethanien
5   Mühle
6   Hedwigskapelle
7   ev./kath. Friedhof
8   kath. Friedhof
9   Badeanstalt
10 Stadtpark
11 Schule
12 ev. Kirche St. Nikolaus
13 Deutsches Tor

14 kath. Kirche St. Johannes
15 Rathaus
16 Hindenburg-Tor
17 Sportplatz
18 Ziegelei
19 Turnhalle
20 Ziegelei Klingler
21 Kreuzberg
22 Tennisplätze
23 Schützenhaus mit
    Schießstand
24 kath. Schule
25 Sandturm

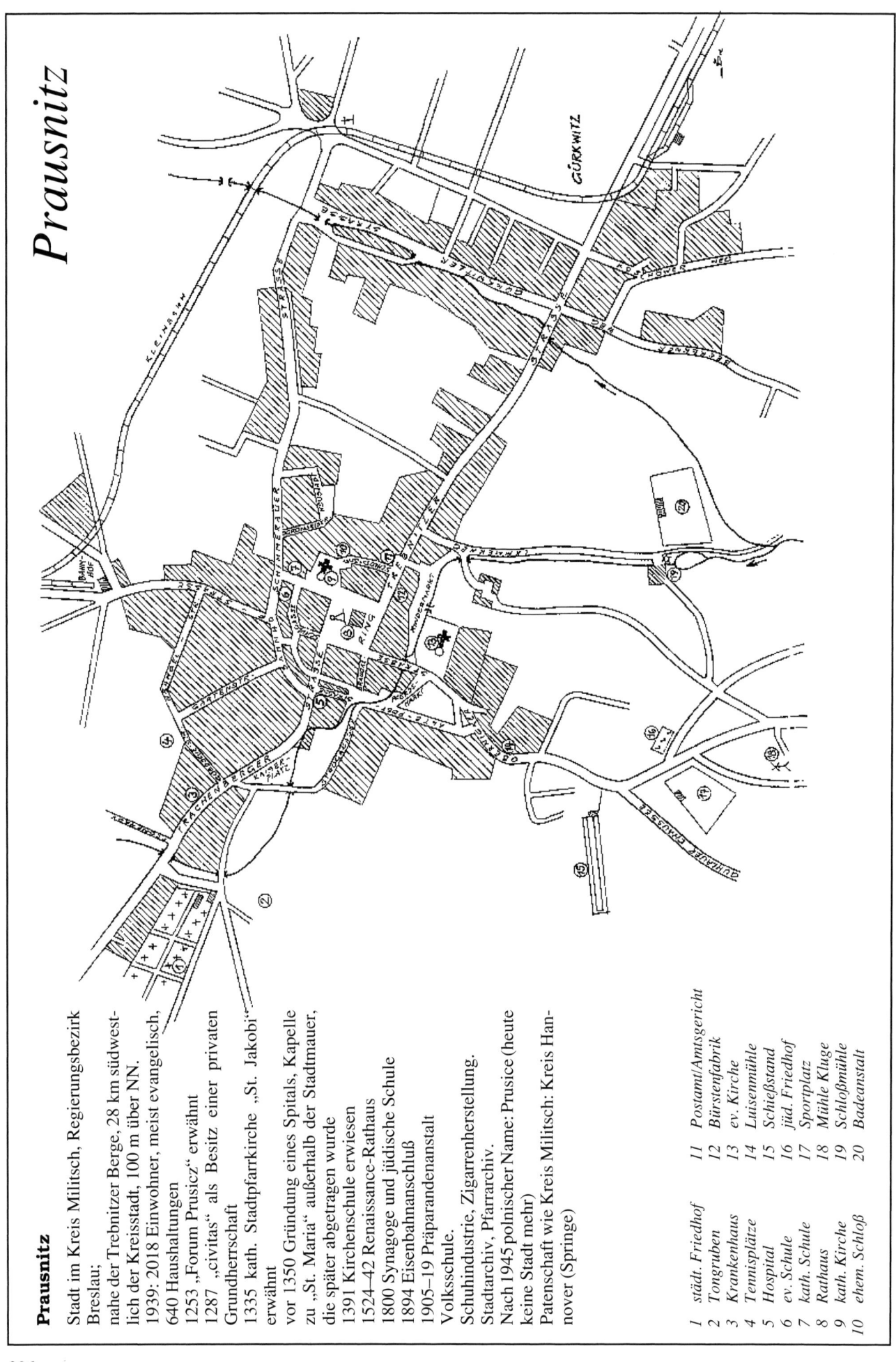

Prausnitz

Stadt im Kreis Militsch, Regierungsbezirk Breslau;

nahe der Trebnitzer Berge, 28 km südwestlich der Kreisstadt, 100 m über NN.

1939: 2018 Einwohner, meist evangelisch, 640 Haushaltungen

1253 „Forum Prusicz" erwähnt

1287 „civitas" als Besitz einer privaten Grundherrschaft

1335 kath. Stadtpfarrkirche „St. Jakobi" erwähnt

vor 1350 Gründung eines Spitals, Kapelle zu „St. Maria" außerhalb der Stadtmauer, die später abgetragen wurde

1391 Kirchenschule erwiesen

1524–42 Renaissance-Rathaus

1800 Synagoge und jüdische Schule

1894 Eisenbahnanschluß

1905–19 Präparandenanstalt

Volksschule.

Schuhindustrie, Zigarrenherstellung.

Stadtarchiv, Pfarrarchiv.

Nach 1945 polnischer Name: Prusice (heute keine Stadt mehr)

Patenschaft wie Kreis Militsch: Kreis Hannover (Springe)

1	städt. Friedhof	11	Postamt/Amtsgericht
2	Tongruben	12	Bürstenfabrik
3	Krankenhaus	13	ev. Kirche
4	Tennisplätze	14	Luisenmühle
5	Hospital	15	Schießstand
6	ev. Schule	16	jüd. Friedhof
7	kath. Schule	17	Sportplatz
8	Rathaus	18	Mühle Kluge
9	kath. Kirche	19	Schloßmühle
10	ehem. Schloß	20	Badeanstalt

206

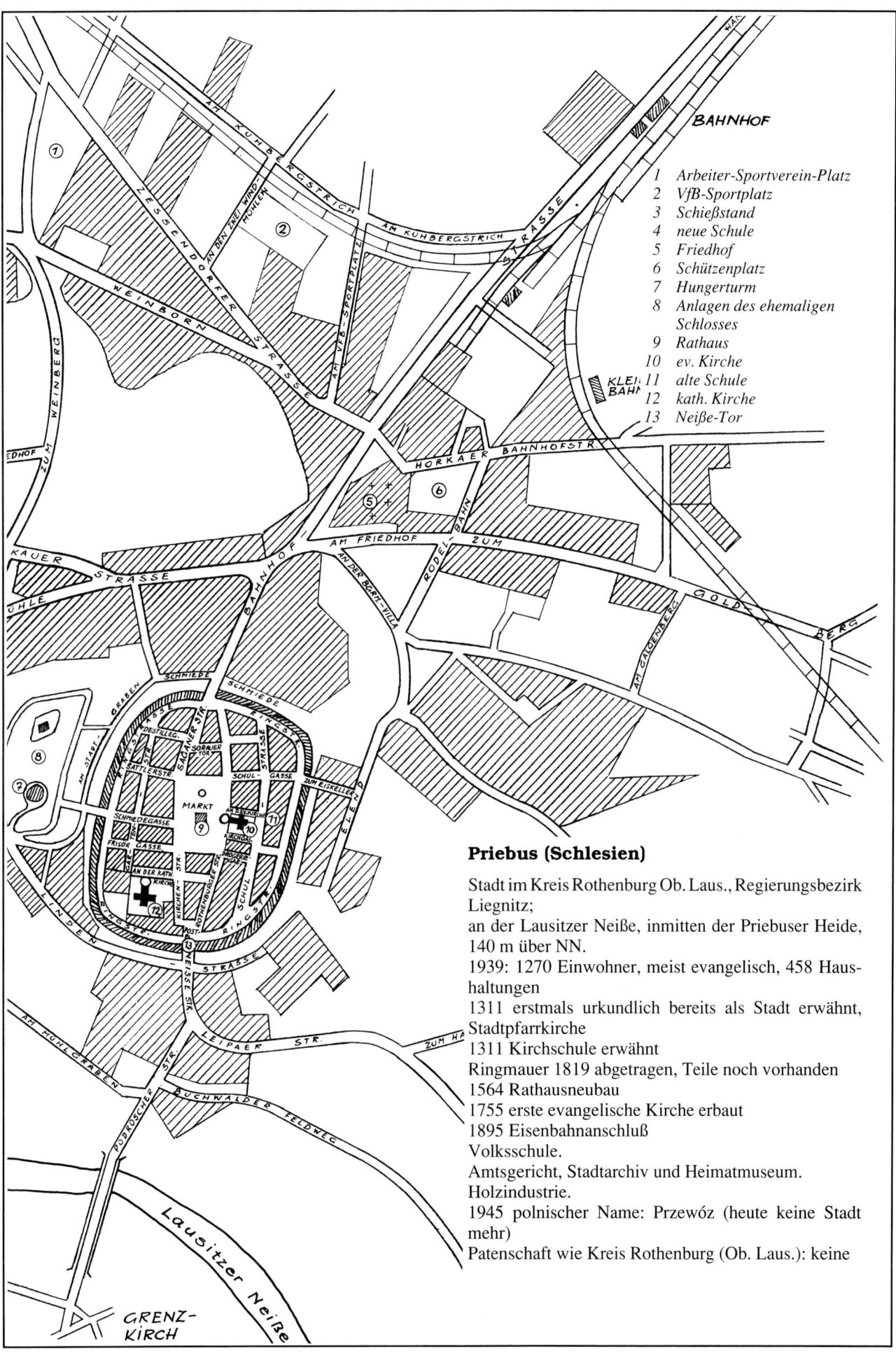

1 Arbeiter-Sportverein-Platz
2 VfB-Sportplatz
3 Schießstand
4 neue Schule
5 Friedhof
6 Schützenplatz
7 Hungerturm
8 Anlagen des ehemaligen
   Schlosses
9 Rathaus
10 ev. Kirche
11 alte Schule
12 kath. Kirche
13 Neiße-Tor

Priebus (Schlesien)

Stadt im Kreis Rothenburg Ob. Laus., Regierungsbezirk Liegnitz;

an der Lausitzer Neiße, inmitten der Priebuser Heide, 140 m über NN.

1939: 1270 Einwohner, meist evangelisch, 458 Haushaltungen

1311 erstmals urkundlich bereits als Stadt erwähnt, Stadtpfarrkirche

1311 Kirchschule erwähnt

Ringmauer 1819 abgetragen, Teile noch vorhanden

1564 Rathausneubau

1755 erste evangelische Kirche erbaut

1895 Eisenbahnanschluß

Volksschule.

Amtsgericht, Stadtarchiv und Heimatmuseum.

Holzindustrie.

1945 polnischer Name: Przewóz (heute keine Stadt mehr)

Patenschaft wie Kreis Rothenburg (Ob. Laus.): keine

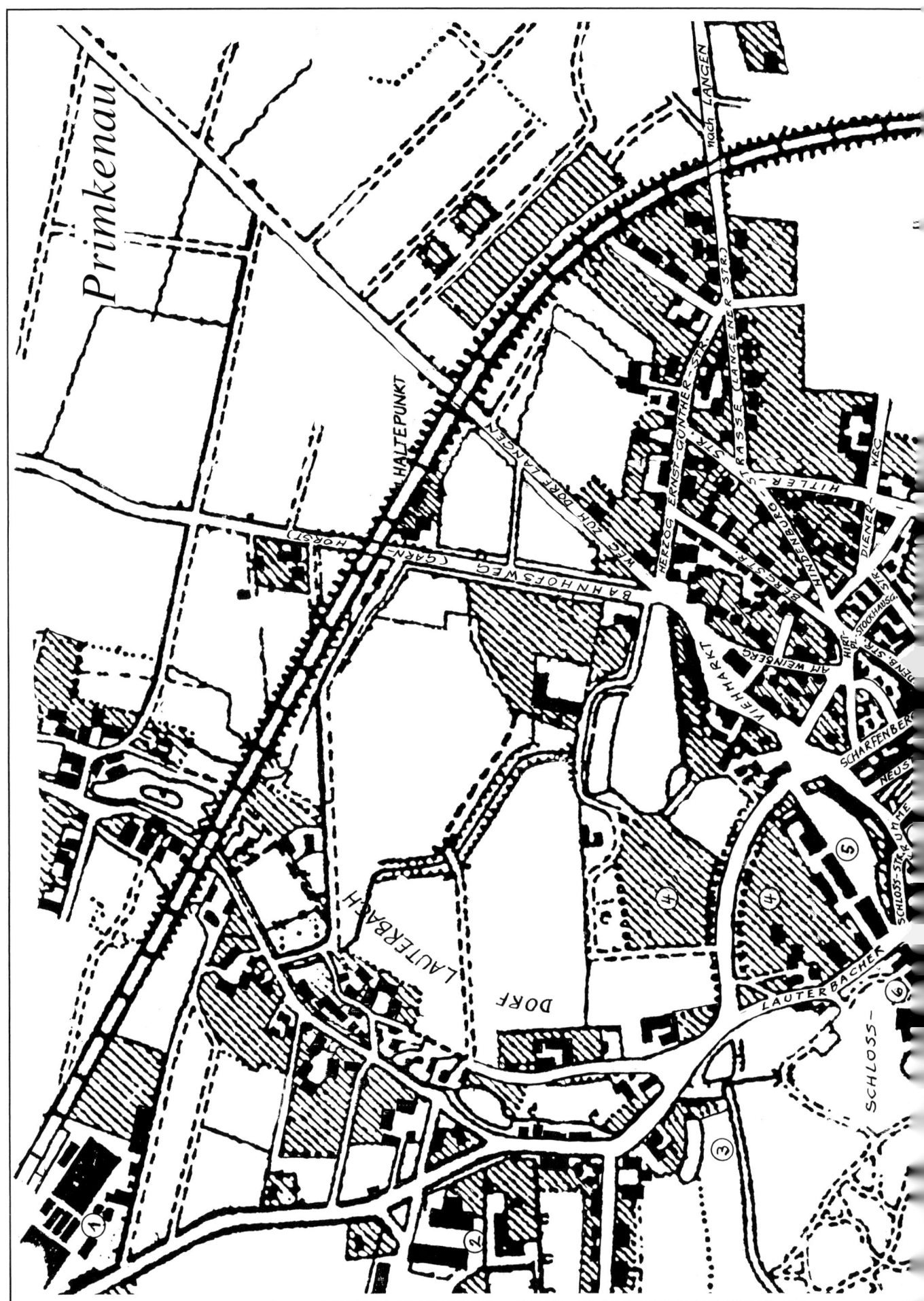

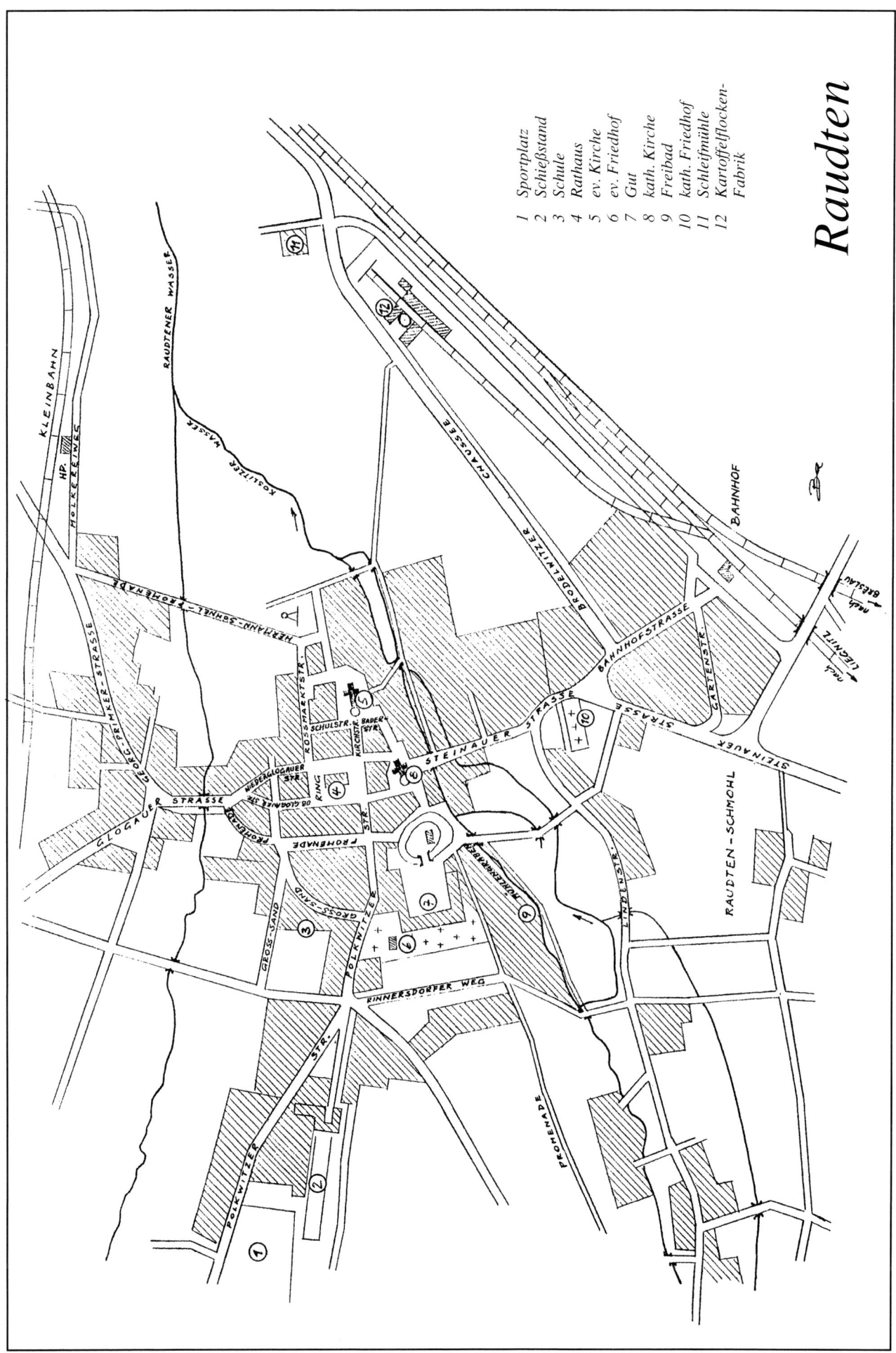

Raudten

1 Sportplatz
2 Schießstand
3 Schule
4 Rathaus
5 ev. Kirche
6 ev. Friedhof
7 Gut
8 kath. Kirche
9 Freibad
10 kath. Friedhof
11 Schleifmühle
12 Kartoffelflocken-
   Fabrik

213

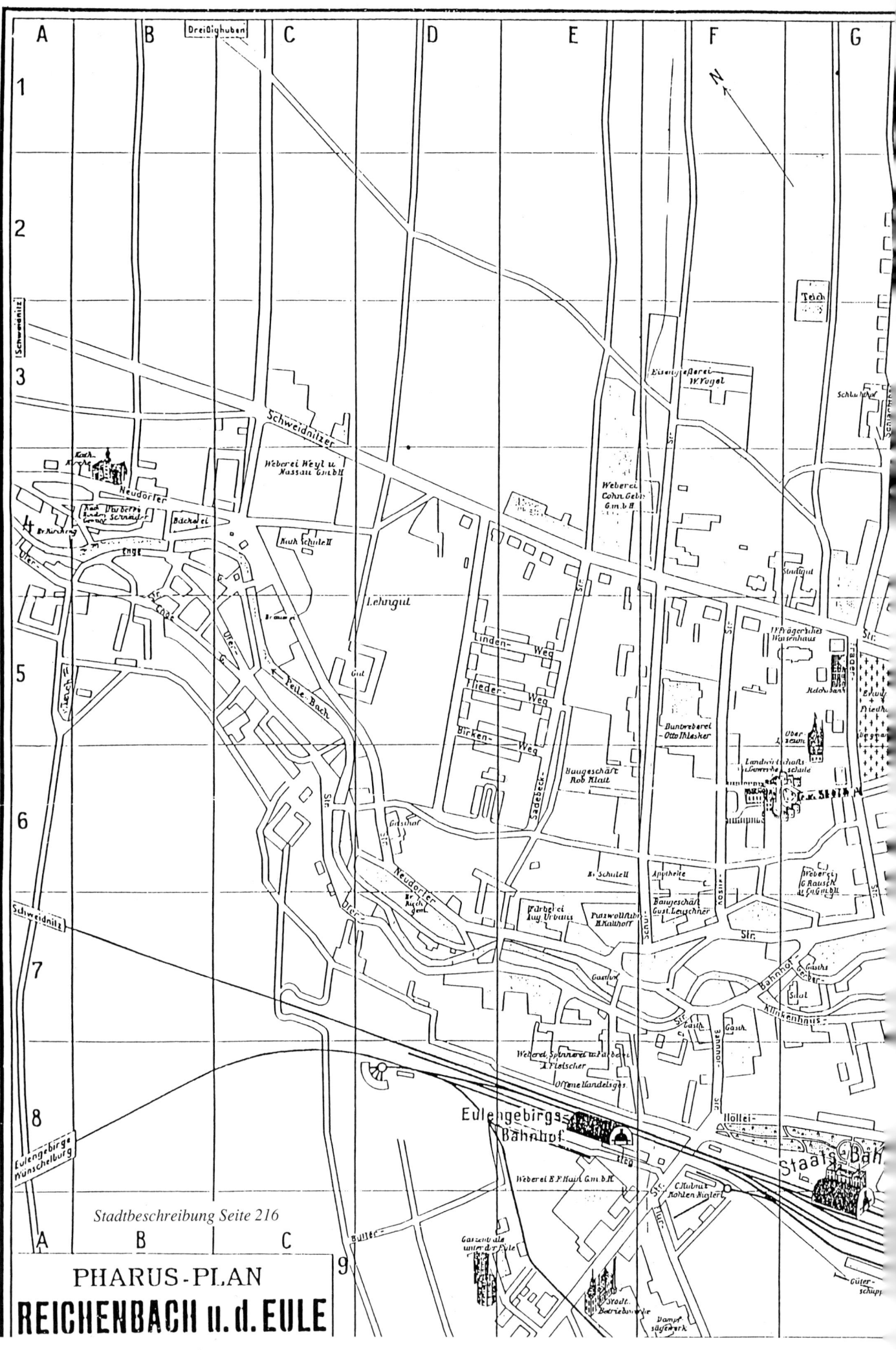

PHARUS-PLAN
REICHENBACH u. d. EULE

Stadtbeschreibung Seite 216

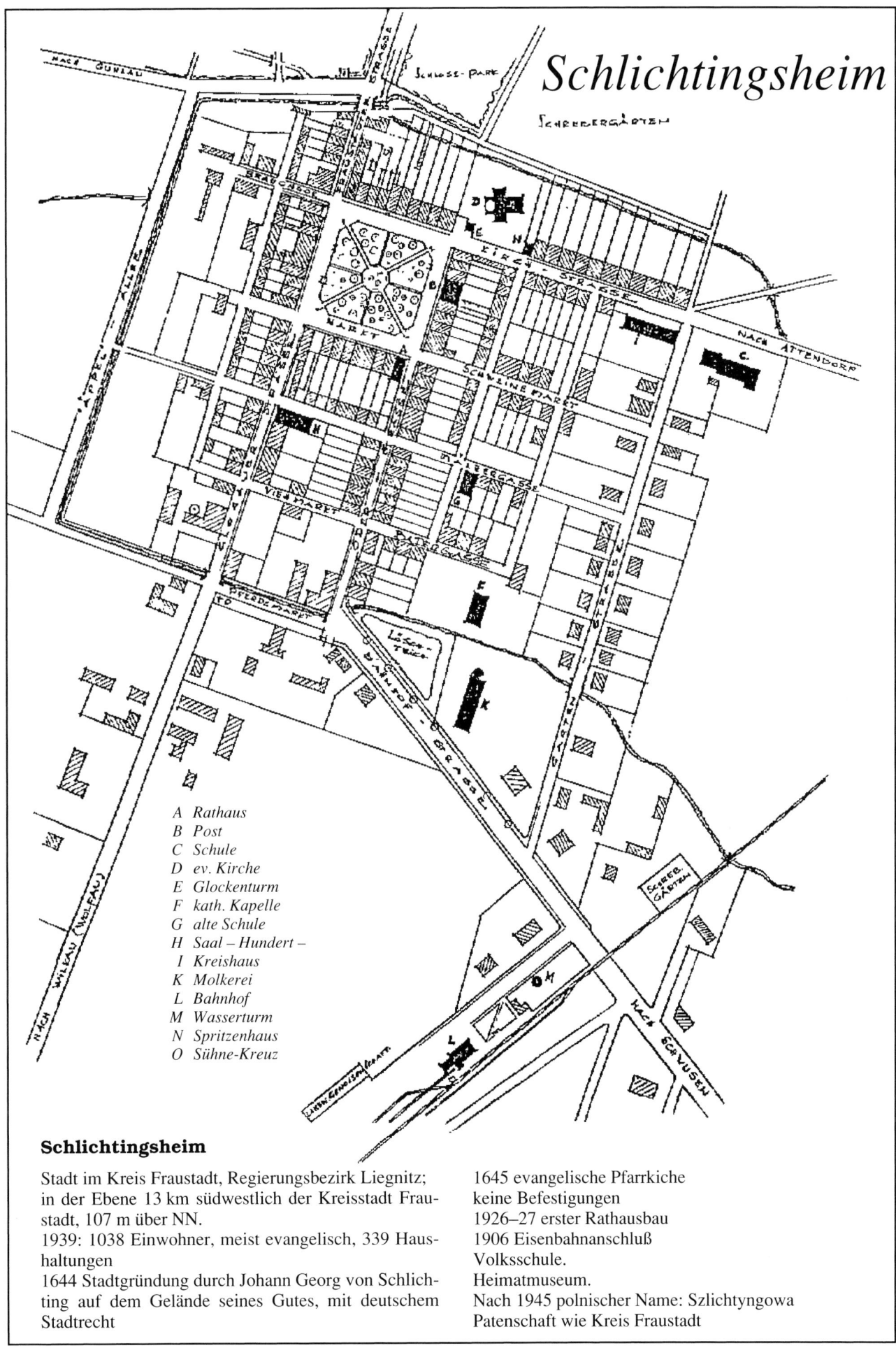

Schlichtingsheim

A Rathaus
B Post
C Schule
D ev. Kirche
E Glockenturm
F kath. Kapelle
G alte Schule
H Saal – Hundert –
I Kreishaus
K Molkerei
L Bahnhof
M Wasserturm
N Spritzenhaus
O Sühne-Kreuz

Schlichtingsheim

Stadt im Kreis Fraustadt, Regierungsbezirk Liegnitz;
in der Ebene 13 km südwestlich der Kreisstadt Fraustadt, 107 m über NN.
1939: 1038 Einwohner, meist evangelisch, 339 Haushaltungen
1644 Stadtgründung durch Johann Georg von Schlich-
ting auf dem Gelände seines Gutes, mit deutschem
Stadtrecht

1645 evangelische Pfarrkiche
keine Befestigungen
1926–27 erster Rathausbau
1906 Eisenbahnanschluß
Volksschule.
Heimatmuseum.
Nach 1945 polnischer Name: Szlichtyngowa
Patenschaft wie Kreis Fraustadt

Schmiedeberg i. Rsgb.

Stadt im Kreis Hirschberg Rsgb., Regierungsbezirk Liegnitz;

entlang dem Flußlauf der Eglitz (7,5 km lang) im breiten Tal nördlich des Riesengebirgsmassivs, 442 m über NN.

1939: 6638 Einwohner, meist evangelisch, 2163 Haushaltungen

1305–13 als Bergwerksort erstmals genannt

1355 Magnesiteisenstein-Gruben am Landeshuter Kamm erwähnt, nach 30jährigem Krieg Verfall, nach 1933 Wiederaufnahme des Betriebs

1399 erster Pfarrer

1513 zur Stadt erhoben, 1528 Bestätigung des Stadtprivilegs durch König Ferdinand, seitdem freie Bergstadt, stets unbefestigt

im 30jährigen Krieg 3 Großbrände, 1748 brannte die Niederstadt ab

1549 Reformation, 1654 Gegenreformation

um 1550 Anbau mächtiger Seitenschiffe an Kirche zu St. Maria

1749 nach Bränden im Innern weitgehend umgestaltet; 1723 höchste Blüte der Leinenweberei

1743–44 evangelische Bethauskirche ohne Türme

1786–89 Neubau des Rathauses

1882 Eisenbahnanschluß

Volksschule, Mittelschule, Berufsschule.

Amtsgericht, Arbeitsamt, Textilindustrie, Bekleidungsindustrie, Bleich- und Appreturanstalten, Teppichfabrik, Porzellan-, Metallwarenfabriken, Bauindustrie, Sägewerk, Holzwarenfabrik, Holzindustrie, Erzbergbau, Wachsfabrik.

Kuranstalt der LVA, Stadtarchiv, Heimatsammlung.

Heute polnischer Name: Kowary

Patenschaft wie Kreis Hirschberg Rsgb.: Hildesheim

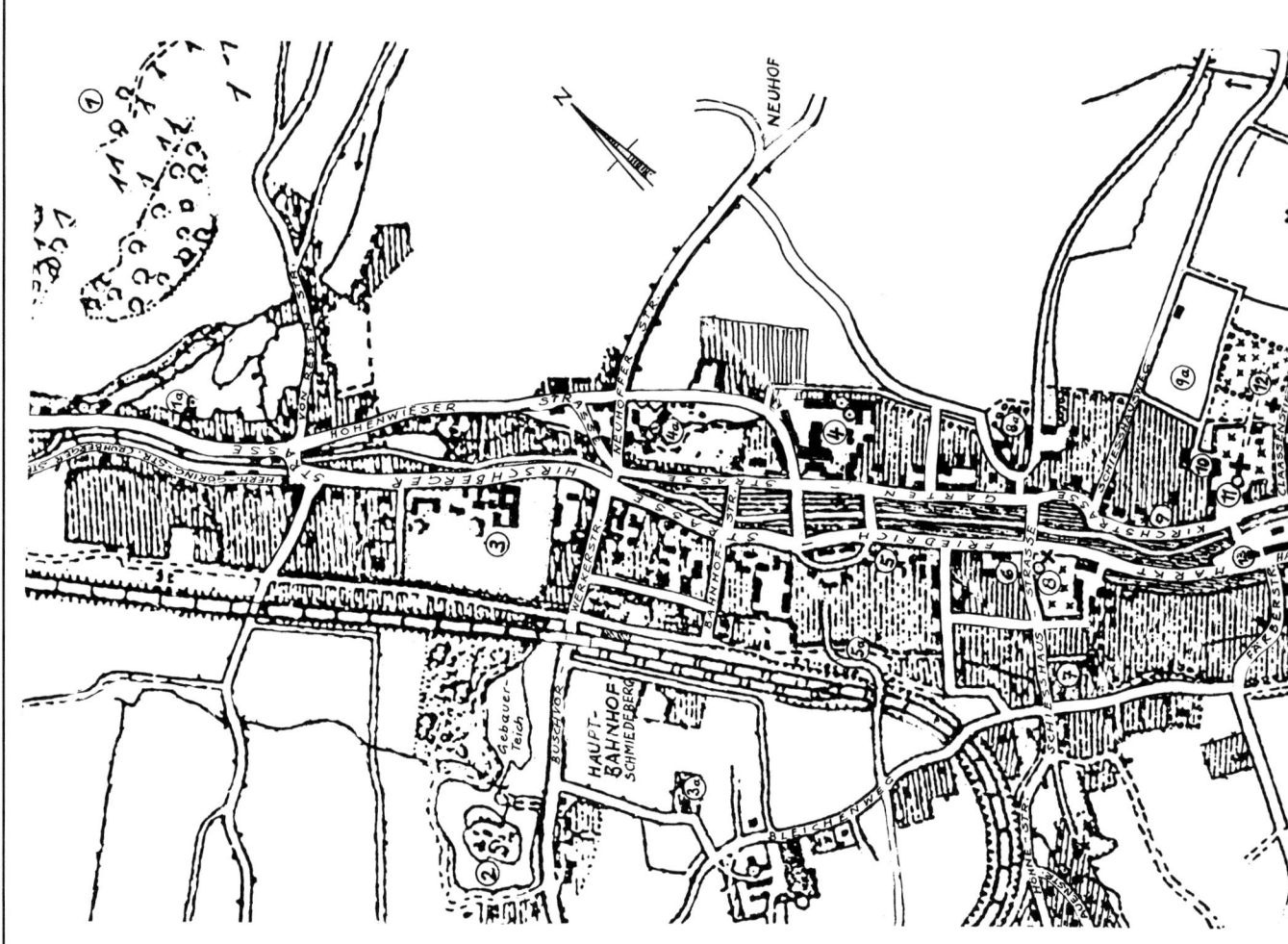

Schmiedeberg i. Rsgb.

1 Riddelfelsen/Birkberg
1a Schürzenfabrik
2 Inselbad
3 Genesungsheim
3a Gasanstalt
4 Teppichfabrik
4a RAD-Lager
5 Mittelschule
5a Wasserturm
6 kath. Volksschule
7 Schießhaus
8 kath. Kirche
8a Weberei Karg
9 Amtsgericht
9a Gefängnis

10 ev. Schule
11 ev. Kirche
12 ev. Friedhof
13 Rathaus
14 Oberförsterei
15 Krankenhaus
16 Armenhaus
17 Schlachthof
17a Oberschule
18 St. Annakapelle
19 Wasserwerk
20 Porzellanfabrik
21 Viadukt
22 Filztuchfabrik

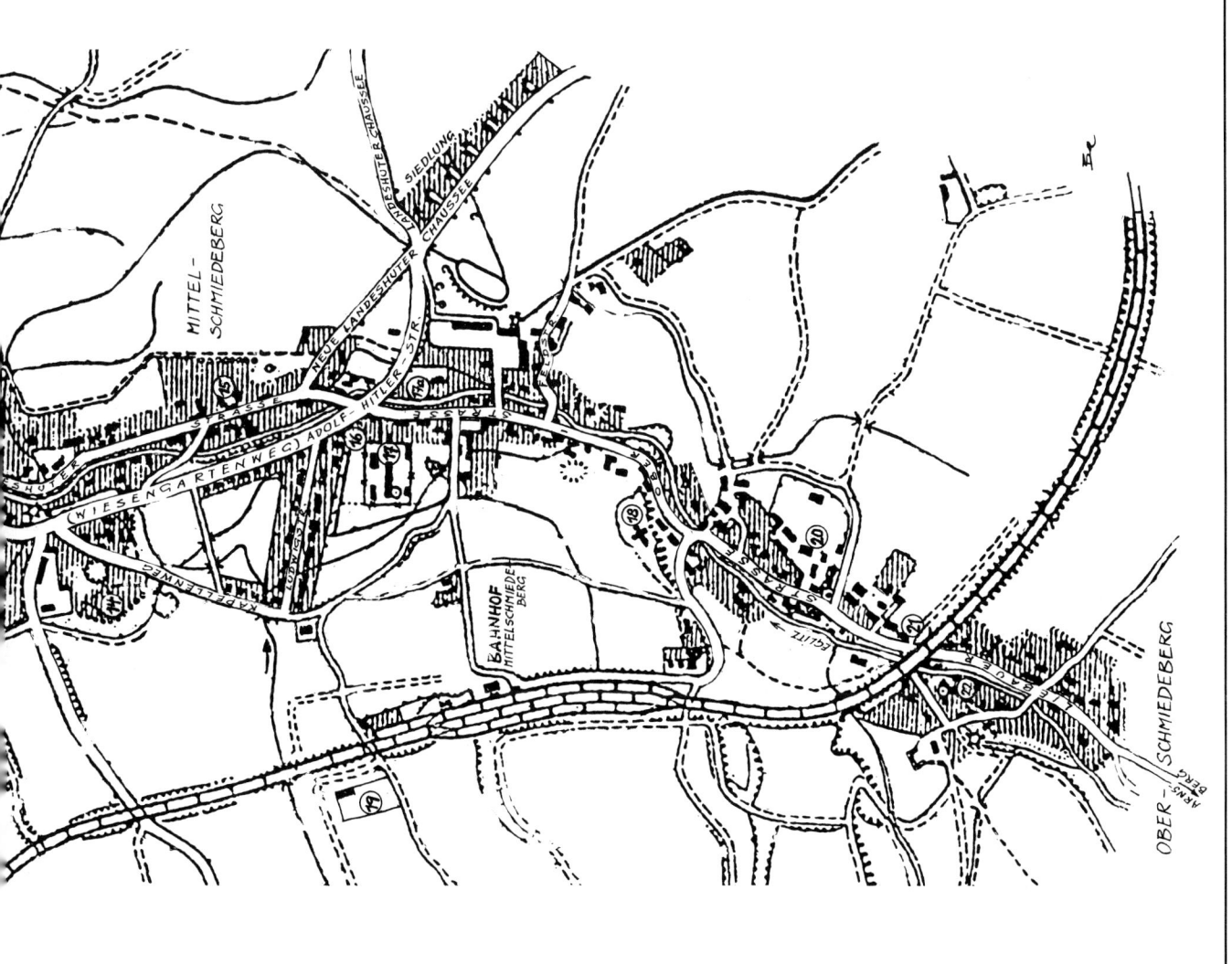

229

Schönberg

1 Flachsröste
2 Fabrik
3 ev. Kirche mit Friedhof
4 Rathaus
5 Schlachthaus
6 kath. Kirche und
  alter Friedhof
7 neuer Friedhof
8 blaue Grotte
9 Feuerlöschteich
10 Försterei
11 Zollhaus

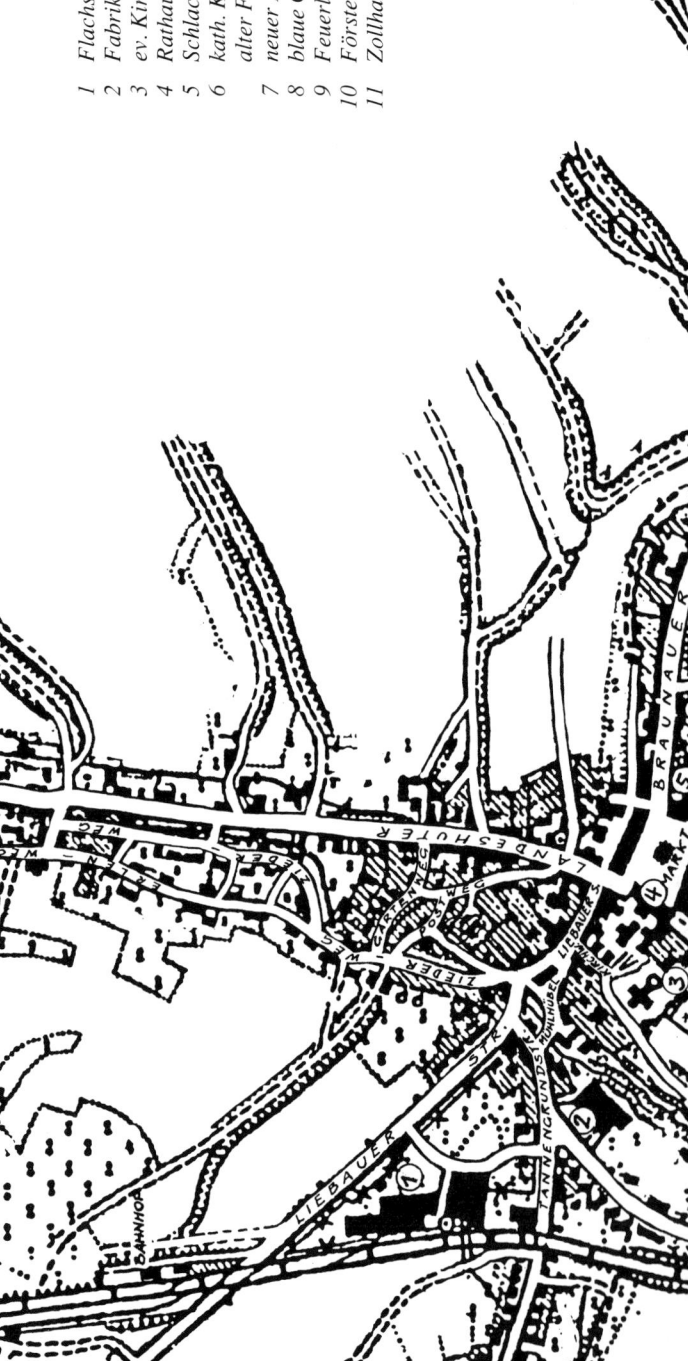

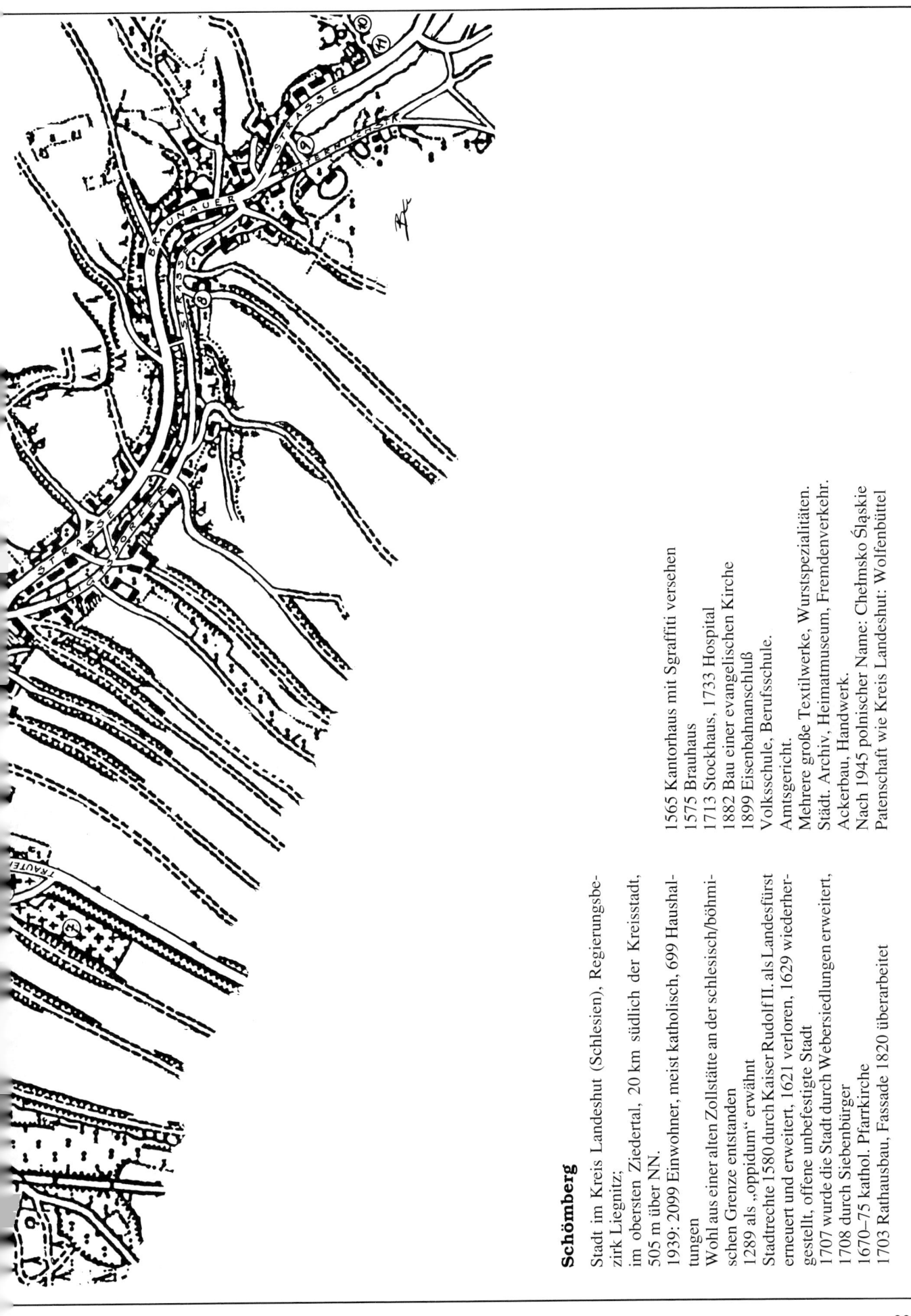

Schömberg

Stadt im Kreis Landeshut (Schlesien), Regierungsbezirk Liegnitz;
im obersten Ziedertal, 20 km südlich der Kreisstadt, 505 m über NN.

1939: 2099 Einwohner, meist katholisch, 699 Haushaltungen

Wohl aus einer alten Zollstätte an der schlesisch/böhmischen Grenze entstanden

1289 als „oppidum" erwähnt

Stadtrechte 1580 durch Kaiser Rudolf II. als Landesfürst erneuert und erweitert, 1621 verloren, 1629 wiederhergestellt, offene unbefestigte Stadt

1707 wurde die Stadt durch Webersiedlungen erweitert,

1708 durch Siebenbürger

1670–75 kathol. Pfarrkirche

1703 Rathausbau, Fassade 1820 überarbeitet

1565 Kantorhaus mit Sgraffiti versehen

1575 Brauhaus

1713 Stockhaus, 1733 Hospital

1882 Bau einer evangelischen Kirche

1899 Eisenbahnanschluß

Volksschule, Berufsschule.

Amtsgericht.

Mehrere große Textilwerke, Wurstspezialitäten.

Städt. Archiv, Heimatmuseum, Fremdenverkehr.

Ackerbau, Handwerk.

Nach 1945 polnischer Name: Chełmsko Śląskie

Patenschaft wie Kreis Landeshut: Wolfenbüttel

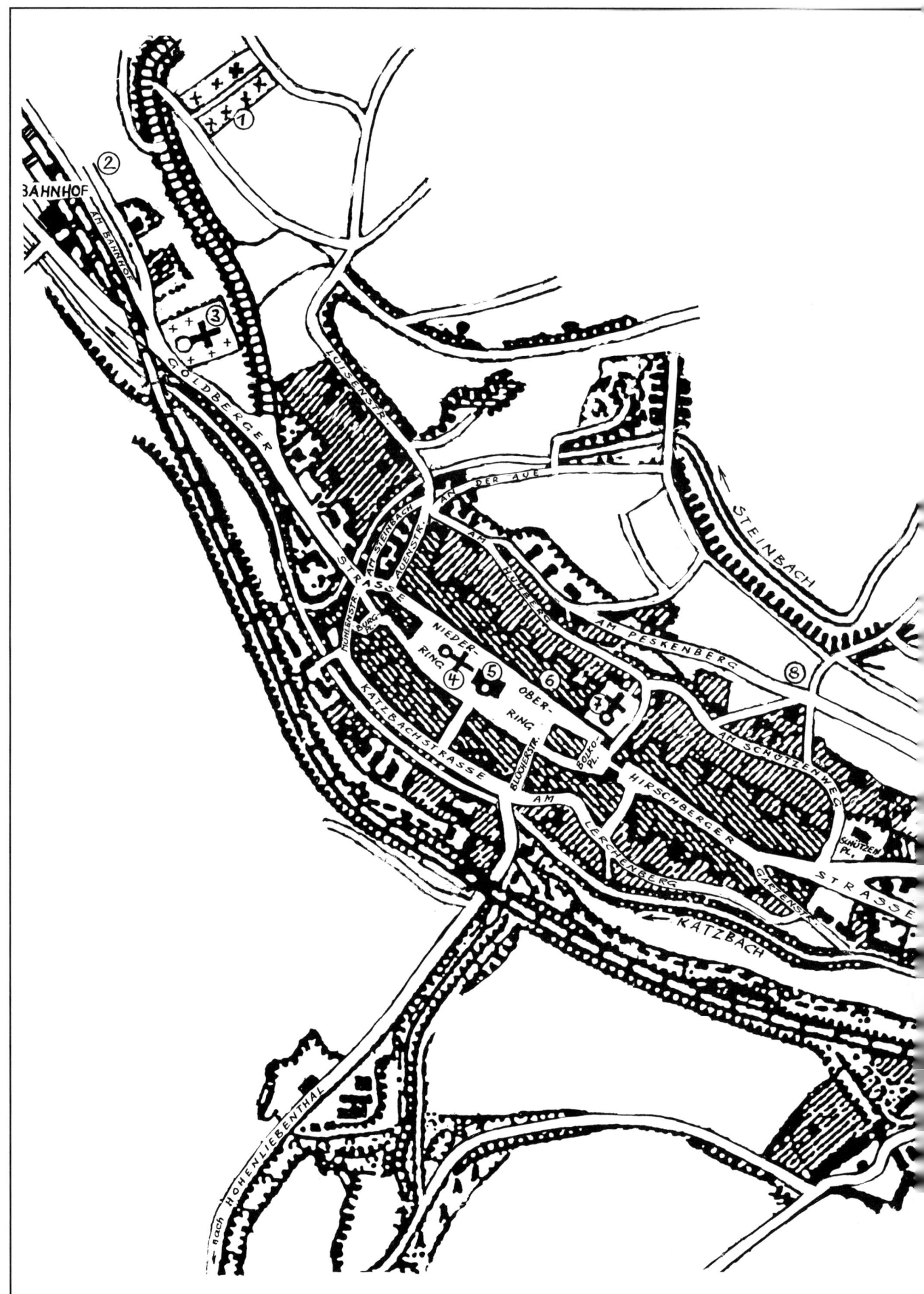

Schönau (Katzbach)

Stadt im Kreis Goldberg, Regierungsbezirk Liegnitz; im schmalen Talgrund der Katzbach auf dem rechten Flußufer, 200 m über NN.

1939: 1911 Einwohner, meist evangelisch, 565 Haushaltungen

Nördlich des deutschen Siedlerdorfes Alt-Schonau von „wilder Wurzel" angelegt, vor 1295 gegründet, Löwenburger Recht (?), Rathausbau 1810 (letzter Bau) auf dem Ring

Kirchen: 13. Jahrhundert „St. Johannes" außerhalb der Stadt, wechselnd katholisch/evangelisch, 1524–1654 „Maria Himmelfahrt"

1747–48 evangelisches Bethaus, später massiv mit Turm, 1878 Neubau

1524 Reformation, 1654 Gegenreformation

1741 Pfarrschule, 1744–1825 Lateinschule

1896 Eisenbahnanschluß

Volksschule, Mittelschule.

Amtsgericht, Arbeitsamt.

Sägewerk, Ziegelei.

Fremdenverkehr, Landwirtschaft, Handwerk.

Städt. Heimatmuseum.

(Bis 1. 10. 1932 Kreisstadt).

Seit 1945 polnischer Name: Świerzawa (Stadtrechte verloren)

Patenschaft wie Kreis Goldberg: Stadt Solingen

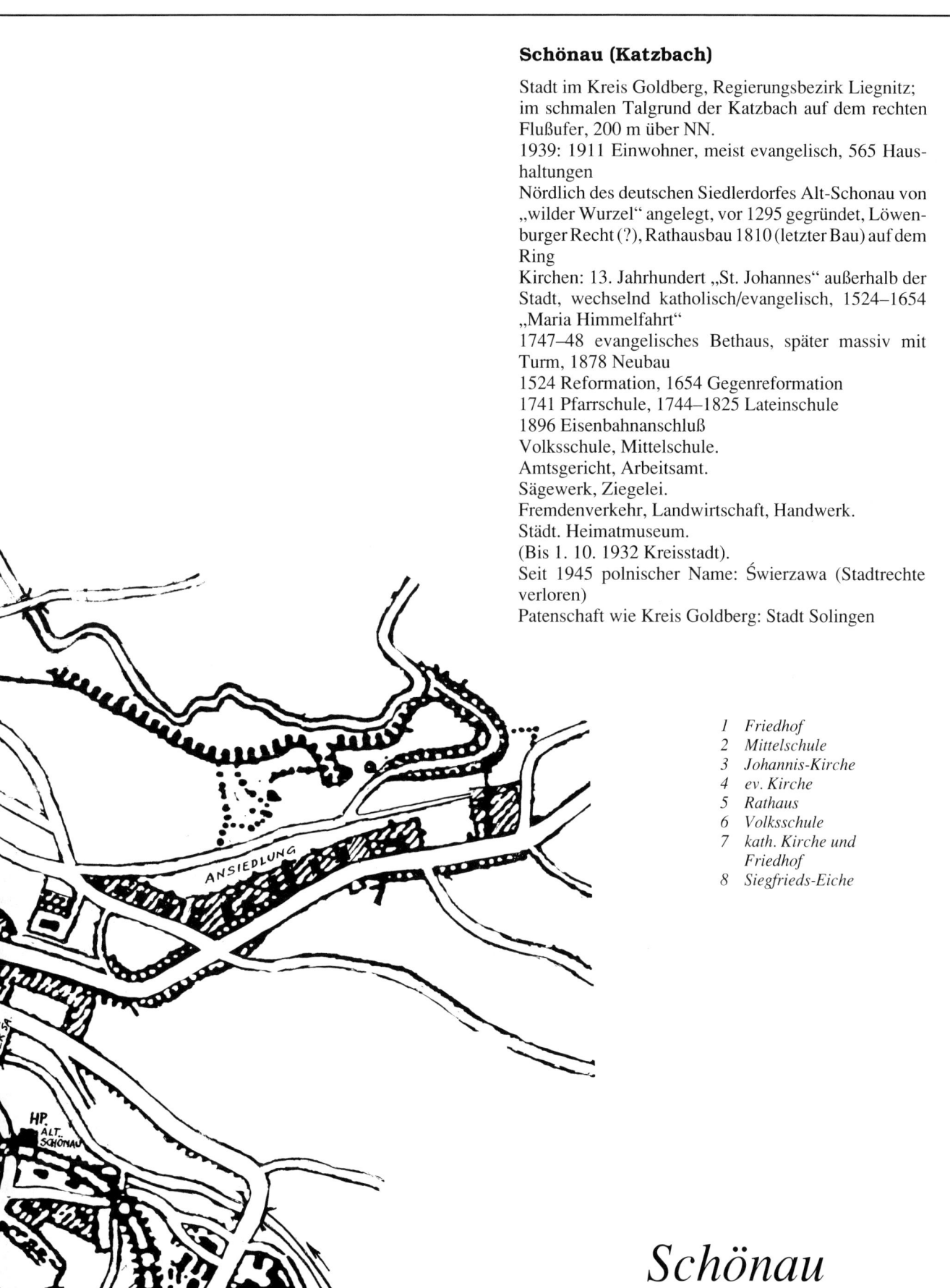

1 Friedhof
2 Mittelschule
3 Johannis-Kirche
4 ev. Kirche
5 Rathaus
6 Volksschule
7 kath. Kirche und Friedhof
8 Siegfrieds-Eiche

Schönau

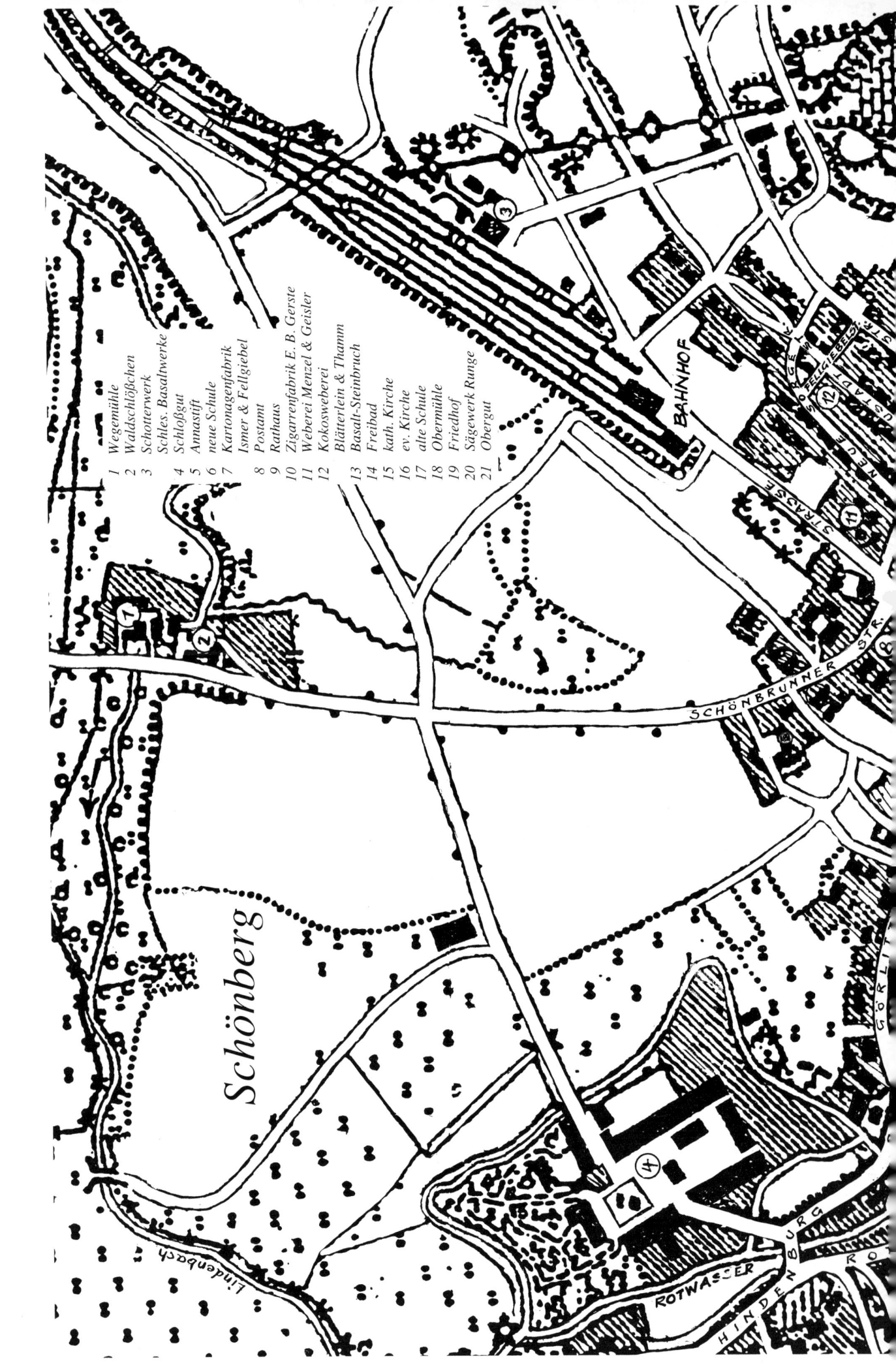

Schönberg

BAHNHOF

SCHÖNBRUNNER STR.

Lindenbach

ROTWASSER

HINDENBURG

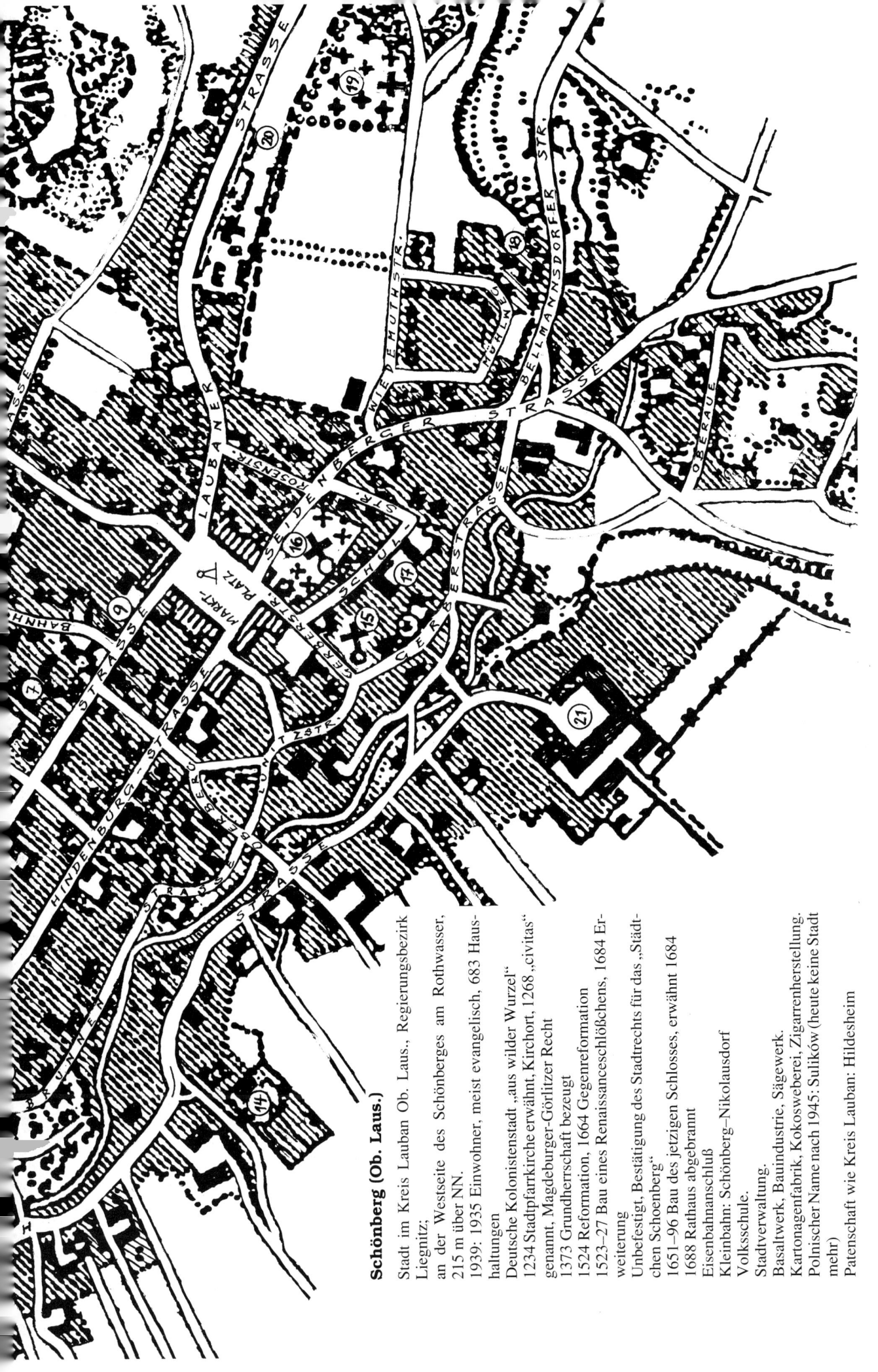

Schönberg (Ob. Laus.)

Stadt im Kreis Lauban Ob. Laus.. Regierungsbezirk Liegnitz;

an der Westseite des Schönberges am Rothwasser, 215 m über NN.

1939: 1935 Einwohner, meist evangelisch. 683 Haushaltungen

Deutsche Kolonistenstadt „aus wilder Wurzel"

1234 Stadtpfarrkirche erwähnt, Kirchort, 1268 „civitas" genannt, Magdeburger-Görlitzer Recht

1373 Grundherrschaft bezeugt

1524 Reformation, 1664 Gegenreformation

1523–27 Bau eines Renaissanceschlößchens, 1684 Erweiterung

Unbefestigt, Bestätigung des Stadtrechts für das „Städtchen Schoenberg"

1651–96 Bau des jetzigen Schlosses, erwähnt 1684

1688 Rathaus abgebrannt

Eisenbahnanschluß

Kleinbahn: Schönberg–Nikolausdorf

Volksschule.

Stadtverwaltung.

Basaltwerk, Bauindustrie, Sägewerk.

Kartonagenfabrik, Kokosweberei, Zigarrenherstellung.

Polnischer Name nach 1945: Sulików (heute keine Stadt mehr)

Patenschaft wie Kreis Lauban: Hildesheim

Schurgast

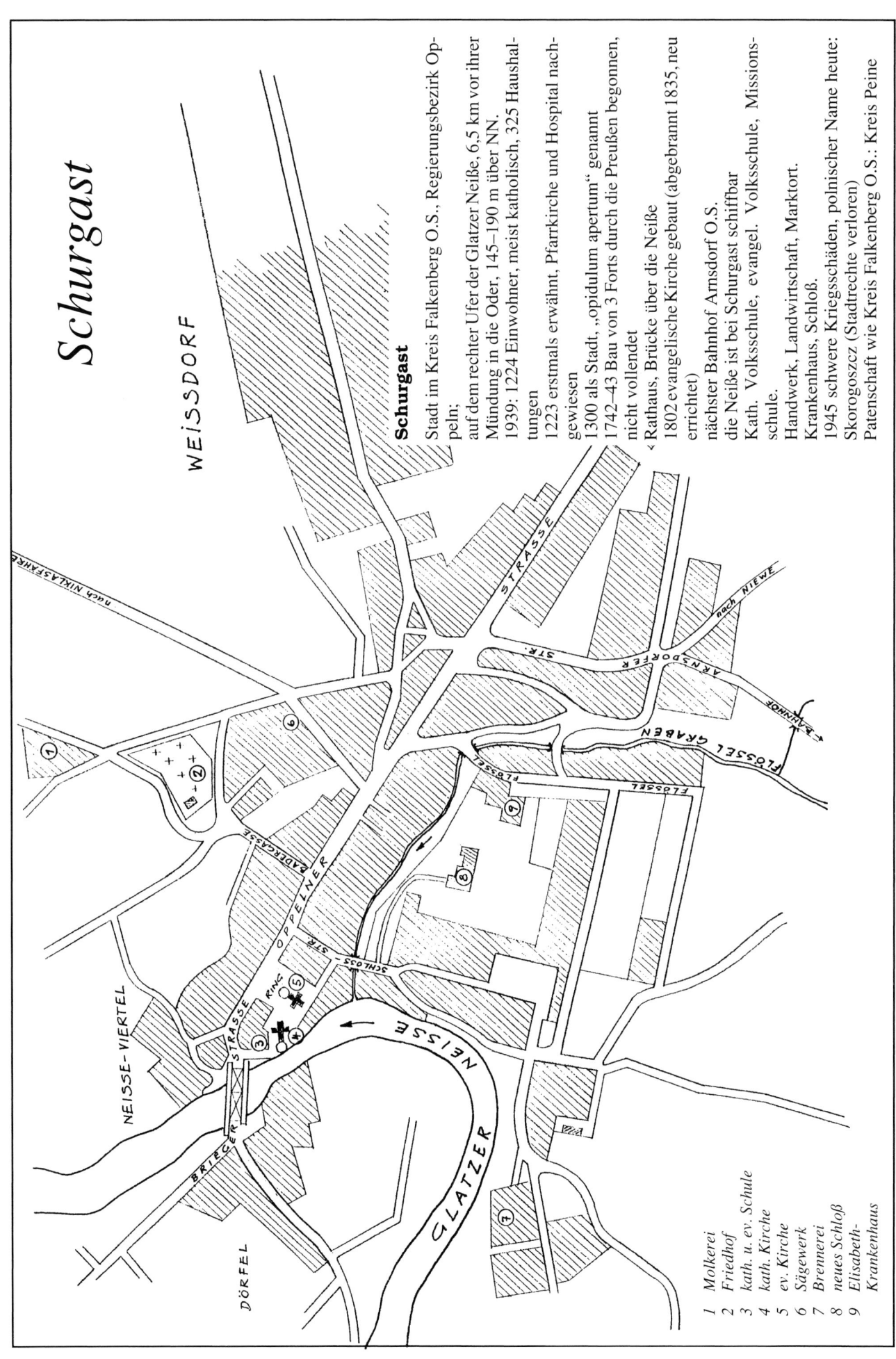

Schurgast

Stadt im Kreis Falkenberg O.S., Regierungsbezirk Oppeln;

auf dem rechter Ufer der Glatzer Neiße, 6,5 km vor ihrer Mündung in die Oder, 145–190 m über NN.

1939: 1224 Einwohner, meist katholisch, 325 Haushaltungen

1223 erstmals erwähnt, Pfarrkirche und Hospital nachgewiesen

1300 als Stadt, „opidulum apertum" genannt

1742–43 Bau von 3 Forts durch die Preußen begonnen, nicht vollendet

Rathaus, Brücke über die Neiße

1802 evangelische Kirche gebaut (abgebrannt 1835, neu errichtet)

nächster Bahnhof Arnsdorf O.S.

die Neiße ist bei Schurgast schiffbar

Kath. Volksschule, evangel. Volksschule, Missionsschule.

Handwerk, Landwirtschaft, Marktort.

Krankenhaus, Schloß.

1945 schwere Kriegsschäden, polnischer Name heute: Skorogoszcz (Stadtrechte verloren)

Patenschaft wie Kreis Falkenberg O.S.: Kreis Peine

1 Molkerei
2 Friedhof
3 kath. u. ev. Schule
4 kath. Kirche
5 ev. Kirche
6 Sägewerk
7 Brennerei
8 neues Schloß
9 Elisabeth-Krankenhaus

Schweidnitz (Plan auf Seite 238/239)

Stadtkreis und Kreisstadt des Landkreises Schweidnitz im Regierungsbezirk Breslau;
in einer Senke zwischen dem Gebirge, am Zusammenfluß von Weistritz und des Bögenwassers, 247 m über NN.

Gesamtfläche: 17,73 km²
Einwohner: 39 052
    davon 20 338 männlich, 18 714 weiblich
Einwohner je km²: 2202,6
Haushaltungen: 10 969
Gemeinden: 1
Wohnplätze: 3
Religionszugehörigkeit:
    evangelisch: 62,5 %
    römisch-katholisch: 33,5 %
1239 Erwähnung eines Pfarrers
1249 Stadtgründung durch den Herzog, 1274 deutscher Erbvogt erwähnt, Fränkisches Recht, daneben seit etwa 1260 Neumarkter Recht, seit 1363 daneben Sächsisches Recht
1284 Ratsschule nachgewiesen
1285 Stadtbefestigung, 6 Tore, 1486 neue Mauern und Wehrtürme, 1867 Abriß
1328 Rathaus auf der Ringmitte, 1717–20 Bau des letzten Rathauses
1522 Reformation, 1629 Gegenreformation
1676 Errichtung der Kapuzinerkirche, 1812 evang. Garnisonkirche
1652–57 evang. Friedenskirche durch die Stadt erbaut
1844 Eisenbahnanschluß
Öffentliche Volksschulen im Stadtkreis: 7
    mit insgesamt Klassen: 82
    Jungen: 1865
    Mädchen: 1871
    Lehrer: 51
    Lehrerinnen: 21

Oberschule für Jungen, Oberschule für Mädchen (Kl. 1–5) der Ursulinerinnen, Oberlyzeum mit Frauenschule, Sozialpädagogisches Seminar für Frauen der Ursulinerinnen, Höhere Lehranstalt für praktizierende Landwirte, Berufsschulen, Pestalozzischule, Mittelschule.
Verwaltung des Stadtkreises, Verwaltung des Landkreises, Reichsbahn-Betriebsamt, Amtsgericht, Landgericht, Gefängnis, Zollamt, Eichamt, Gewerbeaufsichtsamt, Industrie- und Handelskammer, Arbeitshaus und Landpflegeheim, Provinzialerziehungsanstalt, Krankenhäuser, Altersheim, Tageszeitungen.
Städtisches Museum, Richthofen-Museum, Stadttheater, Volksbücherei,
Maschinenfabriken, Eisengießerei, Kesselschmiede, Metallwarenfabriken, Zentralheizungsbau, Orgelbauanstalt.
Ziegeleien, Ofenfabrik, Sägewerke, Möbelfabriken, Kistenfabrik, Seifenfabrik, Zigarrenherstellung, Mühlenwerke, Brauerei, Kornbrennerei, Essigfabrik, Städt. Gaswerk, Schlachthof.
Garnison und Lazarett.
Land- und forstwirtschaftliche Betriebe: Größe 0,5–5 ha: 50; 5–10 ha: 5; 10–20 ha: 4; 20–100 ha: 1; über 100 ha: 3
Personen in der Land- und Forstwirtschaft tätig: 576
    in Industrie und Handwerk: 11 967
    in Handel und Verkehr: 7936
1945 zu 10–15 % zerstört, polnischer Name heute: Świdnica
Patenschaft: Stadt Reutlingen

Seidenberg (Plan auf Seite 240)

Stadt im Kreis Lauban, Regierungsbezirk Liegnitz;
im Isergebirgsvorland am Hang des Michelsbergs, 247 m über NN.
1939: 2645 Einwohner, meist evangelisch, 953 Haushaltungen
1186 bischöfliche Burg mit Kirche „St. Michael", Mittelpunkt der zuerst 1307 bezeugten „sedes Sydenberg"; Mitte des 13. Jahrhunderts durch König Ottokar II. von Böhmen gegründet
1396 als Stadt genannt, Magdeburger-Görlitzer Recht;
1397 Schulmeister erwähnt
1380 Errichtung einer Kapelle, 1430 Erhebung zur neuen Pfarrkirche, 1534 evangelisch (Reformation)
1875 Eisenbahnanschluß
1894 Bau der katholischen Pfarrkirche St. Joseph
Evangelische Volksschule mit Mittelklassen, katholische Volksschule, Stadtverwaltung, Amtsgericht, Zollämter, Arbeitsamt, Tonwerke, Maschinenfabrik, Drahtwarenfabrik, Tuchfabrik, Herstellung von Berufsbekleidung und Herrenkonfektion.
Städt. Archiv.
Nach 1945 polnischer Name: Zawidów
Patenschaft: Stadt Neustadt am Rübenberge

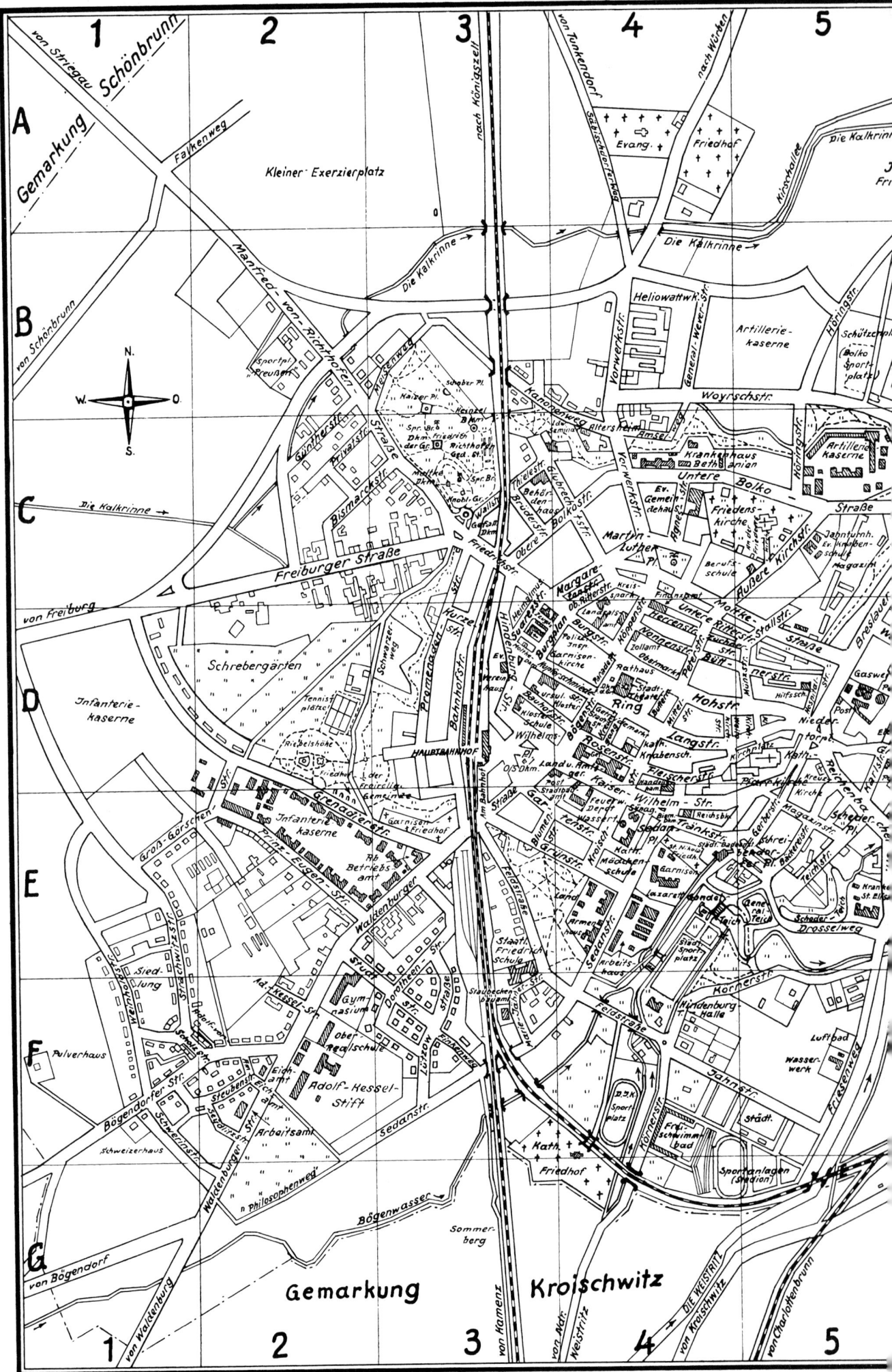

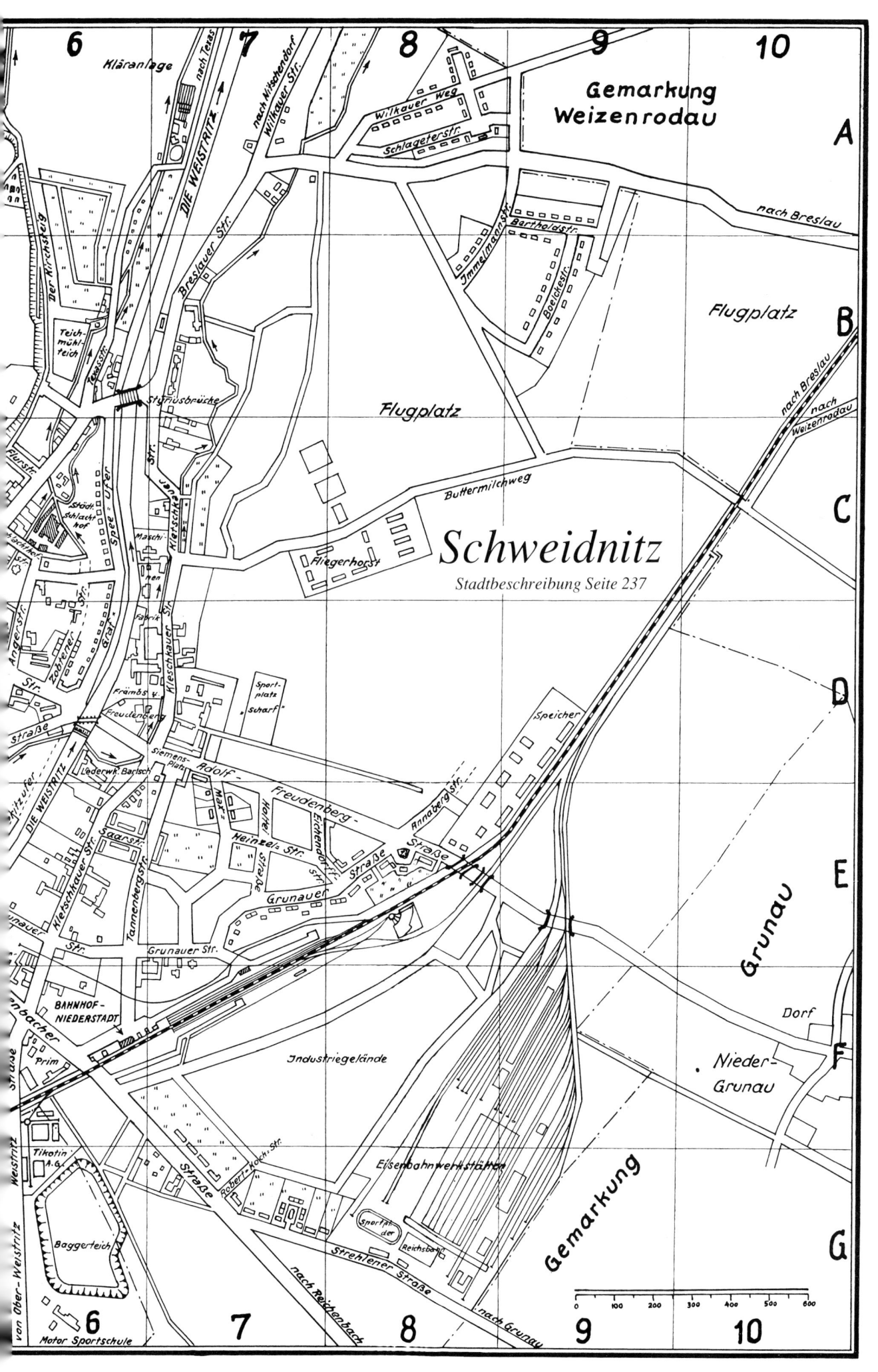

Schweidnitz

Stadtbeschreibung Seite 237

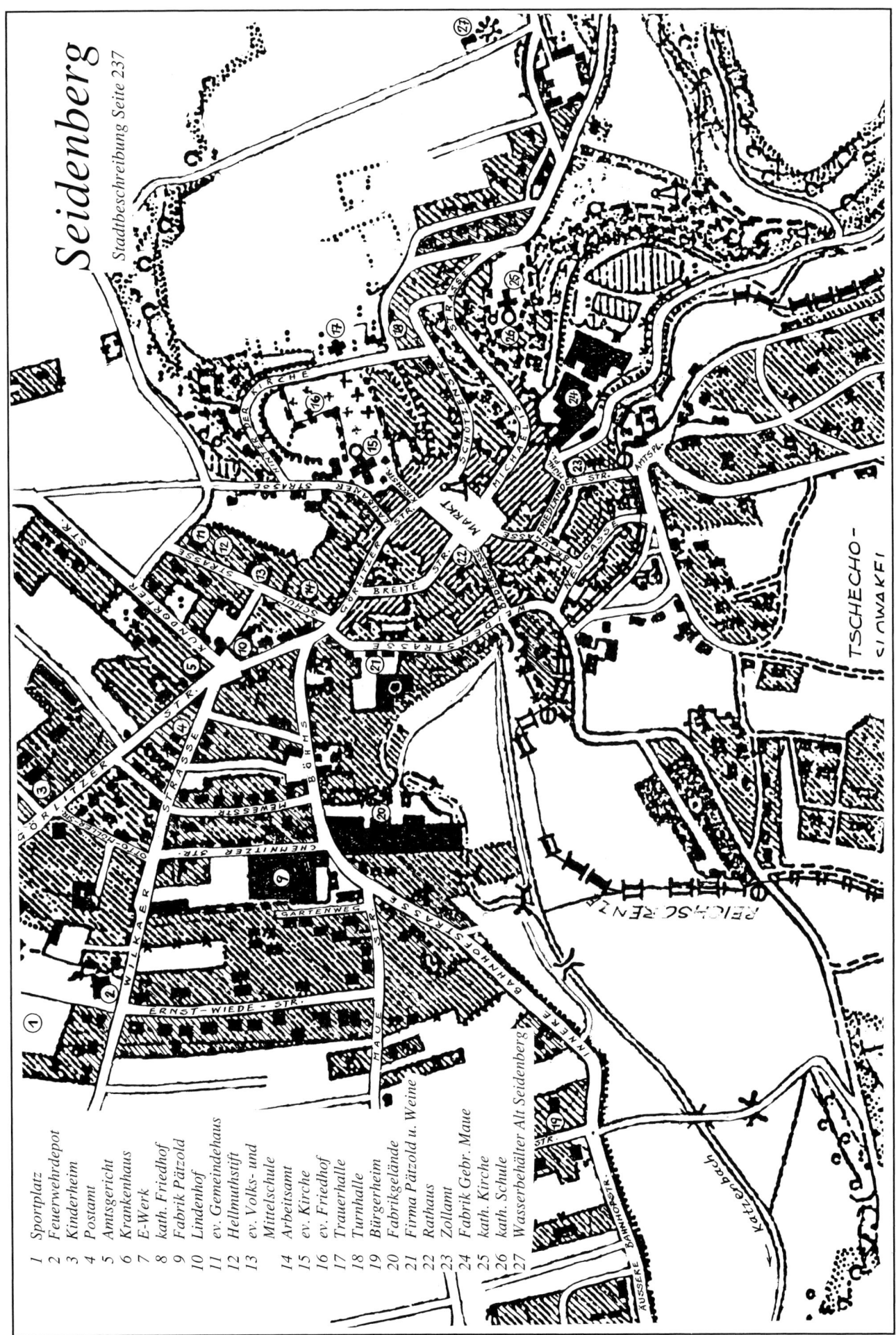

Seidenberg

Stadtbeschreibung Seite 237

1 Sportplatz
2 Feuerwehrdepot
3 Kinderheim
4 Postamt
5 Amtsgericht
6 Krankenhaus
7 E-Werk
8 kath. Friedhof
9 Fabrik Pätzold
10 Lindenhof
11 ev. Gemeindehaus
12 Hellmuthstift
13 ev. Volks- und
   Mittelschule
14 Arbeitsamt
15 ev. Kirche
16 ev. Friedhof
17 Trauerhalle
18 Turnhalle
19 Bürgerheim
20 Fabrikgelände
21 Firma Pätzold u. Weine
22 Rathaus
23 Zollamt
24 Fabrik Gebr. Maue
25 kath. Kirche
26 kath. Schule
27 Wasserbehälter Alt Seidenberg

TSCHECHO-
SLOWAKEI

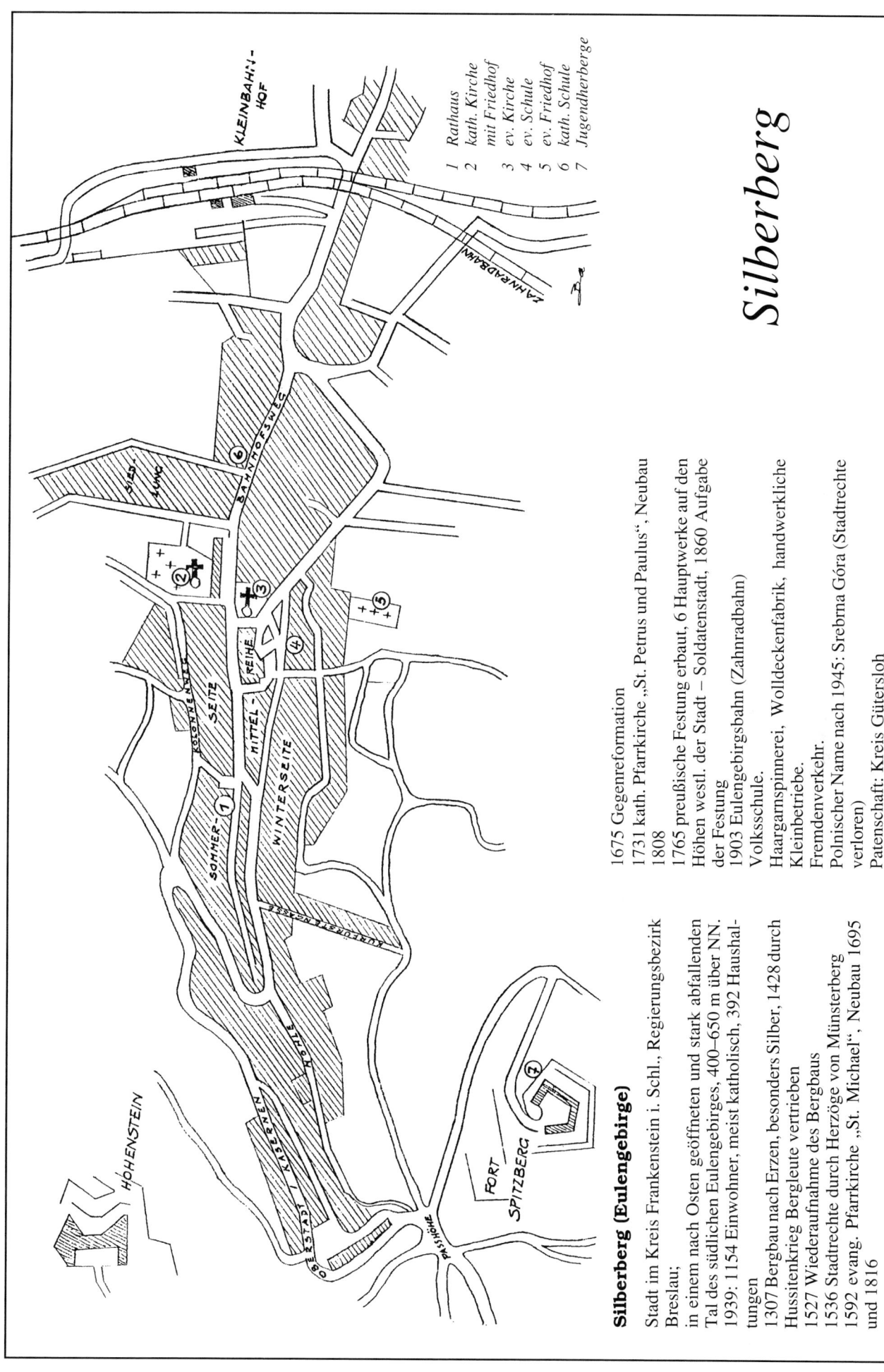

Silberberg

Legend:

1 Rathaus
2 kath. Kirche mit Friedhof
3 ev. Kirche
4 ev. Schule
5 ev. Friedhof
6 kath. Schule
7 Jugendherberge

Silberberg (Eulengebirge)

Stadt im Kreis Frankenstein i. Schl., Regierungsbezirk Breslau;
in einem nach Osten geöffneten und stark abfallenden Tal des südlichen Eulengebirges, 400–650 m über NN.
1939: 1154 Einwohner, meist katholisch, 392 Haushaltungen
1307 Bergbau nach Erzen, besonders Silber, 1428 durch Hussitenkrieg Bergleute vertrieben
1527 Wiederaufnahme des Bergbaus
1536 Stadtrechte durch Herzöge von Münsterberg
1592 evang. Pfarrkirche „St. Michael", Neubau 1695 und 1816

1675 Gegenreformation
1731 kath. Pfarrkirche „St. Petrus und Paulus", Neubau 1808
1765 preußische Festung erbaut, 6 Hauptwerke auf den Höhen westl. der Stadt – Soldatenstadt, 1860 Aufgabe der Festung
1903 Eulengebirgsbahn (Zahnradbahn)
Volksschule.
Haargarnspinnerei, Wolldeckenfabrik, handwerkliche Kleinbetriebe.
Fremdenverkehr.
Polnischer Name nach 1945: Srebrna Góra (Stadtrechte verloren)
Patenschaft: Kreis Gütersloh

241

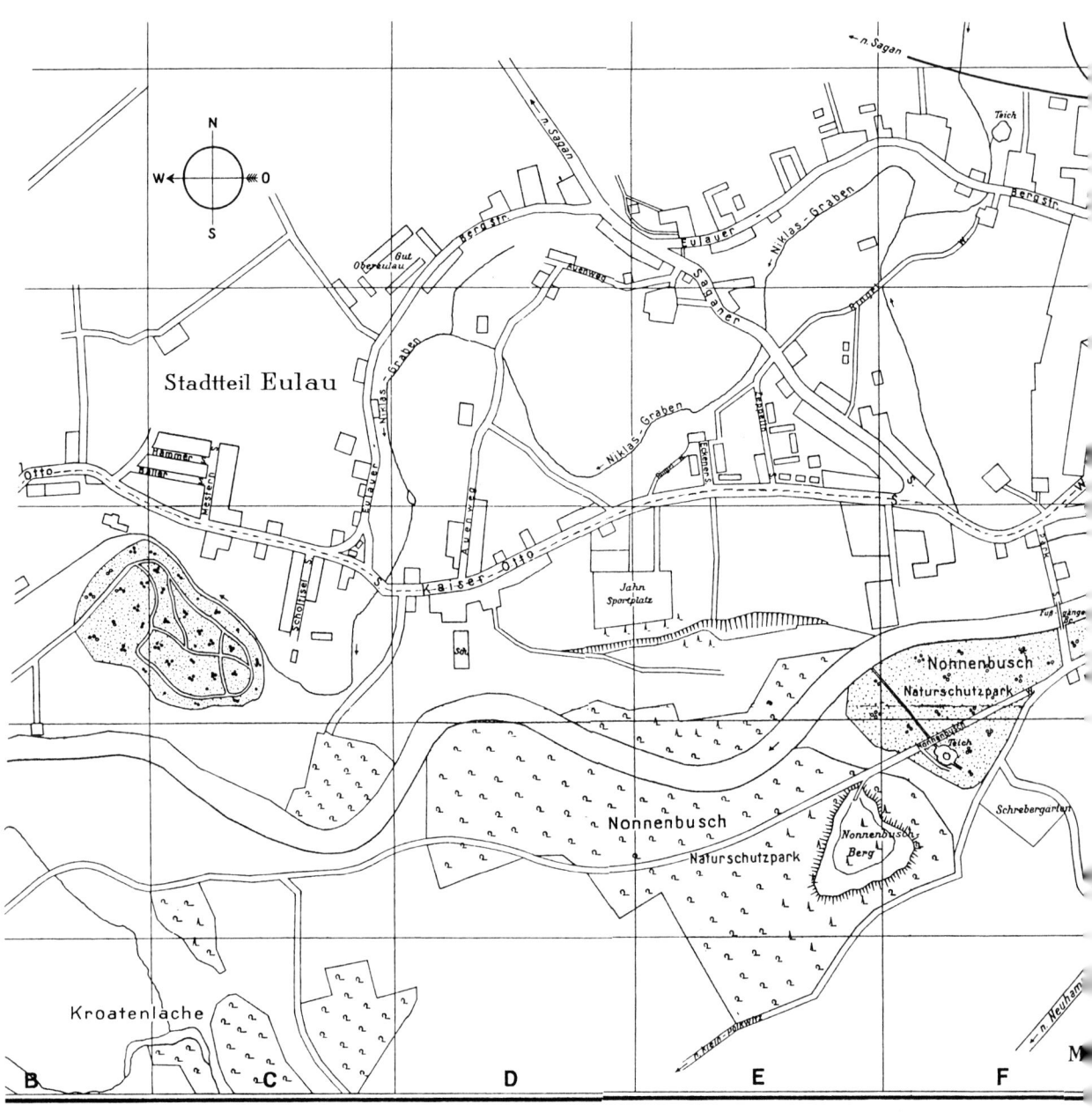

Sprottau

Stadt im Kreis Sprottau (Kreisstadt Sagan), Regierungsbezirk Liegnitz;
am Bober, im Mündungsdreieck der hier mündenden Sprotte, 126–136 m über NN.
1939: 12 578 Einwohner, meist evangelisch, 3888 Haushaltungen
vermutlich nach 1253 von Herzog Konrad I. von Glogau Magdeburgisches-Hallesches Recht
1260 als „civitas" erwähnt mit älterer Kirche
1314 Kirchschule
Kirchen: 1260 Pfarrkirche „St. Mariä Himmelfahrt" später erweitert, 1526–1654 evangelisch, dann wieder katholisch (Gegenreformation), 1722 Kirche „Korpus Christi", 1747 evangelisches Bethaus errichtet, 1821 Turmbau, 1897 Erneuerung

1846 Eisenbahnanschluß, Reichsautobahnanschluß Volksschule, Oberschule für Jungen.
Stadtverwaltung, Kreisbehörden in Sagan.
Krankenhaus, Amtsgericht, Finanzamt, Zollamt, Eichamt, Arbeitsamt, Kreiskrankenhaus.
Heimat- und Laubenmuseum, Eisengießerei, Emaillierwerk, Wagenfabrikation, Ofenfabrik, Klavierfabrik, Strumpfwaren- und Handschuhfabrik, Ziegelei, Sägewerke, Bauindustrie, Wachswaren, Brauerei, Mühlenwerke, Nährmittelfabrik, Garnisonstadt.
1945 zu 50 % zerstört, polnischer Name heute: Szprotawa
Patenschaft für Stadt Sprottau: Kreis Detmold

Sprottau

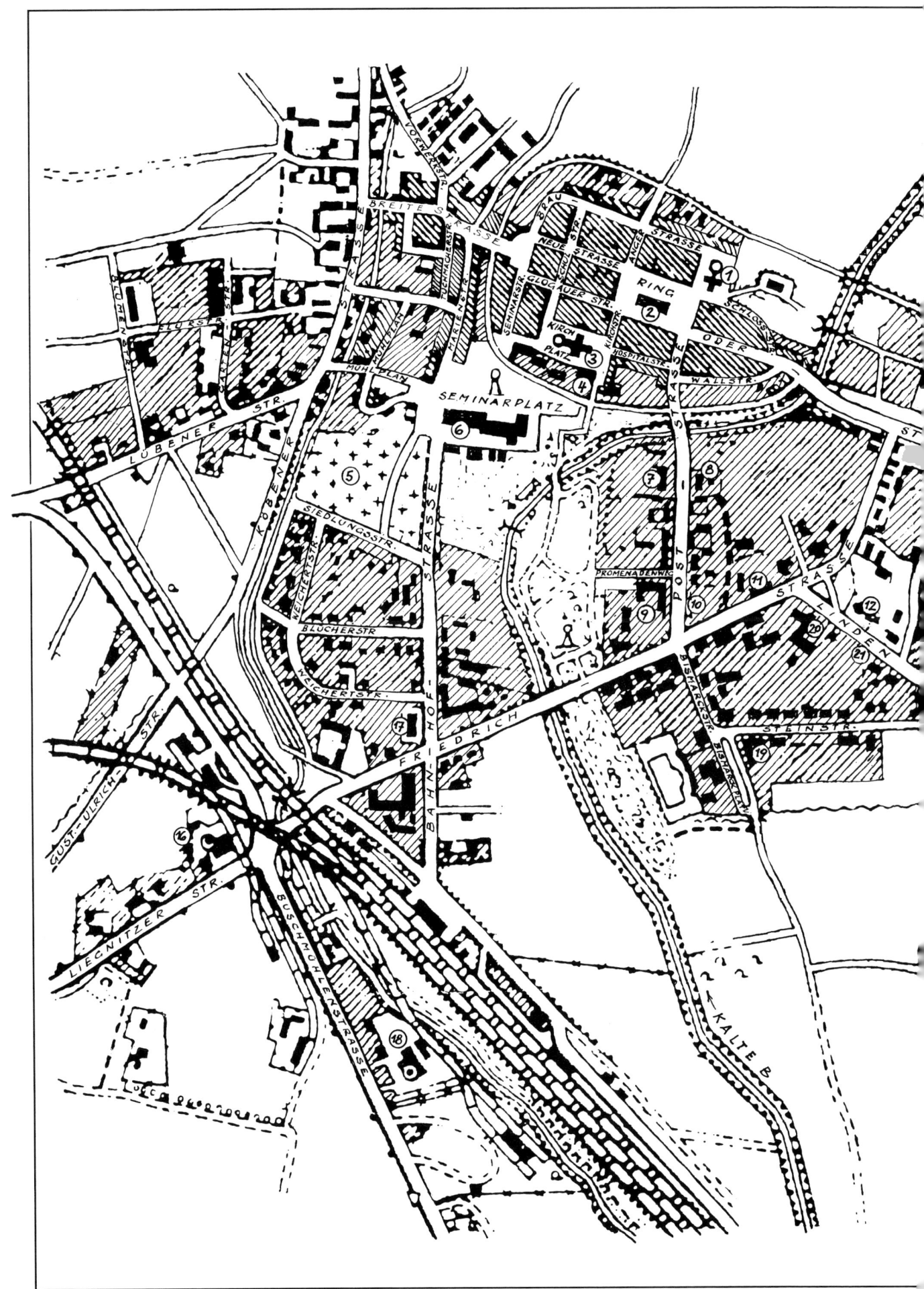

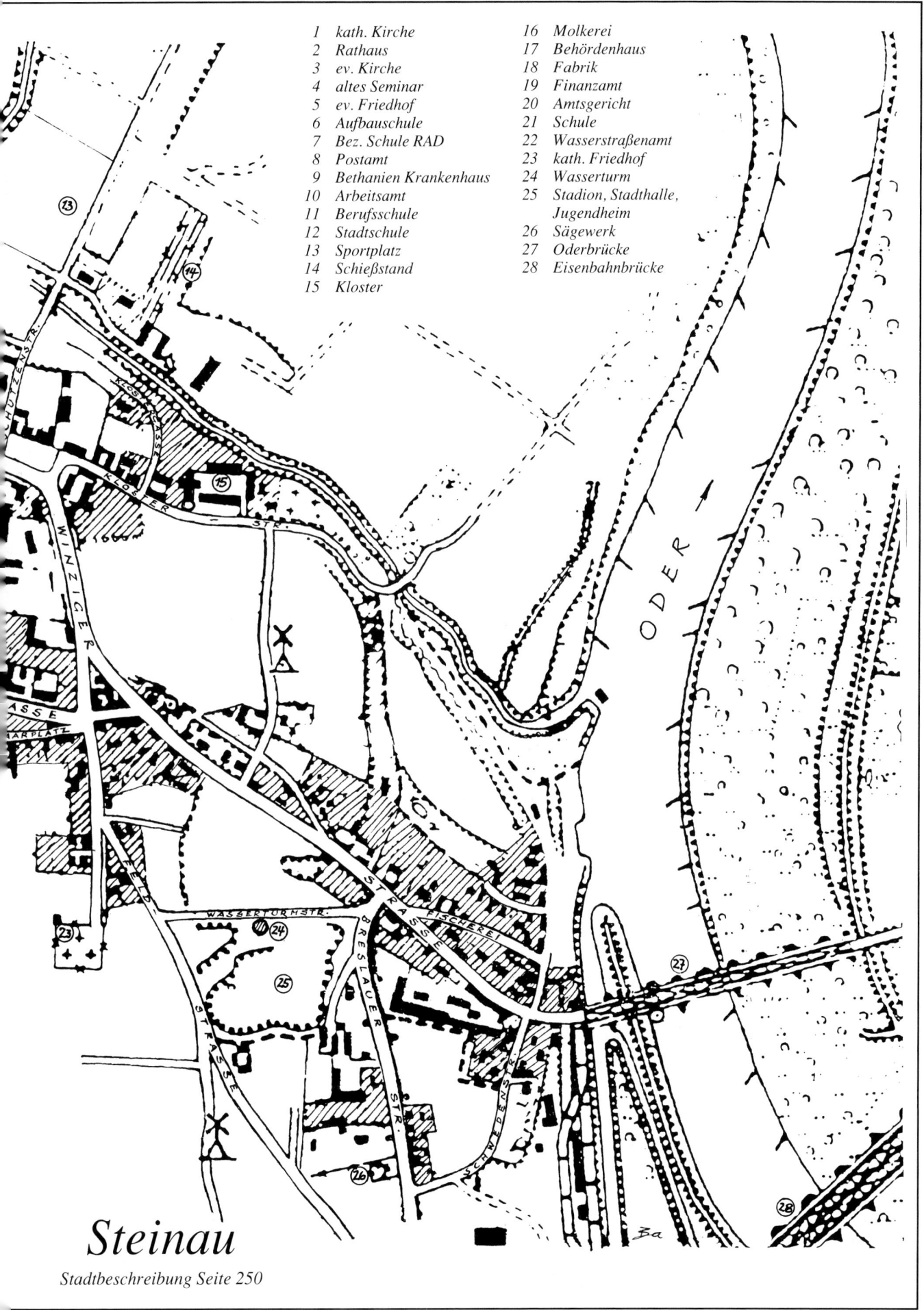

1	kath. Kirche	16	Molkerei
2	Rathaus	17	Behördenhaus
3	ev. Kirche	18	Fabrik
4	altes Seminar	19	Finanzamt
5	ev. Friedhof	20	Amtsgericht
6	Aufbauschule	21	Schule
7	Bez. Schule RAD	22	Wasserstraßenamt
8	Postamt	23	kath. Friedhof
9	Bethanien Krankenhaus	24	Wasserturm
10	Arbeitsamt	25	Stadion, Stadthalle, Jugendheim
11	Berufsschule	26	Sägewerk
12	Stadtschule	27	Oderbrücke
13	Sportplatz	28	Eisenbahnbrücke
14	Schießstand		
15	Kloster		

Steinau

Stadtbeschreibung Seite 250

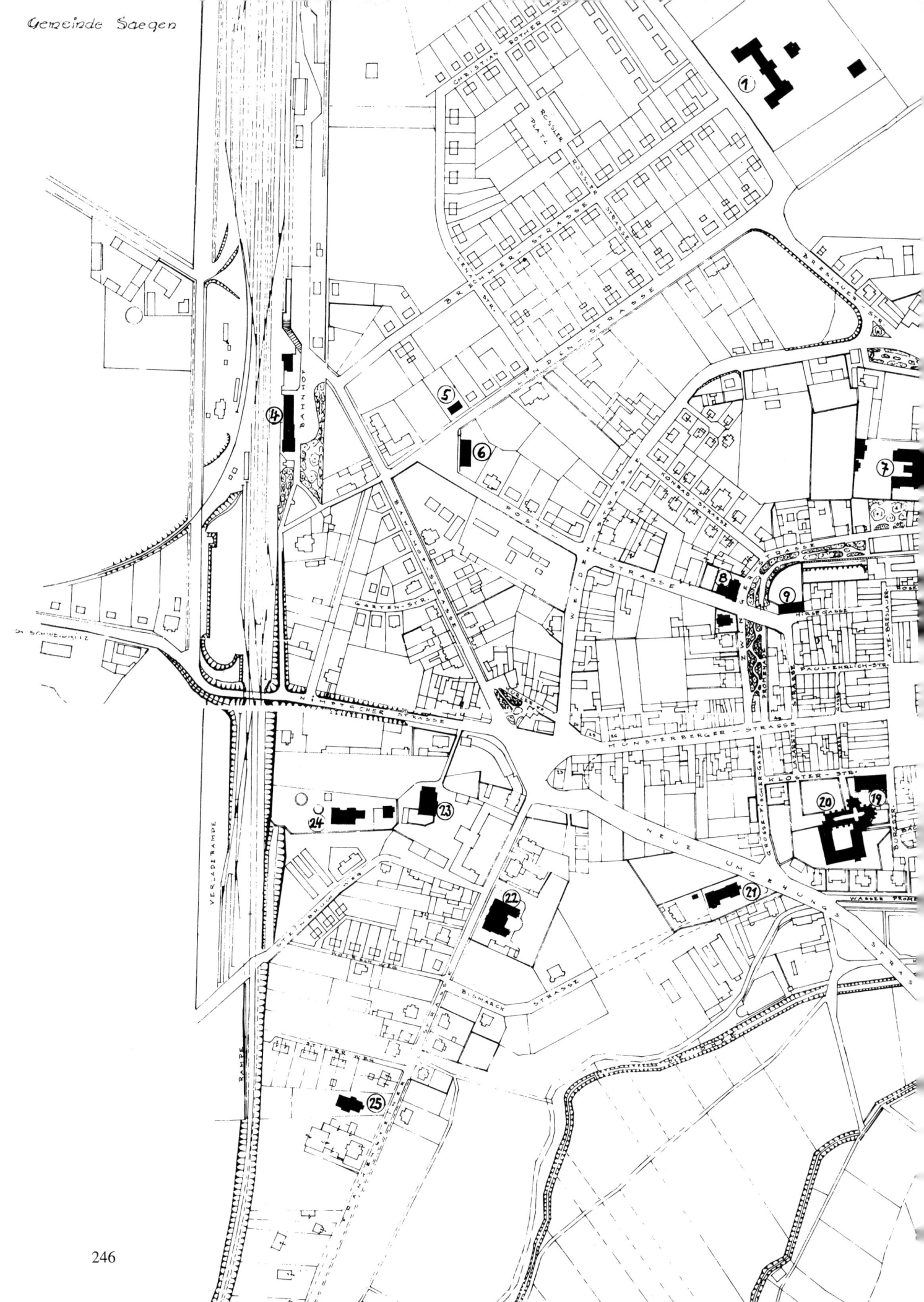

Gemeinde Saegen

246

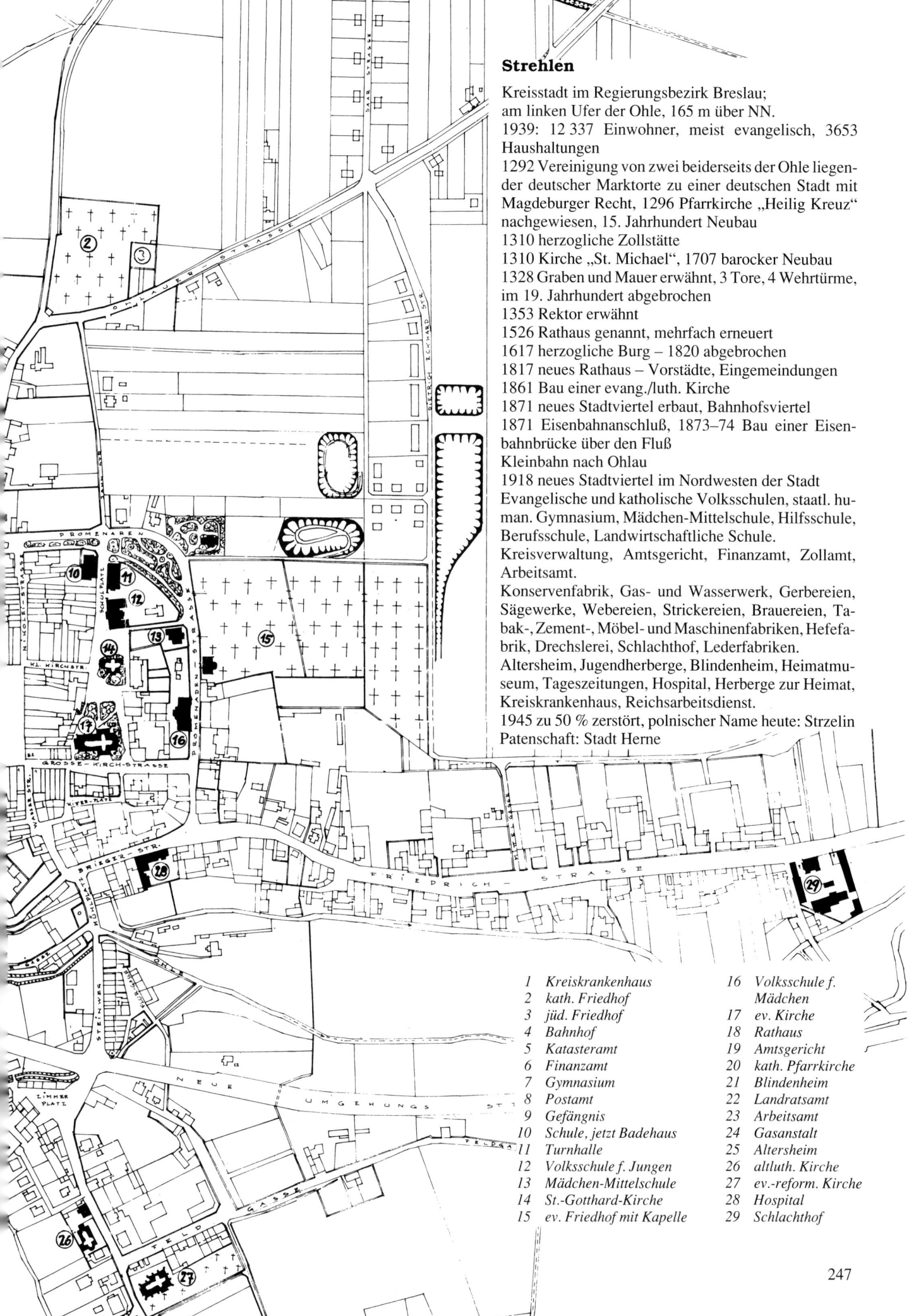

Strehlen

Kreisstadt im Regierungsbezirk Breslau;
am linken Ufer der Ohle, 165 m über NN.

1939: 12 337 Einwohner, meist evangelisch, 3653 Haushaltungen

1292 Vereinigung von zwei beiderseits der Ohle liegender deutscher Marktorte zu einer deutschen Stadt mit Magdeburger Recht, 1296 Pfarrkirche „Heilig Kreuz" nachgewiesen, 15. Jahrhundert Neubau

1310 herzogliche Zollstätte

1310 Kirche „St. Michael", 1707 barocker Neubau

1328 Graben und Mauer erwähnt, 3 Tore, 4 Wehrtürme, im 19. Jahrhundert abgebrochen

1353 Rektor erwähnt

1526 Rathaus genannt, mehrfach erneuert

1617 herzogliche Burg – 1820 abgebrochen

1817 neues Rathaus – Vorstädte, Eingemeindungen

1861 Bau einer evang./luth. Kirche

1871 neues Stadtviertel erbaut, Bahnhofsviertel

1871 Eisenbahnanschluß, 1873–74 Bau einer Eisenbahnbrücke über den Fluß

Kleinbahn nach Ohlau

1918 neues Stadtviertel im Nordwesten der Stadt

Evangelische und katholische Volksschulen, staatl. human. Gymnasium, Mädchen-Mittelschule, Hilfsschule, Berufsschule, Landwirtschaftliche Schule.

Kreisverwaltung, Amtsgericht, Finanzamt, Zollamt, Arbeitsamt.

Konservenfabrik, Gas- und Wasserwerk, Gerbereien, Sägewerke, Webereien, Strickereien, Brauereien, Tabak-, Zement-, Möbel- und Maschinenfabriken, Hefefabrik, Drechslerei, Schlachthof, Lederfabriken.

Altersheim, Jugendherberge, Blindenheim, Heimatmuseum, Tageszeitungen, Hospital, Herberge zur Heimat, Kreiskrankenhaus, Reichsarbeitsdienst.

1945 zu 50 % zerstört, polnischer Name heute: Strzelin

Patenschaft: Stadt Herne

1	Kreiskrankenhaus	16	Volksschule f. Mädchen
2	kath. Friedhof		
3	jüd. Friedhof	17	ev. Kirche
4	Bahnhof	18	Rathaus
5	Katasteramt	19	Amtsgericht
6	Finanzamt	20	kath. Pfarrkirche
7	Gymnasium	21	Blindenheim
8	Postamt	22	Landratsamt
9	Gefängnis	23	Arbeitsamt
10	Schule, jetzt Badehaus	24	Gasanstalt
11	Turnhalle	25	Altersheim
12	Volksschule f. Jungen	26	altluth. Kirche
13	Mädchen-Mittelschule	27	ev.-reform. Kirche
14	St.-Gotthard-Kirche	28	Hospital
15	ev. Friedhof mit Kapelle	29	Schlachthof

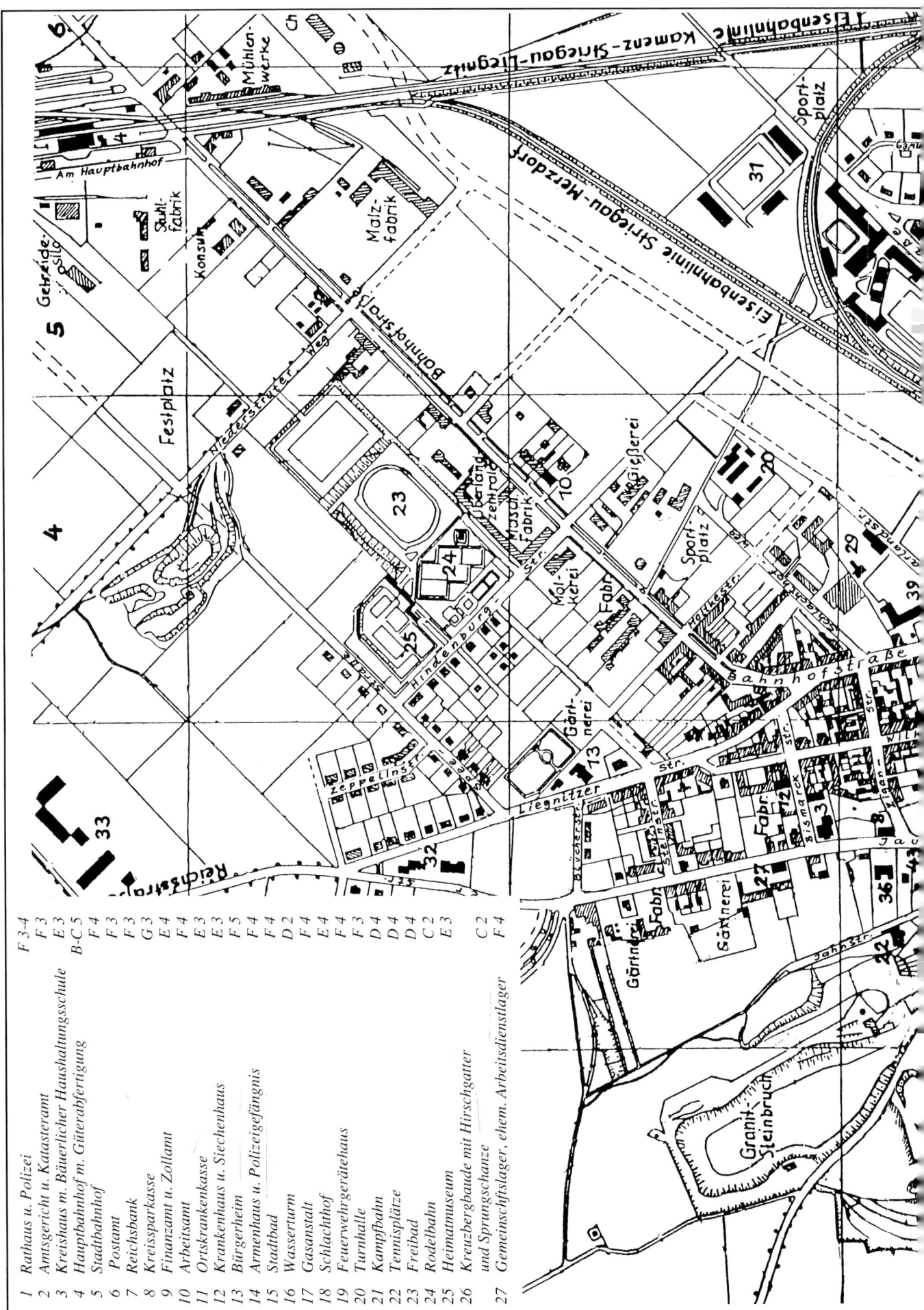

1 Rathaus u. Polizei — F 3-4
2 Amtsgericht u. Katasteramt — F 3
3 Kreishaus m. Bäuerlicher Haushaltungsschule — E 3
4 Hauptbahnhof m. Güterabfertigung — B-C 5
5 Stadtbahnhof — F 4
6 Postamt — F 3
7 Reichsbank — F 3
8 Kreissparkasse — G 3
9 Finanzamt u. Zollamt — E 4
10 Arbeitsamt — F 4
11 Ortskrankenkasse — E 3
12 Krankenhaus u. Siechenhaus — E 3
13 Bürgerheim — F 5
14 Armenhaus u. Polizeigefängnis — F 4
15 Stadtbad — F 4
16 Wasserturm — D 2
17 Gasanstalt — F 4
18 Schlachthof — E 4
19 Feuerwehrgerätehaus — F 4
20 Turnhalle — F 3
21 Kampfbahn — D 4
22 Tennisplätze — D 4
23 Freibad — D 4
24 Rodelbahn — C 2
25 Heimatmuseum — E 3
26 Kreuzbergbaude mit Hirschgatter und Sprungschanze — C 2
27 Gemeinschftslager, ehem. Arbeitsdienstlager — F 4

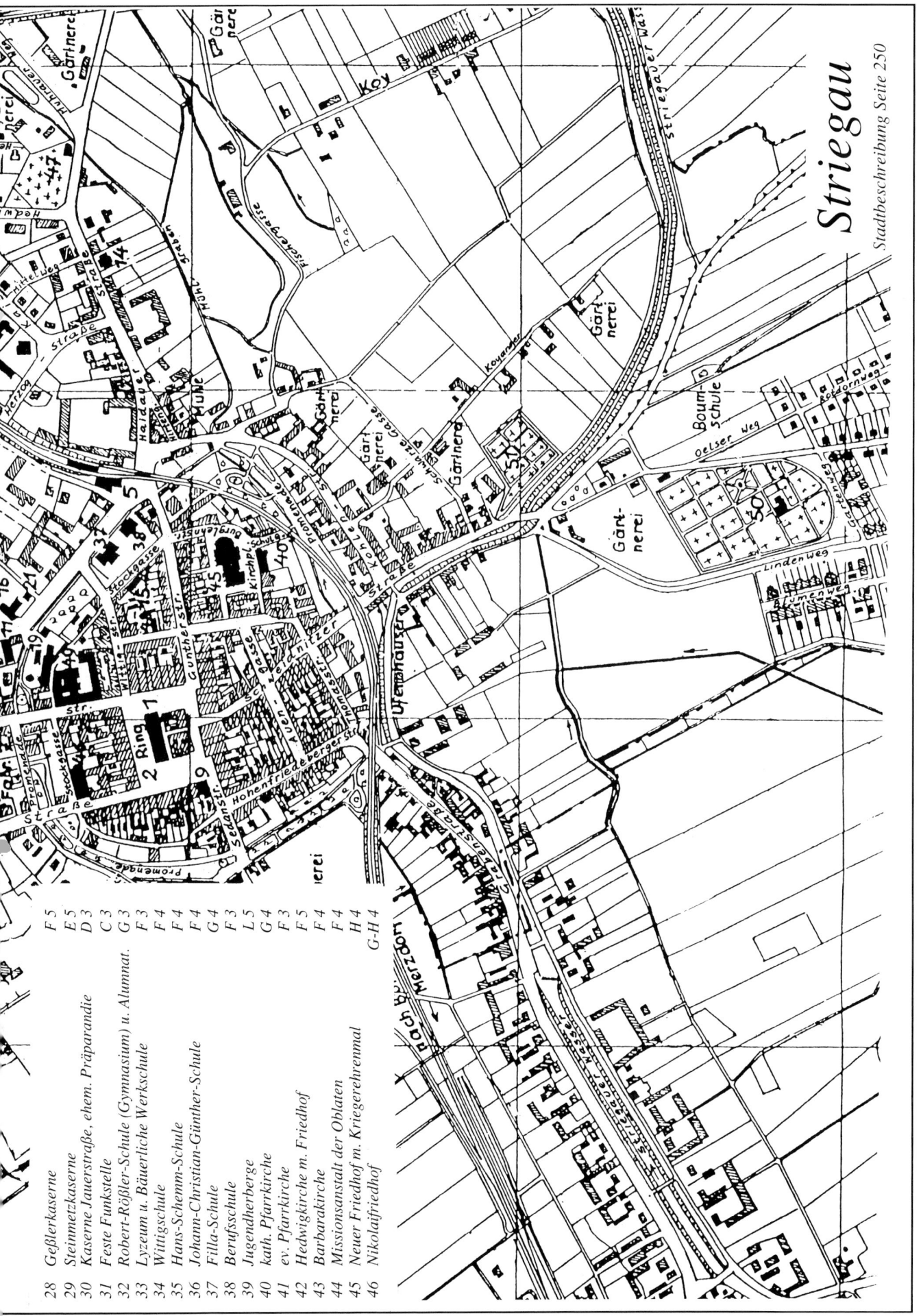

Striegau

Stadtbeschreibung Seite 250

28	Geßlerkaserne	F 5
29	Steinmetzkaserne	E 5
30	Kaserne Jauerstraße, ehem. Präparandie	D 3
31	Feste Funkstelle	C 3
32	Robert-Rößler-Schule (Gymnasium) u. Alumnat.	G 3
33	Lyzeum u. Bäuerliche Werkschule	F 3
34	Wittigschule	F 4
35	Hans-Schemm-Schule	F 4
36	Johann-Christian-Günther-Schule	F 4
37	Filla-Schule	G 4
38	Berufsschule	F 3
39	Jugendherberge	L 5
40	kath. Pfarrkirche	G 4
41	ev. Pfarrkirche	F 3
42	Hedwigkirche m. Friedhof	F 5
43	Barbarakirche	F 4
44	Missionsanstalt der Oblaten	F 4
45	Neuer Friedhof m. Kriegerehrenmal	H 4
46	Nikolaifriedhof	G-H 4

Striegau (Plan auf Seite 248/249)

Stadt im Kreis Schweidnitz, Regierungsbezirk Breslau; im Sudetenvorland zu Füßen der „Drei Berge", im Tal des Striegauer Wassers, 230 m über NN (bis 1932 selbständ. Kreis Striegau).

1939: 15 918 Einwohner, meist evangelisch, 4920 Haushaltungen

1242 Stadtgründung durch den Herzog, Magdeburger Recht „advocatus dictae civitatis" erwähnt

1239 Pfarrkirche vor der Stadt, St. Peter und Paul doppelte Stadtmauer mit 5 Stadttoren, 1683 ausgebaut, in der 1. Hälfte des 19. Jahrhunderts abgebrochen

1460 Spitalkirche-Neubau (St. Hedwigskirche)

1525 Reformation, 1629 Gegenreformation

1742 evangelisches Bethaus erbaut, 1817 abgebrochen

1829 Rathaus mit Turm, wurde 1855 Amtsgericht

1859 neues Rathaus

1856 Eisenbahnanschluß

2 evangelische, 1 katholische Volksschule, Staatl. Oberschule für Jungen, Berufsschule.

Granit- und Basaltwerke, Hartsteinschleiferei, Ziegelei, Eisengießerei, Maschinen-, Peitschen-, Stuhl-, Strumpf-, Schuhfabriken, Lederwarenfabrik, Mühlenwerke, Kornbrennerei, Malzfabrik, Essig- und Senffabrik, Zigarrenherstellung.

Amtsgericht, Finanzamt, Zollamt, Arbeitsamt, Reichsbanknebenstelle.

Stadtarchiv, Heimatmuseum, Kreiskrankenhaus (1882), Garnisonstadt.

1945 zu 60 % zerstört, polnischer Name heute: Strzegom

Patenschaft: Stadt Lübbecke

Steinau (Oder) (Plan auf Seite 244/245)

Stadt im Kreis Wohlau, Regierungsbezirk Breslau; auf der linken Oderseite, 1,2 km von der Oder entfernt, natürliche wehrhafte Lage, bedeutender Oderübergang, 100 m über NN.

1939: 6529 Einwohner, meist evangelisch, 1951 Haushaltungen

1202 erste Erwähnung, urkundlich nachgewiesen vor 1248 Stadtgründung mit Neumarkter Recht, durch den Herzog

1259 als „villa", 1285 als „civitas", 1350 als „oppidum" neben „civitas" bezeichnet, 1348 Magdeburger Stadtrecht

1248 Pfarrkirche „Zum Heiligen Kreuz" erwähnt, wechselnd katholisch/evangelisch

1839 Neubau kathol. Kirche

Errichtung einer luth. Kirche

1874 Eisenbahnanschluß

1898 Privatbahn angeschlossen, 1916 an die Kleinbahn Guhrau-Lissa

Evangelische Stadtschule, Staatliche Aufbauschule, Berufsschule.

Krankenhaus Bethanien, Barmh. Brüderkloster, Amtsgericht, Zollamt, Finanzamt, Arbeitsamt, Wasserstraßenbauamt, Zucker-, Seifen-, Maschinenfabriken, Ziegelei, Sägewerk, Trinkhalmfabrik, Mühlen, Brauerei, Oderschiffahrt, Hafen, Elektrizitäts- und Wasserwerk.

Stadtarchiv, Stadtmuseum, Reichsarbeitsdienst Bez. Schule.

1945 zu 75 % zerstört, polnischer Name heute: Ścinawa

Patenschaft wie Kreis Wohlau: Stadt Hilden

Stroppen

Stadt im Kreis Trebnitz, Regierungsbezirk Breslau; nahe der Grenze zum Kreis Wohlau, in einer Ebene, 145 m über NN.

1939: 711 Einwohner, meist evangelisch, 237 Haushaltungen

1249 erstmals als Ort erwähnt

1. Hälfte des 13. Jahrhunderts Stadtgründung

1540 Stadtneuanlage mit deutschem Recht, 4 Tore zum Einziehen des Zolls

1376 Kirche nachgewiesen

1540 (Reformation) war sie evangelisch, 1661 und 1880 Neubauten

1856 Eisenbahnanschluß, 3 km: Bahnhof Gellendorf–Stroppen

1914 katholische Kapelle

Volksschule.

Stadtverwaltung.

Ofenfabrik, Handwerk, Landwirtschaft.

Nach 1945 polnischer Name: Stropina (Stadtrechte verloren)

Patenschaft wie Kreis Trebnitz

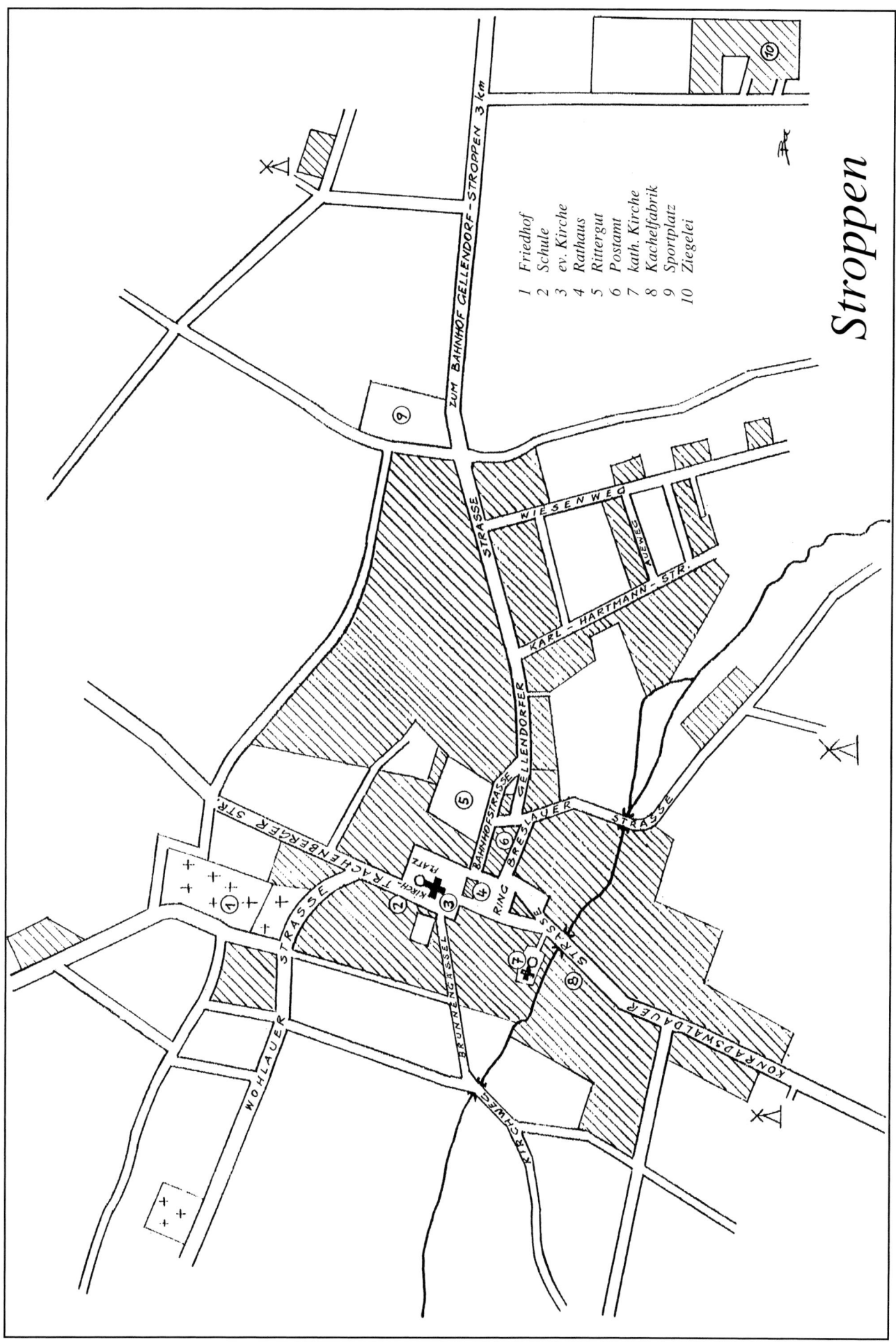

Stroppen

1 Friedhof
2 Schule
3 ev. Kirche
4 Rathaus
5 Rittergut
6 Postamt
7 kath. Kirche
8 Kachelfabrik
9 Sportplatz
10 Ziegelei

251

Sulau

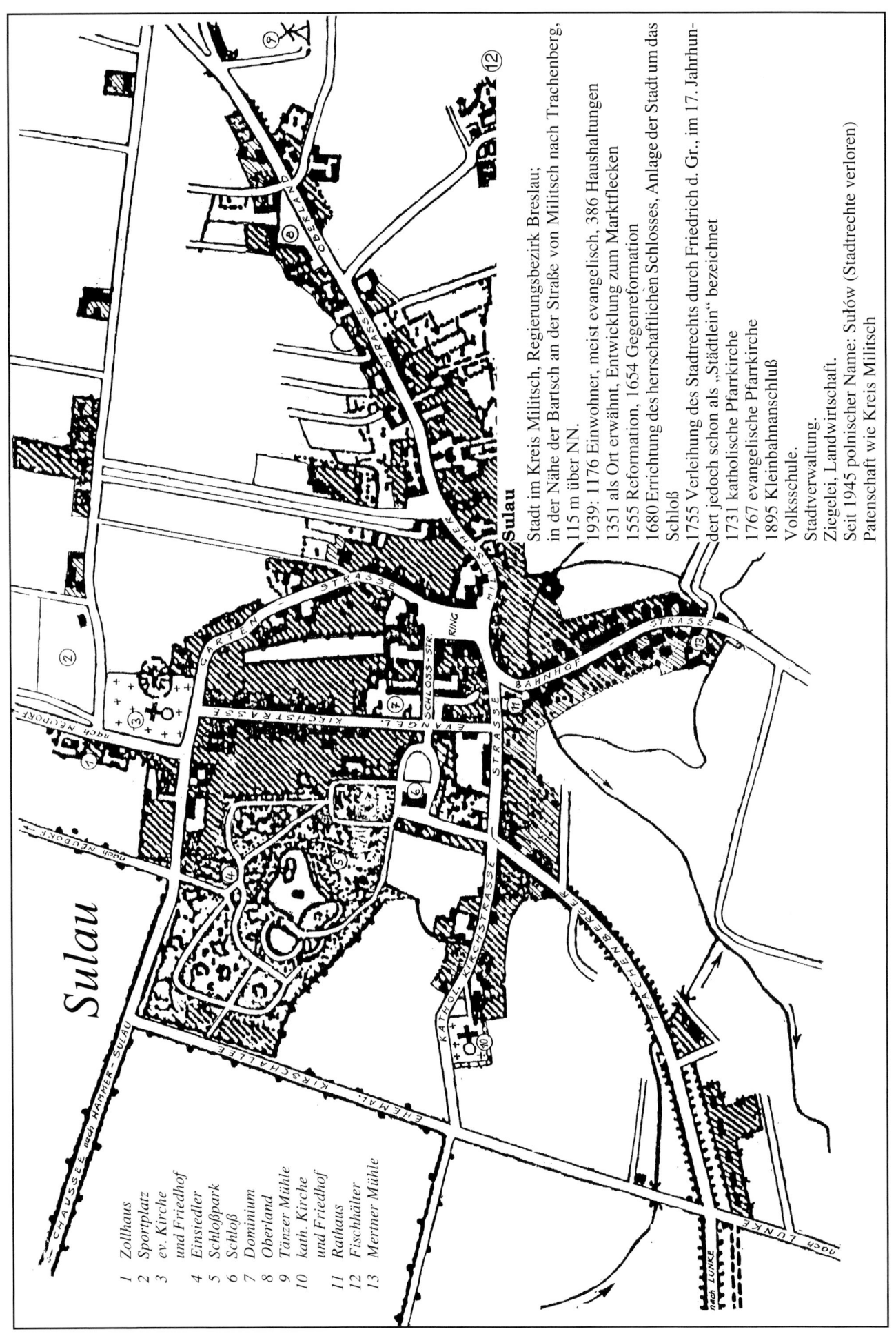

1 Zollhaus
2 Sportplatz
3 ev. Kirche
  und Friedhof
4 Einsiedler
5 Schloßpark
6 Schloß
7 Dominium
8 Oberland
9 Tänzer Mühle
10 kath. Kirche
   und Friedhof
11 Rathaus
12 Fischhälter
13 Mertner Mühle

Stadt im Kreis Militsch, Regierungsbezirk Breslau;
in der Nähe der Bartsch an der Straße von Militsch nach Trachenberg,
115 m über NN.
1939: 1176 Einwohner, meist evangelisch, 386 Haushaltungen
1351 als Ort erwähnt, Entwicklung zum Marktflecken
1555 Reformation, 1654 Gegenreformation
1680 Errichtung des herrschaftlichen Schlosses, Anlage der Stadt um das Schloß
1755 Verleihung des Stadtrechts durch Friedrich d. Gr., im 17. Jahrhundert jedoch schon als „Städtlein" bezeichnet
1731 katholische Pfarrkirche
1767 evangelische Pfarrkirche
1895 Kleinbahnanschluß
Volksschule.
Stadtverwaltung.
Ziegelei, Landwirtschaft.
Seit 1945 polnischer Name: Sułów (Stadtrechte verloren)
Patenschaft wie Kreis Militsch

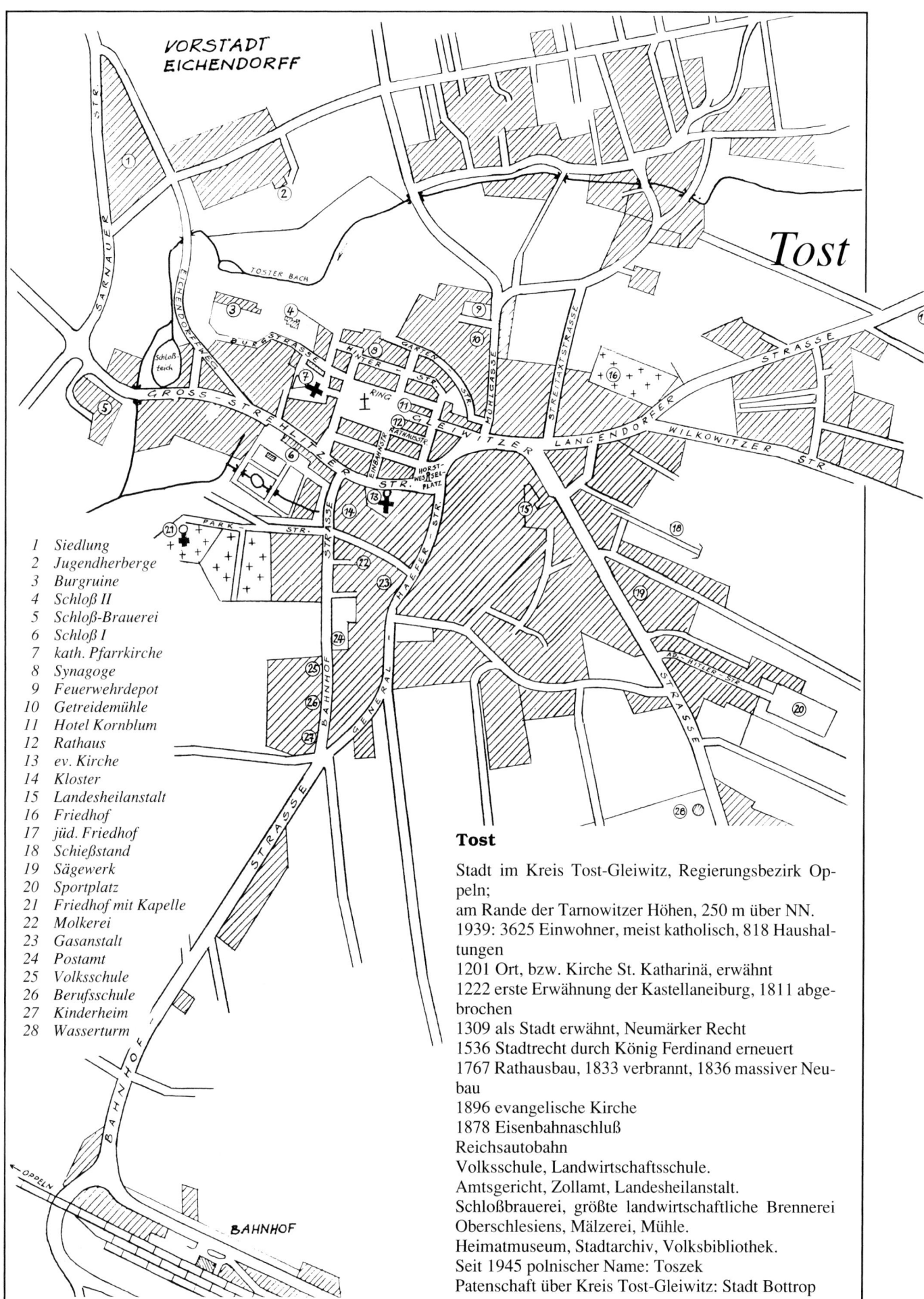

VORSTADT EICHENDORFF

Tost

1 Siedlung
2 Jugendherberge
3 Burgruine
4 Schloß II
5 Schloß-Brauerei
6 Schloß I
7 kath. Pfarrkirche
8 Synagoge
9 Feuerwehrdepot
10 Getreidemühle
11 Hotel Kornblum
12 Rathaus
13 ev. Kirche
14 Kloster
15 Landesheilanstalt
16 Friedhof
17 jüd. Friedhof
18 Schießstand
19 Sägewerk
20 Sportplatz
21 Friedhof mit Kapelle
22 Molkerei
23 Gasanstalt
24 Postamt
25 Volksschule
26 Berufsschule
27 Kinderheim
28 Wasserturm

Tost

Stadt im Kreis Tost-Gleiwitz, Regierungsbezirk Oppeln;
am Rande der Tarnowitzer Höhen, 250 m über NN.
1939: 3625 Einwohner, meist katholisch, 818 Haushaltungen
1201 Ort, bzw. Kirche St. Katharinä, erwähnt
1222 erste Erwähnung der Kastellaneiburg, 1811 abgebrochen
1309 als Stadt erwähnt, Neumärker Recht
1536 Stadtrecht durch König Ferdinand erneuert
1767 Rathausbau, 1833 verbrannt, 1836 massiver Neubau
1896 evangelische Kirche
1878 Eisenbahnanschluß
Reichsautobahn
Volksschule, Landwirtschaftsschule.
Amtsgericht, Zollamt, Landesheilanstalt.
Schloßbrauerei, größte landwirtschaftliche Brennerei Oberschlesiens, Mälzerei, Mühle.
Heimatmuseum, Stadtarchiv, Volksbibliothek.
Seit 1945 polnischer Name: Toszek
Patenschaft über Kreis Tost-Gleiwitz: Stadt Bottrop

Trachenberg

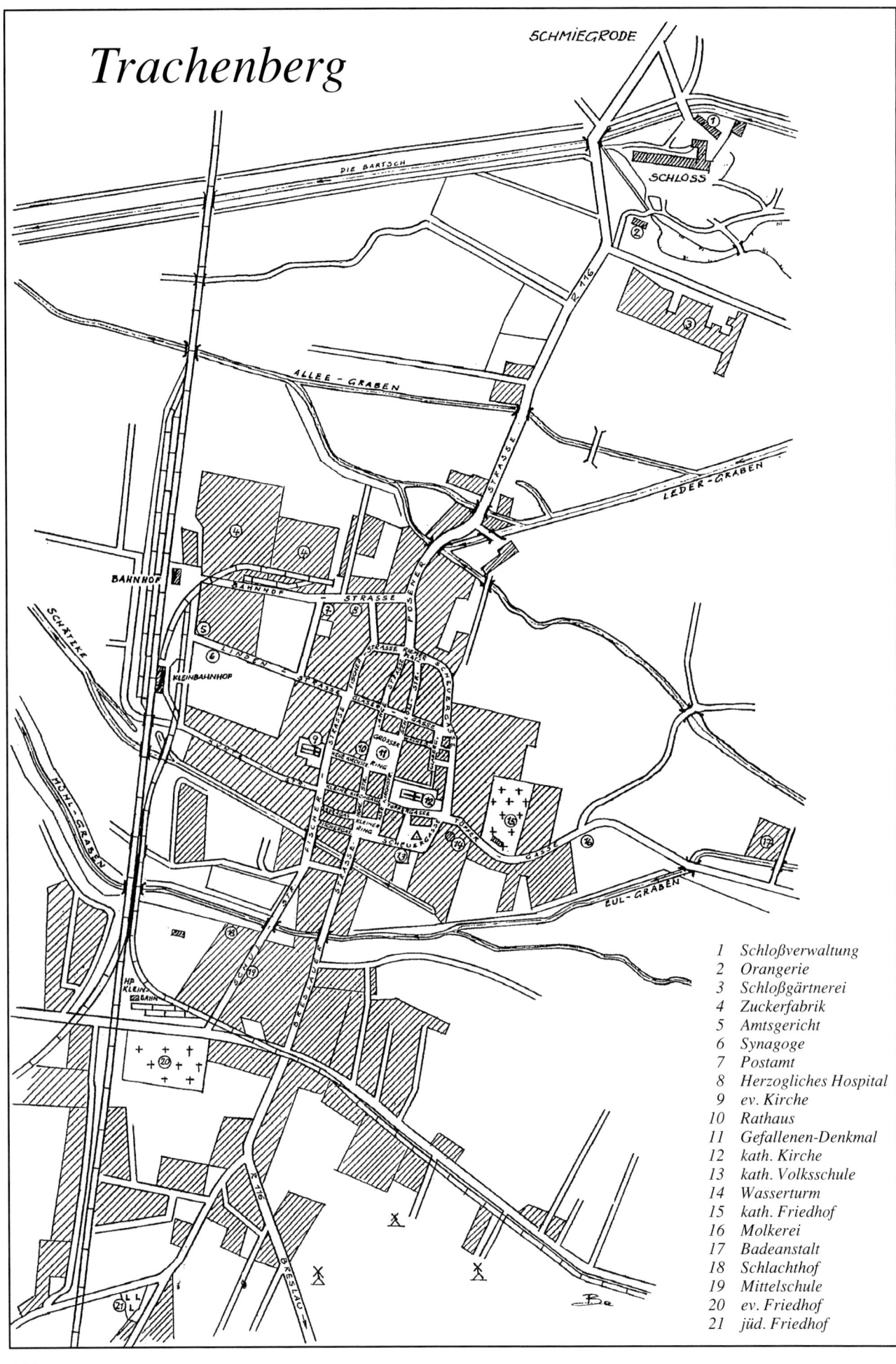

1 Schloßverwaltung
2 Orangerie
3 Schloßgärtnerei
4 Zuckerfabrik
5 Amtsgericht
6 Synagoge
7 Postamt
8 Herzogliches Hospital
9 ev. Kirche
10 Rathaus
11 Gefallenen-Denkmal
12 kath. Kirche
13 kath. Volksschule
14 Wasserturm
15 kath. Friedhof
16 Molkerei
17 Badeanstalt
18 Schlachthof
19 Mittelschule
20 ev. Friedhof
21 jüd. Friedhof

254

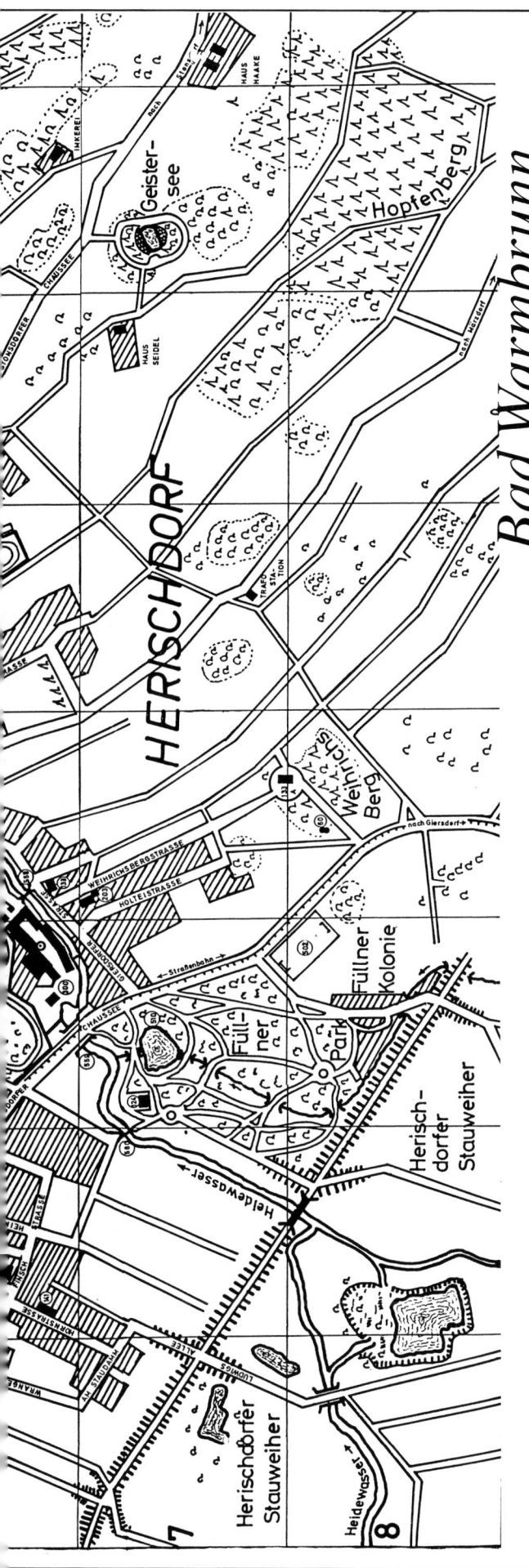

Bad Warmbrunn

Stadt im Kreis Hirschberg i. Rsgb., Regierungsbezirk Liegnitz;
an den warmen Quellen im Hirschberger Tal, am Fuße des Riesengebirges, 347 m über NN.
1939: 6036 Einwohner, meist evangelisch, 1996 Haushaltungen
1281 erstmals Nennung des Ortes, ohne planmäßige Anordnung um die Quellen herum entstanden, Johanniterkloster mit Kapelle
1403 wurde der „Gemauerte Hof" des Ritters Gotsch II. Schoff zur Zisterzienserprobstei erhoben
1575 Schloßmühle, 1680 Sandschenke erwähnt
1662–64 Probsteibad neu gebaut
1689–93 wurde das Steinerne Haus (Ganshaus) neu gebaut, als Gästehaus der Probstei
1712–14 Probsteikirche nach Brand neu gebaut
1784–88 Neubau des Schlosses nach Brand 1777
1810 Säkularisierung der Probstei
1891 Eisenbahnstrecke Hirschberg–Bad Warmbrunn
1897 Hirschberger Talbahn (elektr. Straßenbahn)
Volksschule, Gewerbliche Fortbildungsschule, Berufsschule, Holzschnitzschule.
Badeort, Heilquellen, Kuranlagen, Mineralbrunnenvertrieb, Getreidegroßrösterei, Süßwarenindustrie, Granitwerk, Ofenfabrik, Maschinenfabrik, Sägewerk, Holzbildhauerei, Glasraffinerie.
Stadtverwaltung, Reichsgräfl. Schaffgot'sche Majoratsbibliothek, Kurtheater, Städt. Archiv, Ausstellungsgebäude für schlesische Hausfleißkunst.
Seit 1945 polnischer Name: Cieplice Śląskie-Zdrój
Patenschaft wie Kreis Hirschberg i. Rsgb

Legende

Öffentliche Einrichtungen

1	Rathaus Bad Warmbrunn	C 5
2	Gemeindeamt Herischdorf	F 3
3	Postamt Bad Warmbrunn	D 5
4	Neue Post Herischdorf	F 3
5	Alte Post Herischdorf	F 3
6	Bahnhof Bad Warmbrunn	D3/4
7	Feuerwehr Bad Warmbrunn	C4/5
8	Feuerwehr Herischdorf	F 2
9	Werksfeuerwehr der Dörries-Füllner-Werke	D 6

Kultur/Sehenswürdigkeiten

50	Kurtheater	C 5
51	Gesellschaftsh. Galerie	C 5
52	Ornitholog. Museum u. Gräfl. Sammlungen	BC 5
53	Bibliothek (Kloster)	B 5
54	Preussenhof-Lichtspiele	C 5
55	Konzertpavillon	C 5
56	Das Schloß	C 5
57	Kriegerdenkmal Bad Warmbrunn	C 5
58	Kriegerdenkmal Herischdorf	EF 4
59	Aussichtsturm	G 5
60	Naturdenkmal (Felsgruppe) „Frosch und Adler"	D 8
61	Naturdenkmal (Felsgruppe) „Mönch und Nonne"	H 2

Fortsetzung auf Seite 264

Fortsetzung von Seite 263

Unterkünfte

Hotels

100	Kurhaus	C 5
101	zur Linde	C 5
102	Preussenhof	C 5
103	Quellenhof	C 5
104	Rosengarten	C 5
105	Schneekoppe	C 5
106	Kaiserhof	B 5
107	Kurpark	C 5

Pensionen (Hotels)

108	Letzel	A 6
109	Lindner	B 4
110	Modesta	B 4
111	Rosemarie	B 6
112	Rübezahl	C 5
113	Tosca-Maria	B 6
114	Sieglinde	B 6
115	Stimm	B 6
116	Schwarzer	B 6
117	Stadt Wien	C 5
118	Venedig	B 5
119	Weber	B 5
120	Ziethenschloß	C 4

Gaststätten

121	Bahnhofswirtschaft	D 4
122	Deutsche Flotte	C 5
123	Grüner Baum	B 5
124	Nord. Blockhaus	C 7
125	Postschänke	D 5
126	Schles. Adler	C 4
127	Schwarzer Adler	A 5
128	Schwarzes Roß	C 4
129	Viktoria	B 4
130	Goldener Bogen	C 5
131	Goldener Schlüssel	C 4
132	Grauer Schwan	C 4
133	Fürst Bismarck	D 6
133a	Weihrichsberg	D7/8
134	Seilerschenke	D5/6
135	Gerichtskretscham	F3/4
135a	Scholzenberg	F 4
136	Stadt Belfort (Hoffnung)	F 3
136a	Restaurant a. d. Badeanstalt	D 2
137	Heidekrug	F 3
137a	Kutzner	F 2
138	Zu den Hartsteinen	H 1

Cafés

139	Café Hubrich	C 4
140	Café Freitag	C 5

Fremdenheime

141	Cäcilie	B 6
142	Eldorado	D 5
143	Alte Post	C 5
144	Berliner Hof	B 5
145	Borek	B 5
146	Jugendherberge	A 5
147	Jugendheim	D 2

Gesundheitseinrichtungen

150	St. Hedwigskrankenhaus	C 4
151	Bade-u. Kurhotel Quellenhof u. anschließend. Bäder	
152	Sanatorium u. Kurheim Dr. Lachmann	
153	Sanatorium Dr. Hoffmann	
154	Heilstättengut Pfautsch	
155	Kronenapotheke	
156	Schloßapotheke	
157	Gemeindeschwesternstation Herischdorf (siehe auch Nr. 206)	
158	Krankenschwesternerholungsheim	
159	Ludwigsbad	

Schulen/Bildungseinrichtungen

200	Aufbauschule mit Schulheim	
201	ev. Schule Bad Warmbrunn	
202	kath. Schule Bad Warmbrunn	
203	Volksschule Herischdorf (Oberdorf)	
204	Volksschule Herischdorf (Niederdorf)	
205	Holzschnitzschule	
206	Spielschule Herischdorf (Kindergarten) siehe auch Nr. 157	

Polizeidienststellen

250	Ortspolizei Bad Warmbrunn	G 5
252	Ortspolizei Herischdorf	F 3

Industrie/Versorgung

300	Dörries-Füllner-Maschinenfabrik	CD 6
301	Dörries-Füllner-Lagerhallen	E 3
302	Schles. Wäschewerkstätten Langenscheidt	E 4
303	Andenken/Spielwarenfabrik Fritz Vogel OHG.	E 3
304	Herischdorfer Mühlenwerk u. Brotfabrik Conrad Schmidt	G1/2
305	Getreidebrennerei G. u. W. Ruppert	H 1
306	Raiffeisenlager	E 3
307	Gasanstalt	D 3
308	Wasserwerk Herischdorf	EF 2
309	Wasserturm	FG 5
310	Sägewerk Ansorge	D 4
311	Conrad GmbH, Hoch und Tiefbau	D 4
312	Mühlenbetrieb Wiedemann	C 4

Tankstellen

400	Tankst. u. Kfz-Werkstatt Robert Ansorge	F 4
401	Tankstelle Lorenz	E 4
402	Tankstelle BMW-Biele	B 5

Kirchliche Einrichtungen

450	kath. Kirche	C 5
451	ev. Kirche	C 5
452	Einsegnungskapelle	E 4
453	Altluth. Kirche	F 3
454	Neuer Friedhof	DE 4
455	Alter Friedhof	CD 5
456	Urnenfriedhof	F 6

Sportanlagen

500	Warmbrunner Stadion	D 2/3
501	Alter Sportplatz	D 3
502	Füllnersportplatz	C 7/8
502	Turnhalle des D.T. Herischdorf	F 3
504	D.T.-Sportplatz	F 2/3
505	Strandbad	D 2
506	Schießstand	FG 4/5
508	Skisprungschanze	G 5
509	Tennisplätze	C 6
510	Wintereislaufplatz am Füllnerteich	C 7

Brücken

550	Ruppertbrücke	H 1
551	Jubiläumsbrücke (Ruppertbrücke)	F 2
552	Belfortbrücke	F 3
553	Baumertbrücke	F 4
554	Horst-Wessel-Brücke	
555	Kronsattlerbrücke	
556	Salzbrücke	
557	Füllnerbrücke	
558	Füllnersteg	
559	Brücke am Füllnerpark	
560	Steg am Füllnerpark	
561	Schulsteg	
562	Ludwigsbrücke	
563	Klostersteg	
564	Steg (Name unbekannt)	
565	Schloßbrücke	

Wartha

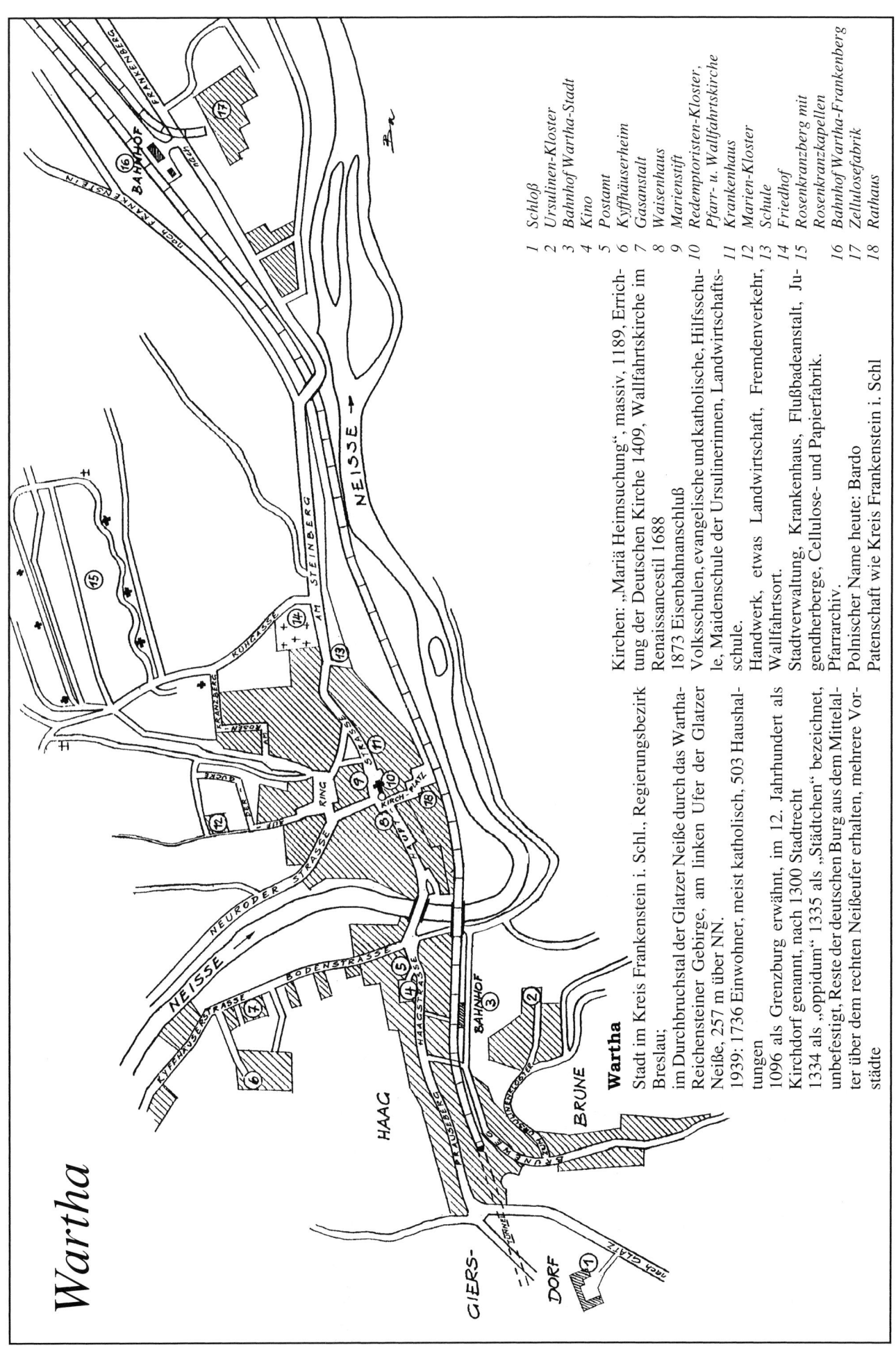

Kirchen: „Mariä Heimsuchung", massiv, 1189, Errichtung der Deutschen Kirche 1409, Wallfahrtskirche im Renaissancestil 1688

1873 Eisenbahnanschluß

Volksschulen, evangelische und katholische, Hilfsschule, Maidenschule der Ursulinerinnen, Landwirtschaftsschule.

Handwerk, etwas Landwirtschaft, Fremdenverkehr, Wallfahrtsort.

Stadtverwaltung, Krankenhaus, Flußbadeanstalt, Jugendherberge, Cellulose- und Papierfabrik.

Pfarrarchiv.

Polnischer Name heute: Bardo

Patenschaft wie Kreis Frankenstein i. Schl

Wartha

Stadt im Kreis Frankenstein i. Schl.. Regierungsbezirk Breslau;

im Durchbruchstal der Glatzer Neiße durch das Warthaer Reichensteiner Gebirge, am linken Ufer der Glatzer Neiße, 257 m über NN.

1939: 1736 Einwohner, meist katholisch, 503 Haushaltungen

1096 als Grenzburg erwähnt, im 12. Jahrhundert als Kirchdorf genannt, nach 1300 Stadtrecht 1334 als „oppidum" 1335 als „Städtchen" bezeichnet, unbefestigt, Reste der deutschen Burg aus dem Mittelalter über dem rechten Neißeufer erhalten, mehrere Vorstädte

1   Schloß
2   Ursulinen-Kloster
3   Bahnhof Wartha-Stadt
4   Kino
5   Postamt
6   Kyffhäuserheim
7   Gasanstalt
8   Waisenhaus
9   Marienstift
10 Redemptoristen-Kloster, Pfarr- u. Wallfahrtskirche
11 Krankenhaus
12 Marien-Kloster
13 Schule
14 Friedhof
15 Rosenkranzberg mit Rosenkranzkapellen
16 Bahnhof Wartha-Frankenberg
17 Zellulosefabrik
18 Rathaus

Weißwasser (ohne Plan)

Stadt im Kreis Rothenburg (Ob. Laus.), Regierungsbezirk Liegnitz;
in großem Wald- und Seengebiet, 136 m über NN.
1939: 14 383 Einwohner, meist evangelisch, 4539 Haushaltungen
1452 erster urkundlicher Nachweis über das Dorf Weißwasser, wahrscheinlich aber älter
1860 vom Waldbauernort zum Industrieort
1867 Eisenbahnanschluß
1889 Gründung einer evangelischen Kirchengemeinde
1893 evangelische Kirche erbaut
1901 katholische Kirchengemeinde, 1902 katholische Kirche erbaut;
1912 Rathausbau
1935 zur Stadt erhoben

3 evangelische, 1 katholische Volksschule, Hilfsschule, Mittelschule, Berufsschule, Fachschule der Friseurinnung.
Stadtverwaltung, Amtsgericht, Arbeitsamt, Reichsbanknebenstelle, Städt. Archiv, 2 Bibliotheken, Fremdenverkehr.
Taschentuchweberei, Plüschfabrik, Braunkohlenbergbau, Brikettfabrik, Metallwarenfabrik, Glashütten „Vereinigte Lausitzer Glaswerke", Spiegelfabrik, Glasschleifereien, Porzellanfabrik, Schuhfabrik, Kartonagenfabrik, Ziegelwerke, Sägemühle.
Buchdruckerei, Brauerei.
Als westlich der Lausitzer Neiße gelegene Stadt kam Weißwasser nach 1945 zur DDR, 1990 zur Bundesrepublik Deutschland.
Kein Stadtplan

Winzig

Stadt im Kreis Wohlau, Regierungsbezirk Breslau;
in der Moränenlandschaft des Trebnitzer Berglandes (Katzengebirge), 11 km von der Oder, 180 m über NN.
1939: 2078 Einwohner, meist evangelisch, 667 Haushaltungen
1218 erstmals als Ort erwähnt
1272 Stadtpfarrkirche in Holz, 1354 massiv erstellt
1285 Steinauer Recht als deutsche Stadt
1323 „civitas", 1424 „Stat", 1512 „Städtchen" genannt, Magdeburger Recht ab 1404
vor 1422 Stadtmauer, 1821 zum Abriß verkauft, Reste vorhanden

1514 Rathaus abgebrannt, nach 1528 erneuert, 1720 Neubau, Vorstädte
1847 Laubenhäuser auf dem Ring abgebrochen oder zugebaut
1898 Eisenbahnanschluß
Volksschule, Berufsschule, Fortbildungsschule.
Stadtverwaltung, Amtsgericht.
Sägewerk, Dampfmühle, Ziegelei.
Städt. Archiv, Heimatmuseum.
Nach 1945 polnischer Name: Wińsko (Stadtrechte verloren)
Patenschaft: Stadt Meschede

Wittichenau (ohne Plan)

Stadt im Kreis Hoyerswerda, Regierungsbezirk Liegnitz;
an der Schwarzen Elster, 128 m über NN.
1939: 3174 Einwohner, meist katholisch, 859 Haushaltungen
1248 als „villa", 1286 als „civitas", 1349 als „oppidum" bezeichnet, 1303 Magdeburger Stadtrecht
1346 Pfarrkirche „St. Maria" erwähnt, 1440 Neubau
Kolonistenstadt mit Wällen und Gräben, keine Mauern, 3 Stadttore (1823 abgebrochen), 1620 „Kreuzkapelle" erwähnt

1864 Rathaus-Neubau nach Abbruch des alten
1908 Eisenbahnanschluß
1909 evangelische Kapelle
Volksschule.
Sägewerk, Brauerei, Kornbrennerei, Flachbootwerft.
Stadtarchiv, kathol. Pfarrarchiv.
Als Stadt westlich der Lausitzer Neiße kam Wittichenau nach 1945 zur DDR, 1990 zur Bundesrepublik Deutschland.
Kein Stadtplan

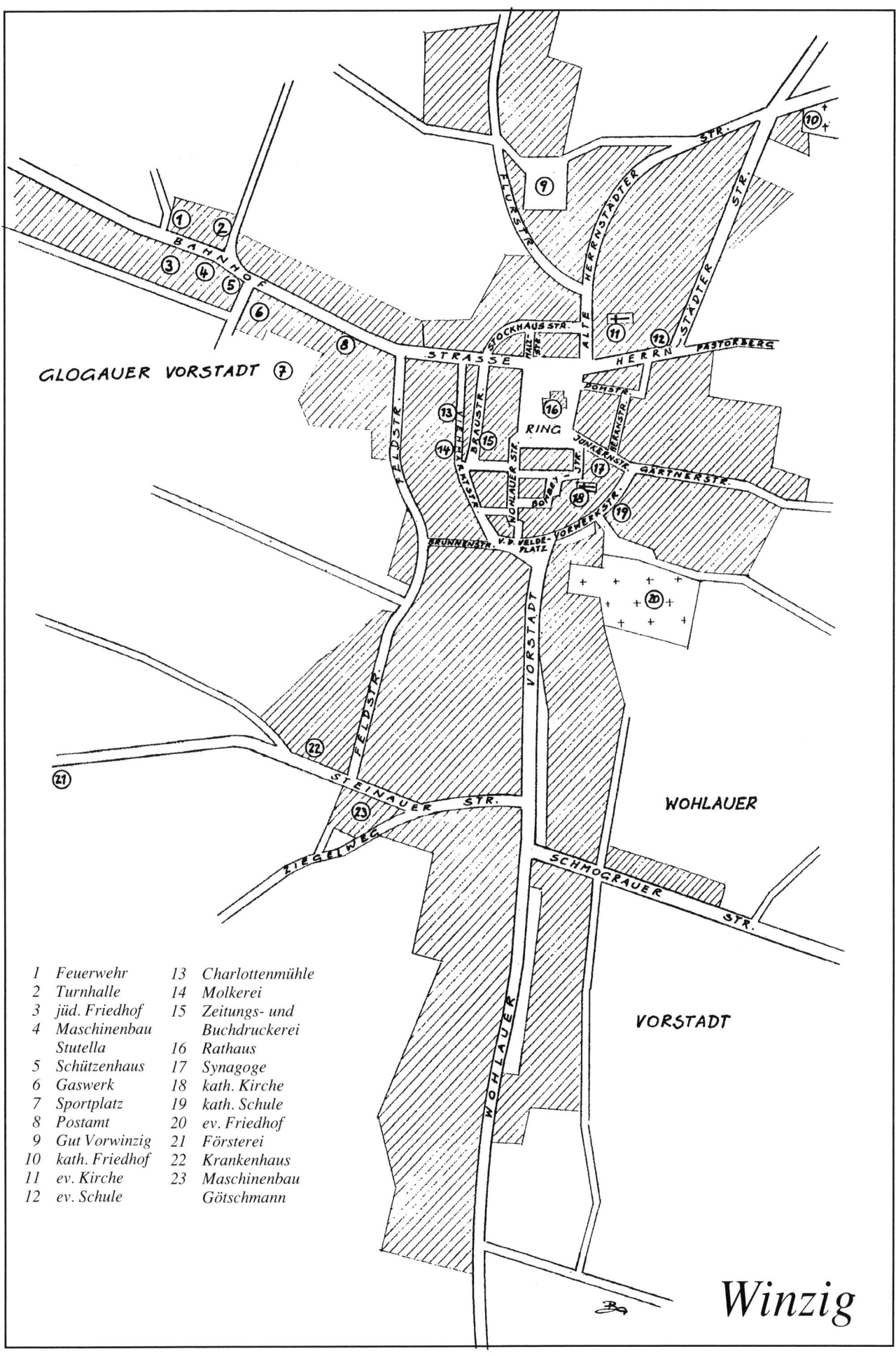

GLOGAUER VORSTADT ⑦

WOHLAUER

VORSTADT

1 Feuerwehr
2 Turnhalle
3 jüd. Friedhof
4 Maschinenbau
  Stutella
5 Schützenhaus
6 Gaswerk
7 Sportplatz
8 Postamt
9 Gut Vorwinzig
10 kath. Friedhof
11 ev. Kirche
12 ev. Schule

13 Charlottenmühle
14 Molkerei
15 Zeitungs- und
   Buchdruckerei
16 Rathaus
17 Synagoge
18 kath. Kirche
19 kath. Schule
20 ev. Friedhof
21 Försterei
22 Krankenhaus
23 Maschinenbau
   Götschmann

Winzig

Wohlau

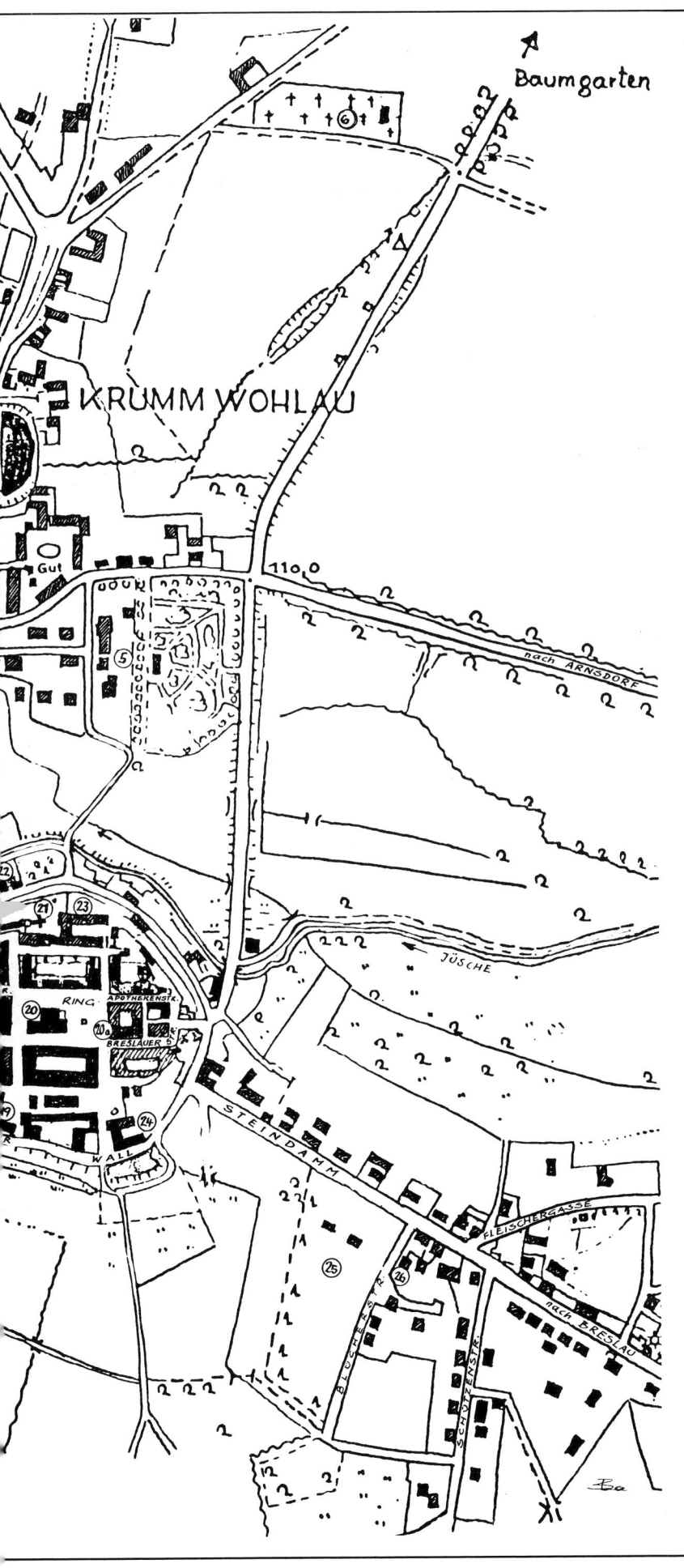

Wohlau

Kreisstadt im Regierungsbezirk Breslau;
in ebener Gegend umrahmt von großen Wäldern, 113 m über NN.

1939: 7402 Einwohner, meist evangelisch, 2036 Haushaltungen

um 1285 „aus wilder Wurzel" vom Herzog zu deutschem Recht gegründet

1288 erstmals urkundlich nachgewiesen, Pfarrkirche „St. Laurentius"

1292 Bestätigung der erteilten Rechte

Kolonistenstadt mit Mauern und Graben, 3 Tore, zum großen Teil 1644 abgerissen, Rest 1936

1534 Reformation, 1675 Gegenreformation

Schloß 1579 umgebaut, 1655 barock erweitert, Rathaus Barockbau

1712–24 Bau eines Karmeliterklosters mit Kirche

1733 Mariensäule, Mitte 18. Jahrhundert Hälterhof, Getreidemagazin durch Friedrich d. Gr.

1810 Säkularisierung

1812 Klosterkirche, 1730 erbaut, nun katholische Pfarrkirche „St. Barromäus"

1874 Eisenbahnanschluß

1888 Kreishausbau (Ausbau aus Piastenschloß)

2 Volksschulen, Staatl. Oberschule, Berufsschule, Landwirtschaftliche Schule.

Kreisverwaltung, Stadtverwaltung, Amtsgericht, Zollamt, Staatl. Gesundheitsamt, Arbeitsamt, Provinzial-Erziehungsanstalt, Gefängnis, Krankenhaus.

Bauindustrie, Dampfziegelei, Sägewerk, Knopffabrik, Brauerei, Getreidemühle, Ölmühle, Zigarrenherstellung, Garnison.

1945 zu 70 % zerstört, polnischer Name heute: Wołów

Patenschaft: Stadt Hilden

1   Knopffabrik
2   Strafanstalt
3   Krankenhaus
4   Mühle Steinert
5   Ölberg
6   neuer ev. Friedhof mit Kapelle
7   Molkerei
8   Kino
9   kath. Schule
10 alter ev. Friedhof mit Kapelle
11 neue Post
12 Feuerwehrdepot
13 Badeanstalt
14 ev. Schule
15 alter kath. Friedhof mit Kapelle
16 Gesellschaftshaus
17 Schloß
18 höh. Töchterschule
19 ev. Kirche
20 Rathaus
20a Amtsgericht
21 kath. Kirche
22 Gymnasium
23 Kaserne
24 Kreishaus
25 Sportplatz
26 Jugendherberge

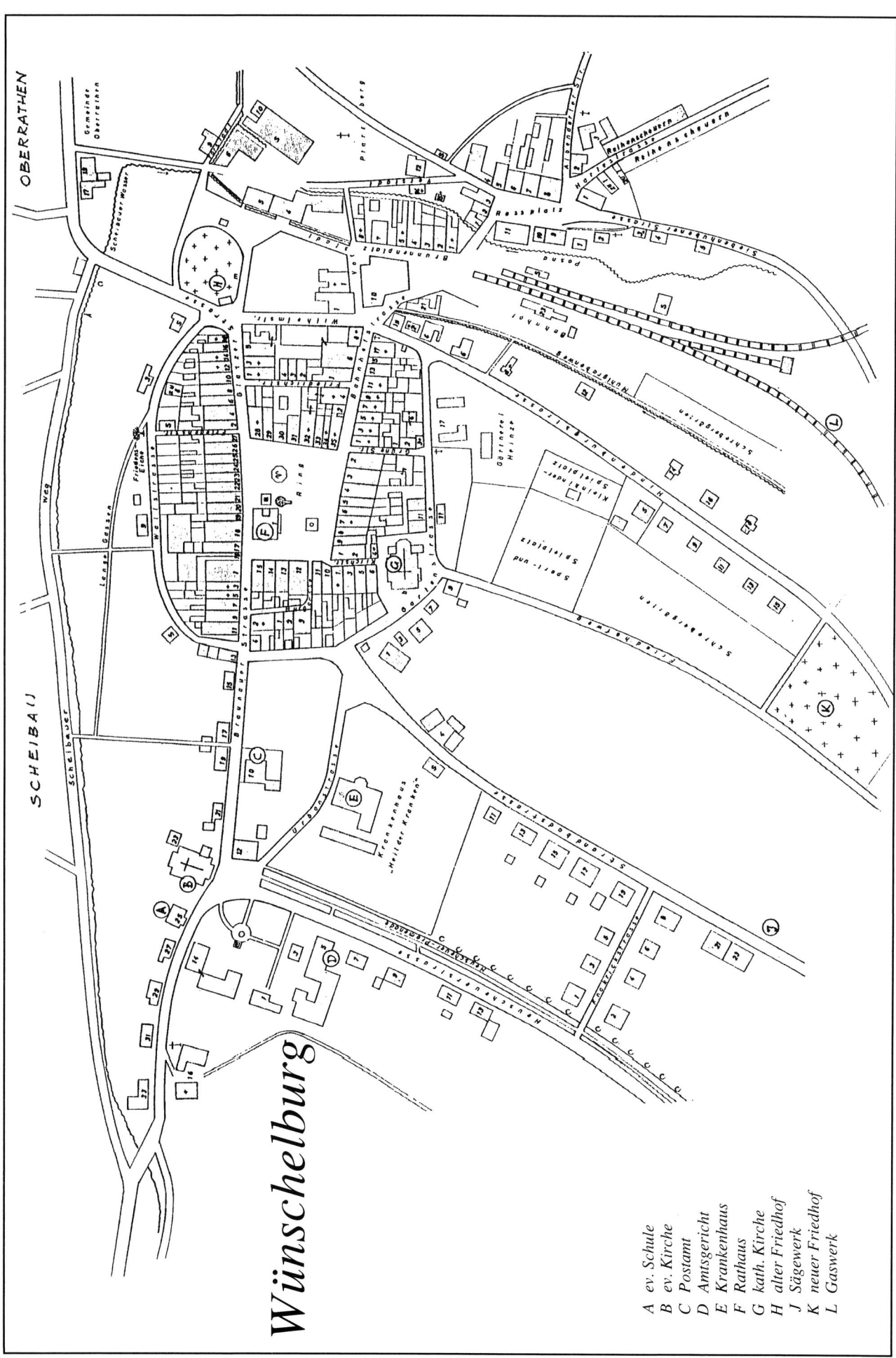

Wünschelburg

A ev. Schule
B ev. Kirche
C Postamt
D Amtsgericht
E Krankenhaus
F Rathaus
G kath. Kirche
H alter Friedhof
J Sägewerk
K neuer Friedhof
L Gaswerk

Wünschelburg

Stadt im Kreis Glatz, Regierungsbezirk Breslau;
auf einer flachen Anhöhe des Zechsteinzuges hart an der Reichsgrenze zur Tschechoslowakei im Posnatal, 372–420 m über NN.
1939: 2556 Einwohner, meist katholisch, 809 Haushaltungen
1290 Erwähnung der Pfarrkirche „St. Batholomäus" außerhalb des Stadtkerns, Vorstadt erwähnt
1333 Vogtei nachgewiesen, 1341 „civitas"
1373 Schuldiener erwähnt
1418 erneute Verleihung des Stadtrechts
1550 Reformation, 1628 Gegenreformation
Anfang des 15. Jahrhunderts Stadtmauer, mit 3 Toren, 2 Tore später
1609 ältestes Rathausportal, 1852 Rathausturm, ein Rathausturm schon 1628 erwähnt
1629 evangelische Kirche, 1571–80 erbaut, wurde katholische Kirche „St. Dorothea"
1906 evangelische Kirche errichtet
1903 Eulengebirgsbahn Reichenbach (Eulengeb.)-Silberberg
Katholische und evangelische Volksschulen, gewerbl. Fortbildungs- und Stickschulen.
Stadtverwaltung, Amtsgericht, Zollamt, Krankenhaus, Sägewerk, Brauerei, Schnapsbrennerei, Likörfabrik, Sandsteingewinnung, Steinsägewerk, Strumpffabrik, Jalousie- und Rolladenfabriken.
Stadtarchiv, heimatkundl. Sammlung.
Nach 1945 polnischer Stadtname: Radków
Patenschaft: Gemeinde Anröchte (NRW)

Ziegenhals (Plan auf Seite 274)

Stadt im Kreis Neisse, Regierungsbezirk Oppeln;
auf einer flachen Anhöhe des Zechsteinzuges im Südwesten der Grafschaft Glatz, 372–420 m über NN.
1939: 9772 Einwohner, meist katholisch, 3112 Haushaltungen
vor 1232 durch den Bischof von Breslau „aus wilder Wurzel" als deutsche Stadt mit flämischem Recht gegründet, Palisaden und Holztürme
1245 als „forum", 1263 als „civitas", 1344 als „oppidum" bezeichnet
Kolonistenstadt als Marktsiedlung, 1350 Mauern errichtet
1445 und 1449 Burg bezeugt
bis 1599 Pranger aus Holz, dann aus Stein
1764 Festung abgebrochen
1875 Eisenbahnanschluß
Katholische und evangelische Volksschulen, Staatl. Aufbauschule, Städt. Oberschule für Jungen und Mädchen, Haushaltungsschule der Ursulinen.
Stadtverwaltung, Amtsgericht, Zollamt, Arbeitsamt.
Natursteinwerke, Ziegelei, Sägewerk, Möbelfabrik, Kistenfabrik, Faßfabrik, Holzwaren, Haus- und Küchengeräteherstellung, Papier-, Pappen-, Zellstoffherstellung, Leinen-, Knopf-, Handschuhfabriken, Brauerei, Kornbrennerei, Armaturenfabrik.
Seit 1870 Bäderstadt-Wasserheilanstalten und Luftkurort.
Seit 1945 polnischer Name: Głuchołazy
Patenschaft: Stadt Goslar

Zobten

Stadt im Landkreis Breslau, Regierungsbezirk Breslau; am Nordfuß des dem Zobtenberg vorgelagerten Mittelberges, 180 m über NN.

1939: 3524 Einwohner, meist katholisch, 1004 Haushaltungen

1121 und 1138 Gründung eines Augustiner-Chorherrenstifts

1148 „forum sub monte", 1193 zur Stadt erhoben

1318 als „civitas", 1391 als „marckt und stetchen" genannt

1399 Stadtrechte

1250 Stadtpfarrkirche „St. Jakobus"

1455 „St. Maria und Jakobus" mehrfach Neubauten, 1744 barock

keine Stadtmauer, jedoch 3 Stadttore

1730 Neubau des Rathauses

1854 Bau einer evangelischen Kirche

1885 Eisenbahnanschluß

Katholische und evangelische Volksschulen, eine private höhere Lehranstalt.

Magnesitgruben, Dampfsäge- und Hobelwerk, Kistenfabriken, Brauerei.

Landwirtschaft und Handwerk.

Städt. Archiv, Heimatmuseum.

1945 war die Stadt stark zerstört, polnischer Name: Sobótka

Patenschaft wie Landkreis Breslau

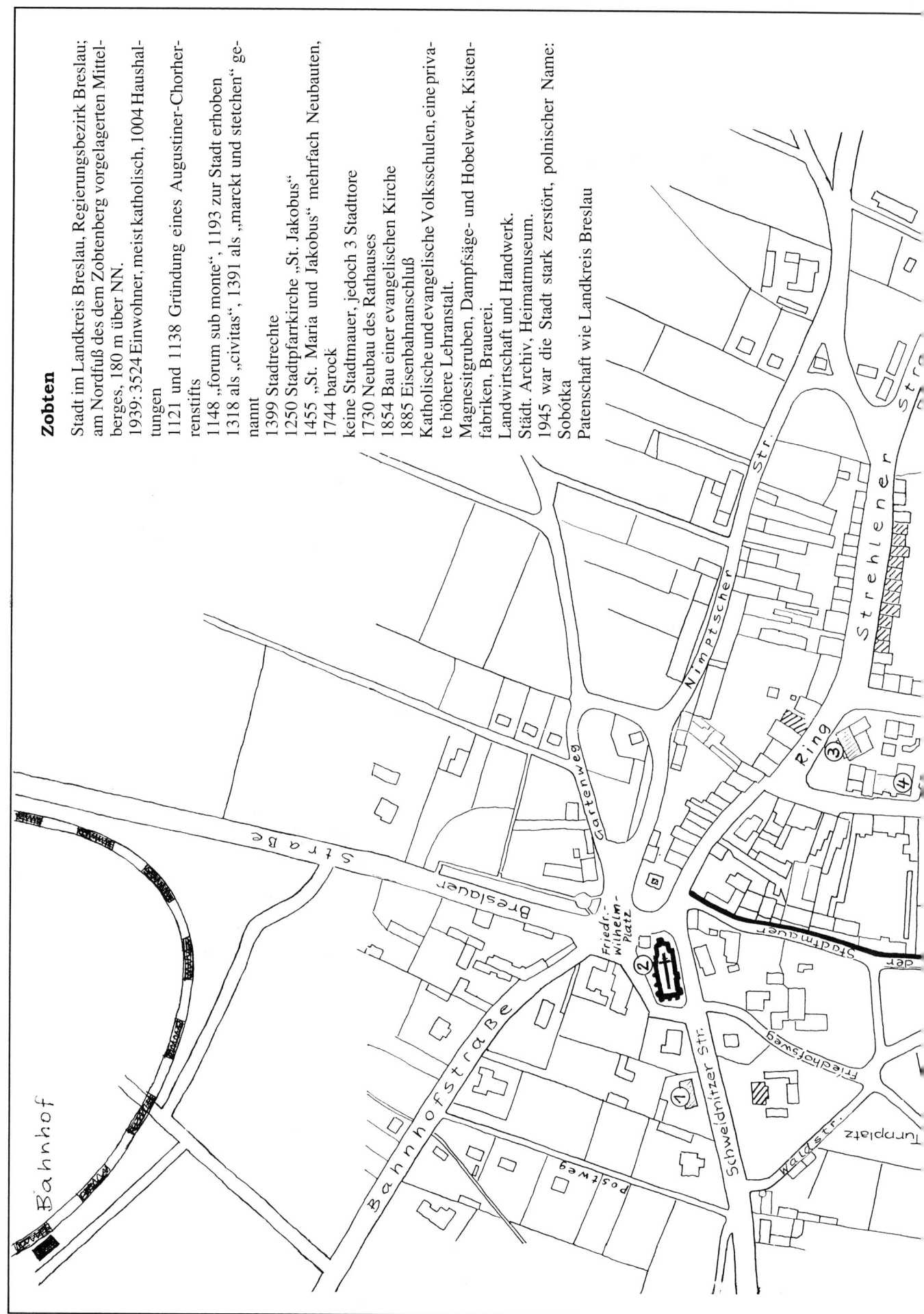

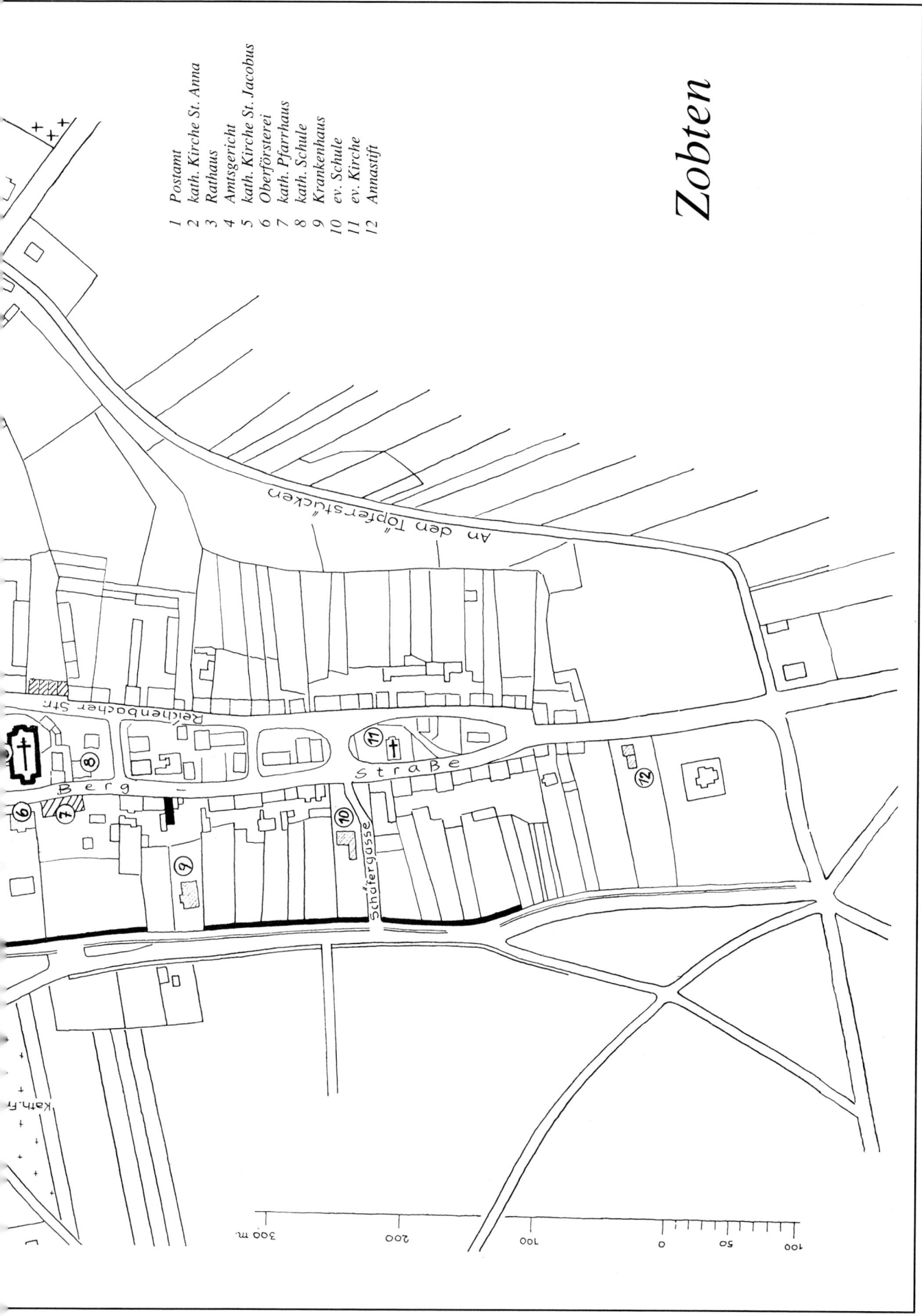

Zobten

1   Postamt
2   kath. Kirche St. Anna
3   Rathaus
4   Amtsgericht
5   kath. Kirche St. Jacobus
6   Oberförsterei
7   kath. Pfarrhaus
8   kath. Schule
9   Krankenhaus
10 ev. Schule
11 ev. Kirche
12 Annastift

273

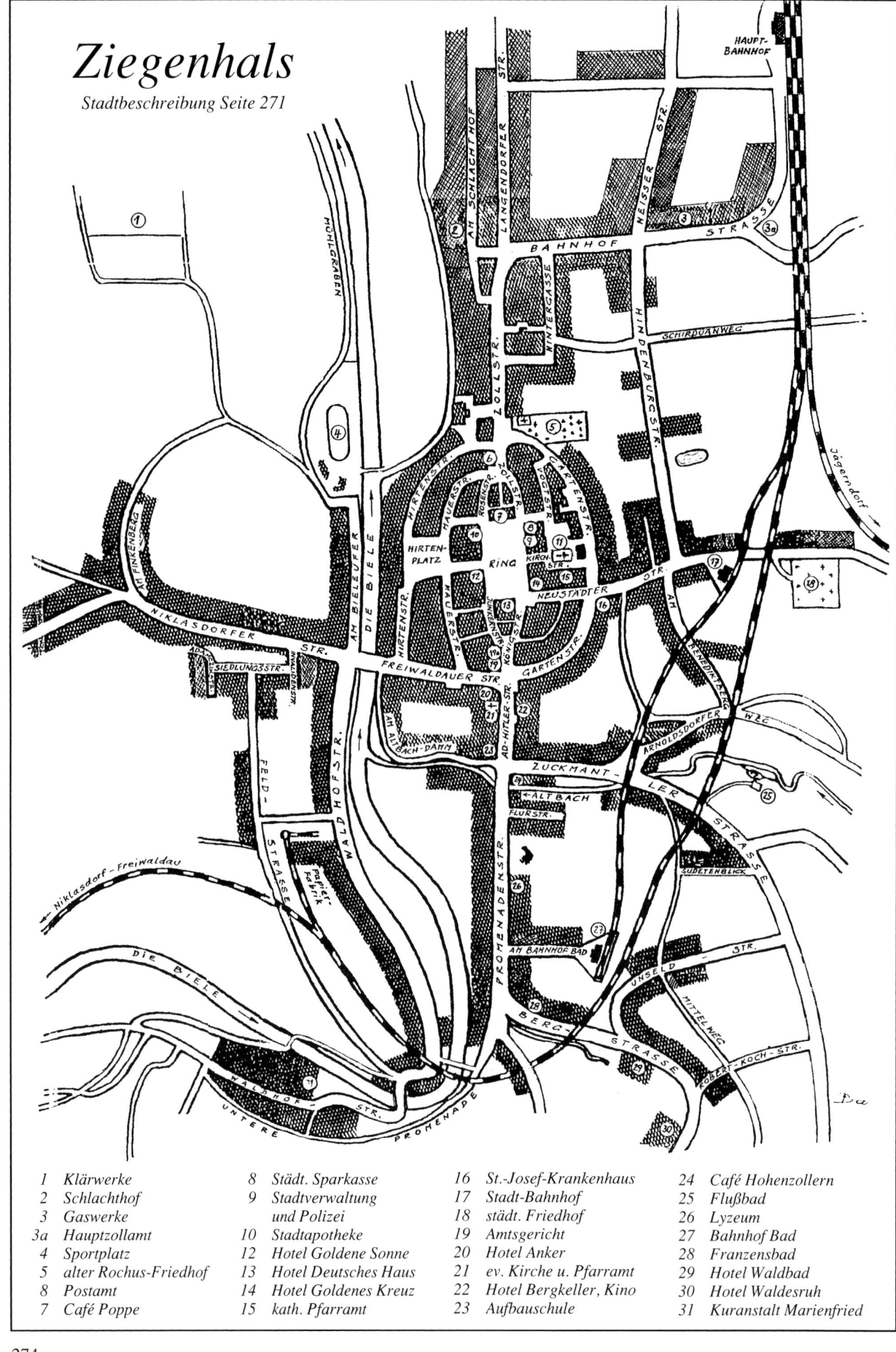

Ziegenhals

Stadtbeschreibung Seite 271

1	Klärwerke	8	Städt. Sparkasse	16	St.-Josef-Krankenhaus	24	Café Hohenzollern
2	Schlachthof	9	Stadtverwaltung	17	Stadt-Bahnhof	25	Flußbad
3	Gaswerke		und Polizei	18	städt. Friedhof	26	Lyzeum
3a	Hauptzollamt	10	Stadtapotheke	19	Amtsgericht	27	Bahnhof Bad
4	Sportplatz	12	Hotel Goldene Sonne	20	Hotel Anker	28	Franzensbad
5	alter Rochus-Friedhof	13	Hotel Deutsches Haus	21	ev. Kirche u. Pfarramt	29	Hotel Waldbad
8	Postamt	14	Hotel Goldenes Kreuz	22	Hotel Bergkeller, Kino	30	Hotel Waldesruh
7	Café Poppe	15	kath. Pfarramt	23	Aufbauschule	31	Kuranstalt Marienfried

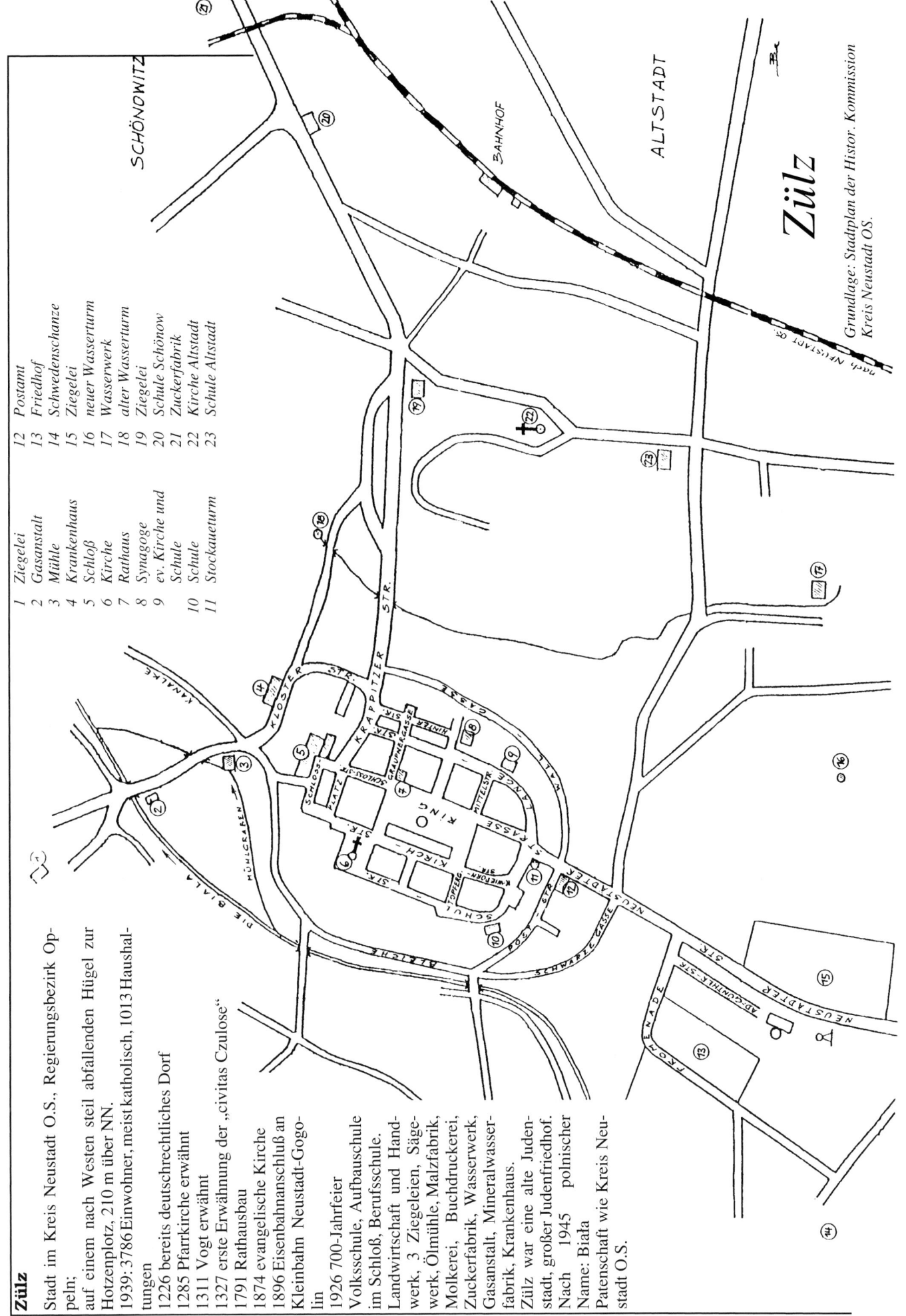

Zülz

Stadt im Kreis Neustadt O.S., Regierungsbezirk Oppeln;

auf einem nach Westen steil abfallenden Hügel zur Hotzenplotz, 210 m über NN.

1939: 3786 Einwohner, meist katholisch, 1013 Haushaltungen

1226 bereits deutschrechtliches Dorf

1285 Pfarrkirche erwähnt

1311 Vogt erwähnt

1327 erste Erwähnung der „civitas Czulose"

1791 Rathausbau

1874 evangelische Kirche

1896 Eisenbahnanschluß an Kleinbahn Neustadt-Gogolin

1926 700-Jahrfeier

Volksschule, Aufbauschule im Schloß, Berufsschule.

Landwirtschaft und Handwerk, 3 Ziegeleien, Sägewerk, Ölmühle, Malzfabrik, Molkerei, Buchdruckerei, Zuckerfabrik, Wasserwerk, Gasanstalt, Mineralwasserfabrik, Krankenhaus.

Zülz war eine alte Judenstadt, großer Judenfriedhof. Nach 1945 polnischer Name: Biała

Patenschaft wie Kreis Neustadt O.S.

1 Ziegelei	12 Postamt
2 Gasanstalt	13 Friedhof
3 Mühle	14 Schwedenschanze
4 Krankenhaus	15 Ziegelei
5 Schloß	16 neuer Wasserturm
6 Kirche	17 Wasserwerk
7 Rathaus	18 alter Wasserturm
8 Synagoge	19 Ziegelei
9 ev. Kirche und	20 Schule Schönow
	21 Zuckerfabrik
10 Schule	22 Kirche Altstadt
11 Stockaueturm	23 Schule Altstadt

Zülz

Grundlage: Stadtplan der Histor. Kommission Kreis Neustadt OS.

Die Landkreise
der
Provinz Schlesien

Sämtliche Kreiskarten im Maßstab 1 : 300 000

Vermerk

Die Flächengrößen der Landkreise und deren Einwohnerzahl verstehen sich immer ohne die vom Land-
kreis unabhängigen Stadtkreise, die ggf. innerhalb der Grenzen eines Landkreises liegen. Die Verwal-
tungen der Landkreise liegen allerdings in den entsprechenden kreisfreien Städten.
Der Landkreis Gleiwitz ist unter Tost-Gleiwitz zu finden. Die Großstadt Hindenburg war selbständiger
Stadtkreis ohne Landkreis.

Der Landkreis Beuthen-Tarnowitz

Regierungsbezirk Oppeln
Gesamtfläche: 106,93 km², ohne Stadtkreis Beuthen
Einwohner: 94 568
    davon 47 075 männlich, 47 493 weiblich
Einwohner je km²: 884,4
Haushaltungen: 25 087
Gemeinden: 11
Wohnplätze: 41
Städte im Kreis: keine
    (Kreisbehörden in Beuthen)
Die größten Landgemeinden im Kreis:
nur große Landgemeinden, darunter Mechtal mit 16 990, Klausberg mit 20 260, Bobrek-Karf mit 22 095 Einwohnern
Religionszugehörigkeit:
    evangelisch: 4,5 %
    röm. katholisch: 94,4 %

Öffentliche Volksschulen im Landkreis: 32
    mit insgesamt Klassen: 337
    Jungen: 7918
    Mädchen: 7853
    Lehrer: 218
    Lehrerinnen: 101
Land- und forstwirtschaftliche Betriebe:
Größe 0,5–5 ha: 1016
    5–10 ha: 98
    10–20 ha: 35
    20–100 ha: 9
    über 100 ha: 16
Personen in der Land- und Forstwirtschaft tätig: 3706
    in Industrie und Handwerk: 65 530
    in Handel und Verkehr: 4103
Am 26. Oktober 1939 wurde der Landkreis Beuthen-Tarnowitz in den neugebildeten Regierungsbezirk Kattowitz eingegliedert. Am 1. Juni 1941 wurden der Landkreis Beuthen-Tarnowitz und der aus dem ehemals an Polen abgetretenen Gebiet zurückgegliederte Landkreis Tarnowitz zum Landkreis Beuthen-Tarnowitz zusammengeschlossen.
Patenschaft für den Kreis: Kreis Recklinghausen

Die Großstadt Hindenburg war allein selbständiger Stadtkreis

Der Landkreis Breslau

Regierungsbezirk Breslau
Gesamtfläche: 876,60 km², ohne Stadtkreis Breslau
Einwohner: 103 857
     davon 50 467 männlich, 53 390 weiblich
Einwohner je km²: 118,5
Haushaltungen: 29 469
Gemeinden: 180
Wohnplätze: 297
Städte im Kreis: Brocken und Zobten
         (Kreisbehörden in Breslau)
Die größten Landgemeinden im Kreis:
Altenrode mit 1092, Burgweide mit 1596, Fünfteichen
mit 1012, Groß Tinz a. d. Lohe mit 1068, Herrmannsdorf
mit 1422, Herzogshufen mit 1386, Hoinstein mit 1734,
Jungfernsee mit 1429, Kattern mit 1546, Klettendorf mit
2898, Kraftborn mit 1946, Lohbrück mit 2975, Opperau
mit 2798, Rößlingen mit 1203, Rogau-Rosenau mit
1259, Rothbach mit 1615, Schmolz mit 1470, Steine mit
1324, Ströbel mit 1274, Wasserborn mit 1337, Weide.

mit 1251 Einwohnern
Religionszugehörigkeit:
    evangelisch: 59,3 %
    röm. katholisch: 38,6 %
Öffentliche Volksschulen im Landkreis: 145
    mit insgesamt Klassen: 408
    Jungen: 7132
    Mädchen: 7155
    Lehrer: 258
    Lehrerinnen: 55
Land- und forstwirtschaftliche Betriebe:
Größe 0,5–5 ha: 1848
    5–10 ha: 1296
    10–20 ha: 666
    20–100 ha: 387
    über 100 ha: 145
Personen in der Land- und Forstwirtschaft tätig: 33 178
    in Industrie und Handwerk: 31 018
    in Handel und Verkehr: 16 573
Patenschaft für den Kreis: Kreis Borken

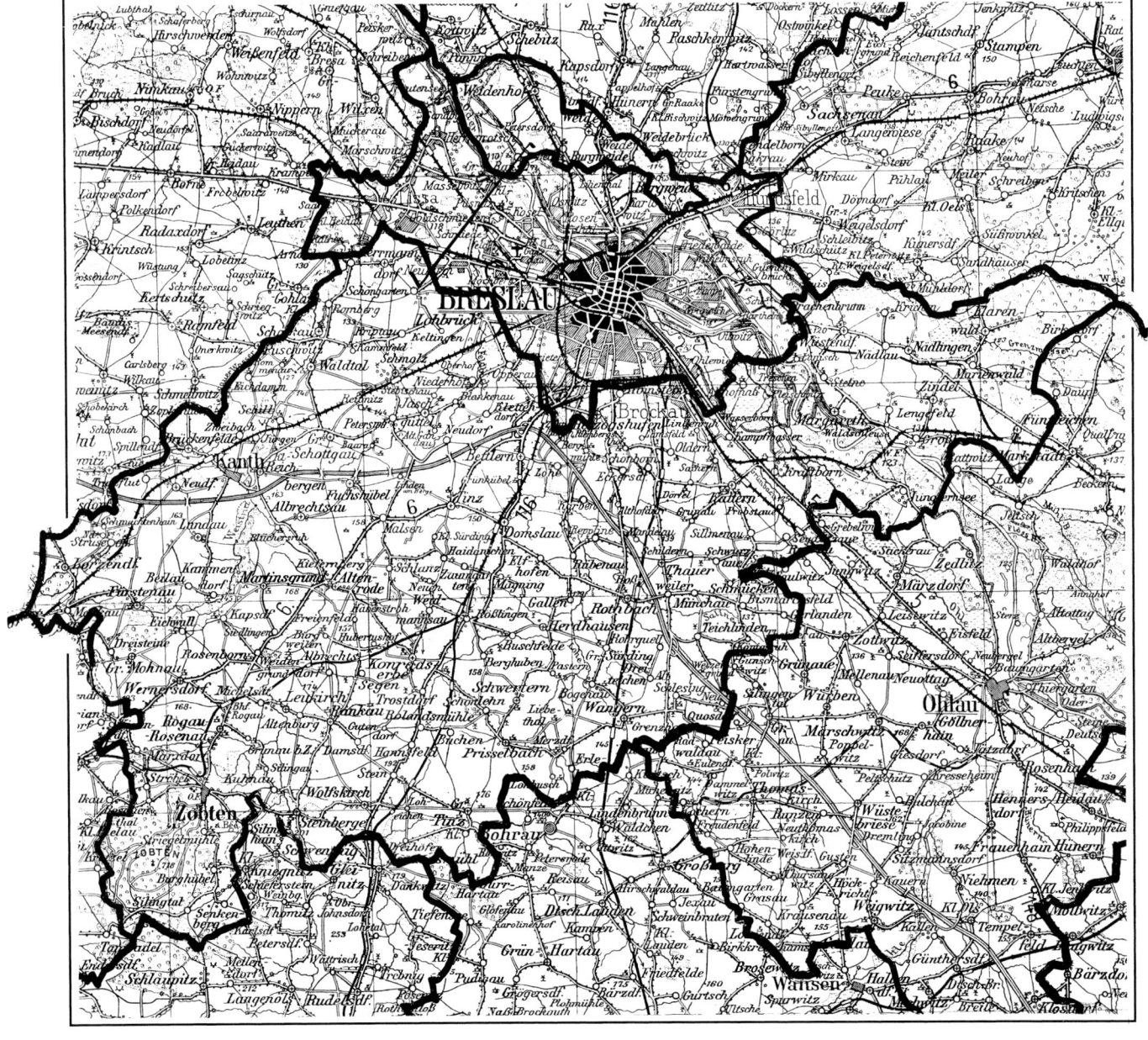

Der Landkreis Brieg

Regierungsbezirk Breslau
Gesamtfläche: 592,83 km², ohne Stadtkreis Brieg
Einwohner: 39 745
      davon 19 973 männlich, 19 772 weiblich
Einwohner je km²: 67,0
Haushaltungen: 10 774
Gemeinden: 62
Wohnplätze: 135
Städte im Kreis: Löwen, (Kreisbehörden in Brieg)
Die größten Landgemeinden im Kreis:
Gerlachshain mit 1420, Hermsdorf mit 1991, Karls-
markt mit 1162, Leubusch mit 2179, Lossen mit 1608,
Mangschütz mit 1251 Einwohnern
Religionszugehörigkeit:
      evangelisch: 83,1 %
      röm. katholisch: 16,1 %

Öffentliche Volksschulen im Landkreis: 63
      mit insgesamt Klassen: 163
      Jungen: 2937
      Mädchen: 2783
      Lehrer: 100
      Lehrerinnen: 18
Land- und forstwirtschaftliche Betriebe:
Größe 0,5–5 ha: 1432
      5–10 ha: 954
      10–20 ha: 818
      20–100 ha: 443
      über 100 ha: 28
Personen in der Land- und Forstwirtschaft tätig: 16 869
      in Industrie und Handwerk: 10 691
      in Handel und Verkehr: 3343
Patenschaft für den Kreis: Kreis Goslar

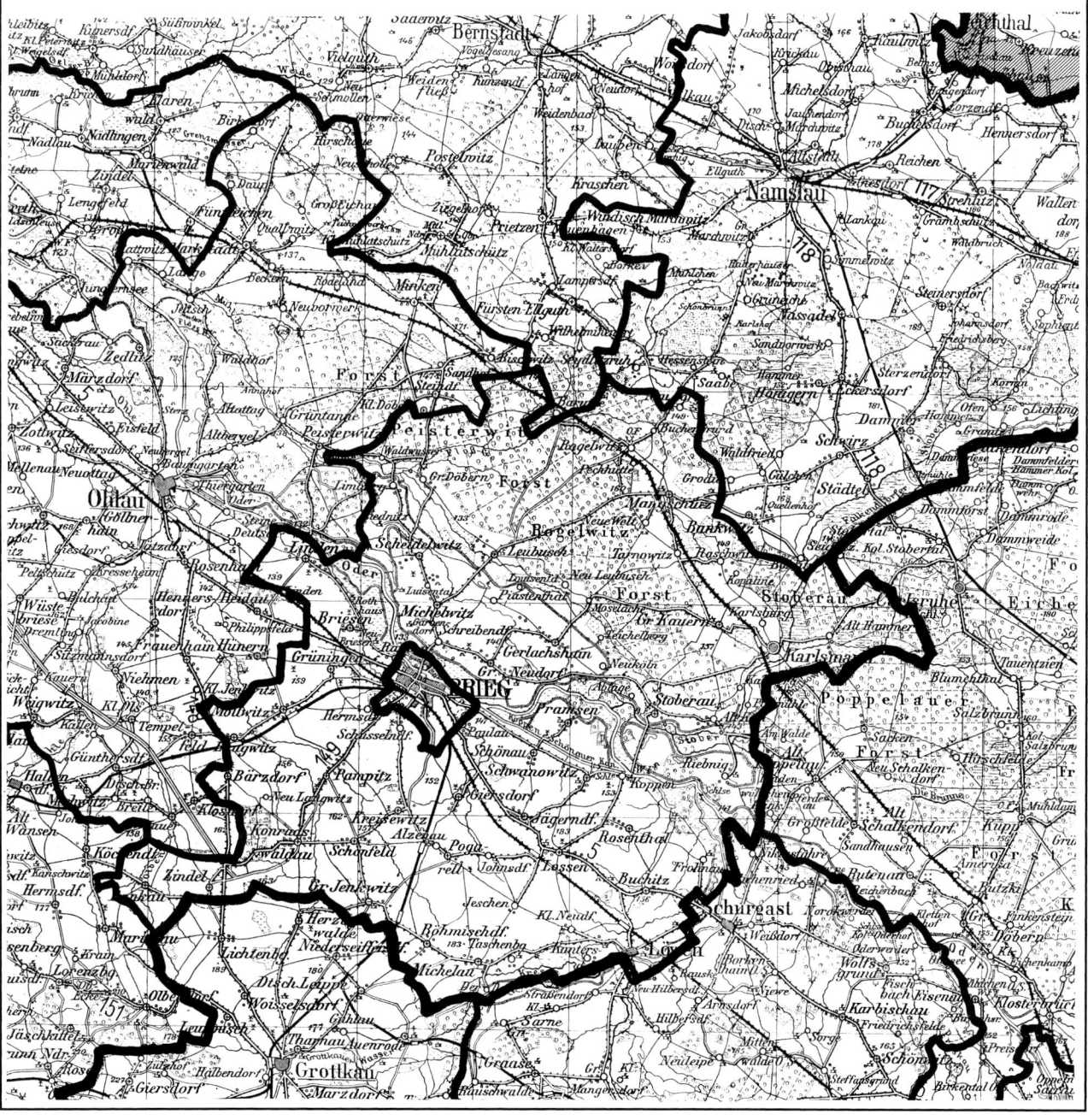

279

Der Landkreis Bunzlau

Regierungsbezirk Liegnitz
Gesamtfläche: 1057,85 km^2
Einwohner: 74 336
     davon 36 552 männlich, 37 784 weiblich
Einwohner je km^2: 70,3
Haushaltungen: 21 704
Gemeinden: 75
Wohnplätze: 211
Städte im Kreis: Bunzlau (Kreisstadt),
     Naumburg a. Queis
Die größten Landgemeinden im Kreis:
Alt Warthau mit 1306, Gersdorf a. Queis mit 1527,
Gießmannsdorf mit 1552, Greulich mit 1322, Groß
Hartmannsdorf mit 2152, Ottendorf mit 1066, Siegers-
dorf mit 2654, Tiefenfurt mit 1364, Tillendorf mit 2111,
Tonhain mit 1191, Ullersdorf a. Queis mit 970 Einwoh-
nern
Religionszugehörigkeit:
     evangelisch: 81,2 %
     röm. katholisch: 15,3 %

Öffentliche Volksschulen im Landkreis: 82
     mit insgesamt Klassen: 266
     Jungen: 4453
     Mädchen: 4514
     Lehrer: 160
     Lehrerinnen: 31
Land- und forstwirtschaftliche Betriebe:
Größe 0,5–5 ha: 2367
     5–10 ha: 1372
     10–20 ha: 825
     20–100 ha: 551
     über 100 ha: 66
Personen in der Land- und Forstwirtschaft tätig: 19 438
     in Industrie und Handwerk: 29 422
     in Handel und Verkehr: 6870
Töpfereien in Bunzlau, Naumburg am Queis, Ullersdorf
am Queis, Tillendorf wegen des sehr guten Töpfertons
bekannt.
Patenschaft für den Kreis: Rhein-Sieg-Kreis
     (Siegburg)

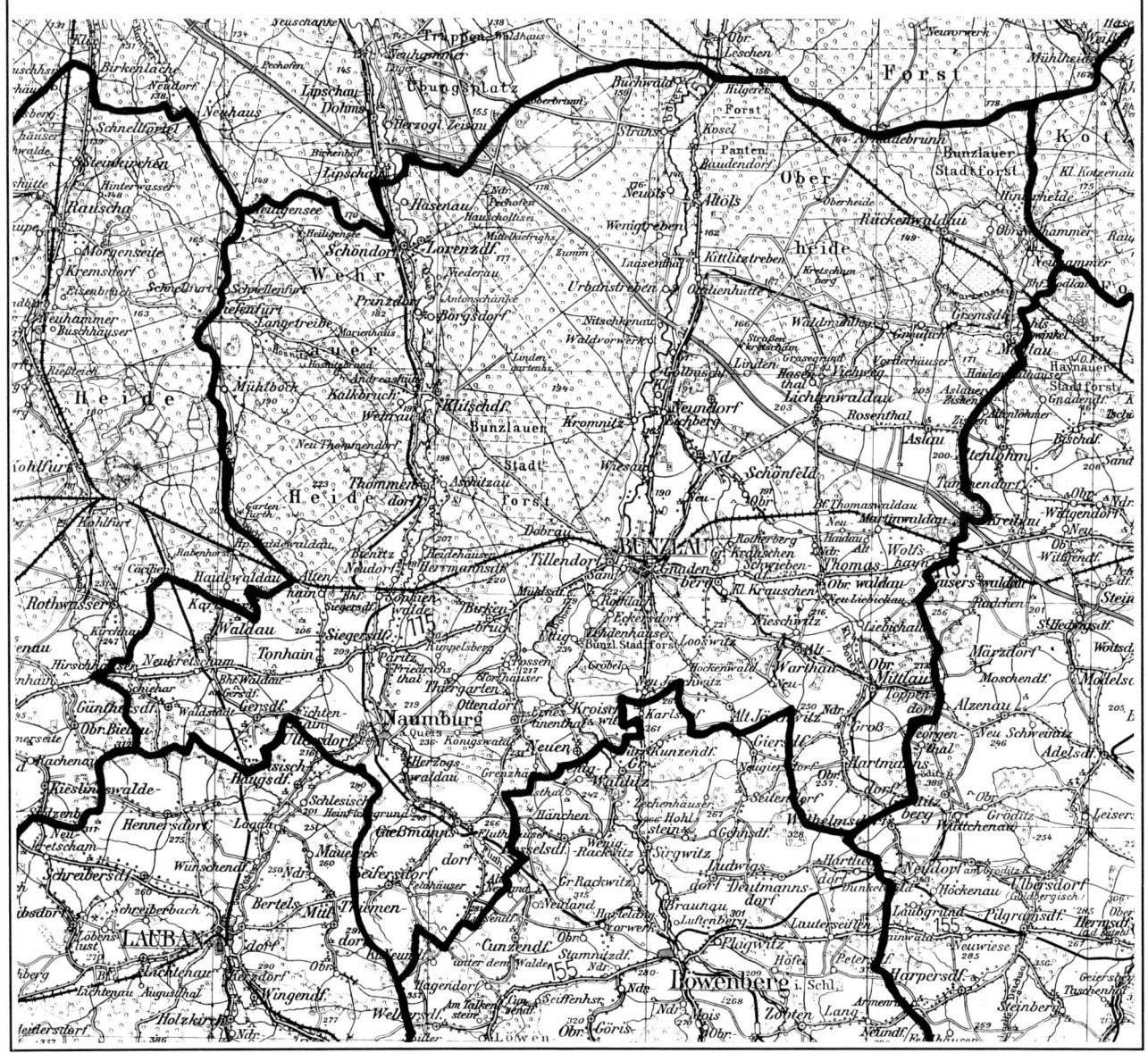

Der Landkreis Cosel

Regierungsbezirk Oppeln
Gesamtfläche: 662,83 km²
Einwohner: 90 305
     davon 43 607 männlich, 46 698 weiblich
Einwohner je km²: 136,2
Haushaltungen: 22 636
Gemeinden: 79
Wohnplätze: 209
Städte im Kreis: Cosel (Kreisstadt)
Die größten Landgemeinden im Kreis:
Alt Cosel mit 1360, Birken mit 1071, Blechhammer mit
1124, Dünenfeld mit 1391, Ehrenforst mit 2549, Friede-
nau O. S. mit 1432, Gnadenfeld mit 2030, Grenzen mit
2693, Groß Neukirch mit 3007, Heydebreck O. S. mit
6306, Klodnitz mit 4934, Kostenthal mit 1382, Langlie-
ben mit 1964, Lenschütz mit 1131, Lohnau mit 1275,
Mechnitz mit 1101, Mittenbrück mit 1762, Nesselwitz
mit 1237, Neumannshöh mit 1321, Oderhain mit 1115,
Oderwalde mit 1989, Reigersfeld mit 2026, Reinschdorf
mit 2332, Rosengrund mit 2645, Schneidenburg mit
1966, Schönblick mit 1274 Einwohnern
Religionszugehörigkeit:
    evangelisch: 3,7 %
    röm. katholisch: 95,9 %

Öffentliche Volksschulen im Landkreis: 84
    mit insgesamt Klassen: 328
    Jungen: 7529
    Mädchen: 7420
    Lehrer: 254
    Lehrerinnen: 53
Land- und forstwirtschaftliche Betriebe:
Größe 0,5–5 ha: 4899
    5–10 ha: 1295
    10–20 ha: 833
    20–100 ha: 101
    über 100 ha: 48
Personen in der Land- und Forstwirtschaft tätig: 27 471
    in Industrie und Handwerk: 29 675
    in Handel und Verkehr: 13 633
Hafenanlagen und Klodnitz-Kanal. Klodnitz, zweit-
größter Binnenhafen des Deutschen Reichs. Heyde-
breck, Eisenbahnknotenpunkt, 24 Bahnsteige, Betriebs-
und Ausbesserungswerke. Großer Bahn- und Postbeam-
tenort.
Patenschaft für den Kreis: Stadt Fürth/Bayern

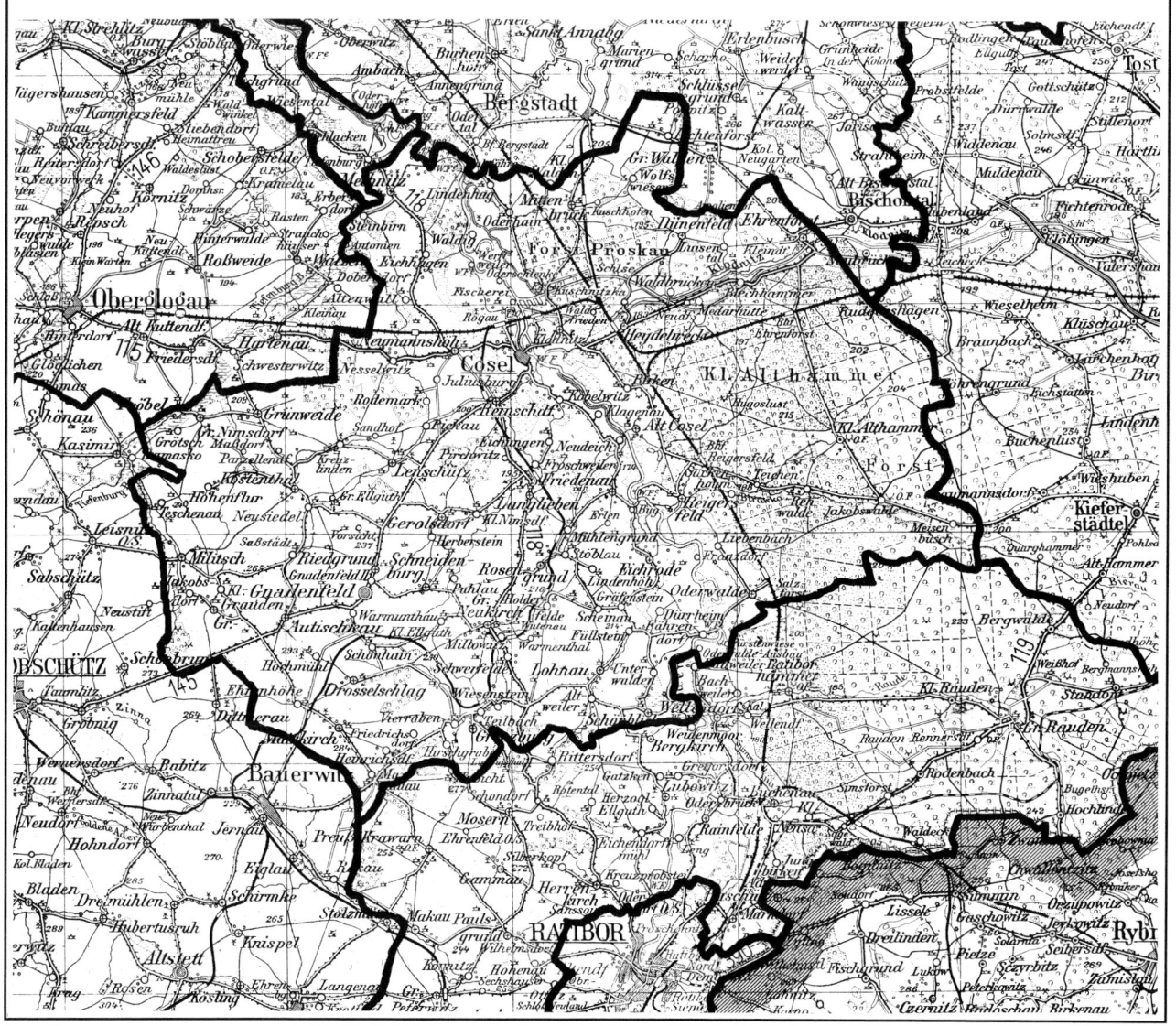

Der Landkreis Falkenberg O. S.

Regierungsbezirk Oppeln
Gesamtfläche: 604,55 km²
Einwohner: 40 820
      davon 19 673 männlich, 21 147 weiblich
Einwohner je km²: 67,5
Haushaltungen: 10 541
Gemeinden: 79
Wohnplätze: 207
Städte im Kreis: Falkenberg O. S. (Kreisstadt),
         Friedland und Schurgast
Die größten Landgemeinden im Kreis:
Dambrau mit 1020, Graase mit 1022, Lamsdorf mit
1126, Tillowitz mit 1966, Weidengut mit 1009, Wolfs-
grund O. S. mit 1099 Einwohnern
Religionszugehörigkeit:
    evangelisch: 27,8 %
    röm. katholisch: 71,6 %
Öffentliche Volksschulen im Landkreis: 77
    mit insgesamt Klassen: 157
    Jungen: 3360
    Mädchen 3418
    Lehrer: 134
    Lehrerinnen: 15

Land- und forstwirtschaftliche Betriebe:
Größe 0,5–5 ha: 1679
    5–10 ha: 1411
    10–20 ha: 889
    20–100 ha: 138
    über 100 ha: 53
Personen in der Land- und Forstwirtschaft tätig: 18 457
    in Industrie und Handwerk: 10 281
    in Handel und Verkehr: 2982
Schlösser in Tillowitz, Puschine-Erlenburg, Schedlau,
Dambrau, Jakobsdorf, alte Schrotholzkirche in Rogau.
In Tillowitz Porellanfabrik und Theresienhütte, in
Lamsdorf Landmaschinenfabrik Zierz, Basalstein-
bruch bei Mullwitz. Oderwehr (Nadelwehr) bei Norok.
Mehrere alte Wassermühlen an der den Kreis durchflie-
ßenden Steinau. Truppenübungsplatz Lamsdorf.
Patenschaft für den Kreis: Kreis Peine

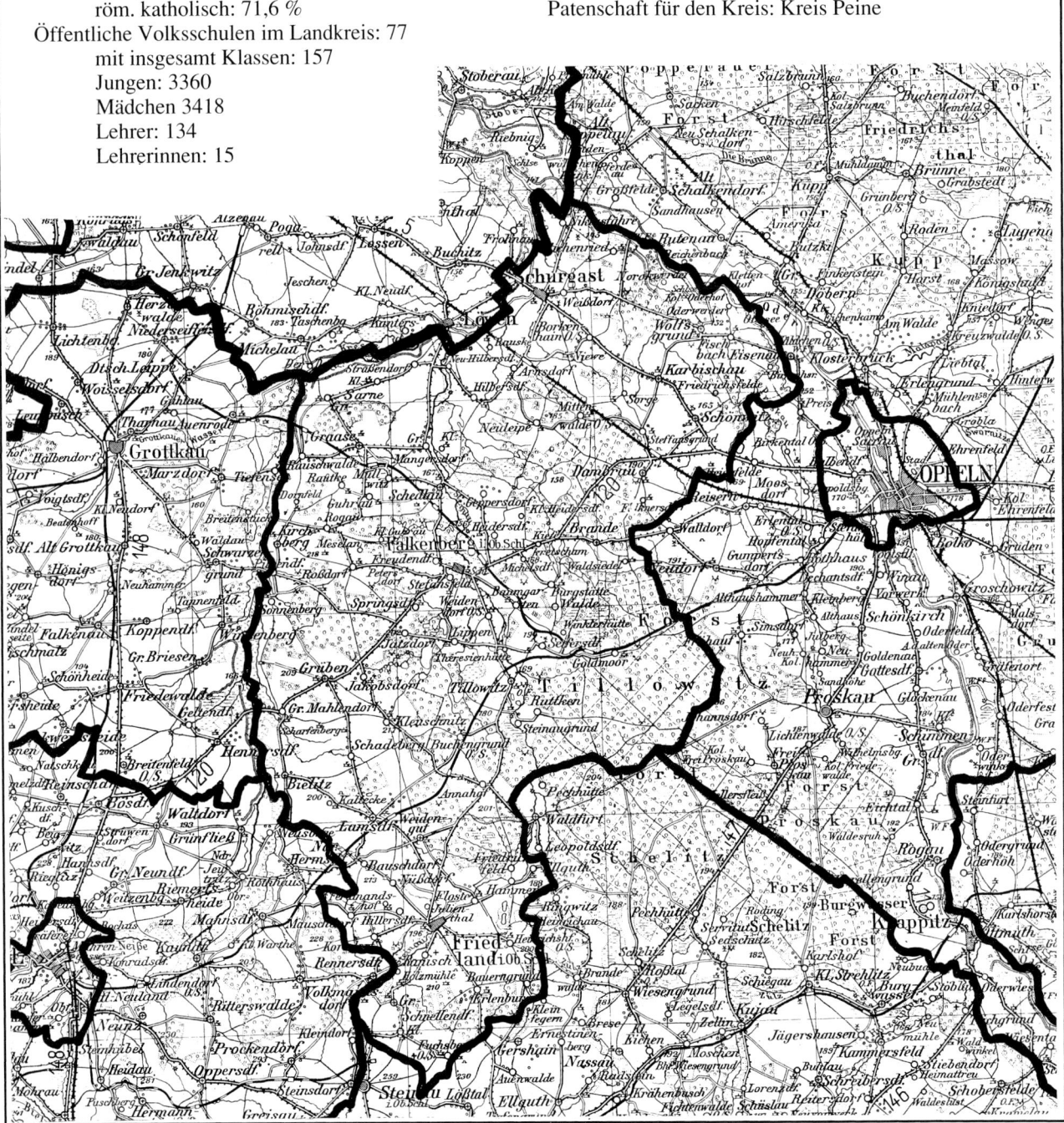

282

Der Landkreis Frankenstein (Schles.)

Regierungsbezirk Breslau
Gesamtfläche: 774,27 km²
Einwohner: 75 338
      davon 35 611 männlich, 39 727 weiblich
Einwohner je km²: 97,3
Haushaltungen: 21 000
Gemeinden: 103
Wohnplätze: 232
Städte im Kreis: Frankenstein (Kreisstadt),
                Münsterberg i. Schl., Reichenstein,
Silberberg, Wartha
Die größten Landgemeinden im Kreis:
Baumgarten mit 1023, Frankenberg mit 1167, Gallenau
mit 1118, Heinrichau mit 1043, Heinrichswalde mit
1096, Hertwigswalde mit 1178, Kamenz mit 2510, Lau-
enbrunn mit 1529, Peterwitz mit 1157, Schönwalde mit
1464, Stolz mit 1301 Einwohnern
Religionszugehörigkeit:
      evangelisch: 23,9 %
      röm. katholisch: 75,2 %

Öffentliche Volksschulen im Landkreis: 92
      mit insgesamt Klassen: 289
      Jungen: 5369
      Mädchen: 5240
      Lehrer: 182
      Lehrerinnen: 48
Land- und forstwirtschaftliche Betriebe:
Größe 0,5–5 ha: 1474
      5–10 ha: 1386
      10–20 ha: 873
      20–100 ha: 656
      über 100 ha: 89
Personen in der Land- und Forstwirtschaft tätig: 25 697
      in Industrie und Handwerk: 23 121
      in Handel und Verkehr: 8148
Patenschaft für den Kreis: Stadt Gütersloh

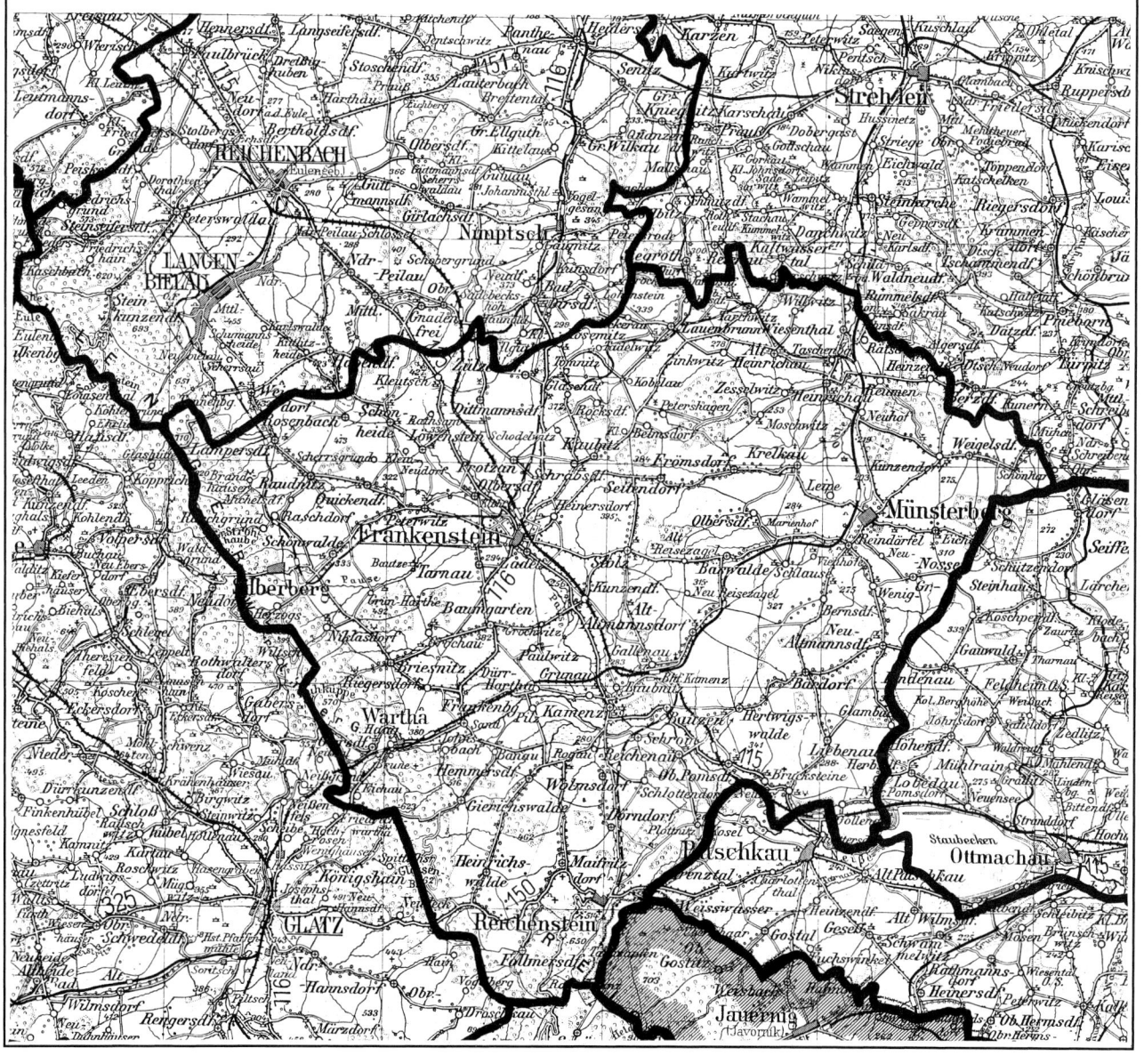

Der Landkreis Fraustadt

Regierungsbezirk Liegnitz
Gesamtfläche: 271,80 km²
Einwohner: 19 894
      davon 9954 männlich, 9940 weiblich
Einwohner je km²: 73,2
Haushaltungen: 5316
Gemeinden: 22
Wohnplätze: 62
Städte im Kreis: Fraustadt (Kreisstadt),
               Schlichtingsheim
Die größten Landgemeinden im Kreis:
Alt Driebitz mit 732, Heyersdorf mit 815, Kursdorf mit
672, Lissen mit 794, Nieder Pritschen mit 673, Ober
Pritschen mit 660, Röhrsdorf mit 866, Ulbersdorf mit
667, Zedlitz mit 973 Einwohnern
Religionszugehörigkeit:
      evangelisch: 53,9 %
      röm. katholisch: 44,9 %

Öffentliche Volksschulen im Landkreis: 24
      mit insgesamt Klassen: 70
      Jungen: 1303
      Mädchen: 1269
      Lehrer: 55
      Lehrerinnen: 6
Land- und forstwirtschaftliche Betriebe:
Größe 0,5–5 ha: 358
      5–10 ha: 330
      10–20 ha: 413
      20–100 ha: 249
      über 100 ha: 27
Personen in der Land- und Forstwirtschaft tätig: 7147
      in Industrie und Handwerk: 5086
      in Handel und Verkehr: 1819
Patenschaft für den Kreis: keine

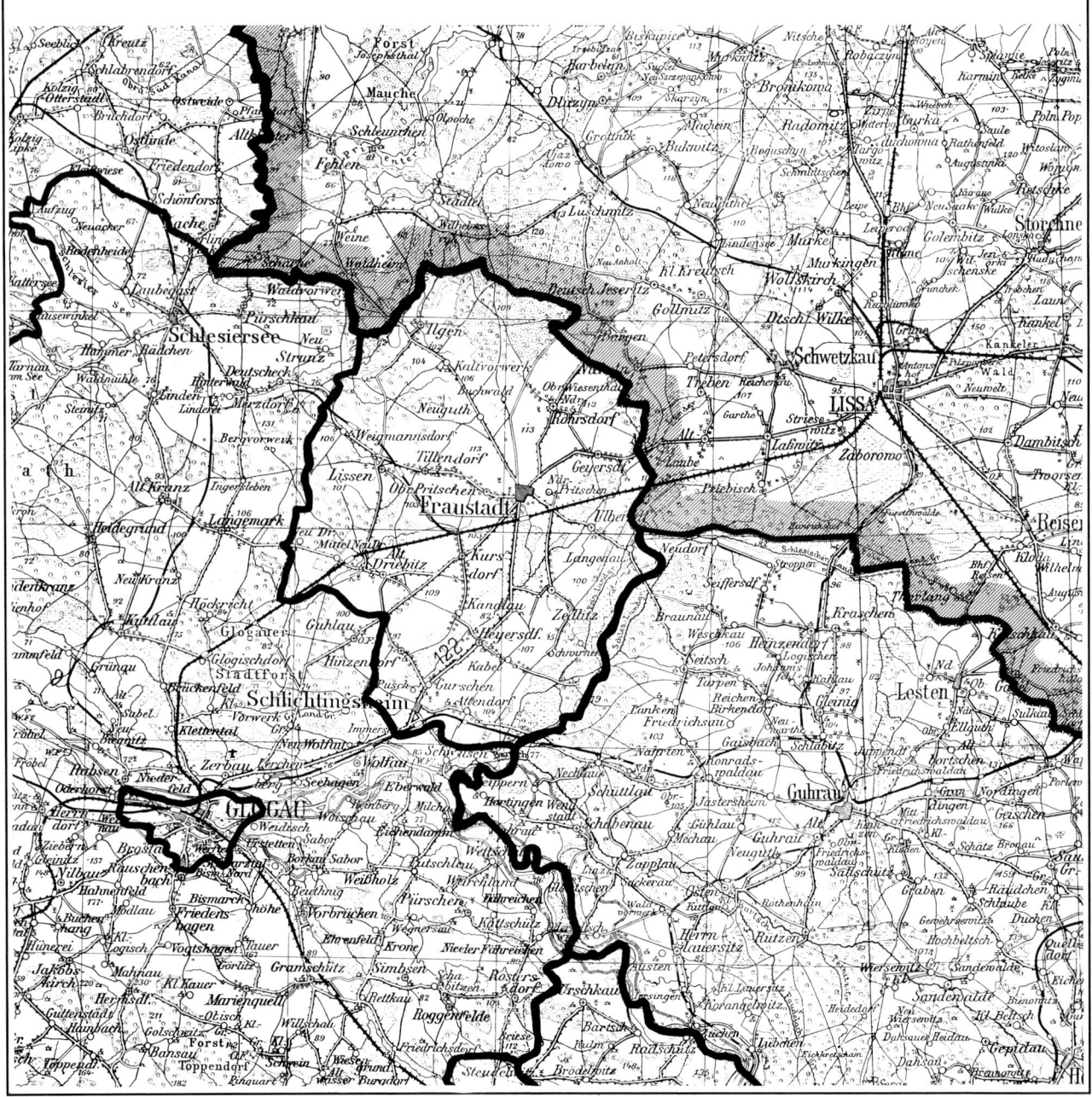

Der Landkreis Freystadt Niederschl.

Regierungsbezirk Liegnitz
Gesamtfläche: 731,37 km²
   davon 410,39 km² landw. genutzt
       261,09 km² forstw. genutzt

Einwohner: 54 387
   davon 26 610 männlich, 27 777 weiblich
Einwohner je km²: 74,4
Haushaltungen: 16 213
Gemeinden: 78 (4 Städte und 74 Landgemeinden)
Wohnplätze: 172
Städte im Kreis: Freystadt i. Niederschl.. (Kreisstadt),
Naumburg a. Bober, Neusaltz (Oder),
Neustädtel

Die größten Landgemeinden im Kreis: Herwigsdorf mit
1040, Liebenzig mit 1225, Trockenau mit 1689, Zollbrük-
ken mit 1172 Einwohnern
Religionszugehörigkeit:
   evangelisch: 82,1 %
   röm. katholisch: 16,1 %
Öffentliche Volksschulen im Landkreis: 68
   mit insgesamt Klassen: 199
   Jungen: 3233
   Mädchen: 3108
   Lehrer: 125
   Lehrerinnen: 23

Land- und forstwirtschaftliche Betriebe:
   Größe 0,5–5 ha: 1506
        5–10 ha: 1085
      10–20 ha: 861
    20–100 ha: 571
    über 100 ha: 71
Personen in der Land- und Forstwirtschaft tätig: 16 260
   in Industrie und Handwerk: 20 187
   in Handel und Verkehr: 5790
Der Kreis war eingeteilt in 19 Amtsbezirke sowie
4 städtische und 9 ländliche Standesamtsbezirke.
Deichverbände in Aufhalt und Zollbrücken
Patenschaft für den Kreis: Kreis Limburg-Weilburg

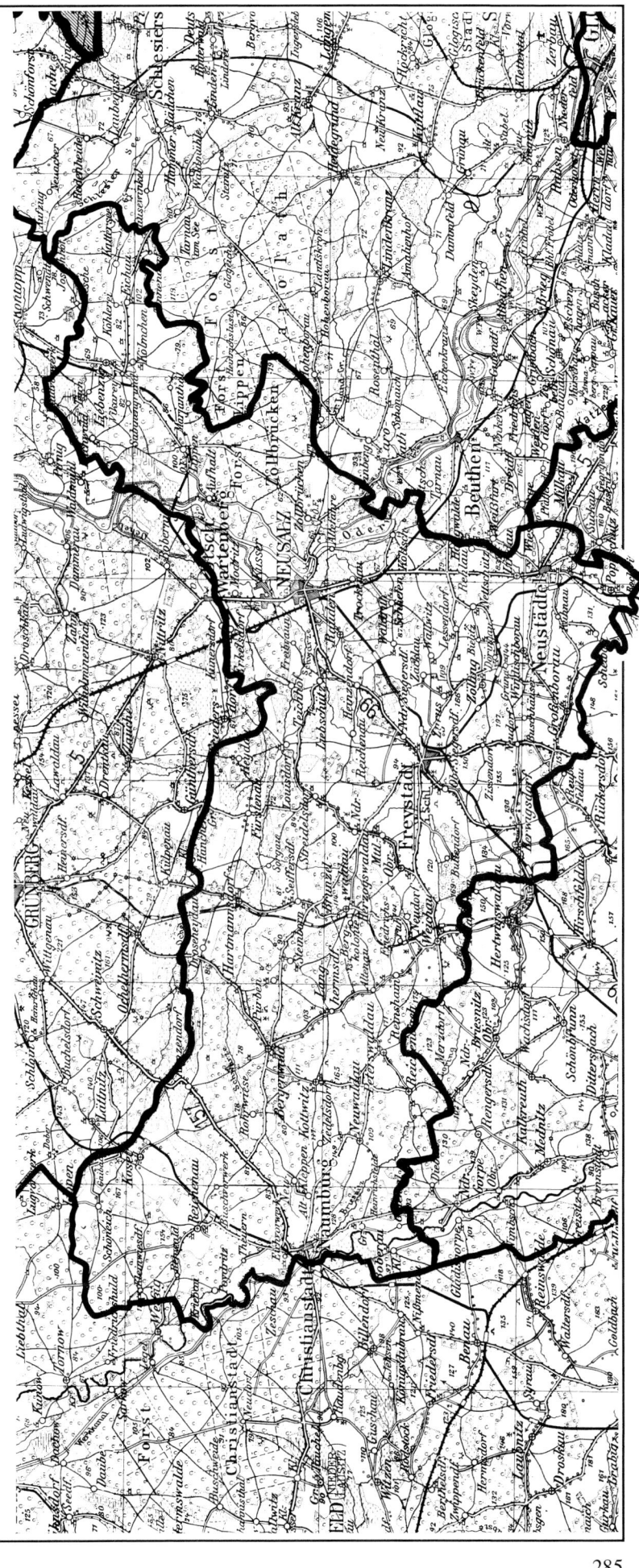

Der Landkreis Glatz

Regierungsbezirk Breslau
Gesamtfläche: 850,13 km^2
Einwohner: 125 273
        davon 59 369 männlich, 65 909 weiblich
Einwohner je km^2: 147,4
Haushaltungen: 36 852
Gemeinden: 102
Wohnplätze: 417
Städte im Kreis: Glatz (Kreisstadt), Hummelstadt,
        Neurode, Bad Reinerz und
        Wünschelburg
Die größten Landgemeinden im Kreis:
Albendorf mit 1314, Bad Altheide mit 3947, Altwilms-
dorf mit 1362, Ebersdorf mit 1396, Eckersdorf mit 1873,
Eisersdorf mit 1297, Gabersdorf mit 1179, Grenzeck mit
2312, Hausdorf Eulengeb. mit 4364, Königswalde mit
1557, Bad Kudowa mit 1981, Kunzendorf mit 4440,
Ludwigsdorf mit 3518, Mittelsteine mit 2206, Nieder-
hannsdorf mit 1299, Niedersteine mit 1407, Oberhanns-
dorf mit 1405, Rengersdorf mit 2594, Rückers mit 4503,
Sackisch mit 1792, Schlegel mit 3701, Ullersdorf mit
2889, Volpersdorf mit 2590, Waldtiz mit 1198 Einwoh-
nern
Religionszugehörigkeit:
    evangelisch: 11,3 %
    röm. katholisch: 87,1 %
Öffentliche Volksschulen im Landkreis: 111
    mit insgesamt Klassen: 393
    Jungen: 7774
    Mädchen: 7812
    Lehrer: 261
    Lehrerinnen: 82
Land- und forstwirtschaftliche Betriebe:
Größe 0,5–5 ha: 3961
    5–10 ha: 1534
    10–20 ha: 818
    20–100 ha: 589
    über 100 ha: 56
Personen in der Land- und Forstwirtschaft tätig: 24 534
    in Industrie und Handwerk: 48 002
    in Handel und Verkehr: 15 813
Patenschaft für den Kreis: Stadt Lüdenscheid

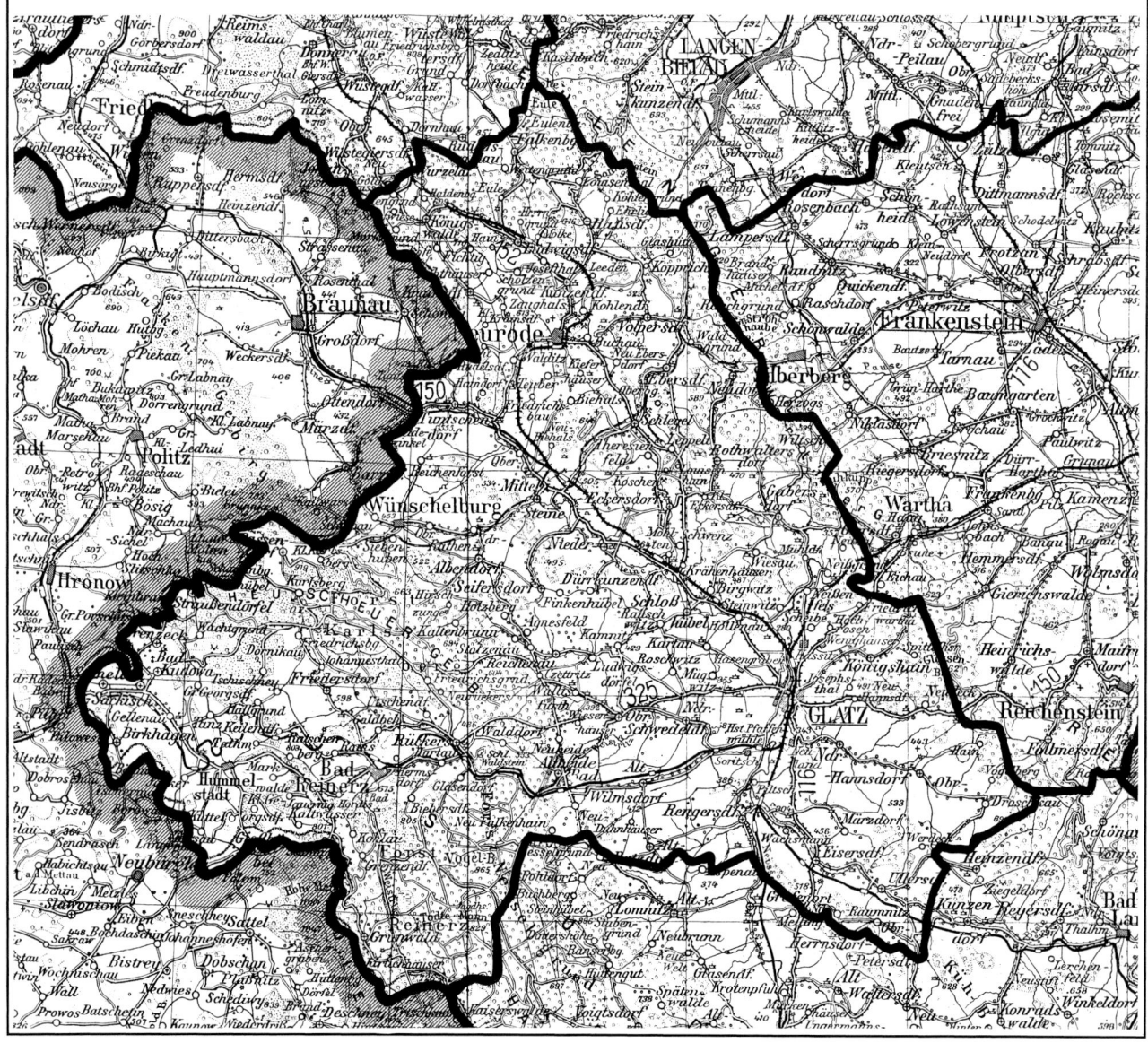

Der Landkreis Glogau

Regierungsbezirk Liegnitz
Gesamtfläche: 1240,64 km², ohne Stadtkreis Glogau
Einwohner: 62 236
       davon 31 118 männlich, 31 118 weiblich
Einwohner je km²: 50,2
Haushaltungen: 17 277
Gemeinden: 115
Wohnplätze: 336
Städte im Kreis: Kreisbehörden in Glogau, Beuthen a. d.
                Oder, Heerwegen, Schlesiersee
Die größten Landgemeinden im Kreis:
Brostau mit 1003, Carolath mit 1485, Deutscheck mit
1647, Friedenshagen mit 1158, Gramschütz mit 1339,
Herrndorf mit 1018, Kuttlau mit 1448, Langemark mit
1066, Lerchenberg mit 2102, Lindenkranz mit 1029,
Oberquell mit 1720, Rauschenbach mit 1016, Vorbrük-
ken mit 1045, Wiesau mit 1522 Einwohnern

Religionszugehörigkeit:
    evangelisch: 72,9 %
    röm. katholisch: 26,3 %
Öffentliche Volksschulen im Landkreis: 123
    mit insgesamt Klassen: 280
    Jungen: 4197
    Mädchen: 4125
    Lehrer: 179
    Lehrerinnen: 21
Land- und forstwirtschaftliche Betriebe:
Größe 0,5–5 ha: 1940
     5–10 ha: 1464
    10–20 ha: 1606
    20–100 ha: 821
    über 100 ha: 105
Personen in der Land- und Forstwirtschaft tätig: 30 432
    in Industrie und Handwerk: 14 026
    in Handel und Verkehr: 5099
Patenschaft für den Kreis: Stadt Hannover

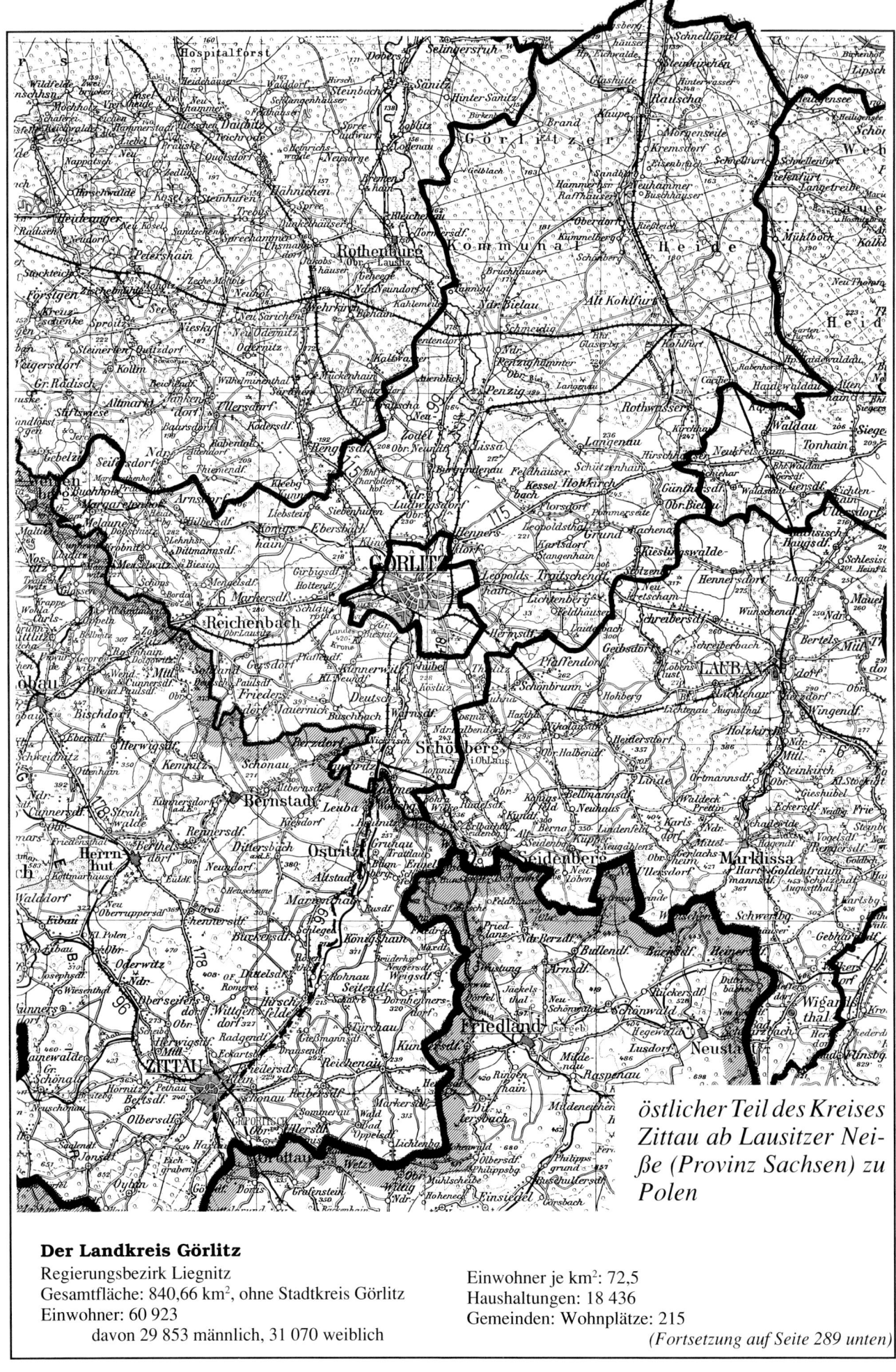

östlicher Teil des Kreises Zittau ab Lausitzer Neiße (Provinz Sachsen) zu Polen

Der Landkreis Görlitz

Regierungsbezirk Liegnitz

Gesamtfläche: 840,66 km², ohne Stadtkreis Görlitz

Einwohner: 60 923

      davon 29 853 männlich, 31 070 weiblich

Einwohner je km²: 72,5

Haushaltungen: 18 436

Gemeinden: Wohnplätze: 215

(Fortsetzung auf Seite 289 unten)

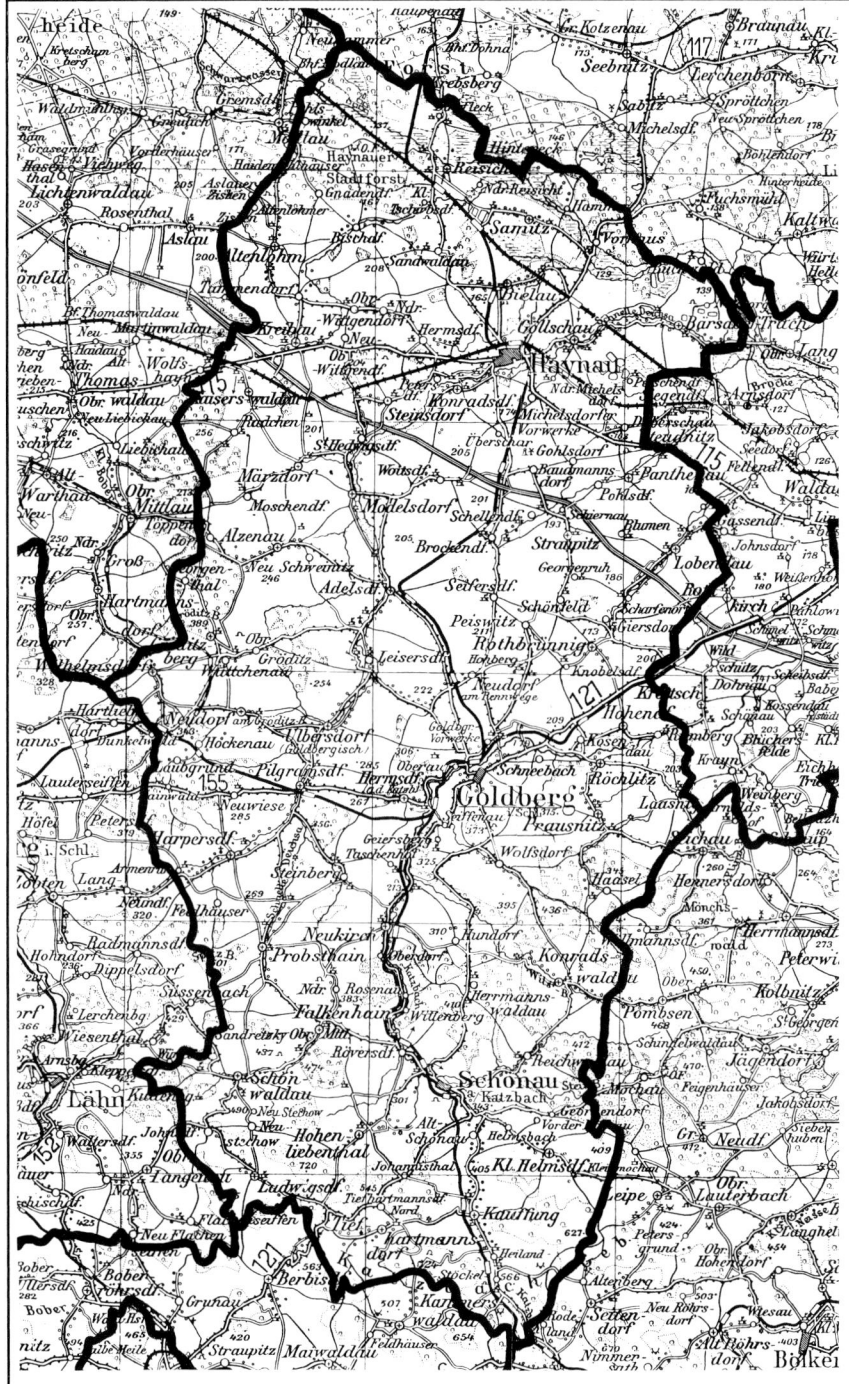

Der Landkreis Goldberg

Regierungsbezirk Liegnitz
Gesamtfläche: 849,89 km²
Einwohner: 70 243
         davon 34 024 männlich,
         36 219 weiblich
Einwohner je km²: 82,6
Haushaltungen: 20 659
Gemeinden: 74
Wohnplätze: 193
Städte im Kreis: Goldberg (Kreis-
        stadt), Haynau,
        Schönau a. Katzbach
Die größten Landgemeinden im Kreis:
Adelsdorf mit 1356, Alzenau mit 1177,
Bielau mit 1073, Falkenhain mit 1128,
Harpersdorf mit 1363, Kauffung mit
3855, Leisersdorf mit 1127, Lobendau
mit 1001, Neukirch mit 1575, Pilgrams-
dorf mit 1269, Probsthain mit 1098, Rei-
sicht mit 1020, Tiefhartmannsdorf mit
1081 Einwohnern
Religionszugehörigkeit:
      evangelisch: 85,8 %
      röm. katholisch: 12,1 %
Öffentliche Volksschulen im
landkreis: 87
      mit insgesamt Klassen: 280
      Jungen: 4905
      Mädchen: 4826
      Lehrer: 168
      Lehrerinnen: 40
Land- und forstwirtschaftliche
Betriebe:
Größe 0,5–5 ha: 1661
      5–10 ha: 1289
      10–20 ha: 882
      20–100 ha: 623
      über 100 ha: 116
Personen in der Land- und
Forstwirtschaft tätig: 26 369
      in Industrie und
      Handwerk: 23 880
      in Handel und Verkehr: 6603
Patenschaft für den Kreis: Stadt Solin-
gen

---

*(Fortsetzung Kreisbeschreibung **Görlitz**)*
Städte im Kreis: Reichenbach (Ob. Laus.)
      (Kreisbehörden in Görlitz)
Die größten Landgemeinden im Kreis:
Alt Kohlfurt mit 1436, Groß Biesnitz mit 1463, Hen-
nersdorf mit 1079, Hermsdorf mit 1031, Königshain mit
1511, Kohlfurt mit 2741, Leopoldshain mit 1058, Neu-
hammer mit 1003, Nieder Bielau mit 1237, Nieder Lan-
genau mit 1351, Penzig mit 7305, Rauscha mit 3455,
Rothwasser mit 2977, Weinhübel mit 2411 Einwohnern
Religionszugehörigkeit:
      evangelisch: 88,4 %, röm. katholisch: 7,8 %
Öffentliche Volksschulen im Landkreis: 63
  mit insgesamt Klassen: 235

Jungen: 3811, Mädchen: 3753
Lehrer: 136, Lehrerinnen: 39
Land- und forstwirtschaftliche Betriebe:
Größe 0,5–5 ha: 2415, 5–10 ha: 1106, 10–20 ha: 632
      20–100 ha: 539, über 100 ha: 55
Personen in der Land- und Forstwirtschaft tätig: 18 015
      in Industrie und Handwerk: 24 267
      in Handel und Verkehr: 7612
Der Kreis wurde durch die Lausitzer Neiße in einen pol-
nischen und einen deutschen Teil geteilt, ebenso die
Stadt Görlitz;
Patenschaft für den Kreis: Rheinisch-Bergischer Kreis
(nur für den polnischen Ostteil)

Der Landkreis Groß Strehlitz

Regierungsbezirk Oppeln
Gesamtfläche: 892,76 km²
Einwohner: 94 062
        davon 45 311 männlich, 48 751 weiblich
Einwohner je km²: 105,4
Haushaltungen: 22 248
Gemeinden: 82
Wohnplätze: 297
Städte im Kreis: Groß Strehlitz (Kreisstadt), Bergstadt, Bischofstal
Die größten Landgemeinden im Kreis:
Andreashütte mit 4500, Frauenfeld mit 1232, Gogolin mit 5075, Grafenweiler mit 3293, Groß Maßdorf mit 1159, Groß Stein mit 1617, Groß Walden mit 1530, Groß Zeidel mit 1352, Heuerstein mit 1587, Himmelwitz mit 2686, Karlshorst O. S. mit 1289, Keilerswalde mit 1766, Klein Zeidel mit 1030, Neubrücken mit 1028, Odertal O. S. mit 4842, Ottmuth mit 3283, Petergrätz mit 1525, Quellental mit 1367, Sandowitz mit 2686, Sankt Annaberg mit 2198, Starenheim mit 1086, Stubendorf mit 1100 Einwohnern

Religionszugehörigkeit:
    evangelisch: 5,4 %
    röm. katholisch: 94,0 %
Öffentliche Volksschulen im Landkreis: 84
    mit insgesamt Klassen: 339
    Jungen: 7723
    Mädchen: 7881
    Lehrer: 239
    Lehrerinnen: 57
Land- und forstwirtschaftliche Betriebe:
Größe 0,5–5 ha: 5629
    5–10 ha: 1275
    10–20 ha: 799
    20–100 ha: 184
    über 100 ha: 53
Personen in der Land- und Forstwirtschaft tätig: 25 977
    in Industrie und Handwerk: 38 754
    in Handel und Verkehr: 10 162
Patenschaft für den Kreis: Kreis Soest

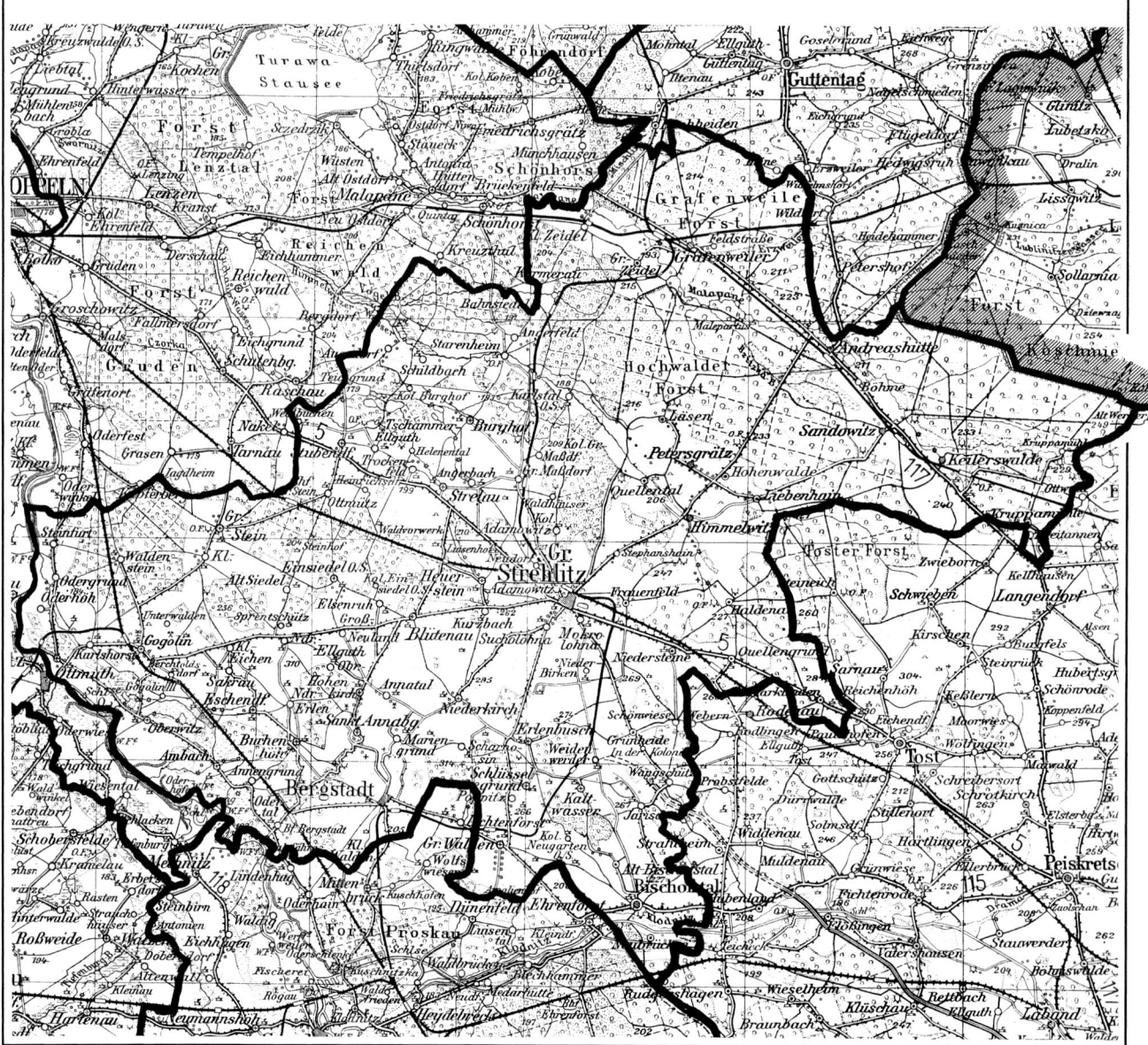

Der Landkreis Groß Wartenberg

Regierungsbezirk Breslau
Gesamtfläche: 431,43 km²
Einwohner: 27 525
      davon 13 815 männlich, 13 710 weiblich
Einwohner je km²: 63,8
Haushaltungen: 7357
Gemeinden: 54
Wohnplätze: 187
Städte im Kreis: Groß Wartenberg (Kreisstadt),
                Festenberg, Neumittelwalde
Die größten Landgemeinden im Kreis:
Goschütz mit 1067, Kunzendorf mit 1016, Schleise mit
1079 Einwohnern
Religionszugehörigkeit:
    evangelisch: 60,9 %
    röm. katholisch: 38,0 %

Öffentliche Volksschulen im Landkreis: 51
    mit insgesamt Klassen: 114
    Jungen: 1977
    Mädchen: 2104
    Lehrer: 79
    Lehrerinnen: 12
Land- und forstwirtschaftliche Betriebe:
Größe 0,5–5 ha: 1163
     5–10 ha: 973
    10–20 ha: 543
    20–100 ha: 78
    über 100 ha: 35
Personen in der Land- und Forstwirtschaft tätig: 12 512
    in Industrie und Handwerk: 6820
    in Handel und Verkehr: 1832
Patenschaft für den Kreis: Kreis Schaumburg
                      (Stadthagen)

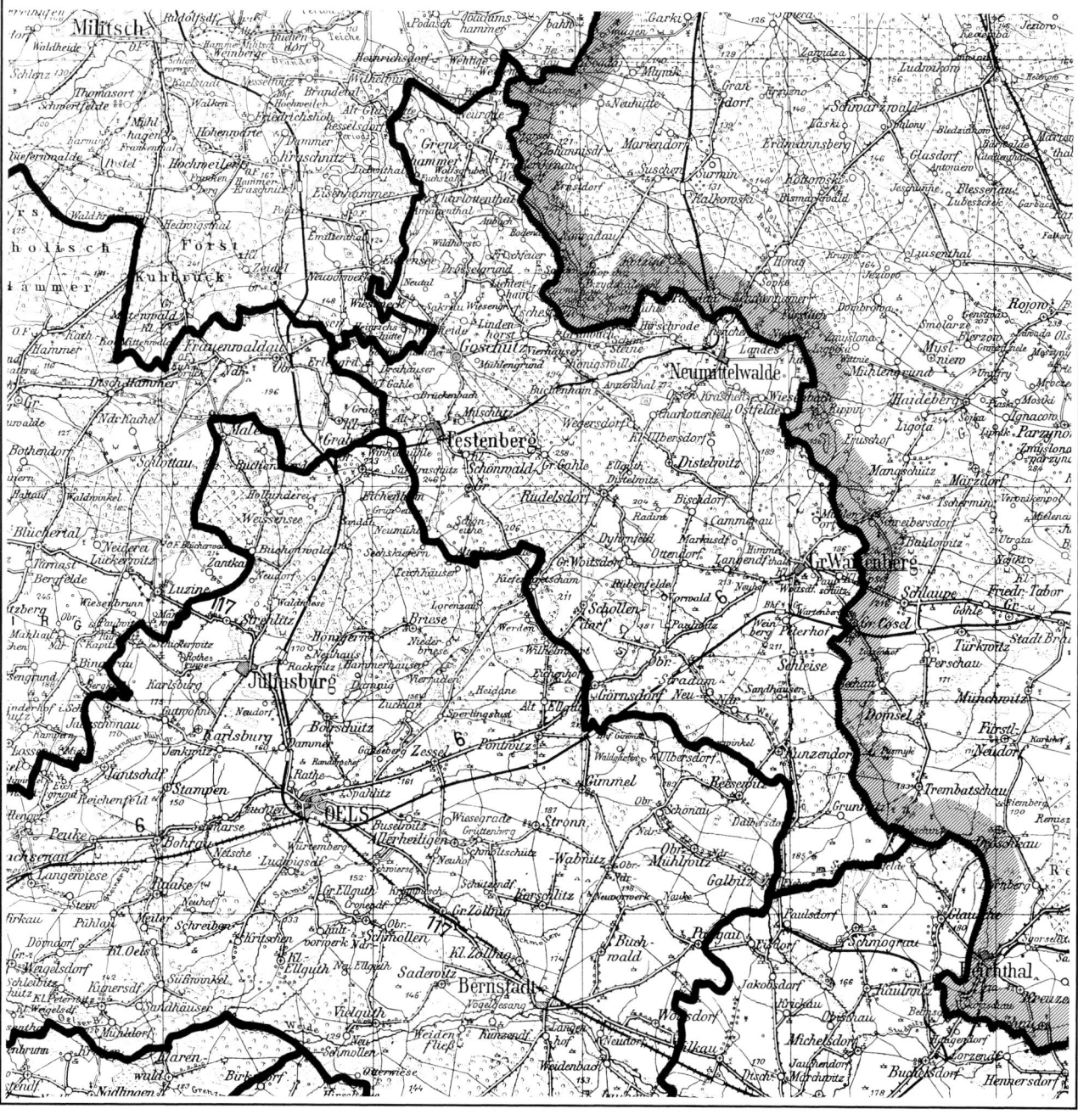

Der Landkreis Grottkau

Regierungsbezirk Oppeln
Gesamtfläche: 535,79 km²
Einwohner: 40 374
     davon 19 291 männlich, 21 083 weiblich
Einwohner je km²: 75,4
Haushaltungen: 10 654
Gemeinden: 68
Wohnplätze: 154
Städte im Kreis: Grottkau (Kreisstadt), Ottmachau
Die größten Landgemeinden im Kreis:
Eichenau O. S. mit 995, Falkenau mit 1055, Friedewalde
mit 1011, Gläsendorf mit 1024, Hennersdorf mit 1186,
Schwarzengrund mit 1315 Einwohnern
Religionszugehörigkeit:
    evangelisch: 8,4 %
    röm. katholisch: 91,1 %

Öffentliche Volksschulen im Landkreis: 57
    mit insgesamt Klassen: 155
    Jungen: 3117
    Mädchen: 3086
    Lehrer: 109
    Lehrerinnen: 26
Land- und forstwirtschaftliche Betriebe:
Größe 0,5–5 ha: 715
    5–10 ha: 805
    10–20 ha: 962
    20–100 ha: 436
    über 100 ha: 51
Personen in der Land- und Forstwirtschaft tätig: 17 818
    in Industrie und Handwerk: 9769
    in Handel und Verkehr: 3902
Patenschaft für den Kreis: Kreis Warendorf

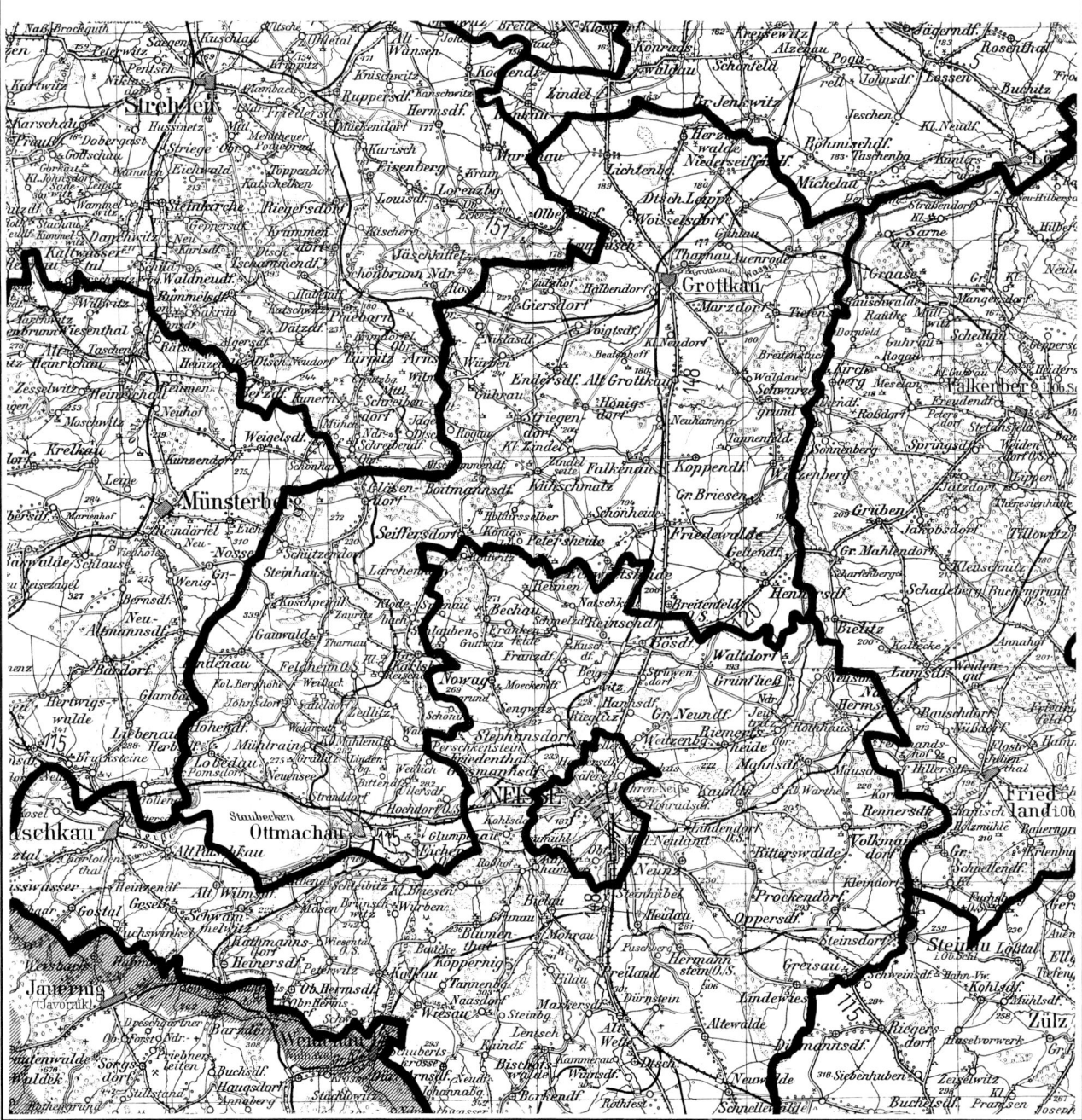

Der Landkreis Grünberg i. Schl.

Regierungsbezirk Liegnitz
Gesamtfläche: 973,46 km²
Einwohner: 66 711
    davon 32 145 männlich, 34 566 weiblich
Einwohner je km²: 68,5
Haushaltungen: 20 495
Gemeinden: 66
Wohnplätze: 240
Städte im Kreis: Grünberg i. Schles. (Kreisstadt),
               Deutsch Wartenburg,
               Rothenburg (Oder)

Die größten Landgemeinden im Kreis:
Altkessel mit 1206, Boyadel mit 1780, Fürstenteich mit 1052,
Heinersdorf mit 1286, Kleinitz mit 1455, Kolzig mit 1414,
Kontopp mit 1328, Kühnau mit 1005, Lawaldau mit 1016,
Nittritz mit 1251, Ochelhermsdorf mit 1283, Schertendorf
mit 1187, Schlesisch Nettkow mit 1068, Schweinitz mit
1423 Einwohnern

Religionszugehörigkeit:
        evangelisch: 76,8 %
        röm. katholisch: 20,4 %

Öffentliche Volksschulen im Landkreis: 77
    mit insgesamt Klassen: 237
    Jungen: 4132, Mädchen: 3967
    Lehrer: 151, Lehrerinnen: 34
Land- und forstwirtschaftliche Betriebe:
Größe 0,5–5 ha: 3224, 5–10 ha: 1440
    10–20 ha: 1333, 20–100 ha: 618
    über 100 ha: 52

Personen in der Land- und Forstwirtschaft tätig: 18 774
    in Industrie und Handwerk: 26 567
    in Handel und Verkehr: 6728
Patenschaft für den Kreis: Stadt Mainz

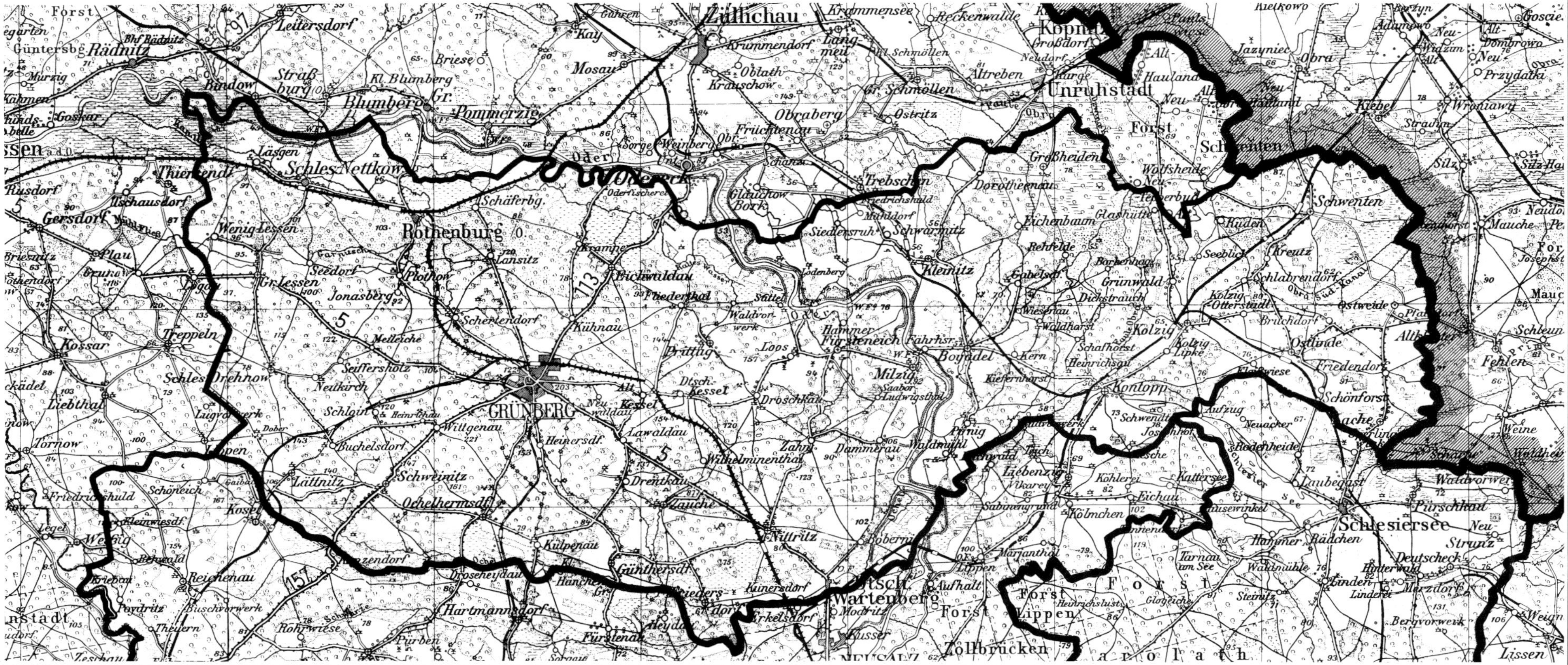

Der Landkreis Guhrau

Regierungsbezirk Breslau
Gesamtfläche: 759,77 km^2
Einwohner: 39 895
        davon 19 876 männlich, 20 019 weiblich
Einwohner je km^2: 52,5
Haushaltungen: 10 721
Gemeinden: 110
Wohnplätze: 193
Städte im Kreis: Guhrau (Kreisstadt), Herrnstadt,
        Lesten
Die größten Landgemeinden im Kreis:
Gimmel mit 650, Heinzendorf mit 558, Hünern mit 552,
Kainzen mit 659, Kraschen mit 918, Lübchen mit 543,
Schüttlau mit 548, Seitsch mit 858, Wandelheim mit 629
Einwohnern
Religionszugehörigkeit:
        evangelisch: 78,5 %
        röm. katholisch: 20,6 %

Öffentliche Volksschulen im Landkreis: 76
        mit insgesamt Klassen: 168
        Jungen: 2836
        Mädchen: 2727
        Lehrer: 115
        Lehrerinnen: 13
Land- und forstwirtschaftliche Betriebe:
Größe 0,5–5 ha: 1109
        5–10 ha: 1234
        10–20 ha: 1090
        20–100 ha: 312
        über 100 ha: 97
Personen in der Land- und Forstwirtschaft tätig: 20 919
        in Industrie und Handwerk: 7659
        in Handel und Verkehr: 2991
Patenschaft für den Kreis: Stadt Herzberg/Harz

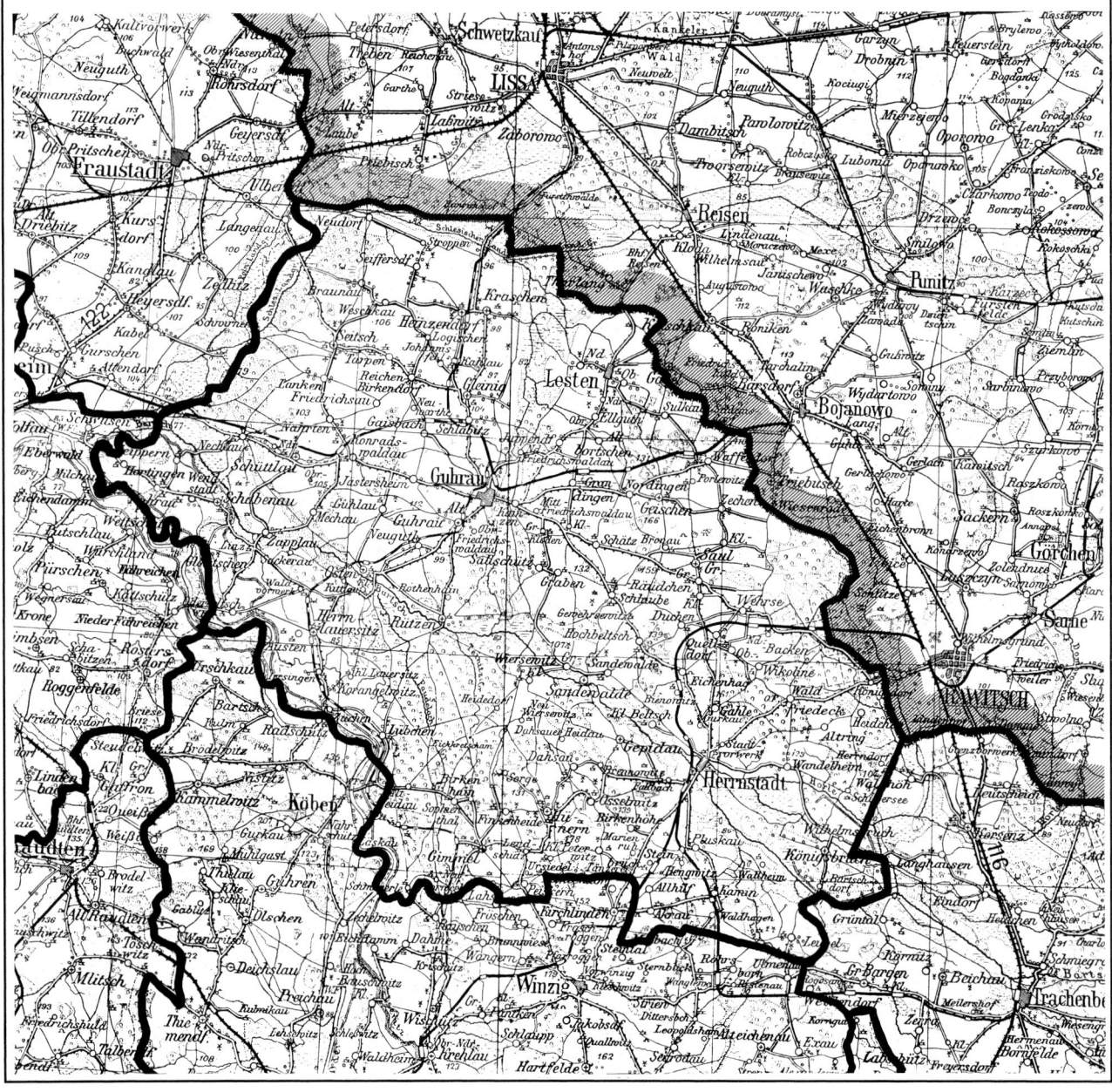

Der Landkreis Guttentag O. S.

Regierungsbezirk Oppeln
Gesamtfläche: 322,77 km²
Einwohner: 21 888
      davon 10 914 männlich, 10 974 weiblich;
Einwohner je km²: 67,8
Haushaltungen: 5062
Gemeinden: 30
Wohnplätze: 139
Städte im Kreis: Guttentag (bis 1941 Kreisstadt)
Die größten Landgemeinden im Kreis:
Breitenmarkt mit 1463, Nagelschmieden mit 972, Ostenwalde mit 1318, Raunen mit 1061, Teichwalde mit 1003, Wildfurt mit 1209, Windeck mit 912 Einwohnern
Religionszugehörigkeit:
    evangelisch: 5,0 %
    röm. katholisch: 94,6 %
Öffentliche Volksschulen im Landkreis: 32
    mit insgesamt Klassen: 97
    Jungen: 2023
    Mädchen: 1967
    Lehrer: 71
    Lehrerinnen: 15

Land- und forstwirtschaftliche Betriebe:
Größe 0,5–5 ha: 1209
     5–10 ha: 731
    10–20 ha: 353
    20–100 ha: 64
    über 100 ha: 13
Personen in der Land- und Forstwirtschaft tätig: 9649
    in Industrie und Handwerk: 6301
    in Handel und Verkehr: 1401
Am 1. Juni 1941 wurden der Landkreis Guttentag und der aus dem ehemals an Polen abgetretenen Gebiet zurückgegliederte Landkreis Loben zu einem neuen Landkreis Loben zusammengeschlossen.
Patenschaft für den Kreis: Stadt Mettmann

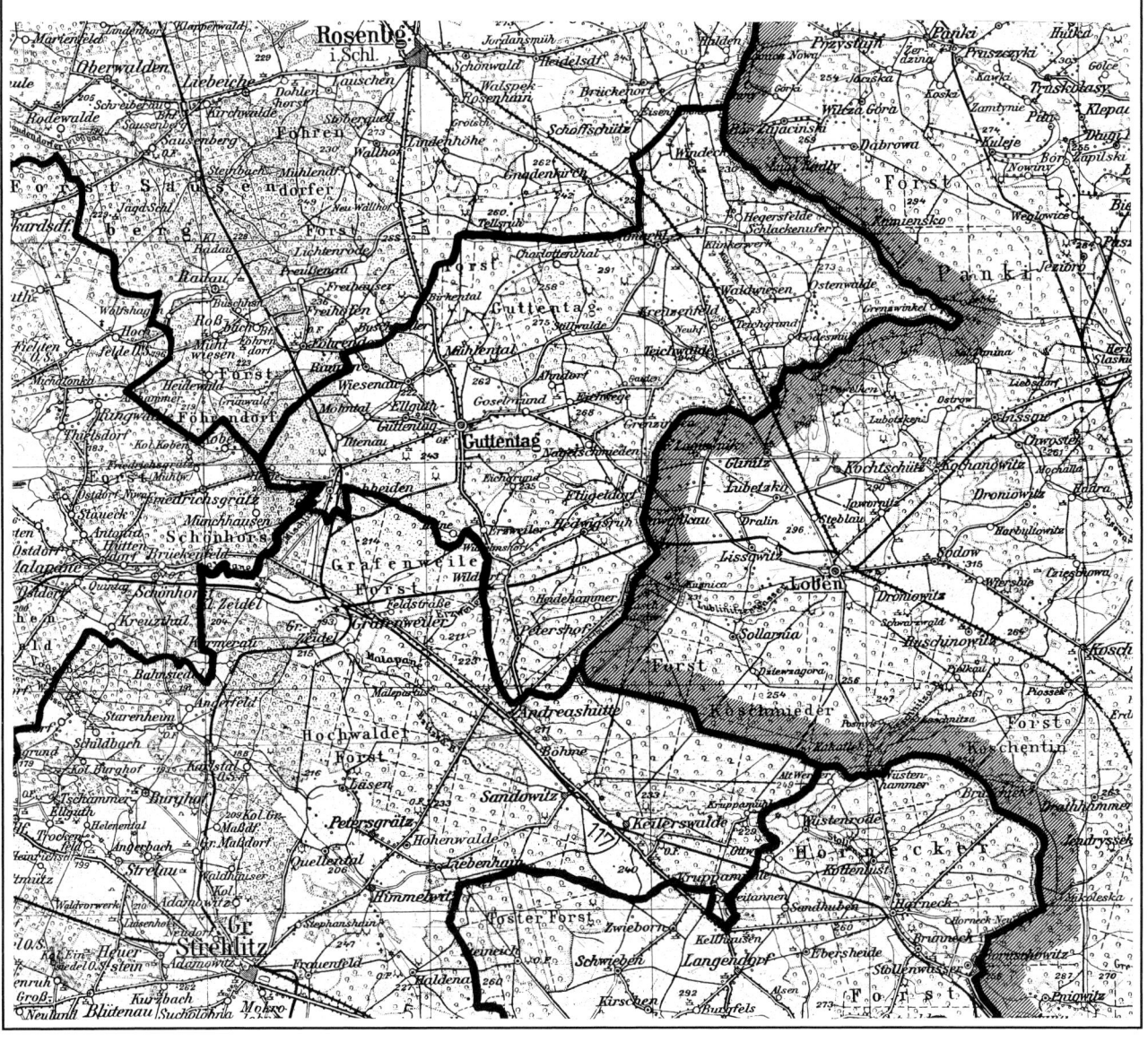

Der Landkreis Habelschwerdt

Regierungsbezirk Breslau
Gesamtfläche: 789,21 km^2
Einwohner: 56 332
        davon 26 128 männlich, 30 204 weiblich
Einwohner je km^2: 71,4
Haushaltungen: 15 898
Gemeinden: 92
Wohnplätze: 203
Städte im Kreis: Habelschwerdt (Kreisstadt),
            Bad Landeck i. Schles.,
            Mittenwalde (Schles.)
Die größten Landgemeinden im Kreis:
Alt Lomnitz mit 1133, Alt Waltersdorf mit 1277, Alt
Weistritz mit 1030, Ebersdorf mit 1254, Grafenort mit
1529, Kieslingswalde mit 1086, Kunzendorf mit 1445,
Nieder Langenau mit 1034, Ober Langenau mit 1197,
Schreckendorf mit 1454, Wölfelsdorf mit 1664 Einwohnern
Religionszugehörigkeit:
      evangelisch: 6,8 %
      röm. katholisch: 92,5 %

Öffentliche Volksschulen im Landkreis: 72
      mit insgesamt Klassen: 186
      Jungen: 3780
      Mädchen: 3658
      Lehrer: 134
      Lehrerinnen: 27
Land- und forstwirtschaftliche Betriebe:
Größe 0,5–5 ha: 2269
      5–10 ha: 1328
      10–20 ha: 941
      20–100 ha: 588
      über 100 ha: 21
Personen in der Land- und Forstwirtschaft tätig: 21 020
      in Industrie und Handwerk: 15 879
      in Handel und Verkehr: 5932
Stadt und Kreis Habelschwerdt waren Mittelpunkt der
Holzindustrie. In Mühldorf und Neu Weistritz Papierfabriken. Glasherstellung und Glasveredelung in Friedrichsgrund, Kaiserswalde, Rückers, Schreckendorf.
Textilfabriken in Kunzendorf.
Patenschaft für den Kreis: Märkischer Kreis (Altena)

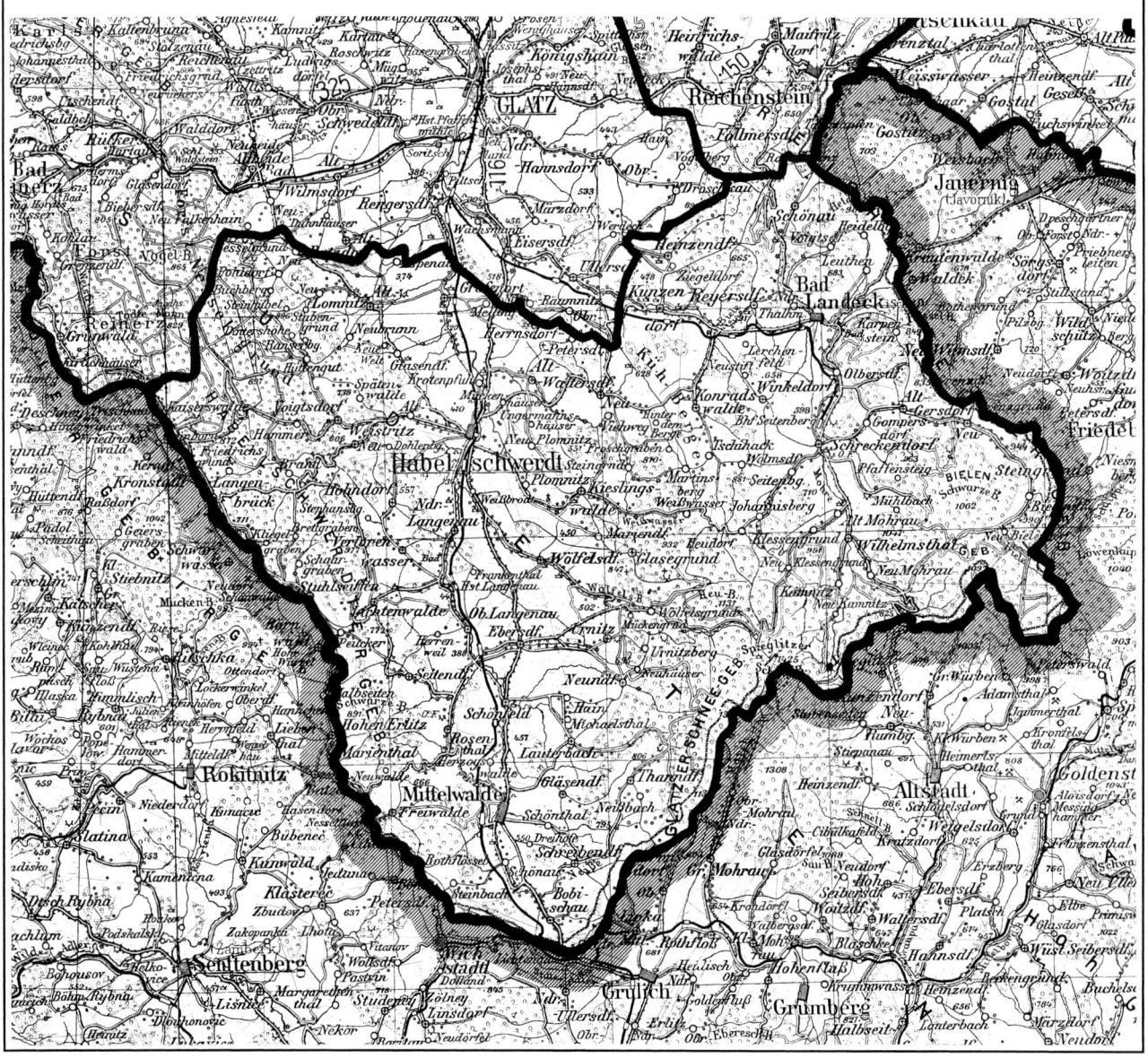

Der Landkreis Hirschberg i. Rsgb.

Regierungsbezirk Liegnitz
Gesamtfläche: 662,70 km², ohne Stadtkreis Hirschberg
Einwohner: 80 257
      davon 37 259 männlich, 42 998 weiblich
Einwohner je km²: 121,1
Haushaltungen: 24 557
Gemeinden: 58
Wohnplätze: 193
Städte im Kreis: Kupferberg (Rsgb.), Schmiedeberg
      (Rsgb.), Bad Warmbrunn (Kreisbe-
      hörden in Hirschberg)
Die größten Landgemeinden im Kreis:
Altkemnitz mit 1357, Arnsdorf mit 1893, Berbisdorf mit
1293, Boberröhrsdorf mit 1756, Fischbach mit 1010,
Gebirgsbauden mit 1122, Giersdorf mit 1637, Grunau
mit 2135, Herischdorf mit 4452, Hermsdorf (Kynast)
mit 3277, Jannowitz mit 1868, Kammerswaldau mit
1070, Krummhübel mit 2209, Lomnitz mit 1844, Mai-
waldau mit 1362, Petersdorf mit 4427, Quirl mit 1043,
Schreiberhaus mit 7601, Seidorf mit 1395, Steinseiffen
mit 1784, Straupitz mit 1962, Voigtsdorf mit 1265, Zil-
lerthal-Erdmannsdorf mit 2966 Einwohnern

Religionszugehörigkeit:
    evangelisch: 79,6 %
    röm. katholisch: 16,6 %
Öffentliche Volksschulen im Landkreis: 78
    mit insgesamt Klassen: 278
    Jungen: 4800
    Mädchen: 4841
    Lehrer: 165
    Lehrerinnen: 49
Land- und forstwirtschaftliche Betriebe:
Größe 0,5–5 ha: 2296
      5–10 ha: 1024
    10–20 ha: 614
    20–100 ha: 316
    über 100 ha: 33
Personen in der Land- und Forstwirtschaft tätig: 14 564
    in Industrie und Handwerk: 35 301
    in Handel und Verkehr: 10 449
Patenschaft für den Kreis: Kreis Hildesheim
        (Alfeld/Leine)

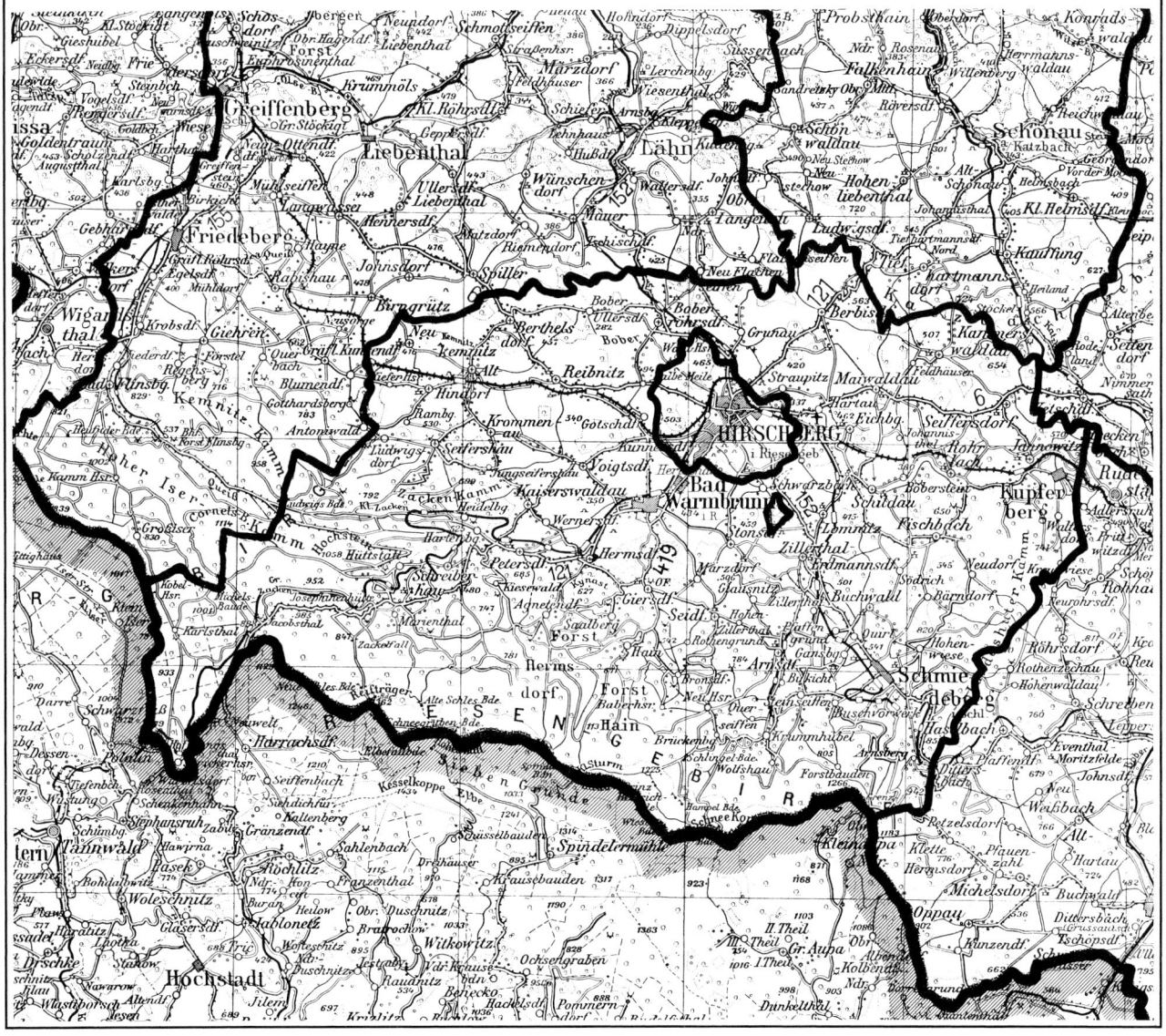

Der Landkreis Hoyerswerda

Regierungsbezirk Liegnitz
Gesamtfläche: 869,83 km²
Einwohner: 60 143
    davon 30 594 männlich, 29 549 weiblich
Einwohner je km²: 69,1
Haushaltungen: 17 271
Gemeinden: 77
Wohnplätze: 202
Städte im Kreis: Hoyerswerda (Kreisstadt),
                  Ruhland und Wittichenau

Die größten Landgemeinden im Kreis:
Bernsdorf mit 4409, Burghammer mit 1027, Hohenbocka
mit 1538, Hosena mit 2586, Laubusch mit 3043, Leippe mit
1891, Lohsa mit 1199, Spreewitz mit 1000, Werminghoff
mit 1040, Wiednitz mit 1392 Einwohnern

Religionszugehörigkeit:
    evangelisch: 84,5 %
    röm. katholisch: 13,3 %
Öffentliche Volksschulen im Landkreis: 65
    mit insgesamt Klassen: 230
    Jungen: 4013
    Mädchen: 3931
    Lehrer: 134
    Lehrerinnen: 33
Land- und forstwirtschaftliche Betriebe:
    Größe 0,5–5 ha: 2570
    5–10 ha: 1090
    10–20 ha: 871
    20–100 ha: 510
    über 100 ha: 37

Personen in der Land- und Forstwirtschaft tätig: 12 343
    in Industrie und Handwerk: 32 823
    in Handel und Verkehr: 5617
Der ganze Kreis mit allen Städten gehörte nach 1945 zur
DDR; ab 3. Dezember 1990 zur Bundesrepublik Deutsch-
land gehörig.

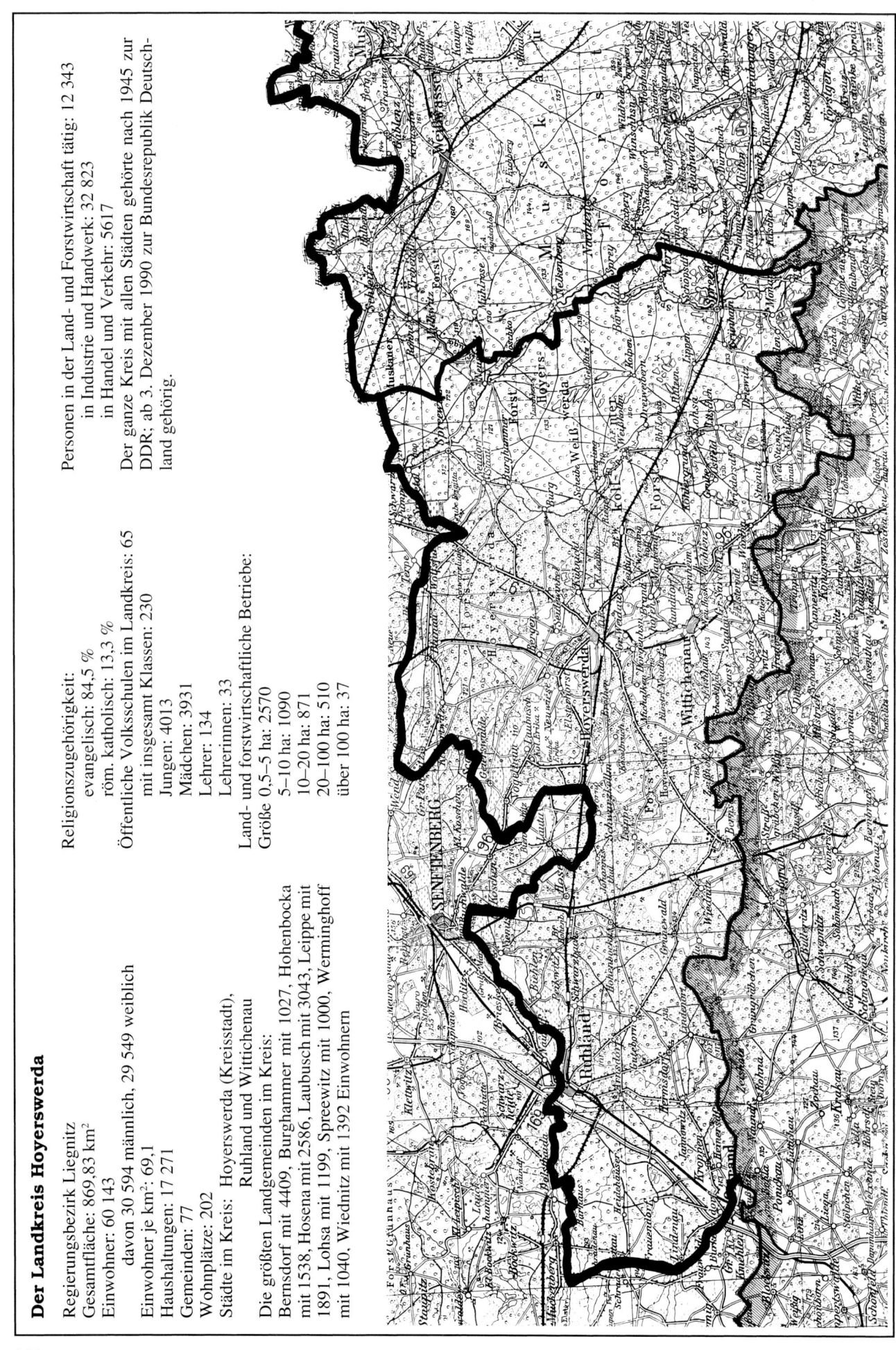

Der Landkreis Jauer

Regierungsbezirk Liegnitz
Gesamtfläche: 610,31 km^2
Einwohner: 58 994
     davon 28 385 männlich, 30 609 weiblich
Einwohner je km^2: 96,7
Haushaltungen: 17 034
Gemeinden: 74
Wohnplätze: 171
Städte im Kreis: Jauer (Kreisstadt),
          Bolkenhain, Hohenfriedeberg
Die größten Landgemeinden im Kreis:
Alt Jauer mit 1335, Bersdorf mit 1074, Hertwigswaldau mit 1072, Leipe mit 1202, Peterwitz mit 1286, Poischwitz mit 2011, Rohnstock mit 1006, Seitendorf mit 1040, Würgsdorf mit 1261 Einwohnern

Religionszugehörigkeit:
    evangelisch: 77,0 %
    röm. katholisch: 20,7 %
Öffentliche Volksschulen im Landkreis: 88
    mit insgesamt Klassen: 237
    Jungen: 4156
    Mädchen: 4132
    Lehrer: 148
    Lehrerinnen: 29
Land- und forstwirtschaftliche Betriebe:
Größe 0,5–5 ha: 1073
    5–10 ha: 1106
    10–20 ha: 602
    20–100 ha: 440
    über 100 ha: 71
Personen in der Land- und Forstwirtschaft tätig: 19 435
    in Industrie und Handwerk: 21 397
    in Handel und Verkehr: 4901
Patenschaft für den Kreis: Stadt Herne

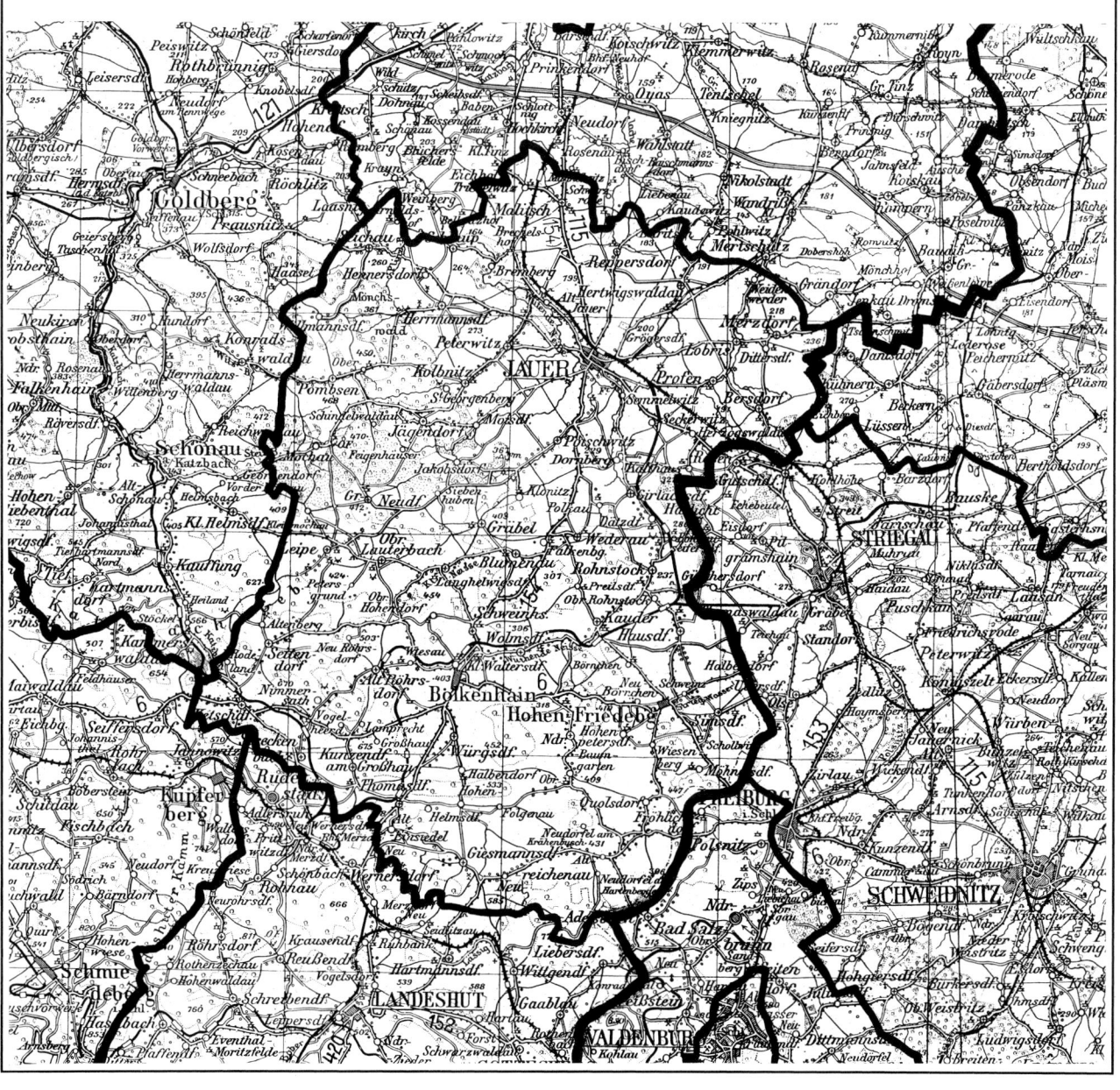

Der Landkreis Kreuzburg O.S.

Regierungsbezirk Oppeln
Gesamtfläche: 555,08 km^2
Einwohner: 51 485
      davon 24 978 männlich, 26 507 weiblich
Einwohner je km^2: 92,8
Haushaltungen: 13 560
Gemeinden: 66
Wohnplätze: 205
Städte im Kreis: Kreuzburg O. S. (Kreisstadt),
              Konstadt und Pitschen
Die größten Landgemeinden im Kreis:
Bankau mit 1052, Bienendorf mit 1164, Kuhnau mit
2377, Nassadel mit 1127, Ober Ellgut mit 1165, Ober-
weiden O. S. mit 1302, Reinersdorf mit 1034, Simmen-
au mit 1095 Einwohnern
Religionszugehörigkeit:
      evangelisch: 62,0 %
      röm. katholisch: 37,1 %

Öffentliche Volksschulen im Landkreis: 61
      mit insgesamt Klassen: 204
      Jungen: 3796
      Mädchen: 3715
      Lehrer: 140
      Lehrerinnen: 26
Land- und forstwirtschaftliche Betriebe:
Größe 0,5–5 ha: 1496
      5–10 ha: 1054
      10–20 ha: 748
      20–100 ha: 215
      über 100 ha: 49
Personen in der Land- und Forstwirtschaft tätig: 18 747
      in Industrie und Handwerk: 12 697
      in Handel und Verkehr: 6733
Patenschaft für den Kreis: Stadt Göttingen

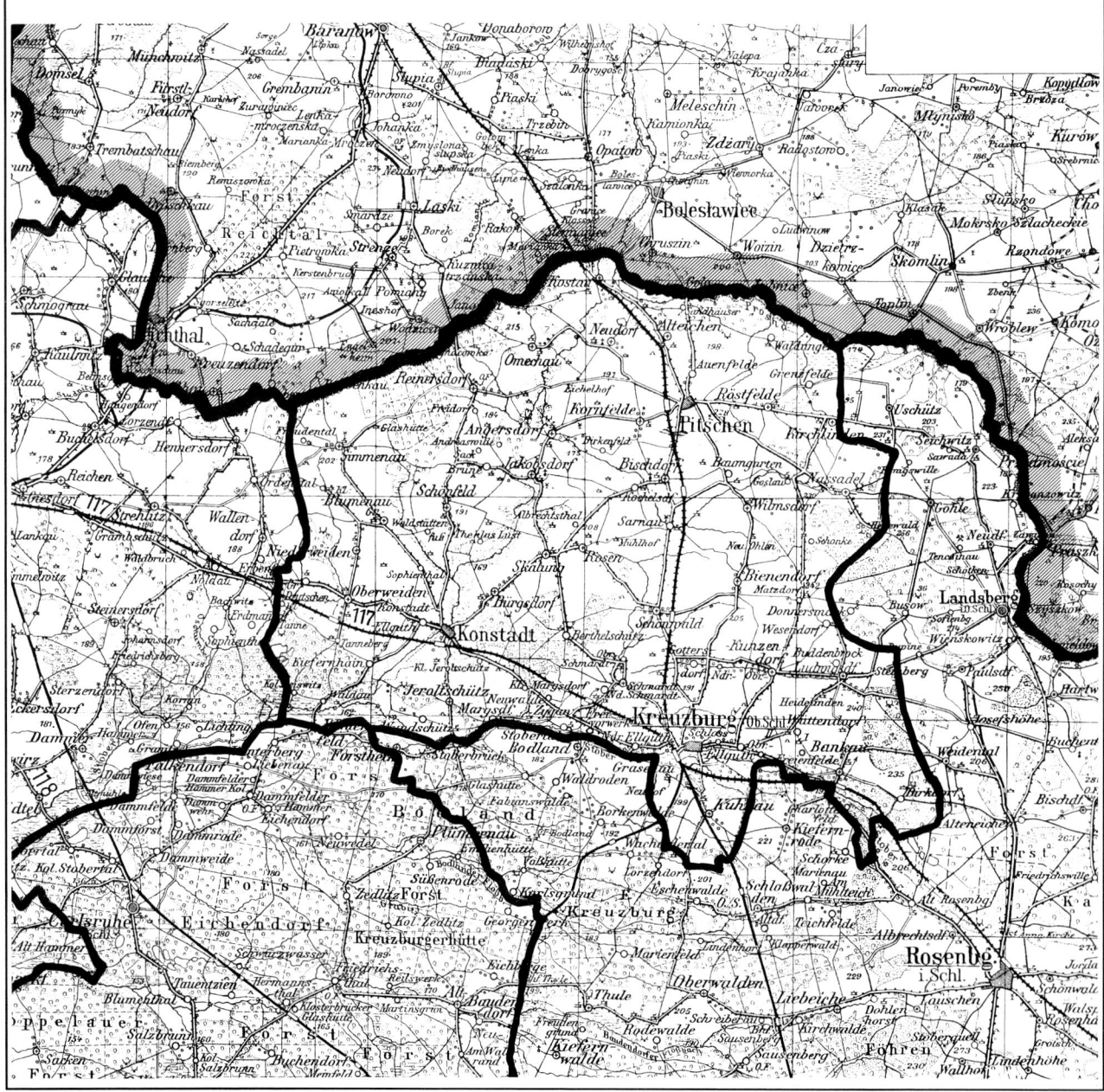

Der Landkreis Löwenberg i. Schl.

Regierungsbezirk Liegnitz
Gesamtfläche: 744, 25 km²
Einwohner: 63 476
       davon 30 278 männlich, 33 198 weiblich
Einwohner je km²: 85,3
Haushaltungen: 17 757
Gemeinden: 83
Wohnplätze: 207
Städte im Kreis: Löwenberg (Kreisstadt), Friedeberg
       (Isergeb.), Greiffenberg Schl., Lähn,
       Liebenthal
Die größten Landgemeinden im Kreis:
Bad Flinsberg mit 2803, Krummöls mit 1061, Langenau
mit 1051, Langwasser mit 1026, Neuland mit 1593,
Ober Görisseiffen mit 1347, Plagwitz mit 1868, Rabis-
hau mit 1373, Schmottseiffen mit 1786, Schosdorf mit
2497, Welkersdorf mit 1007 Einwohnern

Religionszugehörigkeit:
    evangelisch: 72,6 %
    röm. katholisch: 25,7 %
Öffentliche Volksschulen im Landkreis: 105
    mit insgesamt Klasen: 255
    Jungen: 4290
    Mädchen: 3951
    Lehrer: 166
    Lehrerinnen: 22
Land- und forstwirtschaftliche Betriebe:
Größe: 0,5–5 ha: 2999
    5–10 ha: 1814
    10–20 ha: 762
    20–100 ha: 542
    über 100 ha: 45
Personen in der Land- und Forstwirtschaft tätig: 23 340
    in Industrie und Handwerk: 20 322
    in Handel und Verkehr: 6390

Im Kreisgebiet Leinengewerbe um Greiffenberg mit der „Schlesischen Blaudruckerei", Züchtereien von Rindvieh, Schweinen, Pferden und Schafen. Obstanbau von Kirschen und Äpfeln (Staßenalleen). Holzbetriebe mit Sägewerken, Möbelschreinereien, Kisten- und Papierfabriken, Chemische Industrie in Schoßdorf.

Schlösser in Braunau, Holstein, Neuland, Neundorf, Langenau, Matzdorf, Plagwitz, Waltersdorf, Welkersdorf und Zobten

Patenschaft für den Kreis: Landkreis Hannover

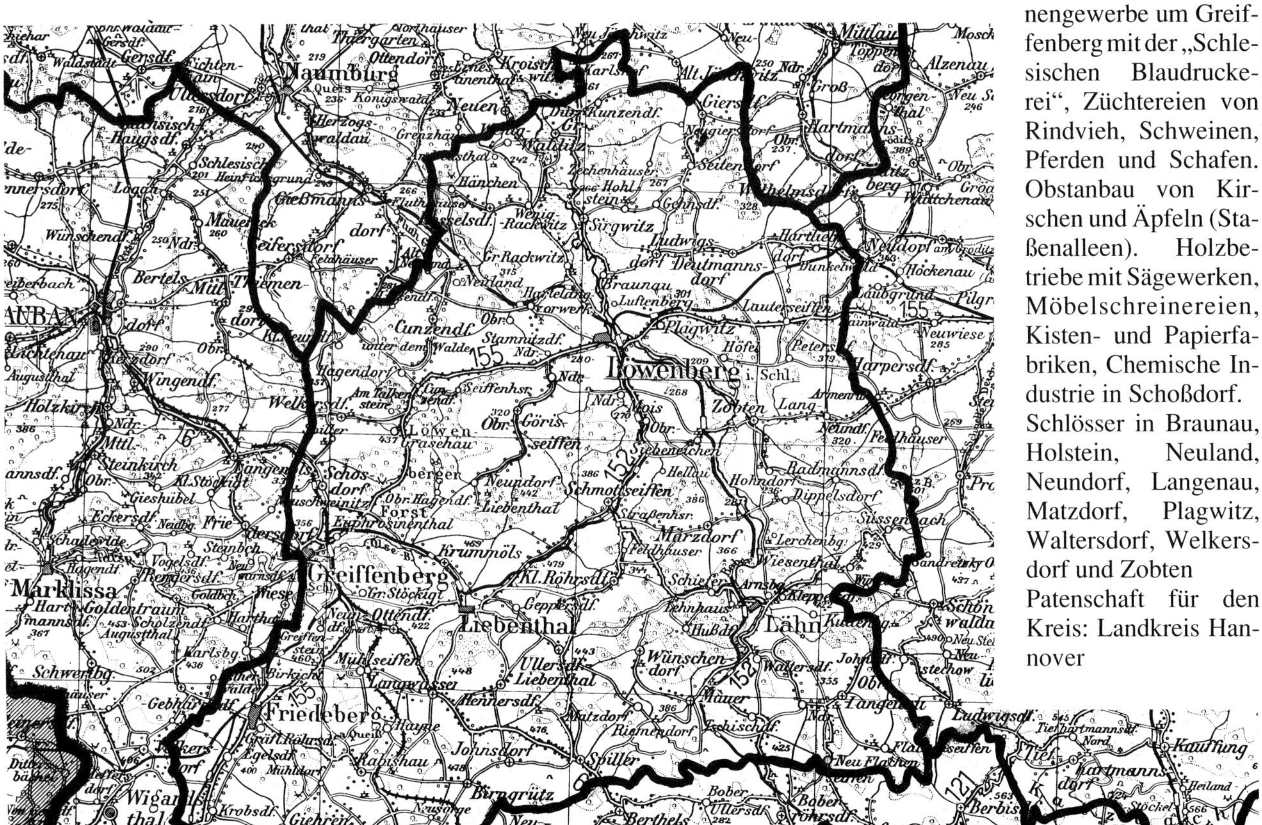

Der Landkreis Lüben

Regierungsbezirk Liegnitz
Gesamtfläche: 712,90 km^2
Einwohner: 40 461
       davon 20 444 männlich, 20 017 weiblich
Einwohner je km^2: 56,8
Haushaltungen: 38 742
Gemeinden: 62
Wohnplätze: 176
Städte im Kreis: Lüben (Kreisstadt),
                Kotzenau, Raudten
Die größten Landgemeinden im Kreis:
Gläsersdorf mit 906, Groß Kotzenau mit 1396, Her-
zogswaldau mit 1063, Mühlrädlitz mit 924, Seebnitz mit
944 Einwohnern
Religionszugehörigkeit:
    evangelisch: 84,0 %
    röm. katholisch: 14,2 %

Öffentliche Volksschulen im Landkreis: 64
    mit insgesamt Klassen: 164
    Jungen: 2710
    Mädchen: 2588
    Lehrer: 98
    Lehrerinnen: 21
Land- und forstwirtschaftliche Betriebe:
Größe 0,5–5 ha: 954
     5–10 ha: 851
    10–20 ha: 821
    20–100 ha: 334
    über 100 ha: 71
Personen in der Land- und Forstwirtschaft tätig: 15 768
    in Industrie und Handwerk: 9856
    in Handel und Verkehr: 2962
Patenschaft für den Kreis: Rhein-Lahn-Kreis (Bad Ems)

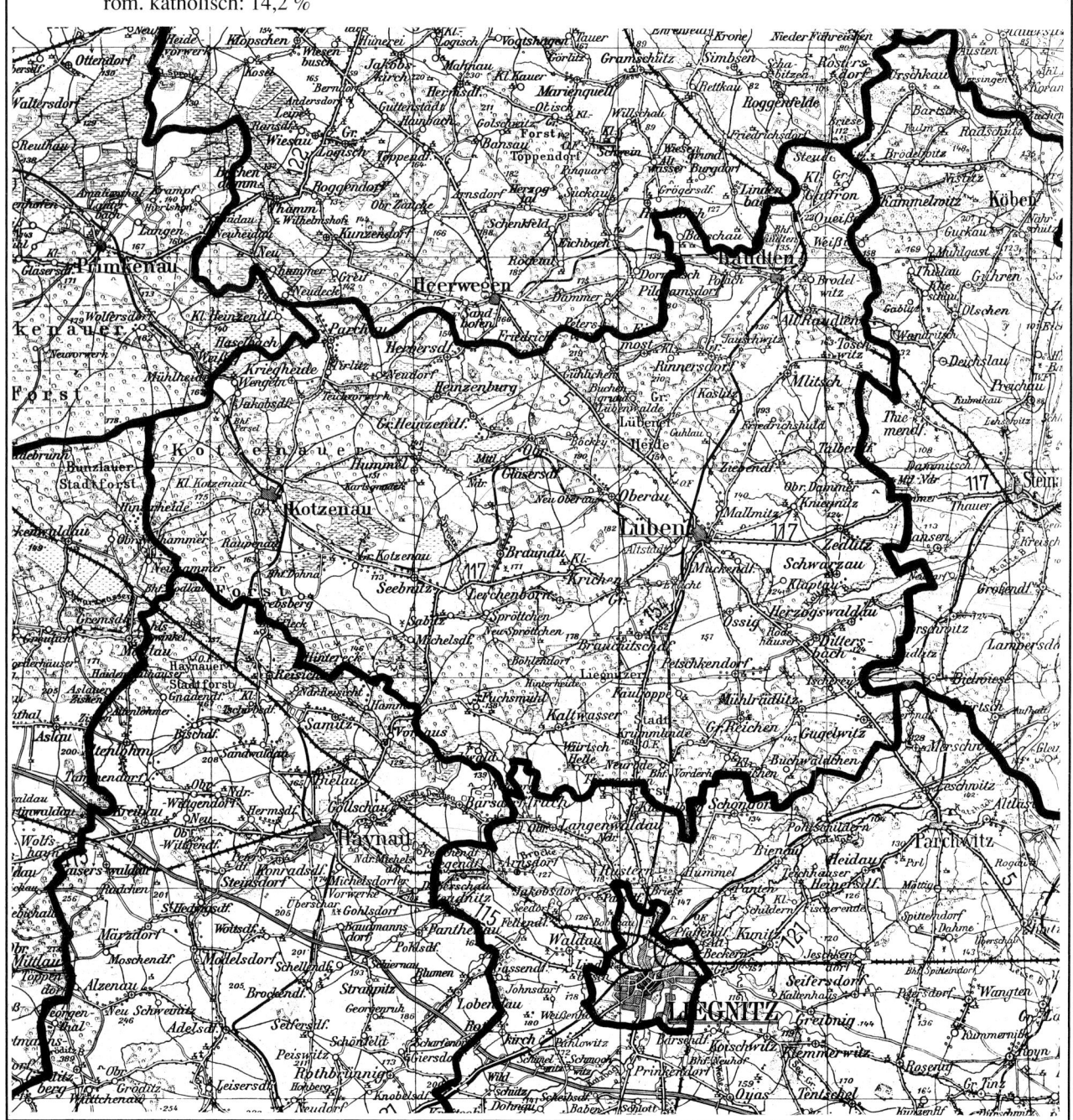

Der Landkreis Ohlau

Regierungsbezirk Beslau
Gesamtfläche: 559,75 km²
Einwohner: 53 187
      davon 26 186 männlich, 27 001 weiblich
Einwohner je km²: 95,0
Haushaltungen: 14 744
Gemeinden: 87
Wohnplätze: 183
Städte im Kreis: Ohlau (Kreisstadt)
Die größten Landgemeinden im Kreis:
Jeltsch mit 1307, Märzdorf mit 1364, Markstädt mit
1357, Minken mit 1151, Peisterwitz mit 3534, Rattwitz
mit 1689, Steindorf mit 1616, Thomaskirch mit 1075,
Zottwitz mit 1030 Einwohnern
Religionszugehörigkeit:
      evangelisch: 64,7 %
      röm. katholisch: 34,3 %

Öffentliche Volksschulen im Landkreis: 76
      mit insgesamt Klassen: 226
      Jungen: 4213
      Mädchen: 4066
      Lehrer: 137
      Lehrerinnen: 31
Land- und forstwirtschaftliche Betriebe:
Größe: 0,5–5 ha: 1280
      5–10 ha: 1020
      10–20 ha: 645
      20–100 ha: 387
      über 100 ha: 56
Personen in der Land- und Forstwirtschaft tätig: 18 821
      in Industrie und Handwerk: 16 016
      in Handel und Verkehr: 6550
Patenschaft für den Kreis: Stadt Iserlohn

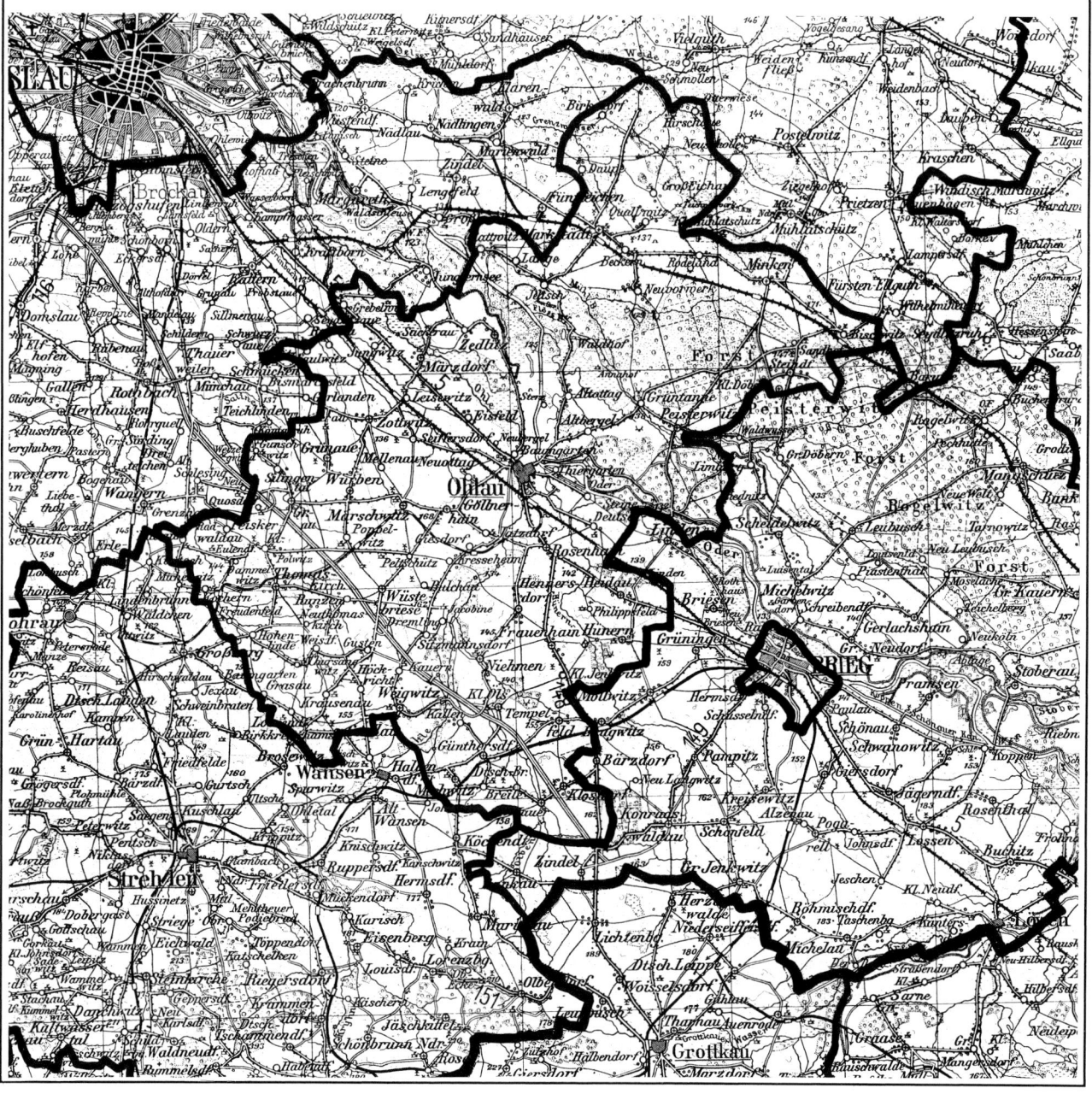

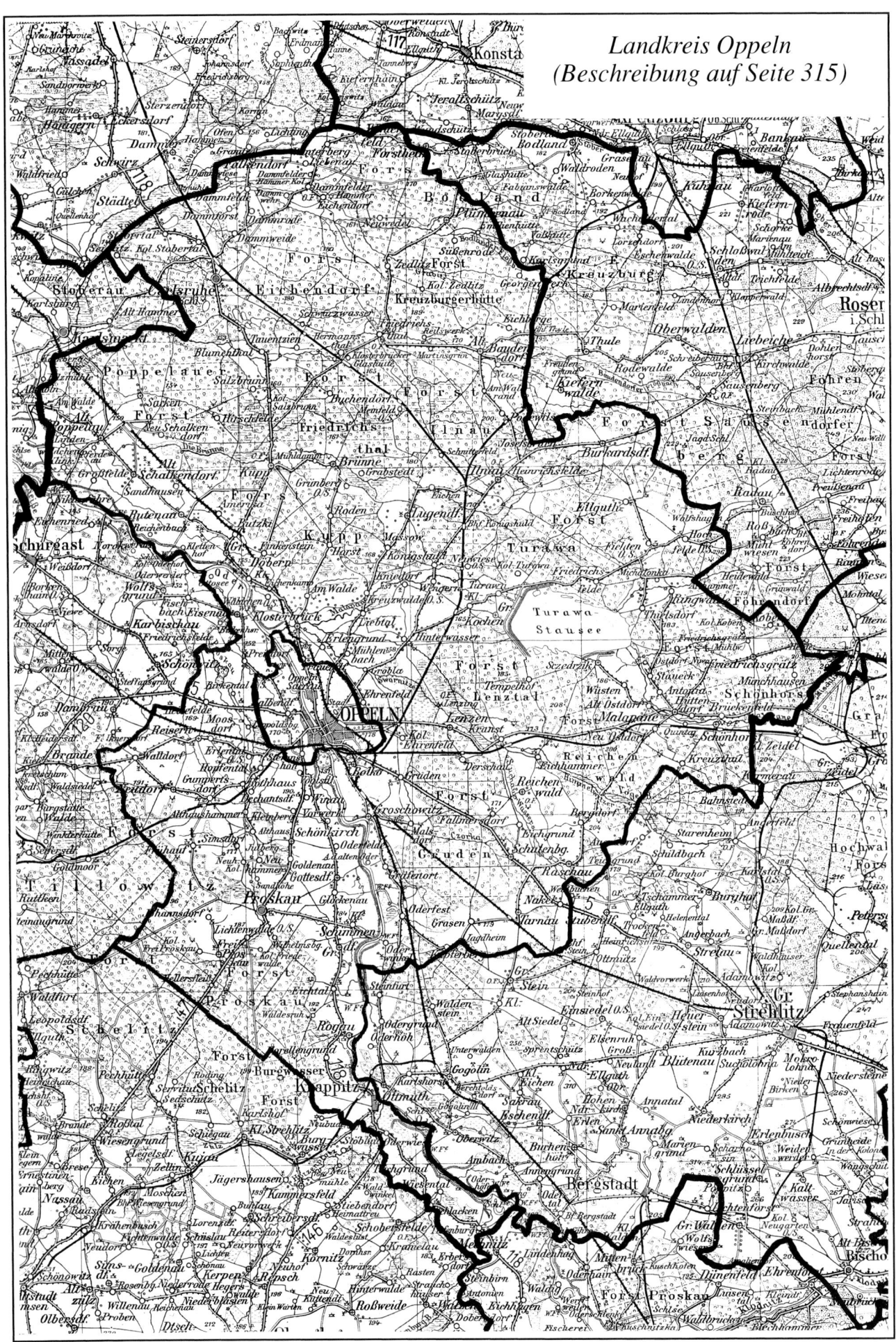

Der Landkreis Oppeln

Regierungsbezirk Oppeln
Gesamtfläche: 1394,82 km², ohne Stadtkreis Oppeln
Einwohner: 145 087
          davon 69 797 männlich, 75 290 weiblich
Einwohner je km²: 104,0
Haushaltungen: 37 230
Gemeinden: 124
Wohnplätze: 334
Städte im Kreis: Krappitz
                    (Kreisbehörden in Oppeln)
Die größten Landgemeinden im Kreis:
Viele Landgemeinden bis 2000 Einwohner. Alt Poppel-
au mit 2938, Bolko mit 8347, Carlsruhe O. S. mit 2829,
Döbern O. S. mit 4221, Ehrenfeld mit 4270, Groscho-
witz mit 3780, Gruden mit 2195, Gumpertsdorf mit
2175, Klosterbrück mit 3533, Lugendorf mit 3001,
Malapane mit 3998, Proskau mit 2489, Rutenau mit
3334, Schalkendorf mit 3209 Einwohnern

Religionszugehörigkeit:
     evangelisch: 8,1 %
     röm. katholisch: 91,5 %
Öffentliche Volksschulen im Landkreis: 149
     mit insgesamt Klassen: 545
     Jungen: 12 967
     Mädchen: 12 442
     Lehrer: 428
     Lehrerinnen: 71
Land- und forstwirtschaftliche Betriebe:
Größe 0,5–5 ha: 12 063
       5–10 ha: 2551
       10–20 ha: 1283
       20–100 ha: 142
       über 100 ha: 30
Personen in der Land- und Forstwirtschaft tätig: 41 531
     in Industrie und Handwerk: 58 454
     in Handel und Verkehr: 18 131
Patenschaft für den Kreis: Stadt Bonn

Der Landkreis Ratibor

mit Hultschiner Ländchen
Regierungsbezirk Oppeln
Gesamtfläche: 818,38 km², ohne Stadtkreis Ratibor
Einwohner: 115 720
          davon 54 171 männlich, 61 549 weiblich
Einwohner je km²: 141,4
Haushaltungen: 30 561
Gemeinden: 96
Wohnplätze: 274
Städte im Kreis: Hultschin (Kreisbehörden in Ratibor)
Die größten Landgemeinden im Kreis:
Viele Gemeinden bis 2000 Einwohner. Bolatitz mit
2409, Buchenau mit 2630, Deutsch Krawarn mit 3966,
Groß Peterwitz mit 3174, Groß Rauden mit 2486, Kö-
berwitz mit 2077, Kranstädt mit 3872, Ludgerstal mit
3880, Markdorf mit 2606, Petershofen mit 2950, Rati-
borhammer mit 3521, Ruderswald mit 3185, Tunskirch
mit 3179 Einwohnern
Religionszugehörigkeit:
     evangelisch: 1,4 %
     röm. katholisch: 98,4 %

Öffentliche Volksschulen im Landkreis: 104
     mit insgesamt Klassen: 480
     Jungen: 10 120
     Mädchen: 9982
     Lehrer: 278
     Lehrerinnen: 146
Land- und forstwirtschaftliche Betriebe:
Größe 0,5–5 ha: 9412
       5–10 ha: 1380
       10–20 ha: 810
       20–100 ha: 124
       über 100 ha: 56
Personen in der Land- und Forstwirtschaft tätig: 36 394
     in Industrie und Handwerk: 49 298
     in Handel und Verkehr: 8442
Das Hultschiner Ländchen mit rd. 317 km² Fläche und
ca. 50 000 Einwohnern mußte 1920 an die Tschecho-
slowakei abgetreten werden und kam 1938 wieder zum
Kreis Ratibor.
Patenschaft für den Kreis: Stadt Leverkusen

Kreiskarte auf Seite 316

Landkreis Ratibor mit Hultschiner Ländchen
(Beschreibung auf Seite 315)

Hultschiner
Ländchen

Tschecho-
slowakei

Polen

Der Landkreis Reichenbach (Eulengeb.)

Regierungsbezirk Breslau
Gesamtfläche: 545,93 km²
Einwohner: 85 428
      davon 39 753 männlich, 45 675 weiblich
Einwohner je km²: 156,5
Haushaltungen: 27 129
Gemeinden: 60
Wohnplätze: 146
Städte im Kreis: Reichenbach/Eulengeb. (Kreisstadt),
                Langenbielau, Nimptsch
Die größten Landgemeinden im Kreis:
Faulbrück mit 1475, Gnadenfrei mit 5904, Groß
Kniegnitz mit 1028, Heidersdorf mit 2151, Jordansmühl
mit 1278, Langenöls mit 1128, Langseifersdorf mit
1530, Peilau mit 1884, Peterswaldau (Eulengeb.) mit
6976, Steinseifersdorf mit 1416, Weigelsdorf (Eulen-
geb.) mit 2292 Einwohnern

Religionszugehörigkeit:
    evangelisch: 71,6 %
    röm. katholisch: 25,0 %
Öffentliche Voksschulen im Landkreis: 81
    mit insgesamt Klassen: 300
    Jungen: 5718
    Mädchen: 5728
    Lehrer: 193
    Lehrerinnen: 46
Land- und forstwirtschaftliche Betriebe:
Größe 0,5–5 ha: 953
      5–10 ha: 650
      10–20 ha: 472
      20–100 ha: 362
      über 100 ha: 85
Personen in der Land- und Forstwirtschaft tätig: 18 324
    in Industrie und Handwerk: 37 484
    in Handel und Verkehr: 8076
Patenschaft für den Kreis: Kreis Warendorf

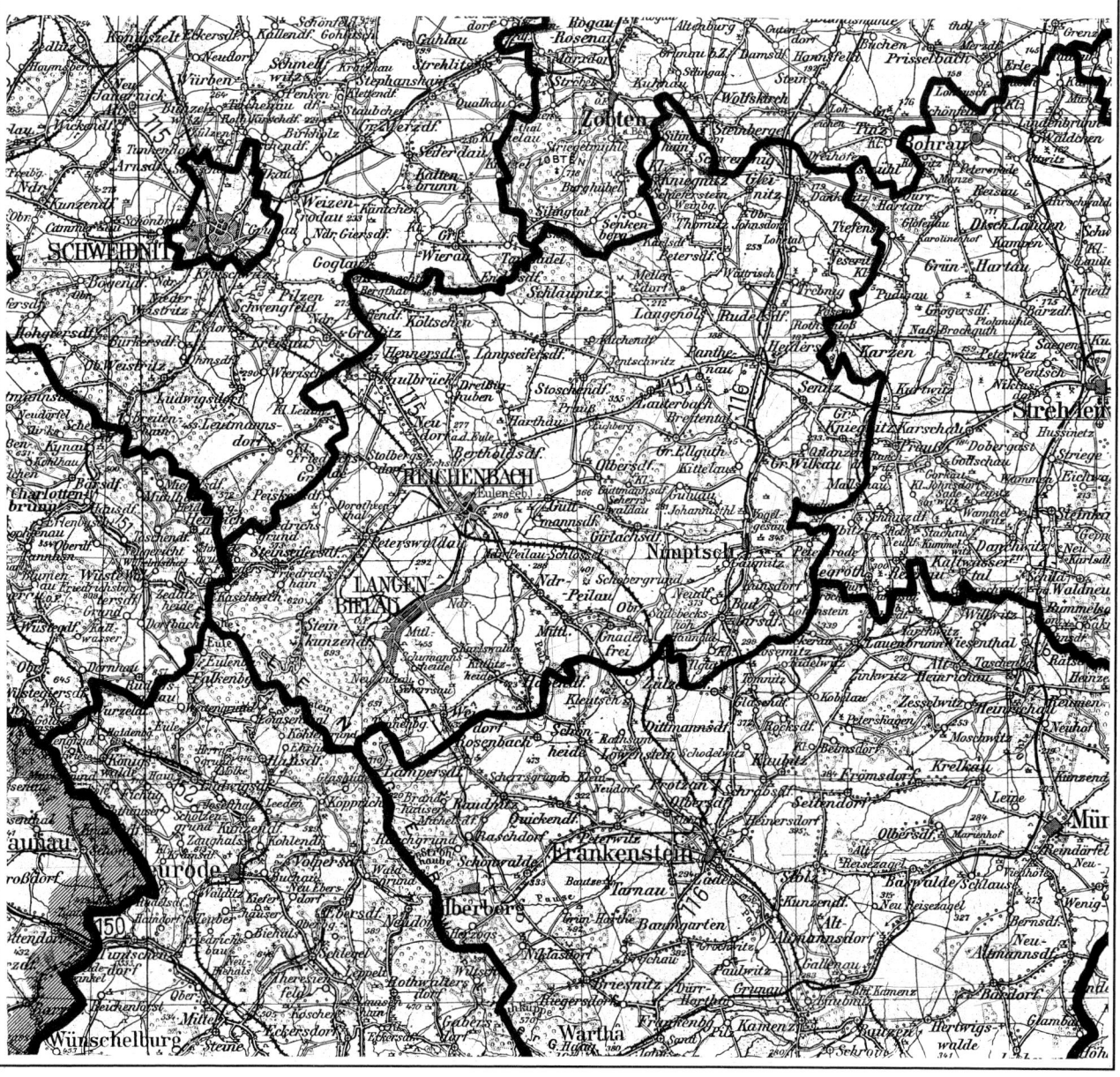

Der Landkreis Rosenberg O.S.

Regierungsbezirk Oppeln
Gesamtfläche: 892,64 km^2
Einwohner: 57 265
        davon 27 721 männlich, 29 544 weiblich
Einwohner je km^2: 64,2
Haushaltungen: 13 765
Gemeinden: 29
Wohnplätze: 317
Städte im Kreis: Rosenberg O.S. (Kreisstadt)
        und Landsberg O.S
Die größten Landgemeinden im Kreis:
Viele Gemeinden bis 2000 Einwohner. Ammern O.S.
mit 2595, Bodland mit 3420, Borkenwalde mit 2124,
Brückenort mit 2146, Föhrendorf mit 2023, Grunsruh
mit 2989, Kirchwalde mit 2253, Paulsdorf mit 2017,
Schloßwalden mit 2585, Wittenau-Richterstal mit 2854
Einwohnern

Religionszugehörigkeit:
    evangelisch: 9,6 %
    röm. katholisch: 90,1 %
Öffentliche Volksschulen im Landkreis: 84
    mit insgesamt Klassen: 250
    Jungen: 5204
    Mädchen: 5053
    Lehrer: 189
    Lehrerinnen: 26
Land- und forstwirtschaftliche Betriebe:
Größe 0,5–5 ha: 3226
    5–10 ha: 1868
    10–20 ha: 950
    20–100 ha: 195
    über 100 ha: 35
Personen in der Land- und Forstwirtschaft tätig: 27 618
    in Industrie und Handwerk: 14 703
    in Handel und Verkehr: 3690
Patenschaft für den Kreis: Hochsauerlandkreis (Me-
schede)

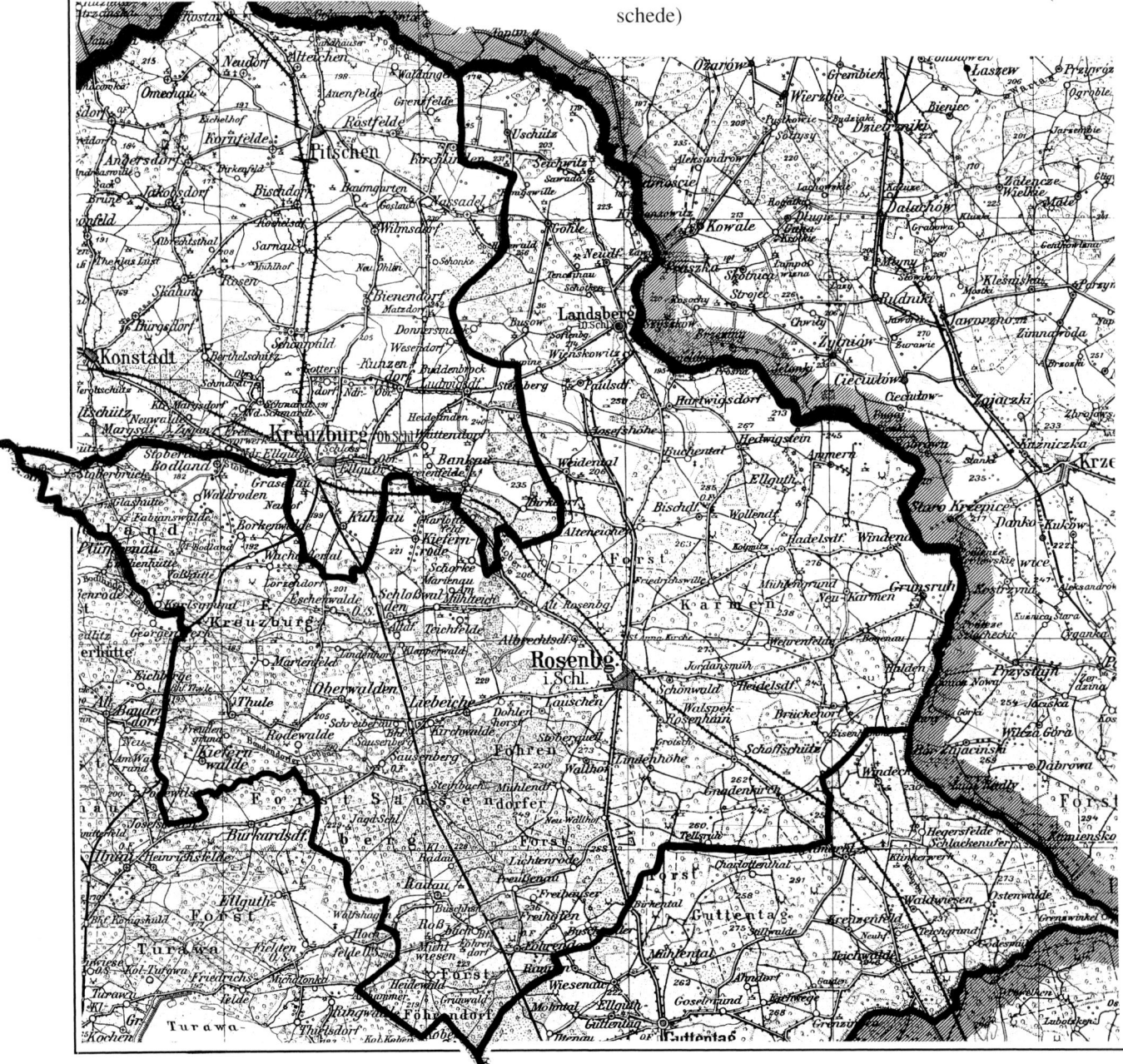

Der Landkreis Rothenburg (Ob. Laus.)

Regierungsbezirk Liegnitz
Gesamtfläche: 1333,07 km²
Einwohner: 92 337
      davon 46 088 männlich, 46 249 weiblich
Einwohner je km²: 69,3
Haushaltungen: 27 330
Gemeinden: 110
Wohnplätze: 350
Städte im Kreis: Rothenburg Ob. Laus. (Kreisstadt),
      Muskau, Niesky, Priebus (Schles.),
      Weißwasser
Die größten Landgemeinden im Kreis:
Berg mit 1168, Birkenstedt mit 1739, Gablenz mit 1501,
Klitten mit 1265, Kodersdorf mit 2046, Krauschwitz mit
2537, Lugknitz mit 1856, Nieder Seifersdorf mit 1063,
Rietschen mit 2038, Sänitz mit 1183, Sagar mit 1114,
Schleife mit 1704, See mit 1648, Wehrkirch mit 1947,
Weißkeißel mit 1324, Zoblitz-Lodenau mit 1139 Ein-
wohnern
Religionszugehörigkeit:
      evangelisch: 88,2 %
      röm. katholisch: 6,8 %

Öffentliche Volksschulen im Landkreis: 100
      mit insgesamt Klassen: 345
      Jungen: 5702
      Mädchen: 5524
      Lehrer: 194
      Lehrerinnen: 71
Land- und forstwirtschaftliche Betriebe:
Größe 0,5–5 ha: 4675
      5–10 ha: 1835
      10–20 ha: 1065
      20–100 ha: 441
      über 100 ha: 99
Personen in der Land- und Forstwirtschaft tätig: 21 943
      in Industrie und Handwerk: 45 890
      in Handel und Verkehr: 7169
Fast der ganze alte Kreis Rotenburg (Ob. Laus.), da
westlich der Laustitzer Neiße gelegen, blieb deutsch und
gehörte zur DDR; seit dem 3. Okt. 1990 gehört der Teil
zur Bundesrepublik Deutschland. Der kleinere, östlich
der Lausitzer Neiße gelegene Teil, kam 1945 unter polnische Verwaltung – einschl. Stadt Priebus.
Patenschaft für den Kreis: keine

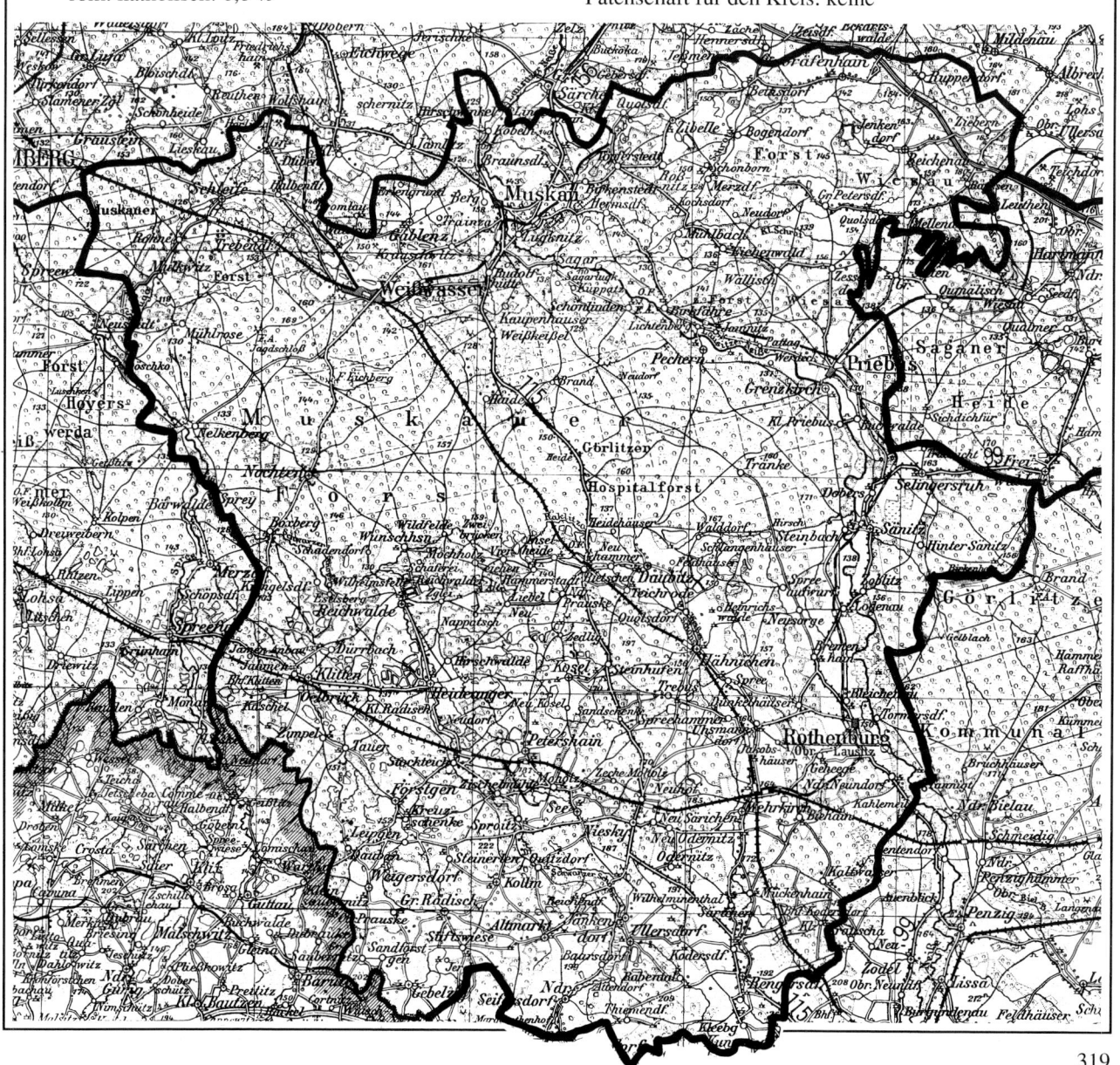

Der Landkreis Schweidnitz

Regierungsbezirk Breslau
Gesamtfläche: 639,00 km², ohne Stadtkreis Schweidnitz
Einwohner: 94 855
      davon 45 957 männlich, 48 898 weiblich
Einwohner je km²: 148,4
Haushaltungen: 28 207
Gemeinden: 105
Wohnplätze: 202
Städte im Kreis: Freiburg i. Schl., Striegau
      (Kreisbehörden in Schweidnitz)
Die größten Landgemeinden im Kreis:
Gräben mit 1701, Gräditz mit 1146, Groß Rosen mit 1855, Gutschdorf mit 1760, Häslicht mit 1558, Järischau mit 1308, Königszelt mit 3866, Konradswaldau mit 1365, Kunzendorf mit 1226, Laasan mit 1299, Leutmannsdorf mit 2922, Niederbögendorf mit 1400, Ölse mit 1179, Peterwitz mit 1159, Saarau mit 3573, Schönbrunn mit 1126, Standorf mit 1753, Weizenrodau mit 1357, Würben mit 1047, Zirlau mit 2013 Einwohnern

Religionszugehörigkeit:
    evangelisch: 66,3 %
    röm. katholisch: 28,6 %
Öffentliche Volksschulen im Landkreis: 123
    mit insgesamt Klassen: 381
    Jungen: 6687
    Mädchen: 6675
    Lehrer: 229
    Lehrerinnen: 54
Land- und forstwirtschaftliche Betriebe:
Größe 0,5–5 ha: 949
    5–10 ha: 846
    10–20 ha: 579
    20–100 ha: 530
    über 100 ha: 92
Personen in der Land- und Forstwirtschaft tätig: 21 960
    in Industrie und Handwerk: 39 502
    in Handel und Verkehr: 10 577
Patenschaft für den Kreis: Stadt Reutlingen

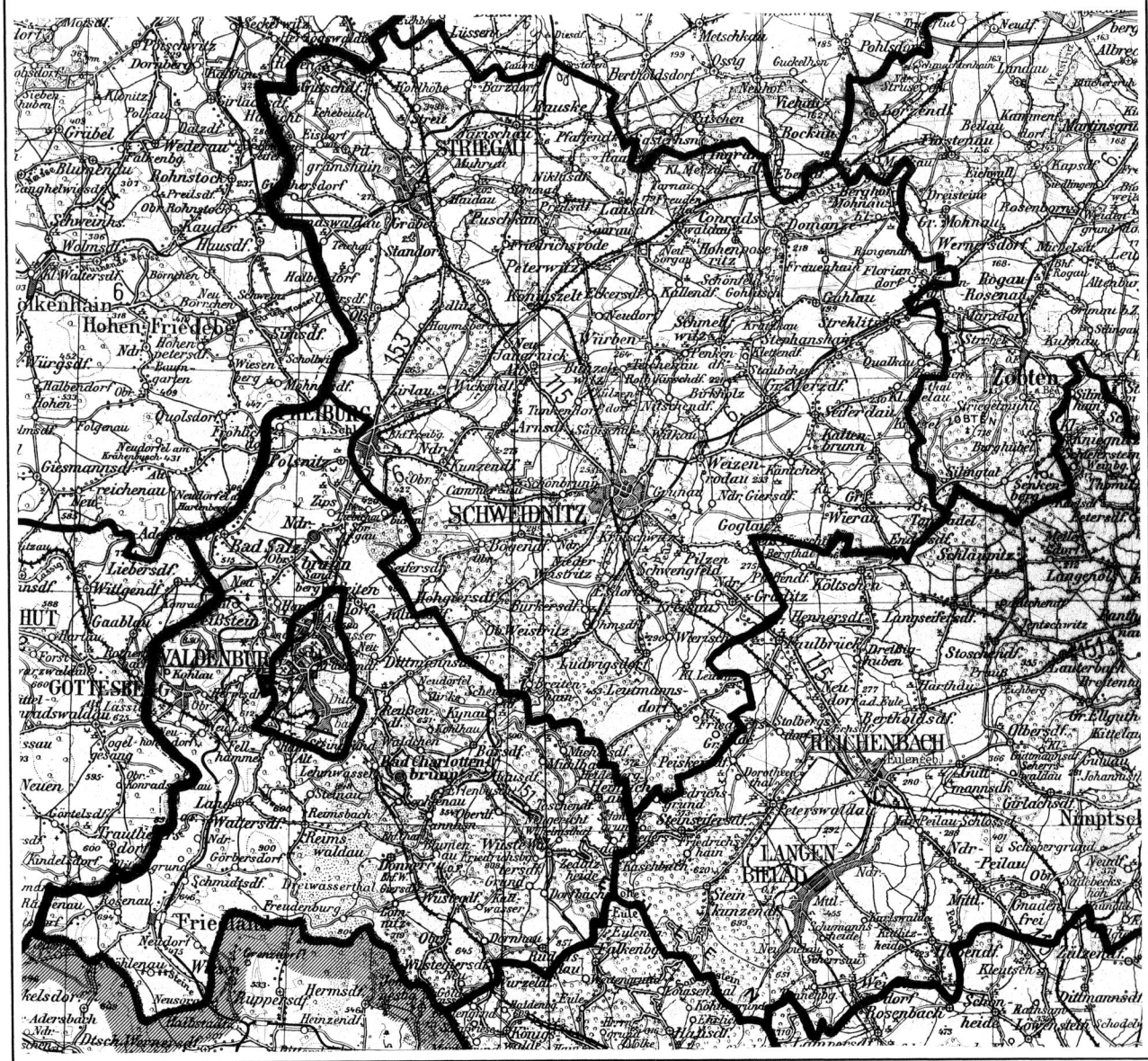

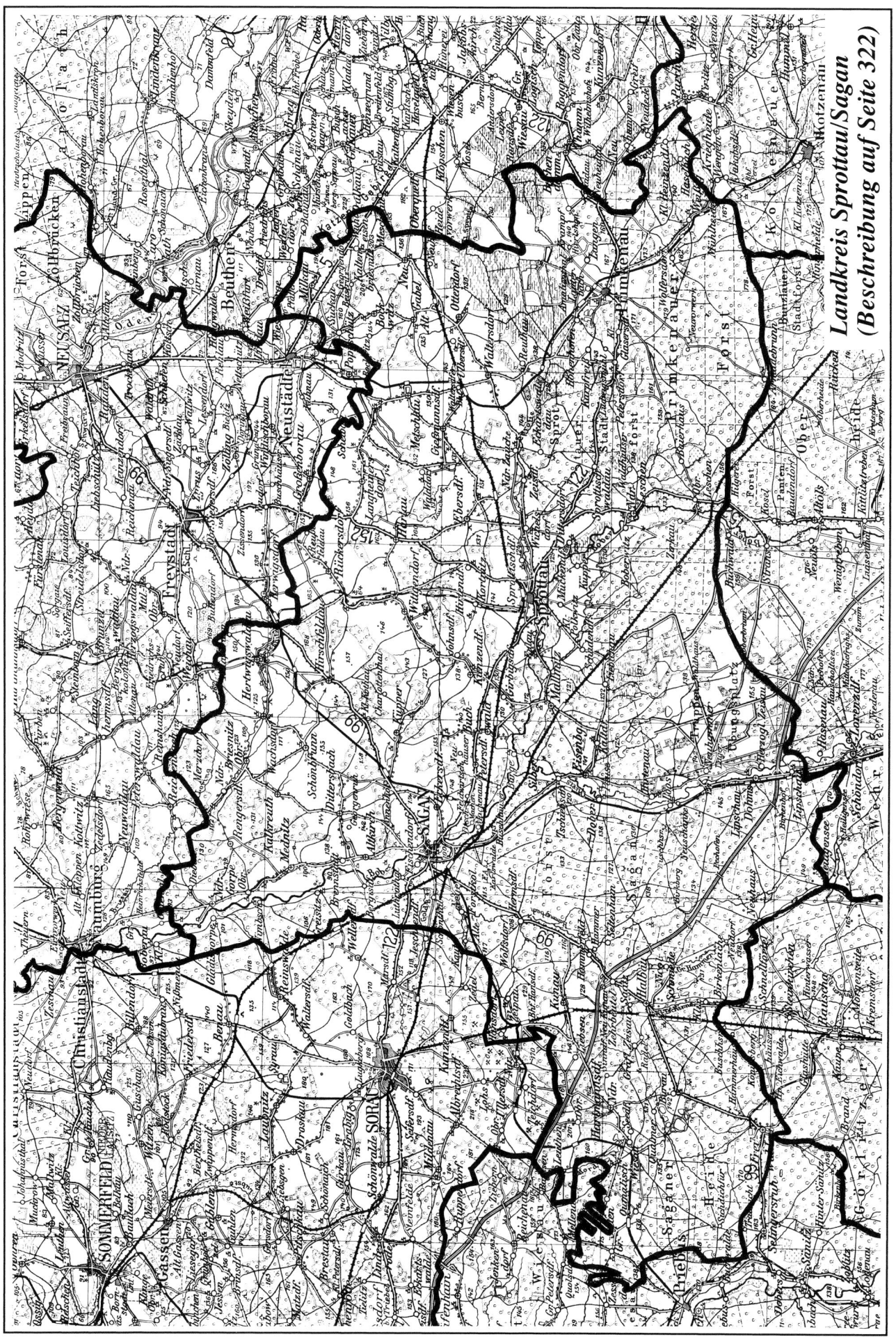

Landkreis Sprottau/Sagan
(Beschreibung auf Seite 322)

Der Landkreis Sprottau/Sagan
(Kreiskarte auf Seite 321)

Regierungsbezirk Liegnitz
Gesamtfläche: 1461,44 km²
Einwohner: 101 711
      davon 52 506 männlich, 49 205 weiblich
Einwohner je km²: 69,6
Haushaltungen: 29 493
Gemeinden: 109
Wohnplätze: 285
Städte im Kreis: Sprottau, Sagan (Kreisstadt)
              Primkenau
Die größten Landgemeinden im Kreis:
Eckersdorf mit 1036, Freiwaldau mit 2938, Gießmanns-
dorf mit 1150, Halbau mit 3480, Küpper mit 1576, Lan-
gen mit 1689, Machenau mit 1746, Mallmitz mit 3210,
Neuhammer mit 1433, Nieder Hartmannsdorf mit 1136,
Ober Leschen mit 1589, Rückersdorf mit 1004, Walters-
dorf mit 1142, Wiesau mit 1172 Einwohnern

Religionszugehörigkeit:
    evangelisch: 81,1 %
    röm. katholisch: 16,5 %
Öffentliche Volksschulen im Landkreis: 116
    mit insgesamt Klassen: 342
    Jungen: 5790
    Mädchen: 5664
    Lehrer: 212
    Lehrerinnen: 47
Land- und forstwirtschaftliche Betriebe:
Größe 0,5–5 ha: 2384
      5–10 ha: 1462
     10–20 ha: 1303
    20–100 ha: 834
    über 100 ha: 101
Personen in der Land- und Forstwirtschaft tätig: 24 152
    in Industrie und Handwerk: 35 498
    in Handel und Verkehr: 10 687
Patenschaft für den Kreis: Kreis Lippe (Detmold)

Der Landkreis Strehlen

Regierungsbezirk Breslau
Gesamtfläche: 587,65 km²
Einwohner: 57 505
    davon 27 594 männlich, 29 911 weiblich

Einwohner je km²: 97,9
Haushaltungen: 16 094
Gemeinden: 115
Wohnplätze: 185
Städte im Kreis: Strehlen (Kreisstadt) und Wansen
Die größten Landgemeinden im Kreis:
Arnsdorf mit 637, Deutsch Lauden mit
721, Friedrichstein mit 1517, Großburg
mit 835, Markt Bohrau mit 905, Mehl-
thauer mit 885, Olbendorf mit 912, Prie-
born mit 926, Töppendorf mit 1452 Ein-
wohnern
Religionszugehörigkeit:
    evangelisch: 70,2 %
    röm. katholisch: 28,7 %
Öffentliche Volksschulen im
Landkreis: 84
    mit insgesamt Klassen: 238
    Jungen: 4633, Mädchen: 4464
    Lehrer: 156, Lehrerinnen: 33
Land-undforstwirtschaftliche Betriebe:
Größe 0,5–5 ha: 1117
    5–10 ha: 1076, 10–20 ha: 526
    20–100 ha: 303, über 100 ha: 102
Personen in der Land- und Forstwirt-
schaft tätig: 23 088
    in Industrie und Handwerk: 18 775
    in Handel und Verkehr: 4916
In Gurtsch Bäuerliche Werkschule und
Mühle. Steinbrüche bei Striege, Stein-
kirche, Geppersdorf, Schönbrunn, Gor-
kau. Kaolin- und Schamottewerk in
Geppersdorf. Marmorbrüche bei Prie-
born, Quarzschieferbruch bei Krum-
mendorf. Ziegelei in Wammen, Tabak-
fabrik in Wansen. Basaltbruch bei
Schmitzdorf. Molkerei in Saegen. Zuk-
kerfabrik in Niklasdorf.
Patenschaft für den Kreis: Stadt Herne

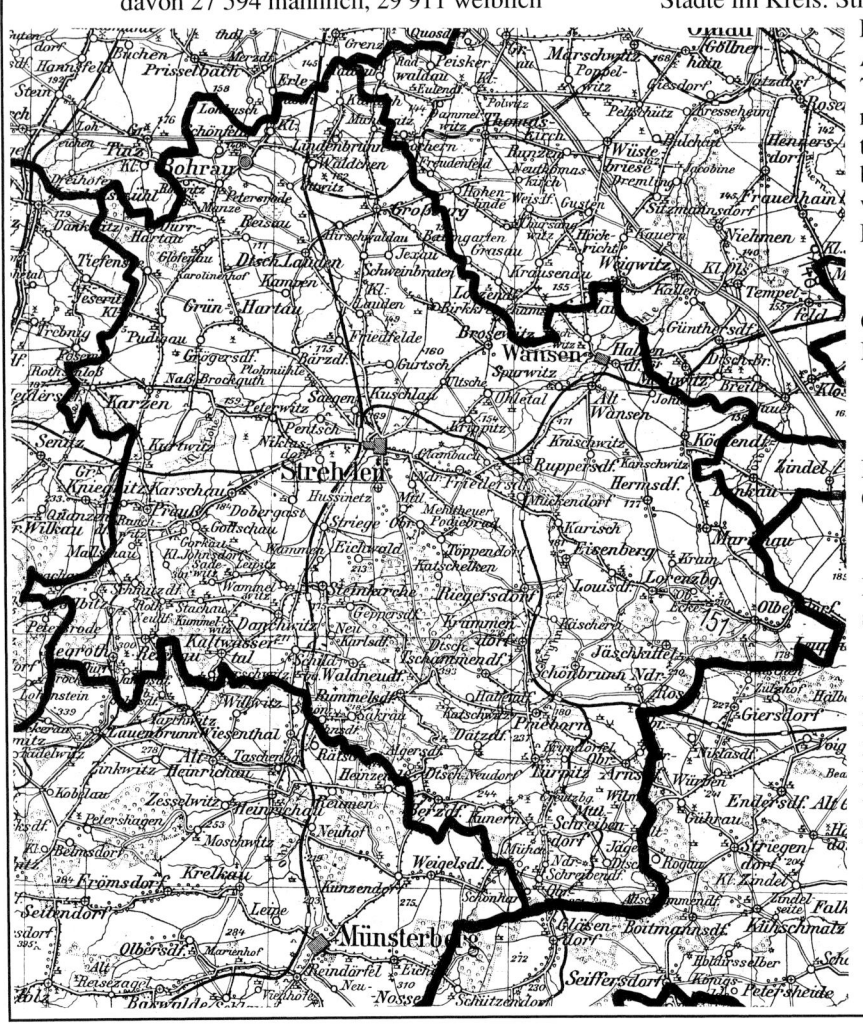

Der Landkreis Tost-Gleiwitz

Regierungsbezirk Oppeln
Gesamtfläche: 850,53 km², ohne Stadtkreis Geiwitz
Einwohner: 95 305
     davon 46 091 männlich, 49 214 weiblich
Einwohner je km²: 112,1
Haushaltungen: 23 413
Gemeinden: 89
Wohnplätze: 290
Städte im Kreis: Tost, Kieferstädtel, Peiskretscham
     (Kreisbehörden in Gleiwitz)
Die größten Landgemeiden im Kreis:
Viele Gemeinden bis 2000 Einwohner. Bilchengrund
mit 2394, Birkenau O. S. mit 2406, Haselgrund mit
2264, Horneck mit 2582, Laband mit 8152, Langendorf
mit 2076, Schönwald mit 5120, Stroppendorf mit 4345
Einwohnern
Religionszugehörigkeit:
     evangelisch: 3,0 %
     röm. katholisch: 96,4 %

Öffentliche Volksschulen im Landkreis: 87
     mit insgesamt Klassen: 363
     Jungen: 7920
     Mädchen: 7907
     Lehrer: 247
     Lehrerinnen: 65
Land- und forstwirtschaftliche Betriebe:
Größe 0,5–5 ha: 4370
     5–10 ha: 1840
     10–20 ha: 834
     20–100 ha: 94
     über 100 ha: 70
Personen in der Land- und Forstwirtschaft tätig: 28 183
     in Industrie und Handwerk: 38 674
     in Handel und Verkehr: 9871
Am 26. Oktober 1939 wurde der Landkreis Tost-Glei-
witz in den neugebildeten Regierungsbezirk Kattowitz
eingegliedert.
Patenschaft für den Kreis: Kreis Bottrop

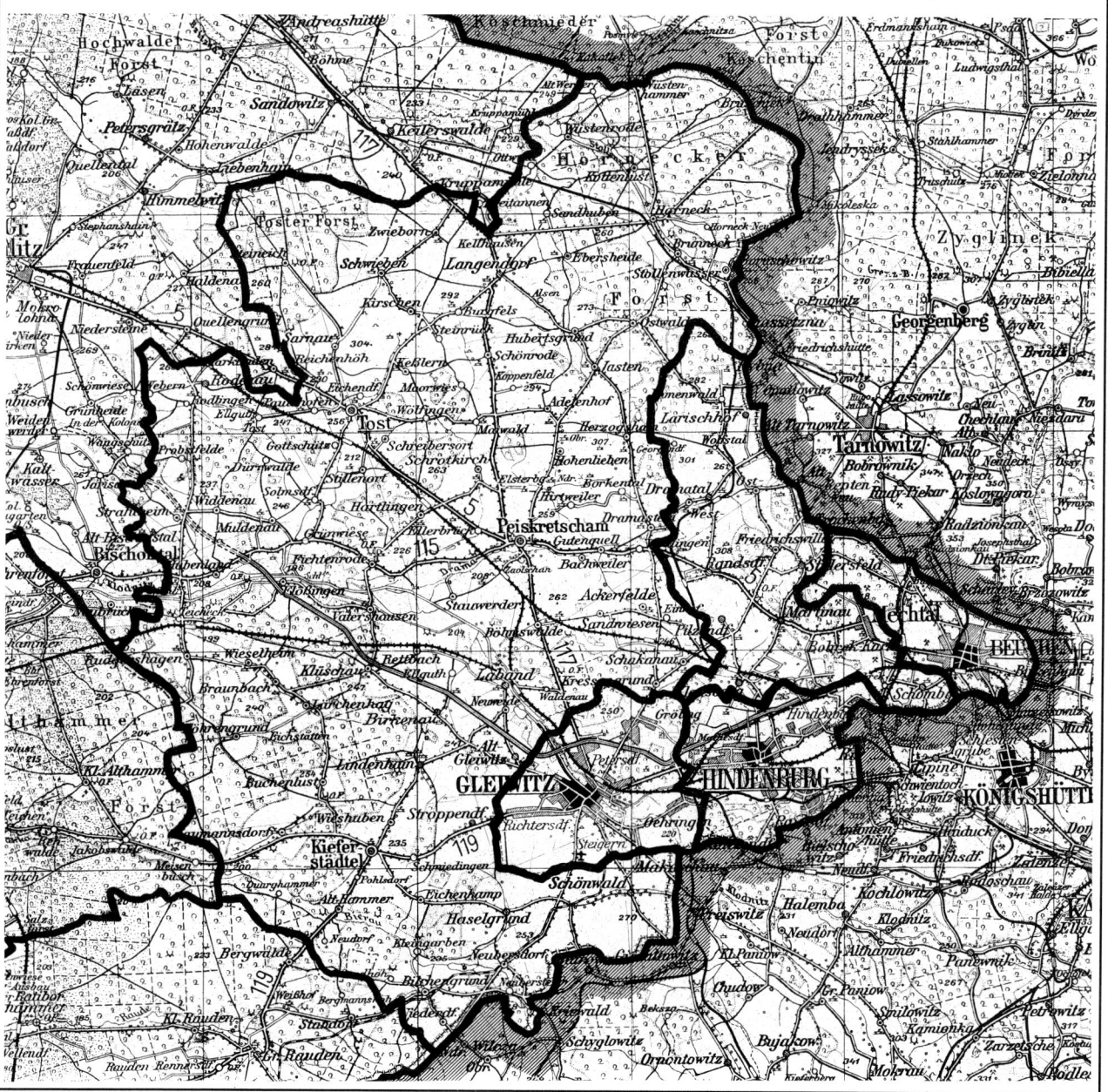

Der Landkreis Trebnitz

Regierungsbezirk Breslau
Gesamtfläche: 820,33 km²
Einwohner: 54 307
     davon 25 569 männlich, 28 738 weiblich
Einwohner je km²: 66,2
Haushaltungen: 15 554
Gemeinden: 145
Wohnplätze: 268
Städte im Kreis: Trebnitz (Kreisstadt)
Die größten Landgemeinden im Kreis:
Blüchertal mit 840, Deutsch Hammer mit 1421, Frauen-
waldau mit 1884, Obernigk mit 4383, Wendelborn mit
1006 Einwohnern
Religionszugehörigkeit:
    evangelisch: 73,3%
    röm. katholisch: 25,1%

Öffentliche Volksschulen im Landkreis: 93
    mit insgesamt Klassen: 202
    Jungen: 3784
    Mädchen: 3696
    Lehrer: 142
    Lehrerinnen: 24
Land- und forstwirtschaftliche Betriebe:
Größe 0,5–5 ha: 1980
    5–10 ha: 1428
    10–20 ha: 915
    20–100 ha: 374
    über 100 ha: 106
Personen in der Land- und Forstwirtschaft tätig: 25 231
    in Industrie und Handwerk: 11 741
    in Handel und Verkehr: 4349
Patenschaft für den Kreis: Kreis Goslar

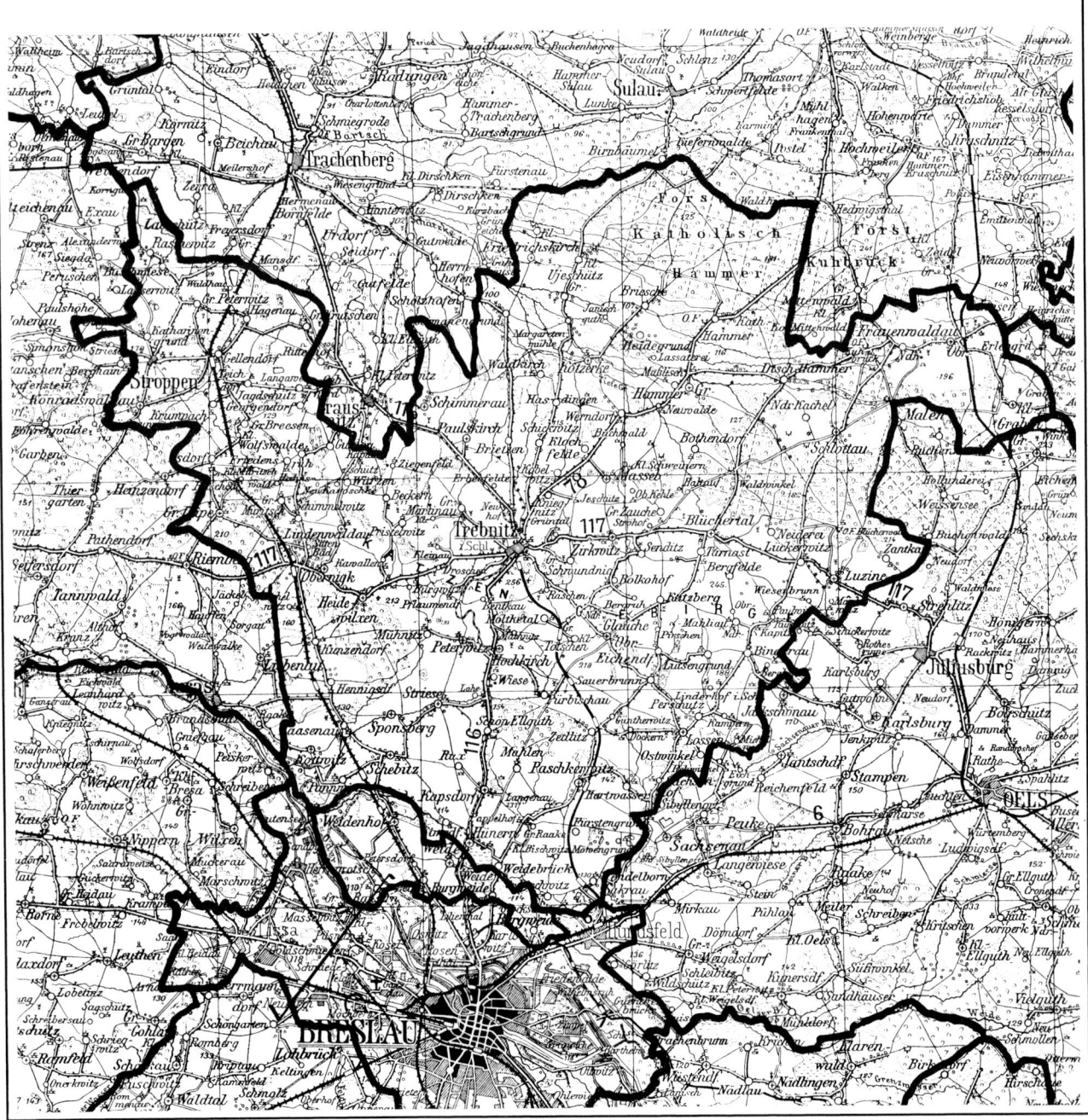

Der Landkreis Waldenburg (Schles.)

Regierungsbezirk Breslau
Gesamtfläche: 415,54 km², ohne Stadtkreis Waldenburg
Einwohner: 117 918
       davon 55 699 männlich, 62 219 weiblich
Einwohner je km²: 283,8
Haushaltungen: 39 908
Gemeinden: 47
Wohnplätze: 125
Städte im Kreis: Friedland, Gottesberg (Schles.),
(Kreisbehörden in Waldenburg)
Die größten Landgemeinden im Kreis:
Adelsbach mit 1181, Altlässig mit 1697, Altreichenau
mit 1691, Bad Charlottenbrunn mit 1821, Dittmanns-
dorf mit 1384, Fellhammer mit 5866, Großhain mit
2276, Hausdorf mit 1401, Hermsdorf mit 11 233, Lang-
waltersdorf mit 1099, Lehmwasser mit 1172, Nieder-
salzbrunn mit 4172, Ober Wüstegiersdorf mit 1567,
Polsnitz mit 3818, Reußendorf mit 3376, Rothenbach i.
Schl. mit 4532, Seitendorf mit 2954, Weißstein mit
17 348, Wüstegiersdorf mit 6952, Wüstewaltersdorf mit
2826 Einwohnern

Religionszugehörigkeit:
    evangelisch: 66,6 %
    röm. katholisch: 23,6 %
Öffentliche Volksschulen im Landkreis: 95
    mit insgesamt Klassen: 411
    Jungen: 7645
    Mädchen: 7463
    Lehrer: 265
    Lehrerinnen: 82
Land- und forstwirtschaftliche Betriebe:
Größe 0,5–5 ha: 1119
    5–10 ha: 446
    10–20 ha: 631
    20–100 ha: 383
    über 100 ha: 16
Personen in der Land- und Forstwirtschaft tätig: 9691
    in Industrie und Handwerk: 66 490
    in Handel und Verkehr: 9782
Heilbäder:
    Bad Salzbrunn,
    Bad Charlottenbrunn,
    Luftkurort Görbersdorf
Patenschaft für den Kreis: Stadt Dortmund

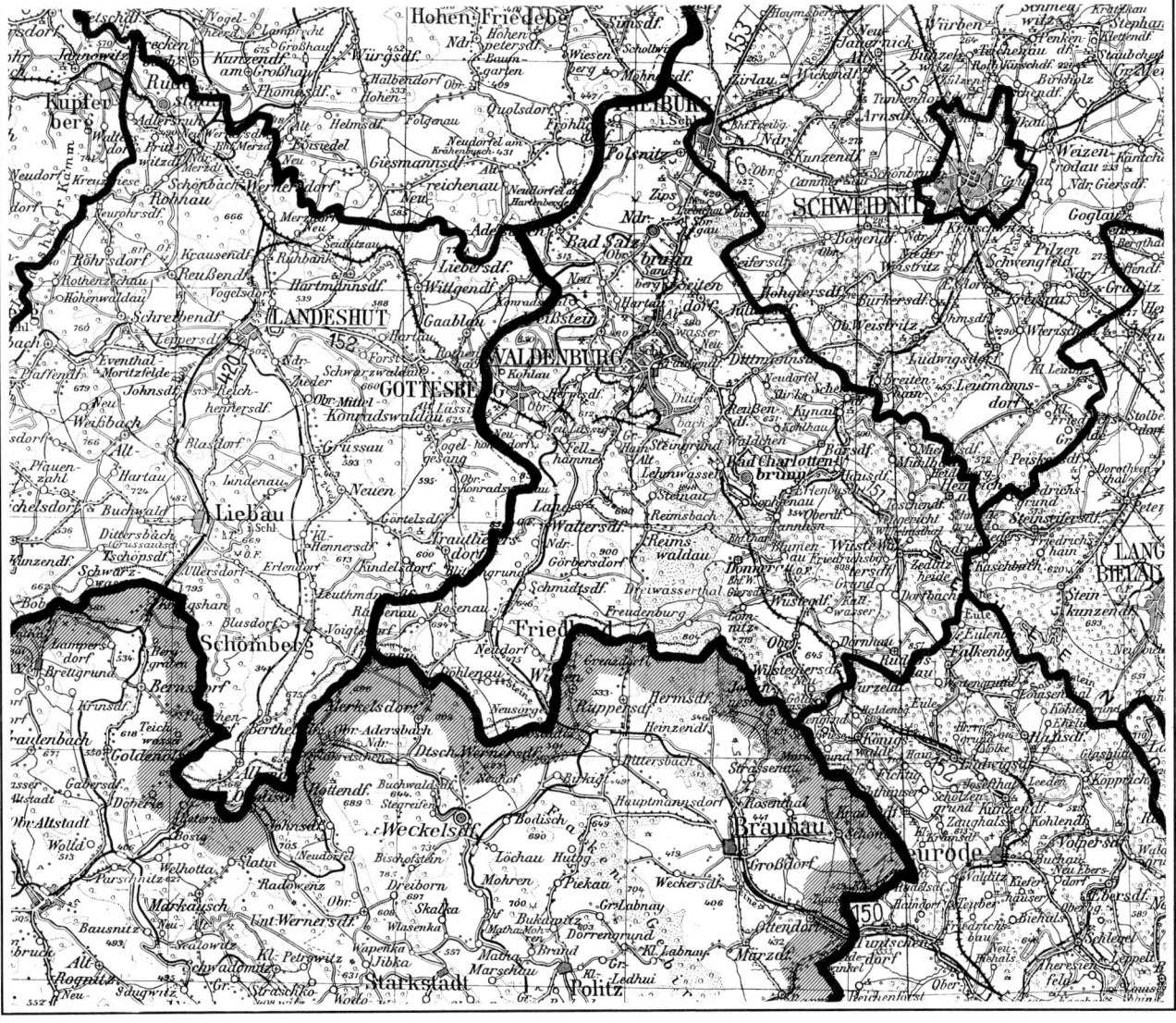

Der Landkreis Wohlau

Regierungsbezirk Breslau
Gesamtfläche: 1017,69 km²
Einwohner: 65 703
       davon 32 700 männlich, 33 003 weiblich
Einwohner je km²: 64,6
Haushaltungen: 17 862
Gemeinden: 143
Wohnplätze: 292
Städte im Kreis: Wohlau (Kreisstadt), Auras,
                Dyhernfurth, Köben a. d. Oder,
                Steinau a. d. Oder, Winzig
Die größten Landgemeinden im Kreis:
Groß Kreidel mit 688, Heinzendorf mit 636, Krehlau mit
835, Lampersdorf mit 600, Leubus mit 4236, Mond-
schütz mit 706, Polgsen mit 618, Pronzendorf mit 732,
Riemberg mit 1294, Thiemendorf mit 1073, Wahren mit
613 Einwohnern

Religionszugehörigkeit:
   evangelisch: 68,4 %
   röm. katholisch: 30,2 %
Öffentliche Volksschulen im Landkreis: 108
   mit insgesamt Klassen: 213
   Jungen: 4210
   Mädchen: 4055
   Lehrer: 167
   Lehrerinnen: 23
Land- und forstwirtschaftliche Betriebe:
Größe 0,5–5 ha: 1819
     5–10 ha: 1638
     10–20 ha: 1379
     20–100 ha: 529
     über 100 ha: 122
Personen in der Land- und Forstwirtschaft tätig: 26 288
   in Industrie und Handwerk: 13 964
   in Handel und Verkehr: 7494
Patenschaft für den Kreis: Stadt Hilden

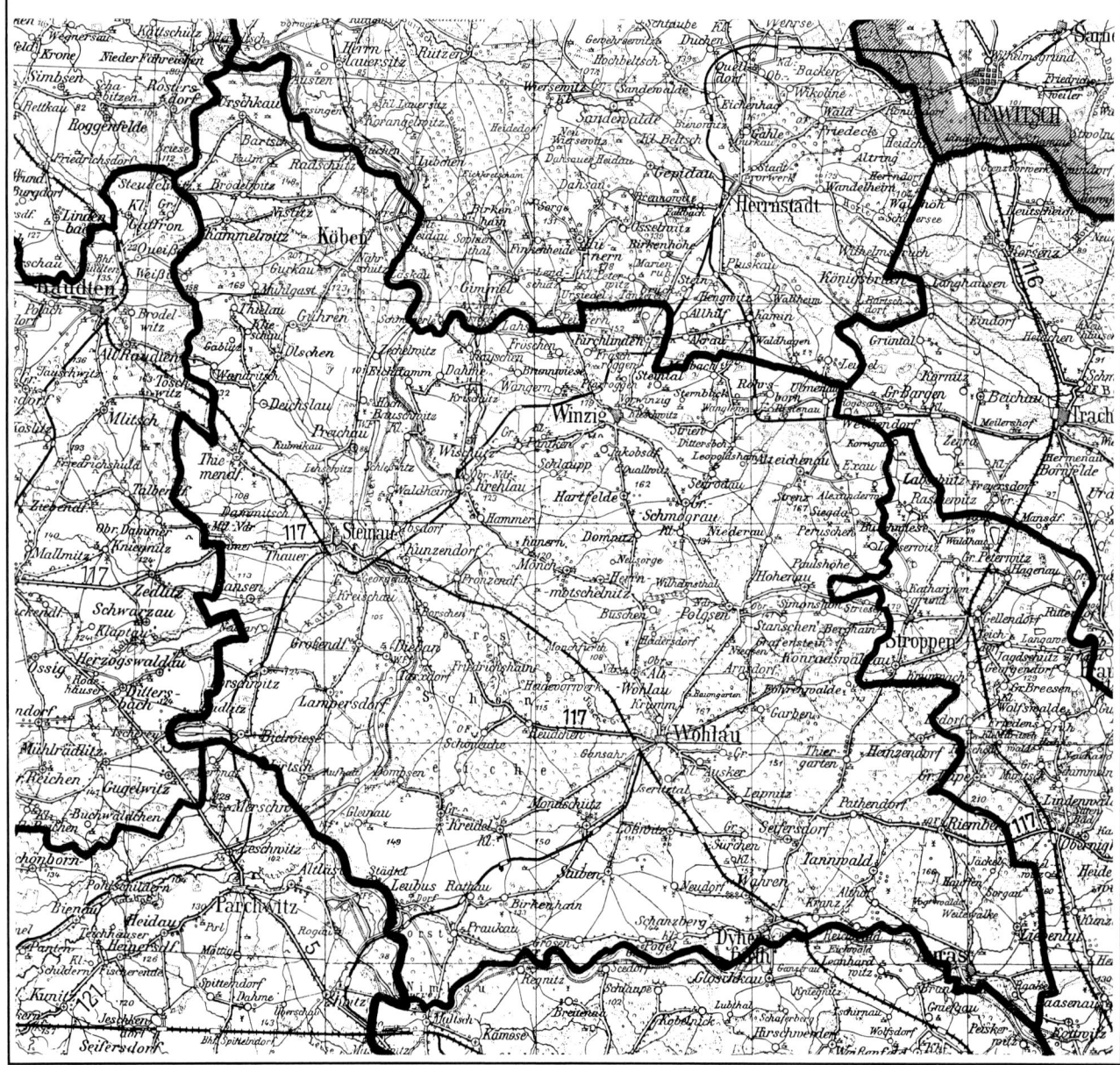

Verzeichnis der Gemeinden der Provinz Schlesien

Anzahl der Haushaltungen und Einwohner, Stand 17. 5. 1939 einschl. Soldaten und Arbeitsdienstpflichtige

Regierungsbezirk Breslau

Stadtkreise:

	Haushaltungen	Einwohner
Breslau	213 903	629 565
Brieg	9 546	31 419
Schweidnitz	10 969	39 052
Waldenburg (Schl.)	21 648	64 136

Landkreise:

Landkreis Breslau

	Hausch.	Einw.
Albrechtsau	72	275
Albrechtsdorf	105	356
Altenburg	48	266
Altenrode (Niederschles.)	296	1 092
Alt Gandau	73	261
Althofdürr	32	154
Altholfnaß	60	213
Alt Schlesing	95	362
Arnoldsmühle	85	281
Baara	51	164
Beilau	54	252
Berghuben	65	220
Bergmühle	101	375
Bettlern	284	952
Bismarcksfeld	24	108
Blankenau	36	122
Blüchersruh	73	329
Bogenau	108	396
Brockau, Stadt	2 917	8 689
Brückenfelde	126	485
Buchen (Niederschles.)	58	209
Burghübel	116	389
Burgweide	505	1 596
Burgweiler	38	132
Buschfelde	59	207
Damsdorf	35	166
Dörfel (Niederschles.)	38	123
Domslau	245	836
Drachenbrunn	173	615
Dreihöfen	20	97
Dreisteine	122	484
Dreiteichen	68	240
Eckersdorf	37	134
Eichdamm (Kr. Breslau)	38	129
Eichwall	56	210
Elfhofen	86	316
Erlebusch	34	123
Freienfeld	52	157
Fuchshübel	104	397
Fünfteichen	273	1 012
Fürstenau	236	856
Gallen	78	279
Gerlanden	48	210
Grenzhorst	16	68
Großbrück	274	953
Groß Grunau	66	244
Groß Mohnau	113	386
Groß Schottgau	107	378
Groß Sürding	86	326
Groß Tinz an der Lohe	278	1 068
Grünhübel	46	159
Grunau bei Zobten	23	92
Gutendorf (Kr. Breslau)	43	141
Haidänichen	20	85
Hannsfeld (Niederschles.)	53	199
Herdhausen	149	621
Herrmannsdorf	425	1 422
Herzogshufen	417	1 386
Hoinstein	565	1 734
Hubertushof	111	360
Jürgen	32	109
Jungfernsee	396	1 429
Kammendorf b. Kanth	63	254
Kammfeld	43	147
Kanth, Stadt	1 056	3 580
Kapsdorf	120	417
Karben (Niederschles.)	61	230
Kattern	402	1 546
Keltingen	45	145
Kiesgrund	27	114
Klarenwald	225	855
Klein Sürding	46	177
Klettendorf	926	2 898
Königsruh	12	55
Konradserbe	253	858
Kraftborn	481	1 946
Krichen	65	220
Kriptau	55	242
Kuhnau	57	209
Lamsfeld	173	545
Landau	80	370
Lanisch	86	308
Leipe-Petersdorf	211	668
Lengefeld	280	994
Leukirch	42	147
Liebethal	64	248
Linden am Berge	59	269
Lindenruh	132	432
Lohbrück	909	2 975
Lohbusch	38	140
Lohe	130	451
Loheichen	32	107
Lorzendorf	114	364
Magning	57	216
Malsen	47	204
Mandelau	8	38
Margareth	284	924
Marienwald	121	444
Martinsgrund	235	837
Marxdorf	150	517
Mettkau	121	463
Michelsdorf	100	414
Münchau	65	262
Nädlau	44	170
Nädlingen	141	489
Neudorf b. Breslau	87	293
Neudorf b. Kanth	86	329
Neuen	25	86
Neu Schlesing	20	88
Niederhof	50	176
Nieder Struse	79	249
Oberhof	69	320
Ober Struse	96	336
Oldern	125	428
Opperau	877	2 798
Pastern (Niederschles.)	36	136
Petersweiler	180	649
Prisselbach	116	465
Probstaue	14	63
Rankau	184	615
Ransern	159	557
Reichbergen	137	504
Reppline	97	324
Riembergshof	62	218
Rößlingen	376	1 203
Rogau-Rosenau	337	1 259
Rohrquell	74	276
Rolandsmühle	38	145
Romberg	46	160
Rommenau	34	128
Rosenborn	147	446
Roßweiler	84	307
Rothbach (Kr. Breslau)	477	1 615
Rübenau (Niederschles.)	53	166
Sachern	47	175
Schalkau	86	279
Schildern	53	201
Schill	131	452
Schlanz	167	626
Schmolz	439	1 470
Schmücken	56	201
Schönborn	254	888
Schöngarten	221	693
Schönlehn	128	420
Schönwasser	40	140
Schwarzaue	71	297
Schwertern	144	552
Segen	91	306
Senkenberg	150	601
Seydlitzaue	43	177
Siedlingen	67	248
Silingau	34	125
Sillmenau	95	382
Stein	94	348
Steinberge	135	529
Steine	384	1 324
Striegelmühle	90	302
Ströbel	379	1 274
Teichlinden	60	220
Thauer	36	139
Tinz	180	649
Treschen	63	336
Trostdorf	61	226
Trutzflut	33	144
Waldtal	178	729
Wangern	234	857
Wasserborn	409	1 337
Weide	351	1 251
Weidengrund	39	124
Weidenhof	244	803
Weidmannsau	115	387
Weizengrund	22	102
Wernersdorf	111	407
Wolfskirch	136	504
Wüstendorf	129	459
Zaumgarten	72	280
Zindel	170	594
Zobten, Stadt	1 004	3 524
Zweibach	49	179
Zweibrodt	105	367

Landkreis Brieg

	Hausch.	Einw.
Alt Hammer	91	342
Altköln	130	514
Alzenau	115	426
Bärzdorf	54	204
Bankau	123	515
Böhmischdorf	122	513
Briesen	193	690
Buchitz	80	302
Frohnau	74	273
Gerlachshain	369	1 420
Giersdorf	120	417
Groß Döbern	278	886
Groß Jenkwitz	142	504
Groß Kauern	186	688
Groß Neudorf	274	992
Grüningen	154	564
Hermsdorf	121	1 991
Jägerndorf	192	664
Jeschen	41	211
Johnsdorf	48	174
Kantersdorf	103	390
Karlsmarkt	336	1 162
Klein Neudorf	96	321
Konradswaldau	254	981
Koppen	97	326
Kreisewitz	107	402
Laugwitz	147	524
Leubusch	659	2 179
Linden	233	847
Löwen, Stadt	1 250	3 978
Lossen	482	1 608
Luisental	58	193
Mangschütz	358	1 251
Michelau	199	778
Michelwitz	216	765
Mollwitz	152	620
Neuköln	76	264
Neu Leubusch	63	248
Neu Limburg	152	528
Neu Sorge	52	208
Pampitz	145	566
Paulau	173	605
Piastenthal	67	277
Pogarell	130	524
Pramsen	71	271
Raschwitz	107	409
Rathau	143	430
Riebnig	114	413
Rogelwitz	104	332
Rosenthal	159	583
Scheidelwitz	210	686
Schönau	155	600
Schönfeld	120	437
Schreibendorf	157	507
Schüsseldorf	187	623

Name		
Schwanowitz	117	415
Stoberau	287	935
Tarnowitz	124	502
Taschenberg	51	197
Zindel	156	555

Landkreis Frankenstein i. Schles.

Name		
Alt Altmannsdorf	206	787
Alt Heinrichau	122	445
Bärdorf	204	818
Bärwalde	198	769
Baitzen	173	579
Banau	90	383
Baumgarten	278	1 023
Belmsdorf	31	133
Bernsdorf	174	722
Briesnitz	151	830
Brucksteine	68	220
Dittmannsdorf	105	380
Dörndorf	100	364
Dürr Hartha	27	107
Eichau b. Münsterberg	108	429
Eichau b. Wartha	44	176
Follmersdorf	210	706
Frankenberg	348	1 167
Frankenstein in Schlesien, Stadt	3 084	10 857
Frömsdorf	157	619
Gallenau	343	1 118
Gierichswalde	91	342
Giersdorf	129	445
Gläsendorf	118	484
Glambach	74	288
Grochau	76	286
Grochwitz	18	138
Groß Nossen	155	580
Groß Olbersdorf	258	964
Haunold	48	151
Heinersdorf b. Frankenstein in Schlesien	44	243
Heinrichau	325	1 043
Heinrichswalde	297	1 096
Heinzendorf	46	173
Hemmersdorf	209	801
Hertwigswalde	297	1 178
Herzogswalde	60	197
Johnsbach	67	203
Kamenz	712	2 510
Kleutsch	72	249
Kobelau	47	204
Kosemitz	60	195
Krelkau	149	636
Kunzendorf	81	344
Lampersdorf	242	757
Lauenbrunn	394	1 529
Leipe	67	320
Liebenau	218	831
Löwenstein	59	232
Maifritzdorf	244	814
Moschwitz	118	460
Münsterberg in Schlesien, Stadt	2 782	8 892
Neu Altmannsdorf	230	955
Neuhaus	111	421
Neuhof	98	362
Nieder Kunzendorf	86	319
Nieder Pomsdorf	207	788
Niklasdorf	32	128
Ober Johnsdorf	52	207
Ober Kunzendorf	82	312
Ober Pomsdorf	77	274
Olbersdorf	136	570
Paulwitz	70	267
Petershagen	66	258
Peterwitz	329	1 157
Pilz	74	302
Plottnitz	85	324
Protzan	206	740
Quickendorf	121	407
Rätsch	31	130
Raschdorf	89	318
Raudnitz	132	442
Reichenau	99	369
Reichenstein, Stadt	848	2 609
Reindörfel	186	637
Reumen	55	199
Riegersdorf	103	399
Rosenbach	42	165
Sand	27	90
Schlause	113	468
Schlottendorf	73	290
Schönheide	244	910
Schönwalde	375	1 464
Schräbsdorf	132	478
Schrom	46	166
Seitendorf	127	473
Silberberg (Eulengebirge), Stadt	392	1 154
Stolz	337	1 301
Tadelwitz	30	109
Tarchwitz	56	243
Tarnau	158	597
Taschenberg	50	178
Tomnitz	37	116
Wartha, Stadt	503	1 736
Weigelsdorf	174	648
Wenig Nossen	39	146
Wiesenthal	95	371
Willwitz	44	205
Wolmsdorf	88	319
Zadel	214	774
Zesselwitz	51	216
Zinkwitz	42	169
Zülzendorf	128	441

Landkreis Glatz

Name		
Albendorf	428	1 314
Altbatzdorf	77	321
Altheide, Bad	1 143	3 947
Altwilmsdorf	305	1 362
Beutengrund	266	829
Biebersdorf	115	409
Biehals	92	344
Birgwitz	110	381
Birkhagen	120	414
Dörnikau	40	164
Droschkau	40	181
Dürrkunzendorf	103	391
Elbersdorf im Eulengebirge bei Neurode	419	1 396
Eckersdorf	600	1 873
Eisersdorf	375	1 297
Falkenberg	273	812
Falkenhain	264	870
Friedersdorf	233	819
Friedrichsgrund	123	394
Friedrichswartha	198	660
Gabersdorf	317	1 179
Gellenau	175	614
Glatz, Stadt	5 934	22 000
Goldbach	190	639
Grenzeck	620	2 312
Großgeorgsdorf	33	121
Grunwald	162	779
Hallgrund	59	227
Hausdorf (Eulengebirge) bei Neurode	1 495	4 364
Hollenau	76	281
Hummelstadt, Stadt	316	1 051
Järker	36	117
Jauernig	38	165
Kaltenbrunn	71	226
Kaltwasser	23	85
Kamnitz	65	271
Karlsberg	80	289
Kartau	41	148
Keilendorf	23	105
Kleingeorgsdorf	14	54
Königshain	257	903
Königswalde (Kr. Glatz)	482	1 557
Krainsdorf	161	566
Kreuzdorf	20	71
Kudowa, Bad	521	1 981
Kunzendorf	1 516	4 440
Kuttel	22	85
Ludwigsdorf (Grafstadt Glatz)	1 137	3 518
Märzdorf	51	235
Markrode	24	100
Mittelsteine	652	2 206
Möhlten	71	244
Mügwitz	29	120
Mühldorf	55	173
Neißenfels	106	378
Neißgrund	57	194
Neißtal	15	72
Neudeck	72	347
Neudorf	153	487
Neurode, Stadt	3 346	10 059
Neu Wilmsdorf	182	600
Niederhannsdorf	339	1 299
Niederrathen	153	572
Niederschwedeldorf	190	747
Niedersteine	363	1 407
Oberhannsdorf	351	1 405
Oberrathen	124	436
Oberschwedeldorf	246	857
Obersteine	229	823
Passendorf	137	493
Rauschwitz	46	190
Reichenau	149	522
Reichenforst	26	115
Reinerz, Bad, Stadt	1 375	4 690
Rengersdorf	775	2 594
Roms	47	191
Roschwitz	48	224
Rothwaltersdorf	227	724
Rückers	1 346	4 503
Sackisch	538	1 792
Schlegel	1 189	3 701
Schloßhübel	116	395
Schnellau	289	912
Schwenz	100	337
Seifersdorf	115	400
Steinwitz	121	440
Stolzenau	230	771
Straußdörfel	138	488
Talheim (Niederschles.)	11	36
Tanz	66	234
Tassau	47	189
Tuntschendorf	262	905
Ullersdorf	847	2 889
Vierhöfe	132	427
Volpersdorf	792	2 590
Waldiz	363	1 198
Wallisfurth	244	816
Wiesau	120	409
Wiltsch (Grafschaft Glatz)	52	205
Wünschelburg, Stadt	809	2 556
Zaughals	79	250

Landkreis Groß Wartenberg

Name		
Alt Glashütte	55	236
Amalienthal	41	157
Bischdorf	61	266
Buchenhain	194	675
Charlottenfeld	32	122
Charlottenthal	38	164
Dalbersdorf	161	794
Distelwitz	79	327
Dyhrnfeld	26	102
Eichenhain	57	195
Erlengrund (Kr. Groß Wartenberg)	78	310
Festenberg, Stadt	1 165	3 861
Görnsdorf	53	205
Goschütz	293	1 067
Goschützhammer	29	104
Goschütz-Neudorf	88	363
Grenzhammer (Niederschles.)	102	416
Groß Gahle	51	167
Groß Schönwald	87	263
Groß Wartenberg Stadt	909	3 089
Groß Woitsdorf	76	328
Grünbach (Niederschles.)	35	147
Grunwitz	65	254
Hirschrode	93	341
Kammerau	94	370
Klein Kosel	166	581
Klein Schönwald	50	181
Klein Ulbersdorf	38	147
Kraschen	136	607
Kunzendorf	229	1 016
Landeshalt	37	137
Langendorf	115	486
Lichtenhain (Niederschles.)	113	494
Lindenhorst	120	465
Mühlenort	107	425
Muschlitz	73	257
Neuhof	64	264
Neumittelwalde, Stadt	486	1 649
Neurode	70	287
Neu Stradam	78	328
Nieder Stradam	82	347
Ober Stradam	251	841
Ossen	106	407
Ostfelde	38	154
Ottendorf	151	598
Rudelsdorf	152	570
Sandraschütz	38	126
Schleise	225	1 079
Schöneiche	62	209
Schön Steine	55	216
Schollendorf	183	644
Wedelsdorf	48	182
Weidendorf (Kr. Groß Wartenberg)	17	63
Wildheide	105	442

Landkreis Guhrau

Name		
Akrau	39	133
Allhilf	23	63
Alt Guhrau	154	572
Alt Neu Heidau	54	200
Altring	80	287
Austen	60	217
Backen	58	228
Bartschdorf	33	129
Birkenhöhe	71	255
Braunau	95	362
Bronau	52	206
Dahsau	94	349
Duchen	49	229
Eichenhag	85	344
Ellguth	116	416
Fallbach	42	173
Finkenheide	44	142
Friedrichsau	21	100
Gahle	22	58
Gaisbach	37	190
Geischen	75	317
Gepidau	107	449
Gimmel	204	650
Gleinig	117	473

Name		
Globitschen	69	259
Grandingen	41	175
Groß Kloden	38	135
Groß Räudchen	46	176
Groß Saul	36	131
Groß Wiersewitz	69	232
Guhlau	44	196
Guhrau, Stadt	1 636	5 650
Gurkau	56	214
Heinzendorf	139	558
Herrndorf	12	39
Herrnlauersitz	83	293
Herrnstadt, Stadt	750	2 941
Hochbeltsch	45	179
Hortingen	30	129
Hünern	144	552
Irrsingen	48	204
Jästersheim	83	339
Juppendorf	53	203
Kahrau	44	165
Kainzen	195	659
Kamin	73	278
Kittlau	45	171
Klein Kloden	28	94
Klein Peterwitz	62	212
Klein Räudchen	47	193
Klein Saul	43	152
Klein Wiersewitz	88	338
Königsbruch	41	149
Königsdorf	32	105
Konradswaldau	94	368
Korangelwitz	47	154
Kraschen	226	918
Langenau	41	185
Lanken	127	545
Lendschütz	36	123
Lesten, Stadt	255	840
Leubel	123	471
Logischen	48	184
Lübchen	177	543
Mechau	61	222
Nahrten	118	423
Nechlau	81	276
Neudorf	30	120
Neuguth	48	215
Neuvorwerk	15	55
Nieder Lesten	108	387
Nordingen	49	182
Ober Lesten	136	468
Oderbeltsch	91	348
Osselwitz	73	281
Osten	162	487
Peiskern	46	177
Pluskau	90	368
Quelldorf	37	155
Reichen-Birkendorf	98	358
Rützen	116	358
Sallschütz	117	442
Sandwalde	64	223
Schabenau	63	248
Schätz	58	226
Schlabitz	101	419
Schlaube	130	510
Schmögerle	30	110
Schüttlau	148	548
Seiffersdorf	109	487
Seitsch	246	858
Sophienthal	73	244
Steinbrück (Schlesien)	41	159
Sulkau	65	244
Tarpen	63	257
Waffendorf	129	457
Waldfriedeck	73	251
Waldhagen	29	101
Waldvorwerk	35	125
Wallheim	22	96
Wandelheim	165	629
Wehrse	59	221
Wendstadt	48	177
Weschkau	47	433
Wikoline	62	197
Wilhelmsbruch	26	109
Zapplau	103	392
Zechen	68	295
Zeippern	41	158
Züchen	121	405

Landkreis Habelschwerdt

Name		
Alt Gersdorf	169	661
Alt Lomnitz	332	1 133
Alt Mohrau	62	255
Alt Waltersdorf	355	1 277
Alt Weistritz	274	1 030
Aspenau	8	31
Bielendorf	98	352
Bobischau	174	594
Brand	38	149
Ebersdorf	321	1 254
Freiwalde	106	399
Friedrichsgrund	89	285
Gläsendorf	90	347
Glasegrund	9	32
Glasendorf	37	140
Gompersdorf	199	700
Grafenort	433	1 529
Habelschwerdt, Stadt	2 121	7 067
Hain	46	175
Hammer	76	260
Heidelberg	23	89
Heinzendorf	140	583
Herrnpetersdorf	36	164
Herzogswalde	98	371
Heudorf	47	203
Hohndorf	90	341
Hüttenguth	16	49
Johannesberg	24	98
Kaiserswalde	188	639
Kamnitz	89	582
Karpenstein	29	112
Kieslingswalde	291	1 086
Klessengrund	56	240
Konradswalde	173	673
Krotenpfuhl	48	199
Kunzendorf	418	1 445
Landeck i. Schles., Bad, Stadt	1 587	4 861
Langenbrück	163	507
Lauterbach	202	659
Leuthen	52	208
Lichtenwalde	183	665
Mariendorf	35	135
Marienthal	108	404
Martinsberg	93	424
Melling	37	140
Michaelsthal	50	171
Mittelwalde (Schles.), Stadt	821	2 586
Mühlbach	36	150
Neißbach	119	411
Neu Batzdorf	94	322
Neubrunn	33	106
Neu Gersdorf	117	423
Neu Lomnitz	62	215
Neu Mohrau	75	252
Neundorf	124	459
Neu Waltersdorf	241	901
Neu Weistritz	161	601
Nieder Langenau	278	1 034
Ober Langenau	324	1 197
Olbersdorf	79	263
Peucker	53	220
Plomnitz	228	861
Pohldorf	134	501
Reyersdorf	236	847
Rosenthal	205	854
Rothflössel	23	69
Schönau b. Bad Landeck i. Schles.	103	358
Schönau b. Mittelwalde (Schles.)	124	382
Schönfeld	187	629
Schönthal	40	143
Schreckendorf	441	1 454
Schreibendorf	125	477
Seitenberg	267	973
Seitendorf	68	316
Spätenwalde	52	194
Steinbach	84	271
Steingrund	54	186
Stuhlseiffen	114	419
Thanndorf	143	498
Urnitz	110	483
Verlorenwasser	141	533
Voigtsdorf b. Habelschwerdt	125	462
Voigtdorf b. Bad Landeck i. Schles.	29	108
Weißbrod	22	81
Weißwasser	26	98
Wilhelmsthal	192	573
Winkeldorf	47	209
Wölfelsdorf	439	1 664
Wölfelsgrund	178	707
Wolmsdorf	31	124

Landkreis Militsch

Name		
Adriansdorf	74	267
Altenau	134	455
Alt Hammer-Militsch	30	112
Altmühlgrund	102	356
Amwald	66	254
Bargen	194	736
Bartnig	99	560
Beichau	193	696
Birnbäumel	47	149
Bornfelde	96	389
Brandetal	151	517
Buchendorf (Schlesien)	42	152
Buchenhagen	57	205
Burgwall (Schles.)	66	243
Deutscheich	88	369
Deutschwehr	29	110
Dirschken	175	671
Eichdorf	131	466
Eichensee (Niederschles.)	99	371
Eindorf	175	677
Eisenhammer	56	190
Erlendorf	51	171
Frankenberg	80	303
Freihufen	107	433
Freyersdorf	53	232
Freyhan	387	1 373
Friedrichshöh	46	157
Gebhard	45	161
Grüntal	66	237
Grunewald	73	266
Gugelwitz	71	271
Hammer-Sulau	38	158
Hammer-Trachenberg	119	473
Hedwigsthal	57	186
Heinrichsdorf	167	689
Heinrichshütte	39	148
Hellefeld (Niederschles.)	195	791
Herrmenau	42	148
Herrnhofen	76	345
Hochrode	136	510
Hochweiler	233	730
Hohenwarte (Schlesien)	46	145
Jagdhausen	96	342
Kanterwitz	70	274
Kesselsdorf	36	129
Kiefernwalde (Niederschles.)	100	350
Klein Peterwitz	112	410
Kollande	62	218
Konradshöh	127	479
Korsenz	208	955
Kraschnitz	327	2 149
Kreisau (Kr. Militsch)	88	347
Labschütz	88	323
Lachmannshöfen	108	435
Langendamm (Niederschles.)	43	174
Langhausen	92	336
Laubendorf (Niederschles.)	48	159
Liebenthal	36	132
Linsen	47	188
Lunke	49	197
Mansdorf	34	143
Meilershof	35	150
Militsch, Stadt	1 501	5 390
Mittenwald (Niederschles.)	198	694
Mühlhagen	91	368
Nesselwitz	43	160
Neu Barnitz	37	140
Neudorf-Sulau	98	375
Neuschloß	92	342
Neuwalde	80	321
Podasch	128	537
Postel	92	344
Prausnitz, Stadt	640	2 018
Preußenfeld (Schlesien)	39	135
Preußental (Schlesien)	97	331
Radungen	165	603
Ritterhof	36	121
Rudolfsdorf	187	633
Schmiegrode	170	626
Schönkirch (Kr. Militsch)	114	404
Scholzhofen	77	319
Schwertfelde	47	171
Seidorf (Kr. Militsch)	52	213
Steffitz	97	339
Sulau, Stadt	386	1 176
Thomasort	93	330
Trachenberg, Stadt	1 356	4 570
Urdorf	173	664
Waldesruh	14	54
Waldheide	118	406
Waldhöh	52	401
Walken	18	70
Wehlige	59	242
Weidendorf	25	96
Weinberge (Schlesien)	82	271
Wenkendorf (Schlesien)	29	107
Wiesenthal	151	498
Wildbahn	70	260
Wolfsbruch	32	120
Zeidel	154	566
Ziegelscheune	107	376

Landkreis Namslau

Name		
Alstadt	81	287
Bachwitz	137	783
Bankwitz	190	749
Belmsdorf	37	143
Buchelsdorf	112	448
Dammer	337	1 264
Damnig	19	74
Deutsch Marchwitz	87	377
Eckersdorf	216	971
Eisdorf	88	329

Ellguth	56	226
Erbenfeld	65	254
Giesdorf	119	439
Glausche	255	1 077
Grambschütz	171	638
Groß Marchwitz	272	1 081
Gülchen	178	714
Haugendorf	46	182
Hennersdorf	82	349
Hönigern	121	408
Jakobsdorf	67	272
Kaulwitz	202	794
Krickau	59	250
Lankau	59	297
Lorzendorf	129	503
Michelsdorf	50	210
Namslau, Stadt	2 176	8 194
Nassadel	112	420
Neuenhagen (Niederschles.)	28	108
Noldau	180	656
Obischau	40	174
Ordenstal	72	254
Paulsdorf	63	364
Reichen	99	401
Saabe	86	307
Schindlersfelde	32	125
Schmograu	167	678
Schwirz	212	869
Seydlitzruh	164	547
Simmelwitz	103	386
Städtel	132	499
Steinersdorf	181	696
Sterzendorf	171	725
Strehlitz	338	1 520
Wallendorf	158	639
Wilkau	323	1 288
Windisch Marchwitz	123	461

Landkreis Neumarkt

Baudis-Meesendorf	73	284
Beckern	175	635
Bertholdsdorf	160	566
Bischdorf	147	513
Blumerode	141	464
Bockau	184	646
Borne	119	447
Brandschütz	68	268
Breitenau	78	251
Bruch	115	368
Buchwald	85	366
Dambritsch	139	473
Damsdorf	231	770
Diesdorf	44	142
Dietzdorf	186	603
Dromsdorf-Lohnig	94	327
Ebersdorf	45	163
Eisendorf	54	167
Falkenhain	88	320
Förstchen	41	121
Frankenthal	115	382
Frobelwitz	60	266
Gäbersdorf	252	899
Gloschkau	203	700
Gniefgau	67	241
Gossendorf	33	139
Gräbendorf (Schlesien)	95	348
Groß Bresa	122	412
Groß Gohlau	146	517
Groß Heidau	68	498
Groß Peterwitz	284	968
Guckelhausen	43	153
Hausdorf	67	285
Hirschwerder	104	399
Hulm	32	130
Jakobsdorf	81	292
Jenkwitz	49	204
Jerschendorf	70	273
Kadlau	90	382
Kammendorf b. Neumarkt	59	243
Kamöse	192	706
Kertschütz	76	320
Keulendorf	121	440
Klein Bresa	131	429
Kniegnitz	79	245
Kobelnick	47	172
Körnitz	50	174
Kostenblut	255	938
Krampitz	137	507
Krintsch	123	505
Kuhnern	341	1 143
Lampersdorf	84	309
Lederose	94	352
Leonhardwitz	68	271
Leuthen	296	1 116
Lobetinz	56	199
Lüssen	163	665
Maltsch	1 116	3 430
Marschwitz	214	665
Maserwitz	160	569
Metschkau	118	484
Michelsdorf	42	174
Muckerau	96	332
Neuhof	126	449
Neumarkt, Stadt	1 970	6 428
Nieder Mois	85	343
Nimkau	345	1 151
Nippern	325	1 108
Ober Mois	91	352
Obsendorf	77	338
Ossig	179	714
Panzkau	43	154
Peicherwitz	137	534
Peiskerwitz	35	131
Pfaffendorf	79	306
Pirschen (Kr. Neumarkt)	146	530
Pitschen	86	318
Pläswitz	123	470
Pohlsdorf	121	488
Polkendorf	39	141
Puschwitz	115	483
Rachen	43	158
Rackschütz	139	526
Radaxdorf	48	185
Ramfeld	108	438
Rauße	282	961
Regnitz	120	416
Saara	52	190
Sagschütz	23	91
Sasterhausen	77	239
Schadewinkel	71	256
Schlaupe	73	273
Schmellwitz	115	438
Schöbelkirch	45	188
Schönau	67	248
Schönbach	35	155
Schöneiche	119	407
Schreibersdorf	136	476
Schriegwitz	57	223
Schweinitz b. Kanth	120	444
Seedorf	62	261
Simsdorf	58	213
Spillendorf	27	114
Stephansdorf	478	1 792
Tschammendorf	61	253
Tschirnau	33	113
Viehau	94	313
Weicherau	60	243
Weißenfeld (Schles.)	89	341
Wilkau-Zopkendorf	155	532
Wilxen	254	881
Wolfsdorf	37	130
Wültschkau	147	554
Zieserwitz	155	560
Zuckelnick	29	142

Landkreis Oels

Allerheiligen	82	297
Alt Ellguth	176	643
Baruthe	66	224
Bernstadt in Schlesien, Stadt	1 449	4 858
Bogschütz	202	704
Bohrau	171	528
Briese	107	417
Buchenwalde	38	123
Buchenwerder	50	164
Buchwald	166	674
Buselwitz	62	214
Dammer	63	284
Dörndorf	61	219
Eichgrund	11	49
Fürsten Ellguth	129	713
Galbitz	114	465
Gimmel	123	475
Görlitz	256	860
Groß Ellguth	106	405
Groß Graben	321	1 012
Groß Weigelsdorf	229	842
Groß Zöllnig	193	775
Grüttenberg	77	261
Gutwohne	155	605
Hönigern	79	247
Jackschönau	55	205
Jäntschdorf	96	459
Jenkwitz	109	405
Juliusburg	561	2 068
Kaltvorwerk	42	134
Karlsburg	103	409
Klein Ellguth	195	720
Klein Oels	89	366
Klein Peterwitz	32	122
Kleinwaltersdorf	33	131
Klein Weigelsdorf	43	161
Klein Zöllnig	86	382
Korschlitz	108	439
Kraschen	143	552
Kritschen	120	439
Krompusch	25	89
Kunersdorf	189	754
Kunzendorf	46	163
Lampersdorf	156	580
Langenhof	159	553
Langewiese	277	895
Lauben	47	170
Leuchten	422	1 425
Ludwigsdorf	129	490
Malen	104	360
Mirkau	136	444
Mühlatschütz	265	1 014
Mühlwitz	153	608
Nauke	47	193
Netsche	124	467
Neudorf bei Bernstadt in Schlesien	83	292
Neudorf b. Juliusburg	43	190
Neu Ellguth	24	93
Neuhaus	26	79
Neuhof b. Wiesegrade	31	138
Neuscholle	68	258
Oels, Stadt	5 154	18 183
Pangau	111	439
Peuke	119	453
Pontwitz	233	923
Postelwitz	108	541
Prietzen	117	441
Pühlau	72	285
Raake	131	464
Rathe	304	985
Reesewitz	119	527
Rehwinkel (Niederschles.)	41	157
Reichenfeld	63	225
Sachsenau	54	227
Sadewitz	96	394
Sakrau	996	3 124
Schickerwitz	129	473
Schleibitz	87	333
Schmarse	142	518
Schmollen	197	819
Schönau	125	457
Schützendorf	39	170
Schwierse	70	278
Sechskiefern	70	281
Sibyllenort	176	554
Spahlitz	200	669
Stampen	126	453
Stein	84	295
Strehlitz	141	511
Stronn	115	407
Süßwinkel	82	381
Ulbersdorf	121	431
Vielguth	245	938
Vogelgesang	31	111
Wabnitz	162	639
Weidenbach	53	225
Weidenfließ	105	354
Weißensee	86	288
Werden	99	394
Wiesegrade	52	217
Wildschütz	123	457
Wilhelminenort	167	564
Woitsdorf	120	568
Würtemberg	73	265
Zessel	110	403
Ziegelhof	28	85
Zucklau	165	633

Landkreis Ohlau

Altbergel-Altottag	119	454
Beckern	155	540
Birksdorf	49	178
Bischwitz	193	652
Breile	41	167
Bulchau	47	173
Chursangwitz	27	106
Dammelwitz	43	168
Daupe	134	486
Deutsch Breile	35	131
Deutsch Steine	118	424
Dremling	82	310
Eisfeld (Schles.)	185	675
Frauenhain	126	449
Freudenfeld	22	89
Gaulau	79	358
Giesdorf	41	154
Göllnerhain	69	272
Grasau	36	162
Grebelwitz	120	450
Groß Eichau	88	315
Groß Peiskerau	72	313
Grünaue	71	283
Günthersdorf	77	344
Gunschwitz	50	199
Gusten	70	284
Haltauf	58	235
Heidau	149	523
Hennersdorf	267	991
Hirschaue	55	226
Höckricht	68	214
Hohenlinde (Schlesien)	71	286
Hünern	117	473
Jätzdorf	129	509
Jauer	76	361
Jeltsch	389	1 307
Jungwitz	119	449
Kallen	63	219
Kauern	83	327
Klein Jenkwitz	46	171
Klein Öls	173	524

Ort		
Klein Peiskerau	112	375
Klosdorf	89	342
Kochern	68	217
Krausenau	60	236
Kresseheim	45	221
Leisewitz	81	275
Lorzendorf	62	234
Märzdorf	384	1 364
Marktstädt	390	1 357
Marschwitz	98	373
Mechwitz	72	289
Mellenau	18	90
Minken	306	1 151
Neubergel	47	159
Neuottag	57	225
Neuvorwerk	118	376
Niehmen	158	567
Odersteine	160	551
Ohlau, Stadt	3 810	13 136
Peisterwitz	1 017	3 534
Peltschütz	29	120
Polwitz	104	426
Quallwitz	95	318
Quosdorf	22	88
Radwaldau	28	112
Rattwitz	521	1 689
Rodeland	91	369
Rosenhain	190	722
Runzen	105	420
Sackerau	61	255
Saulwitz	85	356
Schockwitz	22	82
Seiffersdorf	85	347
Silingental	59	255
Sitzmannsdorf	62	249
Steindorf	497	1 616
Tempelfeld	136	553
Thiergarten	276	857
Thomaskirch	259	1 075
Weigwitz	93	355
Weisdorf	56	235
Würben	236	901
Wüstebriese	19	73
Zedlitz	176	661
Zottwitz	273	1 030

Landkreis Reichenbach (Eulengebirge)

Ort		
Bertholsdorf	153	544
Breitental (Schles.)	70	271
Dankwitz	75	274
Dirsdorf, Bad	286	899
Dreißighuben	207	777
Endersdorf	37	124
Faulbrück	423	1 475
Girlachsdorf	225	754
Gleinitz	59	242
Gnadenfrei	1 930	5 904
Groß Ellguth	153	514
Groß Jeseritz	75	313
Groß Kniegnitz	296	1 028
Groß Wilkau	169	591
Güttmannsdorf	176	674
Guhlau	44	144
Habendorf	263	927
Harthau	135	451
Heidersdorf	604	2 151
Hennersdorf	114	432
Jordansmühl	340	1 278
Karlsdorf-Weinberg	58	226
Kittelau	65	250
Klein Ellguth	36	117
Klein Kniegnitz	120	418
Költschen	88	300
Kunsdorf	54	250
Langenbielau, Stadt	6 947	20 116
Langenöls	267	1 128
Langseifersdorf	465	1 530
Lauterbach	126	468
Lohenstein	19	66
Lohetal	45	162
Mellendorf	63	230
Neudorf b. Bad Dirsdorf	74	233
Neudorf (Eule)	160	551
Nimptsch, Stadt	970	3 523
Ober Johnsdorf	49	213
Olbersdorf	157	603
Panthenau	67	271
Peilau	549	1 884
Peiskersdorf	210	674
Petersdorf	52	203
Petersrode (Schles.)	29	94
Peterswaldau (Eulengebirge)	2 364	6 976
Pfaffendorf	133	514
Poseritz	60	210
Quanzendorf	41	168
Reichenbach (Eulengebirge), Stadt	5 879	17 253
Rudelsdorf	110	419
Schlaupitz	149	549
Schwentnig	86	318
Senitz	149	567
Silinghain	55	196
Steinkunzendorf	255	715
Steinseifersdorf	415	1 416
Thomitz	32	139
Trebnig	59	217
Wättrisch	54	202
Weigelsdorf (Eulengebirge)	784	2 292

Landkreis Schweidnitz

Ort		
Alt Jauernick	113	421
Arnsdorf	261	958
Barzdorf	138	507
Bergen (Kr. Schweidnitz)	120	394
Berghof-Mohnau	167	591
Birkholz	42	174
Breitenhain	129	410
Bunzelwitz	168	627
Burkersdorf	115	415
Cammerau	111	406
Domanze	196	656
Eckersdorf	47	190
Eisdorf	99	315
Esdorf	155	585
Fehebeutel	41	142
Floriansdorf	130	489
Frauenhain	91	319
Freiburg in Schlesien, Stadt	2 917	9 309
Friedrichsrode (Niederschles.)	191	659
Goglau	96	409
Gohlitsch	49	165
Gräben	531	1 701
Gräditz	334	1 146
Groß Merzdorf	205	725
Groß Rosen	496	1 855
Groß Wirau	141	470
Grunau b. Striegau	47	181
Grunau-Jakobsdorf	110	420
Günthersdorf	77	339
Guhlau	102	349
Gutschdorf	575	1 760
Häslicht	479	1 558
Haidau	152	562
Halbendorf	92	333
Hohenposeritz	86	300
Hohgiersdorf	134	453
Hoymsberg	19	84
Ingramsdorf	281	918
Järischau	358	1 308
Käntchen	71	220
Kallendorf	121	456
Kaltenbrunn	214	793
Klein Bielau	151	562
Klein Merzdorf	20	68
Klein Wierau	20	68
Klettendorf	52	188
Königszelt	1 277	3 866
Kohlhöhe	116	441
Konradswaldau	465	1 365
Kratzkau	28	105
Kreisau	119	393
Kroischwitz	287	957
Krotzel	104	383
Kunzendorf	345	1 226
Laasan	419	1 299
Leutmannsdorf	912	2 922
Ludwigsdorf	154	568
Muhrau	88	304
Neudorf	116	423
Neu Jauernick	47	154
Nieder Bögendorf	370	1 400
Nieder Giersdorf	66	280
Nieder Weistriz	163	524
Niklasdorf	88	305
Nitschendorf	39	139
Ober Bögendorf	102	484
Ober Weistritz	231	735
Ölse	319	1 197
Penkendorf	105	378
Peterwitz	338	1 159
Pilgramshain	192	690
Pilzen	138	469
Preilsdorf	114	374
Puschkau	278	966
Qualkau	204	671
Raaben	105	359
Rauske	191	727
Saarau	1 252	3 573
Säbischdorf	32	120
Schmellwitz	97	316
Schönbrunn	330	1 126
Schönfeld	65	236
Seiferdau	144	584
Seifersdorf	88	306
Standorf	544	1 753
Stephanshain	187	675
Strehlitz	169	644
Streit	266	885
Striegau, Stadt	4 920	15 918
Tampadel	104	349
Tarnau	35	98
Teichau	24	88
Teichenau	65	212
Thomaswaldau	121	451
Tunkendorf	60	227
Ullersdorf	82	322
Weiß Kirschdorf	67	282
Weizenrodau	367	1 357
Wickendorf	108	406
Wierischau	41	150
Wilkau	115	445
Würben	298	1 047
Zedlitz	132	486
Zirlau	589	2 013
Zülzendorf	71	232

Landkreis Strehlen

Ort		
Algersdorf	29	108
Altjägel	31	118
Alttschammendorf	34	118
Alt Wansen	126	491
Arnsdorf	166	637
Bärzdorf	84	340
Baumgarten	56	198
Berzdorf	103	393
Birkkretscham	152	577
Brosewitz	149	531
Dätzdorf	53	195
Danchwitz	40	139
Deutsch Jägel	85	268
Deutsch Lauden	177	721
Deutsch Neudorf	58	185
Deutsch Tschammendorf	86	338
Dobergast	65	258
Dürr Brockuth	31	118
Dürr Hartau	43	194
Eichwald	46	182
Eisenberg	72	258
Friedersdorf	104	425
Friedfelde	66	232
Friedrichstein (Niederschles.)	461	1 517
Geppersdorf	94	354
Glambach	34	127
Glofenau	33	135
Gollschau	100	379
Gorkau	168	582
Grögersdorf	73	304
Großburg	244	835
Grün Hartau	153	629
Gurtsch	119	408
Habendorf	72	308
Hermsdorf	127	545
Hirschwaldau (Kr. Strehlen)	70	269
Jäschkittel	108	367
Jexau	33	134
Johnwitz	23	103
Kaltwassertal	92	356
Kampen	43	201
Karisch	71	223
Karlsdorf	84	299
Karschau	191	715
Karzen	167	609
Klein Bresa	60	246
Klein Johnsdorf	49	197
Klein Lauden	53	213
Knischwitz	73	311
Köchendorf	129	544
Korschwitz	56	237
Krain	47	186
Krippitz	113	402
Krummendorf	139	515
Kummelwitz	44	156
Kunern	95	377
Kurtsch	50	238
Kurtwitz	186	606
Kuschlau	71	242
Leipitz-Sadewitz	48	190
Lindenbrunn	51	222
Lorenzberg	69	245
Louisdorf	99	348
Mallschau	26	110
Manze	42	156
Marienau	152	626
Markt Bohrau	260	905
Mehltheuer	276	885
Michelwitz	20	80
Mückendorf	56	192
Münchhof	52	202
Naß Brockguth	55	213
Niklasdorf	209	726
Ohletal	47	202
Olbendorf	265	912
Ottwitz	30	105
Pentsch	91	316
Peterwitz	63	271
Petrigau	80	301
Prauß	225	751
Prieborn	281	926
Pudigau	104	416
Reichau	57	208
Reisau	41	138
Riegersdorf	223	791
Rosen	176	629
Roßwitz	36	147
Roth Neudorf	40	176
Rothschloß	66	252
Rummelsdorf	131	470

Ort		
Ruppersdorf	208	727
Saegen	108	444
Schildberg	105	382
Schmitzdorf	54	189
Schönbrunn	135	467
Schönfeld	59	246
Schönjohnsdorf	161	562
Schreibendorf	199	677
Schweinbraten	23	121
Siegroth	156	581
Silbitz	56	244
Spurwitz	59	230
Stachau	49	177
Steinkirche	99	303
Strachau b. Nimptsch	31	96
Strehlen, Stadt	3 653	12 337
Striege	84	328
Tiefensee	75	270
Töppendorf	432	1 452
Türpitz	123	457
Wäldchen	97	328
Waldneudorf	100	354
Wammelwitz	65	244
Wammen	34	132
Wansen, Stadt	977	3 153

Landkreis Trebnitz

Ort		
Beckern	17	77
Bentkau	38	148
Bergfelde (Niederschles.)	28	106
Bergkehle	15	55
Bingerau	65	274
Bischwitz	100	359
Blüchertal	256	840
Bolkohof	69	249
Bothendorf	37	162
Briesche	92	339
Brietzen	50	206
Buchwald	17	83
Burgwitz	27	124
Buschwiese	32	115
Deutsch Hammer	437	1 421
Dockern	31	124
Droschen	21	92
Eichendorf	58	243
Erbenfelde	22	91
Esdorf	151	499
Frauenwaldau	521	1 884
Friedensruh	45	145
Friedrichskirch	109	440
Fürstengrund (Niederschles.)	25	106
Gellendorf	206	623
Georgendorf (Schles.)	45	178
Germanengrund	95	379
Glockschütz	64	217
Grabenfurt	16	60
Groß Breesen	31	198
Groß Hammer	181	663
Groß Krutschen	91	339
Groß Leipe	159	518
Groß Märtinau	52	237
Groß Muritsch	66	232
Groß Peterwitz	147	505
Groß Raake	43	162
Groß Schwundnig	30	128
Groß Ujeschütz	91	493
Groß Zauche	38	153
Güntherwitz	70	234
Guhlau	17	61
Haasenau	107	350
Hagenau (Niederschles.)	76	250
Haftauf	22	91
Hartwasser	79	295
Hasdingen	43	162
Heidegrund	77	309
Heidewilxen	140	404
Hennigsdorf	200	686
Hochkirch	29	117
Hünern	235	770
Jagdschütz	54	207
Janischguth	9	32
Jeschütz	39	139
Kampern	46	182
Kapsdorf	101	346
Katharinengrund	61	233
Katholisch Hammer	125	431
Katzberg (Schlesien)	32	121
Kawallen	48	210
Kleinau (Schlesien)	22	94
Klein Graben	97	414
Klein Märtinau	15	73
Klein Muritsch	23	88
Klein Ujeschütz	84	315
Kloch-Felde	70	224
Kniegnitz	86	321
Kobelwitz	41	159
Konradswaldau	98	315
Kottwitz	111	378
Kotzerke	46	167
Krumpach	63	219
Kunzendorf	143	506
Langenau	54	196
Lindenhof (Schlesien)	53	217
Lindenwaldau	117	378
Lossen	102	353
Lückerwitz	45	192
Luisengrund	35	151
Luzine	226	741
Machnitz	47	186
Mahlen	94	330
Mahliau	61	211
Mankerwitz	33	115
Margaretenmühle	58	202
Massel	114	401
Maßlisch Hammer	72	288
Michelwitz	27	98
Möwengrund	45	167
Moltketal	119	453
Mühnitz	75	268
Neiderei	80	271
Neuhof	49	214
Neuwalde	33	105
Nieder Kachel	35	93
Ober Glauche	115	473
Ober Kehle	26	106
Obernigk	1 470	4 383
Ostwinkel	14	54
Pannwitz	57	244
Paschkerwitz	158	554
Paulskirch	97	381
Paulwitz	68	270
Perschütz	64	234
Peterwitz	97	389
Pflaumendorf	16	67
Pirschen	39	139
Pristelwitz	39	153
Pürbischau	59	212
Raschen	29	119
Raschewitz	75	277
Rux	53	211
Sachsenhof	31	98
Sauerbrunn	79	307
Schebitz	158	618
Schickwitz	41	202
Schimmelwitz	60	200
Schimmerau	114	449
Schlottau	240	764
Schlottauermühlen	21	69
Schön Ellguth	131	481
Senditz	39	172
Simsdorf	117	402
Sponsberg	98	377
Striese	148	523
Stroppen, Stadt	237	711
Tarnast	69	264
Teichdorf (Schlesien)	31	119
Trebnitz, Stadt	2 606	8 500
Waldkirch (Schlesien)	55	192
Waldwinkel	31	123
Weidebrück	55	199
Wendelborn	306	1 006
Werndorf	51	215
Wiese	89	290
Wiesenbrunn	17	57
Wolfswalde	35	127
Würzen	91	324
Zantkau	100	310
Zechelwitz	11	49
Zedlitz	143	509
Ziegenfeld	27	92
Zirkwitz	146	492

Landkreis Waldenburg (Schles.)

Ort		
Adelsbach	359	1 181
Altlässig	578	1 697
Alreichenau (Schles.)	494	1 691
Bärsdorf	121	424
Charlottenbrunn, Bad	679	1 821
Dittmannsdorf	444	1 384
Dörnhau	130	399
Donnerau	306	947
Dorfbach	186	592
Erlenbusch	159	540
Fellhammer	2 134	5 866
Friedland, Stadt	1 567	4 386
Fröhlichsdorf	89	314
Gaablau	251	819
Göhlenau	232	714
Görbersdorf	152	731
Gottesberg (Schles.), Stadt	3 899	11 011
Großhain	742	2 276
Hausdorf	426	1 401
Heinrichau	174	551
Hermsdorf, Kreis Waldenburg (Schles.)	3 844	11 233
Kynau	198	644
Langwaltersdorf	377	1 099
Lehmwasser	404	1 172
Liebersdorf	308	977
Liebichau	289	930
Lomnitz	158	516
Michelsdorf	123	425
Neudorf	108	322
Nieder Salzbrunn	1 383	4 172
Ober Wüstegiersdorf	537	1 567
Polsnitz	1 333	3 818
Quolsdorf	162	576
Raspenau	119	444
Reimsbach	27	93
Reimswaldau	212	730
Reußendorf	1 154	3 376
Rothenbach in Schlesien	1 589	4 532
Rudolfswaldau	223	737
Salzbrunn, Bad	3 270	9 779
Schmidtsdorf	188	561
Seitendorf	886	2 954
Sophienau	234	688
Steingrund	240	702
Weißstein	6 024	17 348
Wüstegiersdorf	2 391	6 952
Wüstewalterdorf	1 005	2 826

Landkreis Wohlau

Ort		
Alexanderwitz	26	111
Alteichenau	153	459
Althof	68	208
Alt Wohlau	141	501
Arnsdorf	43	144
Auras, Stadt	494	1 673
Bartsch-Kulm	67	265
Berghain	35	124
Bielwiese	122	464
Birkenhain (Niederschles.)	33	147
Borschen	53	180
Brödelwitz	36	129
Brunnwiese	66	231
Buschen	62	210
Dahme	34	124
Dammitsch	41	162
Deichslau	127	479
Dieban	81	276
Dittersbach	33	139
Dombsen	57	212
Domnitz	18	79
Dyhernfurth, Stadt	576	2 013
Eichdamm	55	233
Exau	63	243
Fichtendorf	27	87
Föhrenwalde	41	148
Friedrichshain	35	564
Fröschen	35	122
Fröschroggen	23	85
Garben	67	225
Gleinau	95	348
Grafenstein	44	136
Grosen	67	266
Groß Ausker	67	243
Großendorf	82	317
Groß Kreidel	171	688
Groß Pantken	34	131
Groß Pogel	83	306
Groß Schmograu	102	430
Groß Sürchen	58	182
Guhren	100	436
Gurkau	27	63
Hartfelde	91	350
Heidersdorf	28	117
Heidevorwerk	40	146
Heinzendorf	175	636
Herrnmotschelnitz	87	314
Hochbauschwitz	65	266
Hohenau (Kr. Wohlau)	51	166
Ibsdorf	125	417
Iseritztal	69	230
Jakobsdorf	33	114
Jürtsch	95	343
Kammelwitz	41	139
Kirchlinden (Kr. Wohlau)	129	421
Klein Ausker	61	200
Klein Bauschwitz	49	199
Klein Kreidel	135	526
Klein Pantken	23	83
Klein Pogel	73	271
Klein Schmograu	66	231
Klein Sürchen	30	117
Kleschwitz	24	101
Klieschau	53	193
Köben a. d. Oder, Stadt	455	1 649
Kranz	148	423
Krehlau	220	835
Kreischau	83	333
Krischütz	28	104
Krummwohlau	180	569
Kulmikau	47	193
Kunern	85	319
Kunzendorf	167	526
Lahse	39	131

	Haush.	Einw.		Haush.	Einw.		Haush.	Einw.		Haush.	Einw.
Lahserwitz	18	71	Niederau			Reudchen	59	218	Stuben	118	452
Lampersdorf	158	600	(Niederschles.)	46	176	Riemberg	359	1 294	Tannwald	108	344
Lehsewitz	67	263	Nistitz	81	283	Röhrsborn	85	326	Tarxdorf	86	536
Leipnitz	56	192	Ölschen	53	250	Schanzberg	54	202	Thauer	48	200
Leubus	865	4 236	Pathendorf	121	382	Schlaupp	58	188	Thielau	42	147
Liebenau	160	508	Paulshöhe	21	84	Schöneiche	70	255	Thiemendorf	260	1 073
Loßwitz	113	395	Peruschen	42	139	Seifersdorf	111	370	Thiergarten	168	569
Maibach			Polgsen	187	618	Seifrodau	96	339	Ulmenau	61	247
(Niederschles.)	47	168	Porschwitz	153	554	Siegda	35	138	Urschkau	176	567
Mittel			Praukau	120	459	Simonshöh	37	146	Wahren	123	613
Nieder Dammer	68	256	Preichau	97	377	Stanschen	56	165	Waldheim	90	302
Mönchmotschelnitz	96	400	Pronzendorf	194	732	Steinau			Wandritsch	68	262
Mondschütz	200	706	Quallwitz	28	88	a. d. Oder, Stadt	1 951	6 529	Wangern	78	284
Mühlgast	47	141	Radschütz	130	410	Steintal			Weißig	56	231
Nährschütz	123	480	Rädlitz	68	261	(Niederschles.)	36	169	Wilhelmsthal	21	61
Neudorf b.			Ransen	101	409	Sternblick	16	63	Winzig, Stadt	667	2 078
Dyhernfurth	46	203	Rathau	58	262	Steudelwitz	20	91	Wischütz	136	488
Neudorf b.			Rayschen	44	159	Strien	63	252	Wohlau, Stadt	2 036	7 402
Steinau a. d. Oder	27	117	Reichwald	97	296	Striese	15	51	Zechelwitz	30	131

Regierungsbezirk Liegnitz

Stadtkreise:

Glogau	9 814 Haushaltungen	33 495 Einwohner
Görlitz	33 526 Haushaltungen	93 808 Einwohner
Hirschberg Rsgeb.	10 573 Haushaltungen	35 296 Einwohner
Liegnitz	27 081 Haushaltungen	83 681 Einwohner

Landkreise:

	Haush.	Einw.		Haush.	Einw.		Haush.	Einw.		Haush.	Einw.
Landkreis Bunzlau			Nieder			Ober Pritschen	154	660	Herzogswaldau	55	198
Alt Jäschwitz	96	409	Thomaswaldau	169	598	Röhrsdorf	217	866	Modritz	165	516
Altöls	205	638	Ober Mittlau	119	447	Schlichtingsheim,			Neumburg a.		
Alt Warthau	385	1 306	Ober Schönfeld	166	609	Stadt	339	1 038	Bober, Stadt	388	1 264
Aschitzau	134	471	Ober			Tillendorf	104	430	Nettschütz	58	218
Aslau	233	862	Thomaswaldau	219	835	Ulbersdorf	83	667	Neudorf	36	135
Birkenbrück	162	598	Ottendorf	261	1 066	Weigmannsdorf	61	254	Neusalz (Oder),		
Buchwald	77	348	Paritz	224	833	Zedlitz	257	973	Stadt	5 744	17 326
Bunzlau, Stadt	6 271	21 946	Possen	65	282				Neustädtel, Stadt	578	1 708
Dobrau	91	301	Prinzdorf	230	736	**Landkreis Freystadt i.**			Neuwaldau	150	604
Eckersdorf	100	352	Rosenthal	129	476	**Niederschles.**			Nieder		
Eichberg	121	488	Rothlach	105	334	Aufhalt	177	518	Herzogswaldau	115	438
Gersdorf a. Queis	428	1 527	Rückenwaldau	242	753	Bergenwald	147	528	Nieder Siegersdorf	179	642
Gießmannsdorf	397	1 552	Schnellenfurt	71	246	Bielitz	39	135	Ober		
Gnadenberg	201	587	Schwiebendorf	35	121	Brunzelwaldau	178	623	Herzogswaldau	189	667
Gremsdorf	300	876	Seifersdorf	210	929	Buchwald	26	85	Ober Siegersdorf	153	524
Greulich	478	1 322	Siegersdorf	875	2 654	Bullendorf	25	83	Peterswaldau	47	180
Groß Gollnisch	89	325	Strans	123	424	Döringau	18	62	Poppschütz	123	424
Groß			Thiergarten	74	263	Droselheydau	66	223	Poydritz	24	105
Hartmannsdorf	584	2 152	Thommendorf	204	728	Eichau	79	262	Pürben	56	202
Groß Krauschen	171	560	Tiefenfurt	479	1 364	Erkelsdorf	106	428	Rauden	149	463
Günthersdorf	237	838	Tillendorf	695	2 111	Freystadt i.			Rehlau	38	154
Heiligensee	137	490	Tonhain	341	1 191	Niederschles.,			Rehwald	15	58
Hermannsdorf	112	428	Ullersdof a. Queis	290	970	Stadt	1 874	6 669	Reichenau	33	153
Herzogswaldau	275	974	Urbanstreben	62	235	Fürstenau	69	279	Reichenau b.		
Hinterheide	62	212	Uttig	65	249	Großboberan	61	201	Naumburg		
Kittlitztreben	264	769	Waldau (Ob. Laus)	797	2 631	Großenborau	204	783	a. Bober	163	621
Klein Krauschen	83	298	Wehrau	277	793	Gutental (Schlesien)	15	61	Reichenbach	98	350
Klitschdorf	123	366	Wenigtreben	49	173	Hänchen	35	147	Reinshain	86	294
Kosel	49	173	Wiesau	104	380	Hartmannsdorf	71	284	Rohrwiese	64	244
Kroischwitz	114	410	Wolfshayn	61	216	Heinzendorf	69	261	Scheibau	51	228
Kromnitz	89	316				Herwigsdorf	264	1 040	Schliefen	87	301
Lichtenwaldau	241	863	**Landkreis Fraustadt**			Heydau	56	234	Schöneich	69	264
Liebichau	160	603	Alt Driebitz	199	732	Kattersee	44	168	Seiffersdorf	123	437
Linden	32	130	Attendorf	109	412	Kleinboberan	33	144	Steinborn	36	141
Looswitz	142	496	Fraustadt, Stadt	2 317	7 740	Kleinwiesdorf	16	56	Streidelsdorf	151	559
Lorenzdorf	353	985	Geyersdorf	155	599	Kleppen	120	448	Teichhof	36	117
Martinwaldau	129	518	Gurschen	89	340	Költzsch	215	683	Theuern	10	41
Modlau	331	962	Heyersdorf	234	815	Kosel	191	748	Trockenau	584	1 689
Mühlbock	207	734	Hinzendorf	96	406	Kottwitz	121	401	Waldruh	41	162
Naumburg			Ilgen	128	484	Kunzendorf	52	420	Wallwitz	40	150
a. Queis, Stadt	65	2 240	Kaltvorwerk	66	286	Langhermsdorf	139	712	Weichau	140	532
Neuen	63	240	Kandlau	83	368	Lessendorf	93	327	Windischborau	29	123
Neuhammer	131	428	Kursdorf	166	672	Liebenzig	335	1 225	Zäcklau	53	181
Neu Jäschwitz	85	318	Lissen	119	794	Liebschütz	135	449	Zedelsdorf	21	72
Neundorf	124	445	Mittel Neu Driebitz	91	337	Lindau	172	551	Zissendorf	29	114
Nieder Schönfeld	232	833	Neuguth b.			Lippen	209	690	Zölling	104	348
			Fraustadt	78	318	Louisdorf	31	126	Zollbrücken	358	1 172
			Nieder Pritschen	171	673	Mittel			Zyrus	60	214

Landkreis Glogau

Ort		
Alteichen	78	278
Alt Kranz	178	644
Altwasser (Niederschles.)	103	377
Andersdorf	80	284
Aufzug	36	131
Bansau	67	254
Beuthen a. d. Oder, Stadt	1 109	3 176
Biegnitz	107	405
Bismarckhöhe	55	195
Borkau	138	514
Brieg	165	543
Brostau	324	1 003
Brückenfeld (Niederschles.)	46	184
Buchendamm	212	913
Buchenhang	98	357
Buschacker	51	206
Carolath	395	1 485
Dalkau	153	519
Dammfeld	197	785
Deutscheck	393	1 647
Dornbusch	133	456
Dreidorf	38	185
Ehrenfeld (Niederschles.)	104	417
Eichbach	88	337
Eichendamm	82	329
Fähreichen	84	339
Friedenshagen	324	1 158
Friedrichslager	73	251
Fröbel	63	240
Glogischdorf	122	400
Gramschütz	395	1 339
Groß Vorwerk	29	123
Guhlau	148	556
Gustau	58	197
Gutendorf (Niederschles.)	129	414
Hahnenfeld (Niederschles.)	97	373
Hainbach-Töppendorf	133	477
Hammer	157	608
Hangwalde	76	296
Haselquell	161	582
Heerwegen, Stadt	523	1 599
Heidegrund	156	548
Henzegrund	32	116
Hermsdorf	88	327
Herndorf	297	1 018
Herzogtal	118	449
Hochkirch	96	331
Höckricht	72	246
Hohenborau	120	415
Jakobskirch	76	245
Kaltenfeld	45	196
Kladau	82	334
Klein Kauer	43	159
Klein Logisch	105	385
Klein Schwein	87	297
Klein Vorwerk	48	185
Klettental	121	423
Klopschen	225	802
Kosel	103	591
Kunzendorf	138	525
Kuttlau, Marktflecken	412	1 448
Langemark (Kr. Glogau)	291	1 066
Laubegast	142	522
Lerchenberg	665	2 102
Linden	151	537
Lindenbach	210	770
Lindenkranz	279	1 029
Marienquell	123	540
Milchau	22	84
Nenkersdorf	66	216
Neuhammer	96	376
Neu Strunz	74	285
Niederfeld	182	693
Nilbau	172	573
Oberquell, Marktflecken	488	1 720
Ober Zauche	114	476
Obisch	98	347
Oderhorst	89	297
Pürschkau	111	397
Putschlau	49	190
Rabsen	74	270
Rauschenbach	312	1 016
Rettkau	80	302
Rodetal	74	264
Roggendorf (Niederschles.)	65	253
Roggenfelde	185	706
Rosenthal	119	536
Rostersdorf	121	427
Sabel	39	150
Sandhofen	87	345
Schenkfeld	66	245
Schlesiersee, Stadt	542	1 803
Schönau	189	630
Schrien	27	130
Schwarztal	168	598
Schwusen	128	445
Seehagen	48	422
Simbsen	84	338
Skeyden	104	484
Suckau	51	220
Tauer	49	181
Thiergarten	31	102
Urstetten	298	976
Vorbrücken	305	1 045
Weißfurt	34	155
Weißholz	78	315
Wettschütz	71	265
Wiesau	429	1 522
Wiesenberge	41	161
Wiesenbusch	77	277
Wolfau	210	945
Wühleisen	19	76
Würchland	101	430
Ziebern	83	366

Landkreis Görlitz

Ort		
Alt Kohlfurt	507	1 436
Arnsdorf	199	624
Auenblick	131	412
Biesig	46	170
Birkenlache	35	133
Buchholz (Niederschles.)	119	512
Burgundenau	75	254
Deutsch Ossig	265	838
Deutsch Paulsdorf	74	249
Dittmannsdorf	39	142
Döbschütz	78	245
Ebersbach	210	743
Florsdorf	168	640
Friedersdorf	155	650
Gersdorf	179	596
Girbigsdorf	189	777
Groß Biesnitz	443	1 463
Groß Krauscha	183	644
Gruna	153	511
Hagenwerder	62	199
Haidewaldau	86	301
Hennersdorf	279	1 079
Hermsdorf	313	1 031
Hilbersdorf	85	279
Hohkirch	94	355
Holtendorf	133	451
Jauernick-Buschbach (Niederschles.)	104	481
Kesselbach (Niederschles.)	214	764
Kieslingswalde	176	670
Klein Biesnitz	157	761
Klein Neundorf	56	245
Klingewalde	65	241
Königshain	430	1 511
Köslitz	81	273
Kohlfurt	881	2 741
Kosma	35	122
Krobnitz	53	181
Kuhna	109	332
Kunnersdorf	191	662
Kunnerwitz	72	261
Lauterbach	53	172
Leopoldshain	309	1 058
Lichtenberg	95	358
Liebstein	34	112
Lissa	205	714
Lomnitz	41	150
Margaretenhof (Niederschles.)	63	221
Markersdorf	235	882
Melaune	88	342
Mengelsdorf	169	534
Meuselwitz	93	378
Neuhammer	319	1 003
Neuhaus	40	122
Nieder Bielau	383	1 237
Nieder Langenau	375	1 351
Nieder Ludwigsdorf	154	510
Nieder Penzighammer	49	155
Nieder Reichenbach	95	320
Ober Bielau	76	286
Ober Langenau	181	668
Ober Ludwigsdorf	123	402
Ober Neundorf	114	387
Ober Penzighammer	30	107
Ober Reichenbach	46	164
Penzig	2 447	7 305
Pfaffendorf an der Landeskrone	158	546
Prachenau	71	265
Radmeritz	169	531
Rauscha	1 166	3 455
Reichenbach (Ob. Laus.), Stadt	901	2 822
Rothwasser	944	2 977
Schlauroth	97	306
Schnellförtel	57	166
Schönberg	28	93
Schöps	34	118
Schützenhain	69	234
Siebenhufen	27	112
Stangenhain	20	91
Steinkirchen	203	648
Tauchritz	112	371
Thielitz	79	285
Troitschendorf	263	911
Warnsdorf (Niederschles.)	131	472
Weinhübel	824	2 411
Wolfsberg (Niederschles.)	27	84
Zentendorf	73	266
Zodel	242	842

Landkreis Goldberg

Ort		
Adelsdorf	369	1 356
Altenlohm	179	631
Alt Schönau	217	795
Alzenau	314	1 177
Bärsdorf-Trach	217	792
Baudmannsdorf	101	386
Bielau	306	1 073
Bischdorf	187	625
Brockendorf	145	521
Doberschau	101	429
Falkenhain	318	1 128
Georgenthal	109	378
Giersdorf	235	913
Göllschau	243	830
Goldberg, Stadt	2 520	7 860
Goldberger Vorwerke	119	537
Gröditzberg	191	676
Haasel	90	338
Harpersdorf	372	1 363
Haynau, Stadt	3 850	11 114
Haynauisch Hermsdorf	136	460
Hermsdorf a. d. Katzbach	282	965
Herrmannswaldau	49	183
Hockenau	150	490
Hohendorf	142	525
Hohenliebenthal	249	919
Hundorf	44	183
Johnsdorf	62	242
Kaiserswaldau	248	874
Kauffung	1 179	3 855
Klein Helmsdorf	233	893
Konradsdorf	272	973
Konradswaldau	175	718
Kosendau	71	258
Kreibau	197	702
Laasnig	67	240
Leisersdorf	316	1 127
Lobendau	274	1 001
Ludwigsdorf	113	428
Märzdorf	233	827
Michelsdorfer Vorwerke	97	393
Modelsdorf	205	828
Neudorf a. Gröditzberge	210	739
Neudorf a. Rennwege	63	266
Neukirch	486	1 575
Panthenau	151	573
Peiswitz	46	172
Pilgramsdorf	370	1 269
Pohlswinkel	91	311
Prausnitz	236	889
Probsthain	330	1 098
Reichwaldau	82	340
Reisicht	318	1 020
Röchlitz	123	443
Röversdorf	191	726
Samitz	98	395
Sandwaldau	90	330
Schneebach	27	96
Schönau a. Katzbach, Stadt	565	1 911
Schönfeld	105	370
Schönwaldau	223	813
Seifersdorf	63	281
Steinberg	76	273
Steinsdorf	164	548
Steudnitz	39	165
Straupitz	73	263
Tammendorf	93	345
Tiefhartmannsdorf	319	1 081
Ulbersdorf	240	926
Vorhaus	129	457
Wilhelmsdorf	160	633
Wittgendorf	155	552
Woitsdorf	150	550
Wolfsdorf	216	827

Landkreis Grünberg i. Schles.

Ort		
Altkessel	326	1 206
Bobernig	178	706
Boyadel	520	1 780
Bruchdorf	68	286
Buchelsdorf	79	269
Dammerau	62	247
Deutsch Kessel	159	575
Deutsch Wartenburg,		

Ort		
Stadt	309	926
Drentkau	143	520
Droschkau	116	377
Eichwaldau	264	856
Fleißwiese	62	239
Friedendorf	47	213
Friedersdorf	92	420
Fürsteneich	262	1 052
Gabelsdorf	107	579
Großheiden	176	699
Groß Lessen	150	509
Grünberg i. Schles., Stadt	9 059	26 076
Grünwald	158	554
Günthersdorf	130	486
Hammer	64	222
Heinersdorf	425	1 286
Jonasberg	32	110
Kleinitz	398	1 455
Kolzig	420	1 414
Kontopp	403	1 328
Krampe	203	655
Kreutz	60	233
Kühnau	329	1 005
Külpenau	54	198
Kunersdorf	75	248
Lache	112	467
Läsgen	142	487
Lättnitz	154	577
Lansitz	163	605
Lawaldau	323	1 016
Loos	117	399
Mesche	34	138
Milzig	102	385
Nittritz	327	1 251
Ochelhermsdorf	360	1 283
Ostlinde	222	810
Ostweide	145	533
Pfalzdorf	40	152
Pirnig	185	847
Plothow	133	453
Prittag	169	646
Rothenburg (Oder), Stadt	460	1 396
Ruden	30	93
Schäferberg	35	140
Schertendorf	340	1 187
Schlabrendorf	44	161
Schlesisch Drehnow	153	564
Schlesisch Nettkow	327	1 069
Schloin	173	622
Schönforst	36	149
Schwarmitz	199	801
Schweinitz	379	1 423
Schwenten	284	963
Seedorf	52	175
Seiffersholz	31	95
Wenig Lessen	82	304
Wittgenau	98	390
Zahn	46	166
Zauche	68	235

Landkreis Hirschberg i. Rsgb.

Ort		
Agnetendorf	281	911
Altkemnitz	407	1 357
Arnsdorf	646	1 893
Bärndorf	115	387
Berbisdorf	345	1 293
Berthelsdorf	213	816
Boberröhrsdorf	469	1 756
Boberstein	88	322
Boberullersdorf	54	191
Buchwald	239	766
Buschvorwerk	79	237
Eichberg	165	477
Fischbach	296	1 010
Gebirgsbauden	302	1 122
Giersdorf	531	1 637
Glausnitz	51	170
Gotschdorf	133	497
Grunau	657	2 135
Hain	265	911
Hartau	38	167
Herischdorf	1 545	4 452
Hermsdorf (Kynast)	1 145	3 277
Hindorf	137	484
Hohenwiese	249	801
Jannowitz	552	1 868
Kaiserswaldau	162	558
Kammerswaldau	281	1 070
Krommenau	173	624
Krummhübel	702	2 209
Kupferberg (Riesengebirge), Stadt	210	637
Lomnitz	555	1 844
Ludwigsdorf	104	390
Märzdorf	94	344
Maiwaldau	370	1 362
Neudorf	72	237
Neukemnitz	76	287
Petersdorf	1 410	4 427
Quirl	345	1 043
Reibnitz	230	874
Rohrlach	197	705
Saalberg	118	395
Schildau	160	573
Schmiedeber i. Rsgb., Stadt	2 163	6 638
Schreiberhau	2 197	7 601
Schwarzbach	186	643
Seidorf	410	1 395
Seifershau	226	911
Seiffersdorf	168	777
Södrich	51	192
Steinseiffen	551	1 784
Stonsdorf	242	834
Straupitz	628	1 962
Voigtsdorf	362	1 265
Waltersdorf	80	329
Warmbrunn, Bad, Stadt	1 996	6 036
Wernersdorf	116	408
Zillerthal-Erdmannsdorf	920	2 966

Landkreis Hoyerswerda

Ort		
Arnsdorf	233	809
Bärwalde	26	99
Bernsdorf	1 487	4 409
Biehlen	77	320
Birkenheim (Ob. Laus)	28	126
Blunau	162	635
Brandhofen	94	507
Bröthen	237	854
Burg	82	321
Burghammer	311	1 027
Burkersdorf	184	664
Dörgenhausen	132	555
Driewitz	34	138
Eichhain	67	276
Elsterhorst	86	315
Elsterode	41	199
Frauendorf	231	849
Friedersdorf	26	107
Geierswalde	116	425
Groß Partwitz	153	570
Groß Särchen	275	970
Groß Weidau	281	887
Grube Ostfeld	39	168
Grünewald	221	823
Grünhain (Ob. Laus.)	41	145
Guteborn	183	617
Hermsdorf a. d. Spree	92	331
Hermsdorf b. Ruhland	152	533
Hohenbocka	459	1 538
Hosena	778	2 586
Hoyerswerda, Stadt	2 254	7 222
Jannowitz	76	303
Klein Partwitz	44	173
Klösterlich Neudorf	20	83
Koblenz	63	244
Kotten	38	371
Kroppen	198	707
Kühnicht	45	167
Laubusch	878	3 043
Leippe	547	1 891
Liebegast	28	96
Lieske	24	88
Lindenau	187	690
Lippen	48	195
Litschen	69	270
Lohsa	344	1 199
Maukendorf	81	275
Merzdorf	57	202
Michalken	79	260
Mönau	67	318
Neustadt	104	382
Neuwiese	149	523
Niemtsch	113	370
Peickwitz	220	741
Riegel	26	94
Ruhland, Stadt	1 177	4 137
Runddorf	49	217
Saalau	34	136
Schöpsdorf	26	101
Schwarzbach	152	520
Schwarzkollm	257	906
Seidewinkel	128	452
Sollschwitz	47	229
Spreefurt	195	692
Spreewitz	260	1 000
Steinitz	79	305
Tettau	160	589
Vogelhain	193	661
Wartha	94	335
Weißkollm	219	805
Werminghoff	324	1 040
Wiednitz	423	1 392
Wiesdorf	42	189
Wittichenau, Stadt	859	3 174
Wolfsdorf	106	388
Zeißholz	222	647
Zeißig	138	518

Landkreis Jauer

Ort		
Alt Jauer	424	1 335
Alt Röhrsdorf	250	880
Arnoldshof	32	136
Baritsch	35	135
Bersdorf	303	1 074
Blumenau	119	417
Börnchen	41	175
Bohrauseifersdorf	199	654
Bolkenhain, Stadt	1 416	4 589
Bremberg	242	766
Dätzdorf	170	557
Dittersdorf	66	239
Dornberg	153	553
Einsiedel	82	263
Falkenberg	54	188
Giesmannsdorf	160	547
Girlachsdorf	190	632
Gräbel	60	199
Groß Neudorf	108	391
Halbendorf	32	124
Hausdorf	156	612
Hennersdorf	106	389
Herrmannsdorf	259	969
Hertwigswaldau	292	1 072
Herzogswaldau	154	533
Hohenfriedeberg, Stadt	325	1 094
Hohenhelmsdorf	74	279
Hohenpetersdorf	103	409
Jägendorf	75	277
Jakobsdorf b. Jauer	62	237
Jauer, Stadt	4 310	13 817
Kalthaus	149	519
Kauder	221	819
Ketschdorf	242	872
Klonitz	44	150
Kolbnitz	157	552
Kunzendorf am Großhau	155	593
Langhelwigsdorf	167	680
Leipe	318	1 202
Lobris	76	318
Malitsch	156	561
Merzdorf b. Jauer	81	327
Mochau	58	194
Möhnersdorf	39	161
Moisdorf	55	195
Neu Reichenau	97	364
Nieder Baumgarten	131	522
Nimmersath	103	461
Ober Baumgarten	199	803
Ober Hohendorf	46	186
Oberlauterbach	84	290
Ober Rohnstock	174	571
Peterwitz	361	1 286
Poischwitz	562	2 011
Polkau	104	330
Pombsen	203	793
Profen	167	624
Reppersdorf	169	564
Rohnstock	298	1 006
Schlaup	120	432
Schweinhaus	115	428
Seckerwitz	54	225
Seichau	219	741
Seitendorf	291	1 040
Semmelwitz	190	660
Simsdorf	188	686
Streckenbach	144	521
Thomasdorf	84	275
Triebelwitz	125	458
Wederau	146	554
Weidenwerder	98	325
Willmannsdorf	61	205
Wolmsdorf	178	687
Würgsdorf	353	1 261

Landkreis Landeshut i. Schles.

Ort		
Albendorf	165	542
Alt Weißbach	97	367
Berthelsdorf	117	371
Blasdorf b. Liebau i. Schles.	117	448
Buchwald	127	418
Erlendorf	124	510
Görtelsdorf	124	434
Grüssau	506	1 584
Hartauforst	181	579
Hartmannsdorf	219	812
Haselbach	198	641
Johnsdorf	104	405
Kindelsdorf	66	213
Klein Hennersdorf	106	430
Krausendorf	126	507
Kunzendorf	143	456
Landeshut i. Schles., Stadt	4 561	13 688
Liebau i. Schles., Stadt	1 890	5 702
Lindenau	81	266
Merzdorf (Riesengebirge)	463	1 483
Michelsdorf	216	885
Mittelkonrads-		

Ort											
waldau	287	1 020	Ostrichen	68	202	Neudorf	109	407	Krummöls	250	1 061
Neuen	43	151	Pfaffendorf	198	726	Nikolstadt	107	440	Lähn, Stadt	449	1 470
Neu Weißbach	32	108	Rengersdorf	215	772	Oyas	140	514	Langenau	261	1 051
Ober Zieder	146	519	Sächsisch			Pahlowitz	60	214	Lang Neundorf	170	650
Oppau	148	562	Haugsdorf	167	656	Pansdorf	108	391	Langwasser	249	1 026
Petzelsdorf	53	212	Schadewalde	250	995	Panten	132	462	Lauterseiffen	94	387
Pfaffendorf	200	714	Schlesisch			Parchwitz, Stadt	884	2 797	Liebenthal, Stadt	435	1 664
Reichhennersdorf	180	652	Haugsdorf	154	617	Petersdorf	104	343	Löwenberg		
Reußendorf	107	428	Schönberg			Pfaffendorf	177	563	i. Schles., Stadt	2 090	6 328
Röhrsdorf			(Ob. Laus.), Stadt	683	1 935	Pohlschildern	114	414	Ludwigsdorf	140	560
(Riesengeb.)	112	425	Schreibersdorf	508	1 765	Pohlwitz	77	272	Märzdorf a. Bober	209	815
Rohnau			Schwarzbach, Bad	507	1 588	Poselwitz	71	252	Matzdorf	102	396
(Riesengeb.)	183	581	Schwertburg	364	1 119	Prinkendorf	167	595	Mauer	257	907
Rothenzechau	60	207	Seidenburg, Stadt	953	2 645	Prinsnig	48	194	Mühlseiffen	149	518
Rudelstadt	466	1 512	Steinbach	78	269	Rogau	88	353	Neuland	428	1 593
Ruhbank	190	575	Stolzenberg	56	209	Rosenau	143	520	Neundorf-Liebenthal	61	229
Schömberg, Stadt	699	2 099	Vogelsdorf	80	287	Rosenig	124	446	Nieder Görisseiffen	170	598
Schreibendorf	241	847	Volkersdorf	277	909	Rothkirch	105	363	Nieder Mois	48	220
Schwarzwaldau	590	1 835	Wiese			Royn	139	504	Ober Görisseiffen	353	1 347
Städtisch			(Niederschlesien)	131	445	Rüstern	457	1 485	Ober Mois	67	262
Dittersbach	185	615	Wigandsthal	453	1 299	Schlottnig	72	266	Ottendorf	111	440
Städtisch Hartau	41	142	Wilke	94	287	Schmochwitz	61	214	Petersdorf	54	211
Städtisch			Wingendorf	101	339	Schönborn	196	703	Plagwitz	254	1 868
Hermsdorf	301	950	Wünschendorf	235	743	Schützendorf	43	169	Querbach	209	746
Tannengrund	116	402	Ziethen-			Schwarzrode	48	155	Rabishau	390	1 373
Trautliebersdorf	106	402	Hennersdorf	460	1 719	Seifersdorf	210	732	Radmannsdorf	40	168
Tschöpsdorf	59	208				Spittelndorf	82	299	Regensberg	41	147
Vogelsdorf	188	588	**Landkreis Liegnitz**			Tentschel	112	479	Riemendorf	58	247
Wittgendorf	395	1 372	Alt Beckern	131	443	Thiergarten	38	124	Schiefer	90	363
			Alt Läst	91	324	Wahlstatt	224	1 106	Schmottseiffen	473	1 786
Landkreis Lauban			Arnsdorf	694	2 340	Waldau	356	1 191	Schosdorf	774	2 497
Alt Seidenberg	178	473	Ausche	50	183	Wangten	117	472	Seitendorf	106	408
Beerberg	222	627	Barschdorf	100	408	Weinberg	141	586	Siebeneichen	123	494
Berna	283	864	Berndorf	75	302	Weißenhof	50	160	Sirgwitz	78	303
Bertelsdorf	781	2 340	Bienau	119	447	Wildschütz	155	553	Spiller	180	724
Eckersdorf	85	287	Blüchersfelde	71	242	Zobel	94	332	Süssenbach	69	290
Erlbachtal	28	93	Dahme	97	357				Tschischdorf	131	560
Friedersdorf	445	1 397	Dohnau	59	216	**Landkreis Löwenberg**			Ullersdorf-		
Gebhardsdorf	527	1 638	Dürschwitz	80	319	**i. Schles.**			Liebenthal	241	891
Geibsdorf	756	2 450	Eichholz	97	336	Antoniwald	58	205	Waltersdorf	81	295
Gieshübel	95	319	Fellendorf	105	403	Arnsberg	53	177	Welkersdorf	272	1 007
Goldentraum	113	399	Gassendorf	51	176	Birkicht	80	274	Wenig Rackwitz	69	246
Hartmannsdorf	352	1 028	Grändorf	88	331	Birngrütz	168	660	Wenig Waldiß	71	231
Heidersdorf	439	1 379	Greibnig	130	550	Blumendorf	103	351	Wiesenthal	142	532
Holzkirch	174	611	Groß Baudiß	224	786	Braunau	76	280	Wünschendorf	72	316
Karlsberg	196	673	Groß Beckern	275	916	Deutmannsdorf	250	903	Zobten a. Bober	164	630
Kerzdorf	649	1 759	Groß Läswitz	127	488	Dippelsdorf	50	219			
Küpper	257	834	Groß Tinz	98	360	Dürrkunzendorf	74	311	**Landkreis Lüben**		
Kundorf	45	168	Groß Wandriß	232	870	Egelsdorf	205	750	Alt Raudten	91	297
Langenöls, Bz.			Heidau	183	680	Flachenseiffen	128	520	Barschau	40	154
Liegnitz	1 417	4 159	Heinersdorf	160	583	Flinsberg, Bad	877	2 803	Brauchitschdorf	167	598
Lauban, Stadt	5 689	17 353	Herrndorf	38	167	Friedeberg			Braunau	132	511
Marklissa, Stadt	812	2 201	Hochkirch	58	207	(Isergeb.), Stadt	907	2 883	Brodelwitz	65	230
Mittel			Jahnsfeld	42	167	Gehnsdorf	47	186	Buchwäldchen	43	148
Gerlachsheim	209	658	Jakobsdorf b.			Geppersdorf	111	440	Buchwald	61	239
Mittel Steinkirch	67	232	Liegnitz	128	479	Giehren	192	663	Eisemost	108	349
Mittel Thiemendorf	183	679	Jenkau	72	242	Giersdorf	191	716	Fauljoppe	46	179
Nieder			Jeschkendorf	105	350	Gräflich			Friedrichswalde	16	67
Bellmannsdorf	148	449	Kampern	44	184	Kunzendorf	100	341	Fuchsmühl	95	326
Nieder			Kaudewitz	50	208	Gräflich Neundorf	134	451	Gaffron	125	491
Gerlachsheim	111	417	Klein Baudiß	69	269	Gräflich Röhrsdorf	219	656	Gläsersdorf	231	906
Nieder Halbendorf	71	290	Klein Tinz	58	223	Greiffenberg			Groß Heinzendorf	177	603
Nieder Langenöls	95	310	Klein Wandriß	65	314	i. Schles., Stadt	1 461	4 349	Groß Kotzenau	383	1 396
Nieder Lichtenau	115	346	Klemmerwitz	55	243	Groß Rackwitz	71	334	Groß Krichen	126	506
Nieder Linde	311	990	Kniegnitz	73	290	Groß Stöckigt	136	475	Groß Rinnersdorf	86	308
Nieder Rudelsdorf	90	297	Koischwitz	133	463	Groß Waldiß	182	619	Gugelwitz	94	351
Nieder Schönbrunn	248	805	Koitz	233	799	Hartelangenvorwerk	118	420	Herbersdorf	123	478
Nieder Steinkirch	61	225	Krayn	69	247	Hartliebsdorf	194	708	Herzogswaldau	306	1 063
Nieder Thiemendorf	99	381	Kroitsch	168	594	Hayne	70	283	Jakobsdorf	153	521
Nikolausdorf	88	330	Kuchelberg	113	352	Hennersdorf	71	286	Jauschwitz	24	99
Ober Bellmannsdorf	128	467	Kummernick	120	500	Höfel	38	157	Kaltwasser	126	421
Ober Gerlachsheim	195	598	Kunitz	255	885	Hohlstein	65	248	Klaptau	52	212
Ober Halbendorf	61	213	Kunzendorf	44	162	Hohndorf	98	451	Klein Krichen	67	242
Ober Lichtenau	481	1 592	Langenwaldau	194	710	Hußdorf	52	217	Kniegnitz	99	393
Ober Linde	225	758	Leschwitz	162	562	Johnsdorf	62	255	Koslitz	59	213
Ober Rudelsdorf	52	175	Liebenau	57	202	Kesselsdorf	243	846	Kotzenau, Stadt	1 410	4 301
Ober Schönbrunn	153	523	Merschwitz	98	375	Klein Neundorf	89	325	Kriegheide	67	217
Ober Steinkirch	80	269	Mertschütz	253	922	Klein Röhrsdorf	129	549	Krummlinde	144	452
Ober Thiemendorf	140	537	Mönchhof	58	249	Kleppelsdorf	89	348	Lerchenborn	118	396
Örtmannsdorf	212	694	Möttig	44	146	Krobsdorf	291	962	Lüben, Stadt	2 614	10 809

Ort		
Mallmitz	186	636
Michelsdorf	89	356
Mlitsch	116	420
Muckendorf	34	119
Mühlrädlitz	213	924
Neudorf	68	264
Neuhammer	68	222
Neurode	47	140
Oberau	172	598
Ober Dammer	44	161
Ober Gläsersdorf	199	703
Ossig	100	413
Parchau	176	601
Petersdorf	25	81
Petschkendorf	112	442
Pilgramsdorf	87	318
Polach	38	136
Queißen	127	375
Raudten, Stadt	515	1 900
Reichen	107	397
Sabitz	91	305
Schwarzau	90	393
Seebnitz	259	944
Spröttchen	65	238
Talbendorf	59	235
Töschwitz	144	530
Würtsch-Helle	91	329
Zedlitz	136	472
Ziebendorf	102	333

Landkreis Rothenburg (Ob. Laus.)

Ort		
Altliebel	46	181
Altmarkt	229	751
Altwiese	114	368
Beinsdorf	45	153
Berg	383	1 168
Biehain	107	352
Birkenstedt (Oberlausitz)	527	1 739
Birkfähre	64	238
Bleichenau	239	834
Bogendorf	55	198
Boxberg	101	369
Bremenhain	64	241
Buchwalde	133	436
Burglehn Muskau	45	158
Daubitz	282	985
Dürrbach	48	198
Eichenwald	109	399
Förstgen	183	663
Gablenz	423	1 501
Gebelzig	190	669
Geheege	68	263
Gräfenhain	196	703
Grenzkirch	43	145
Groß Düben	128	471
Groß Petersdorf	191	731
Groß Radisch	187	713
Hähnichen	136	443
Haide	42	161
Halbendorf	140	531
Hammerstadt	53	180
Heideanger	273	992
Hermsdorf b. Priebus (Schlesien)	104	361
Jänkendorf	292	964
Kaltwasser	102	408
Klein Radisch	14	67
Klitten	345	1 265
Kochsdorf	38	142
Kodersdorf	609	2 046
Köbeln	268	837
Kollm	117	404
Kosel	191	635
Krauschwitz	826	2 537
Kringelsdorf	69	271
Lindenhain (Oberlausitz)	41	138
Lugknitz	629	1 856
Mückenhain	103	339
Mühlbach	88	318
Mühlrose	126	525
Mulkwitz	79	351
Muskau, Stadt	1 643	5 010
Neißebrück	70	262
Nelkenberg	81	330
Neudorf	115	645
Neuhammer	110	337
Neusorge	60	217
Nieder Neundorf	124	416
Nieder Seifersdorf	305	1 063
Niesky, Stadt	2 258	7 729
Nochten	142	520
Ober Prauske	78	281
Pechern	131	488
Petershain	155	527
Priebus (Schlesien), Stadt	458	1 270
Quitzdorf	47	157
Quolsdorf b. Hähnichen	98	365
Quolsdorf b. Töpferstedt	120	401
Reichenau b. Priebus (Schlesien)	129	488
Reichendorf	29	97
Reichwalde	218	723
Rietschen	666	2 038
Rohne	205	758
Roßnitz	55	204
Rothenburg (Ob. Laus.), Stadt	544	1 949
Ruppendorf	53	194
Sänitz	376	1 183
Särichen	122	434
Sagar	327	1 114
Schleife	474	1 704
Schönborn	60	218
Schönlinden	93	364
See	515	1 648
Selingersruh	195	655
Spree	160	567
Sprey	28	115
Sproitz	142	484
Steinerlen	61	195
Steinhufen	87	287
Stockteich	201	697
Teichrode (Ob. Laus.)	93	328
Thiemendorf	109	334
Töpferstedt	107	334
Tormersdorf	122	696
Tränke	25	91
Trebendorf	172	628
Trebus	136	496
Uhsmannsdorf	239	781
Viereichen	60	206
Wällisch	45	163
Wehrkirch	590	1 947
Weigersdorf	259	881
Weißkeißel	402	1 324
Weißwasser, Stadt	4 539	14 383
Wildfelde	54	245
Zessendorf	76	279
Zibelle	212	877
Ziebern	67	250
Zimpel-Tauer	76	282
Zischelmühle	40	141
Zoblitz-Lodenau	287	1 139

Landkreis Sprottau

Ort		
Altgabel	82	297
Altkirch	78	281
Armadebrunn	81	421
Baierhaus	39	255
Bergisdorf	178	702
Boberwitz	72	266
Bockwitz	76	280
Brennstadt	51	210
Briesnitz	200	779
Buchwald b. Sagan	235	826
Burau	161	531
Charlottenthal	23	87
Dittersbach	239	927
Dittersdorf	86	277
Dober-Pause	94	356
Elbersdorf	198	715
Eckartswaldau	46	161
Eckersdorf	292	1 036
Eisenberg	172	544
Freiwaldau	989	2 938
Gießmannsdorf	319	1 150
Girbigsdorf	230	745
Gladisgorpe	64	222
Gräflich Zeisau	98	322
Greisitz	50	194
Groß Selten	139	528
Halbau	1 149	3 480
Hammerfeld	231	701
Hansdorf	143	428
Hartau	124	473
Hermsdorf b. Sagan	108	347
Hertwigswaldau	185	727
Hirschfeldau	241	912
Hirtenau	75	286
Hirtendorf	74	271
Johnsdorf	83	336
Kalkreuth	49	209
Kaltdorf	43	154
Kaltenbriesnitz	108	404
Karpfreiß	66	223
Klein Gläsersdorf	65	230
Klein Heinzendorf	43	194
Klein Kothau	25	114
Klein Polkwitz	44	156
Klein Selten	60	230
Klix	84	282
Kortnitz	62	254
Krampf	98	548
Küpper b. Sagan	246	1 576
Küpper b. Sprottau	79	281
Kunau	295	924
Kunzendorf	161	565
Langen	148	1 689
Langheinersdorf	252	990
Leuthen	60	268
Liebichau	103	351
Liebsen	79	249
Lipschau-Dohms	109	375
Loos	237	762
Machenau	589	1 746
Mallmitz	1 179	3 210
Mednitz	188	676
Merzdorf b. Sagan	31	127
Metschlau	133	511
Milkau	106	409
Neue Forst, Kolonie	141	435
Neuhammer	396	1 433
Neuhaus	88	306
Nieder Gorpe	108	402
Nieder Hartmanns-dorf	398	1 136
Nieder Leschen	134	474
Nieder Zauche	85	305
Nikolschmiede	88	509
Ober Hartmannsdorf	84	290
Ober Leschen	496	1 589
Ottendorf	212	751
Petersdorf v. Karpfreiß	224	798
Petersdorf b. Sagan	131	608
Primkenau, Stadt	1 681	4 860
Qumälisch	37	134
Rengersdorf	78	311
Reuthau	95	327
Rückersdorf	256	1 004
Sagan, Stadt	6 638	22 770
Schadendorf	120	389
Schönbrunn	208	863
Schönthal	151	432
Sichdichfür	24	97
Silber	88	283
Sprottau, Stadt	3 888	12 578
Sprottischwaldau	36	145
Suckau	100	319
Tschiebsdorf	215	659
Wachsdorf	85	366
Waltersdorf	311	1 142
Weißig	110	401
Wichelsdorf	149	459
Wiesau	415	1 172
Wittgendorf	166	648
Wolfersdorf	67	250
Wolfsdorf	38	121
Zeipau	162	499
Zeisdorf	70	246
Zirkau	94	331
Neuhammer, Truppenübungsplatz	14	104
Neuvorwerk, Forst	21	290

Regierungsbezirk Oppeln

Stadtkreise:

	Haushaltungen	Einwohner
Beuthen O. S.	28 768 Haushaltungen	101 084 Einwohner
Gleiwitz	33 240 Haushaltungen	117 240 Einwohner
Hindenburg O. S.	38 035 Haushaltungen	126 220 Einwohner
Neiße	10 444 Haushaltungen	37 859 Einwohner
Oppeln	14 644 Haushaltungen	52 977 Einwohner
Ratibor	14 682 Haushaltungen	50 004 Einwohner

Landkreise:

	Haush.	Einw.
Landkreis Beuthen-Tarnowitz		
Bobrek-Karf	5 752	22 095
Dramatal	741	3 036
Friedrichswille	553	2 059
Klausberg	5 855	20 260
Larischhof	509	2 101
Martinau	1 929	7 844
Mechtal	4 540	16 919
Pilzendorf	569	2 100
Randsdorf	1 067	3 897
Schomberg	1 916	7 437
Stillersfeld	1 656	6 820
Landkreis Cosel		
Alt Cosel	350	1 360
Altenwall	110	442
Altweiler	128	483
Autischkau	220	897
Birken	277	1 071
Blechhammer	284	1 124
Cosel, Stadt	3 225	13 337
Drosselschlag	129	574
Dünenfeld	330	1 391
Ehrenforst	714	2 549
Ehrenhöhe	90	416
Eichhagen O. S.	187	807
Eichrode	213	943
Eichungen	78	366
Fährendorf	156	641
Friedenau O. S.	379	1 432
Füllstein	126	463
Gerolsdorf	120	481
Gnadenfeld	532	2 030
Gräfenstein	108	456
Grenzen	679	2 693
Grötsch	61	269
Groß Grauden	141	572
Groß Neukirch	796	3 007
Groß Nimsdorf	204	789
Grünweide O. S.	148	698
Heinrichsdorf	68	260
Herberstein	44	223
Heydebreck O. S.	1 747	6 306
Hochmühl O. S.	101	444
Hohenflur	86	372
Holderfelde	126	500
Jakobsdorf	53	220
Jakobswalde	70	245
Juliusburg	37	146
Klein Althammer	180	731
Klein Ellguth	79	363
Klein Grauden	72	347
Klein Nimsdorf	83	353
Klodnitz	1 321	4 934
Kobelwitz	170	690
Kostenthal	338	1 382
Kreuzlinden	173	746
Langlieben	492	1 964
Lenschütz	272	1 131
Lichtenforst	165	663
Liebenbach	165	633
Lohnau	326	1 275
Luisental O. S.	84	378
Maßdorf	19	94
Matzkirch	237	937
Maxwaldau	65	270
Mechnitz	266	1 101
Meisenbusch	41	191
Militsch	100	407
Mittenbrück	417	1 762
Nesselwitz	313	1 237
Neudeich	198	939
Neumannshöh	325	1 321
Neusiedel	145	649
Oderhain	259	1 115
Oderwalde	513	1 989
Pickau	33	138
Rehwalde O. S.	157	610
Reigersfeld	481	2 026
Reinschdorf	594	2 332
Rodemark	45	221
Rosengrund	663	2 645
Sackenhoym	89	327
Saßstädt	82	400
Scheinau	120	421
Schneidenburg	542	1 966
Schönblick	323	1 274
Schönhain O. S.	77	294
Steinbirn	66	276
Teschenau	38	160
Waldbrücken	186	761
Wolfswiesen	205	845
Landkreis Falkenberg O. S.		
Annahof	209	807
Arnsdorf	93	294
Bauerngrund	47	213
Baumgarten	116	496
Bauschdorf	79	334
Bielitz	217	897
Borkenhain O. S.	148	540
Brande	85	341
Buchengrund O. S.	127	510
Burgstätte	133	517
Dambrau	293	1 020
Dornfeld	37	181
Eichenried	176	674
Ellguth-Hammer	163	654
Erlenburg	155	624
Falkenberg O. S., Stadt	765	2 727
Fischbach O. S.	125	529
Floste	158	680
Freudendorf	80	280
Friedland O. S., Stadt	532	1 895
Fuchsberg O. S.	55	224
Geppersdorf	96	374
Goldmoor	258	922
Graase	260	1 022
Groß Mahlendorf	108	516
Groß Mangersdorf	124	507
Groß Sarne	75	323
Groß Schnellendorf	79	350
Grüben	222	774
Gubrau	96	346
Heidersdorf	139	540
Heinrichshof (Oberschl.)	92	428
Hilbersdorf	137	525
Hillersdorf	49	191
Jakobsdorf	77	307
Jatzdorf	46	182
Julienthal	24	88
Karbischau	185	651
Kirchberg	159	558
Klein Mangersdorf	45	163
Klein Sarne	104	473
Klein Schnellendorf	116	495
Kleuschnitz	114	427
Korndorf	44	170
Lamsdorf	303	1 126
Lippen	52	200
Mauschdorf	56	241
Michelsdorf	19	76
Mittenwalde O. S.	80	320
Mullwitz	57	213
Neuleipe	85	325
Niklasfähre	97	342
Nüßdorf	75	306
Petersdorf	44	170
Ranisch	37	180
Rauschwalde	136	510
Rauske	35	125
Rautke	38	157
Rogau	78	350
Roßdorf	78	313
Schadeberg	128	484
Schedlau	102	618
Schönwitz	198	794
Schurgast, Stadt	325	1 224
Seifersdorf	117	473
Sonnenberg	119	462
Sorge	8	43
Springsdorf	30	111
Stefansfeld	105	360
Steffansgrund	92	403
Steinaugrund	147	550
Straßendorf	77	289
Tillowitz	560	1 966
Waldsiedel	43	189
Weidendorf O. S.	55	231
Weidengut	260	1 009
Weißdorf	143	563
Wolfsgrund O. S.	270	1 099
Gemeindefr. Grundstücke (Gutsbez.) Lamsdorf Truppenübungsplatz	50	229
Landkreis Groß Strehlitz		
Alt Bischofstal	215	990
Alt Siedel	129	613
Ambach	207	920
Andreashütte	1 150	4 500
Angerbach O. S.	132	671
Annatal	145	628
Auendorf	172	723
Bergstadt, Stadt	705	3 323
Bischofstal, Stadt	637	2 196
Blütenau	95	449
Buchenhöh	179	831
Burghof	159	775
Einsiedel O. S.	108	506
Elsênruh	99	427
Erlenbusch O. S.	125	600
Eschendorf	146	561
Frauenfeld	302	1 232
Gogolin	1 195	5 075
Grafenweiler	828	3 293
Groß Maßdorf	277	1 159
Groß Neuland	38	188
Groß Stein	396	1 617
Groß Strehlitz, Stadt	2 871	11 523
Groß Walden	370	1 530
Groß Zeidel	331	1 352
Grünheide O. S.	156	670
Haldenau	129	579
Heuerstein	385	1 587
Himmelwitz	627	2 686
Hohenwalde O. S.	105	394
Jarischau	197	879
Kaltwasser	179	838
Karlshorst O. S.	301	1 289
Karlstal (Oberschl.)	131	531
Karmerau	152	612
Keilerswalde	444	1 766
Klein Eichen O. S.	39	155
Klein Stein	190	796
Klein Walden	70	293
Klein Zeidel	257	1 030
Kruppamühle	132	562
Kurzbach	165	744
Läsen	219	957
Liebenhain	149	687
Mariengrund	69	370
Marklinden	61	237
Neubrücken	240	1 028
Neudorf	57	247
Nieder Birken	29	131
Nieder Ellguth	26	134
Nieder Erlen	81	343
Niederkirch	113	564
Niedersteine O. S.	111	500
Ober Ellguth	34	166
Oberwitz	184	753
Odergrund	180	814
Oderhöh	86	429
Odertal O. S.	1 131	4 842
Ottmütz	178	797
Ottmuth	742	3 283
Petersgrätz	395	1 525
Quellengrund	194	845
Quellental	335	1 367
Sakrau	151	693
Sandowitz	678	2 686
Sankt Annaberg	464	2 198
Scharnosin	60	272
Schildbach	113	475
Schlüsselgrund	62	294
Schönwiese O. S.	65	284
Sprentschütz	29	113
Starenheim	246	1 086
Steinfurt O. S.	122	547
Strelau	181	815
Stubendorf	260	1 100
Trockenfeld	132	646
Tschammer-Ellguth	124	486
Waldenstein	157	635
Waldhäuser	30	133
Wangschütz	62	296
Weißbuchen	28	146
Landkreis Grottkau		
Alt Grottkau	208	830
Auenrode	121	438
Boitmannsdorf	49	212
Breitenfeld (Oberschl.)	260	873
Deutsch Leippe	151	599
Eckwertsheide	58	205

Ort		
Eichenau O. S.	268	995
Eichengrund	60	182
Endersdorf	143	494
Falkenau	296	1 055
Feldheim (Oberschl.)	34	167
Friedewalde	253	1 011
Gauwald	129	458
Geltendorf	48	202
Giersdorf	200	794
Gläsendorf	272	1 024
Groß Briesen	120	474
Groß Karlshöh	120	415
Grottkau, Stadt	1 382	4 867
Gührau	56	200
Guhlau	74	311
Halbendorf	223	825
Hennersdorf	317	1 186
Herzogswalde	167	639
Hochdorf (Oberschl.)	103	404
Höhendorf	86	373
Hönigsdorf	96	335
Johnsdorf	36	167
Klein Karlshöh	55	253
Klein Mahlendorf	81	311
Klein Neudorf	73	289
Klodebach	170	639
Koppendorf	49	186
Koschpendorf	56	257
Kühschmalz	208	792
Lärchenhain	81	309
Leuppusch	56	258
Lichtenberg	187	784
Lindenau	221	848
Lobedau	106	465
Märzdorf	142	568
Mühlrain	157	588
Neuensee	147	532
Niederseiffersdorf	116	445
Niklasdorf	47	267
Nittersdorf	74	276
Ottmachau, Stadt	1 450	4 964
Perschkenstein	63	269
Petersheide	168	704
Rogau	25	85
Schöning	15	99
Schützendorf	70	281
Schwarzengrund	291	1 315
Seiffersdorf b. Ottmachau	180	718
Steinhaus	175	639
Striegendorf	82	311
Tharnau b. Grottkau	135	512
Tiefensee	80	331
Ullersdorf	35	137
Voigtsdorf	38	158
Waldreuth	69	282
Weißach	63	273
Winzenberg	163	683
Woisselsdorf	80	315
Würben	48	176
Zauritz	23	111
Zedlitz	44	204
Gemeindefr. Grundstücke (Gutsbez.) Staubecken Ottmachau	1	5

Landkreis Guttentag

Ort		
Ahndorf O. S.	57	266
Bachheiden	159	665
Breitenmarkt	345	1 463
Charlottenthal	67	326
Eichwege	70	312
Ellguth-Guttentag	203	885
Erzweiler O. S.	115	504
Flügeldorf	110	462

Ort		
Goselgrund	112	434
Grenzingen	86	363
Guttentag, Stadt	1 132	4 307
Hedwigsruh	182	783
Hegersfelde	158	629
Heidehammer	60	257
Heine	42	199
Iltenau	104	443
Kreuzenfeld	170	776
Mohntal	75	356
Mühlental	100	415
Nagelschmieden	164	972
Ostenwalde	278	1 318
Raunen	253	1 061
Teichwalde	235	1 003
Waldwiesen	124	564
Wiesenau O. S.	163	742
Wildfurt	251	1 209
Wilhelmshort	57	262
Windeck	190	912

Landkreis Kreuzburg O. S.

Ort		
Albrechtsthal	11	38
Alteichen	100	420
Angersdorf	124	518
Auenfelde	109	440
Bankau	276	1 052
Baumgarten	74	337
Berthelschütz	52	212
Bienendorf	281	1 164
Birkdorf	14	52
Birkenfeld	14	62
Bischdorf	71	304
Brune	95	382
Buddenbrock	57	209
Bürgsdorf	131	541
Freivorwerk	10	55
Goslau	32	141
Gottersdorf	71	351
Grenzfelde	62	258
Groß Blumenau	69	321
Groß Deutschen	57	205
Jakobsdorf	84	304
Jeroltschütz	177	584
Kiefernhain	64	252
Kirchlinden	23	94
Klein Blumenau	21	82
Klein Deutschen	27	128
Klein Margsdorf	22	71
Kochelsdorf	82	347
Konstadt, Stadt	1 125	3 777
Konstadt-Ellguth	109	398
Kornfelde	151	651
Kostau	136	558
Kreuzburg O. S., Stadt	3 442	11 693
Kuhnau	592	2 377
Ludwigsdorf	229	950
Margsdorf	71	283
Matzdorf	83	337
Nassadel	299	1 127
Neudorf	109	461
Nieder Ellguth	267	901
Nieder Kunzendorf	194	835
Nieder Schmardt	175	648
Niederweiden O. S.	157	658
Ober Ellguth	164	1 165
Ober Kunzendorf	332	1 256
Ober Schmardt	159	633
Oberweiden O. S.	299	1 302
Omechau	105	413
Pitschen, Stadt	832	3 021
Prittwitz-Steinberg	48	190
Reinersdorf	285	1 034
Röstfelde	181	869
Rosen	124	494
Sarnau	81	339
Schloß Ellguth	155	530
Schönfeld	235	897
Schönwald	214	848

Ort		
Simmenau	289	1 095
Skalung	178	720
Stobertal	35	163
Ullrichsdorf	27	98
Waldungen	61	267
Wesendorf	28	108
Wilmsdorf	63	285
Wüttendorf	79	337
Wundschütz	237	843

Landkreis Leobschütz

Ort		
Altstett	449	1 636
Alt Wiendorf	55	208
Amaliengrund	54	217
Auchwitz	74	287
Babitz	186	760
Badenau	293	1 011
Bauerwitz, Stadt	1 113	4 536
Berndau	38	176
Bladen	370	1 365
Bleischwitz	381	1 347
Branitz	832	4 594
Bratsch	232	867
Burgfeld	122	474
Dirschel	440	1 517
Dirschkenhof	86	357
Dittmerau	174	719
Dobersdorf	76	281
Dreimühlen	216	758
Eiglau	117	450
Geppersdorf	59	193
Gläsen	244	890
Gröbnig	501	1 828
Hedwigsgrund	174	604
Hennerwitz	96	377
Hochkretscham	178	679
Hohndorf	244	916
Hubertusruh	283	1 141
Jakobsfelde	99	400
Kasimir	271	1 079
Katscher, Stadt	2 534	8 914
Kitteldorf	82	355
Klemstein	72	252
Knispel	150	573
Königsdorf	161	598
Kösling	106	428
Komeise	138	404
Krastillau	149	694
Kreisewitz	79	344
Kreuzendorf	167	650
Krug	95	556
Leimerwitz	139	515
Leisnitz O. S.	489	1 826
Leobschütz, Stadt	4 026	13 505
Lindau O. S.	200	716
Liptin	155	573
Löwitz	342	1 086
Mocker	174	577
Nassiedel	302	1 188
Neudorf	126	463
Osterdorf	186	661
Pilgersdorf	111	417
Piltsch	389	1 468
Pommerswitz	179	604
Poßnitz	185	711
Raden	65	248
Rakau	146	585
Roben	264	939
Rösnitz	282	1 067
Rosen	97	383
Sabschütz	202	804
Sauerwitz	285	1 013
Schirmke	126	455
Schmeisdorf	88	354
Schönau	353	1 209
Schönbrunn	173	697
Schönwiese	72	264
Soppau	194	702
Steubendorf	152	575

Ort		
Steuberwitz	312	1 174
Stolzmütz	172	705
Trenkau	38	120
Troplowitz	177	555
Türmitz	129	427
Turkau	64	256
Wehen	141	516
Wernersdorf	83	338
Zietenbusch	204	692
Zinnatal	174	695

Landkreis Neisse

Ort		
Altewalde	295	1 141
Alt Patschkau	141	639
Alt Wette	158	587
Alt Wilmsdorf	64	237
Arnoldsdorf	413	1 415
Baucke	126	505
Bechau	93	419
Beigwitz	35	168
Bielau	329	1 156
Bischofswalde	262	1 017
Blumenthal	35	143
Bösdorf	201	737
Borkendorf	351	1 291
Brünschwitz	38	187
Deutsch Wette	265	972
Dürnstein	79	321
Dürr Arnsdorf	206	725
Dürr Kunzendorf	352	1 260
Eilau	51	221
Franzdorf	42	200
Friedenthal-Giesmannsdorf	346	1 202
Fuchswinkel	42	165
Geseß	149	576
Giersdorf	345	1 281
Glumpenau	197	753
Gostal	126	488
Greisau	98	358
Grenztal	331	1 164
Groß Kunzendorf	287	1 041
Groß Neundorf	386	1 616
Grünfließ (Oberschl.)	150	573
Grunau	99	400
Hannsdorf	29	124
Heidau	198	769
Heidersdorf	234	842
Heinersdorf	168	654
Heinzendorf	76	312
Hermannstein O. S.	153	655
Kaindorf	51	209
Kalkau	146	600
Kaundorf	104	451
Klein Briesen	124	471
Kleindorf	53	201
Köppernig	155	679
Konradsdorf	85	388
Kosel	78	300
Kupferhammer	43	172
Kuschdorf	33	147
Langendorf	613	2 221
Lindendorf O. S.	48	242
Lindewiese	171	710
Ludwigsdorf	230	863
Mannsdorf	191	796
Markersdorf	59	235
Moeckendorf	43	179
Mösen	97	373
Mohrau	143	504
Naasdorf	119	427
Natschkau	9	41
Neunz	202	744
Neusorge	47	394
Neuwalde	260	1 030
Nieder Hermsdorf	278	1 111
Nowag	139	513
Ober Hermsdorf	105	424
Oppersdorf	189	698

Landkreis Patschkau (continued)

Ort		
Patschkau, Stadt	2 327	7 522
Peterwitz	110	474
Preiland	136	541
Prockendorf	104	459
Rathmannsdorf	60	258
Reimen	72	329
Reinschdorf	120	445
Rennersdorf	63	284
Rieglitz	37	198
Riemertsheide	134	594
Ritterswalde	229	854
Rothhaus	86	377
Schlaubental	45	182
Schleibitz	67	285
Schmelzdorf	27	133
Schönwalde	176	621
Schubertskrosse	31	123
Schwammelwitz	259	948
Schwandorf	50	180
Sengwitz	38	175
Steinhübel	49	182
Steinsdorf	138	551
Stephansdorf	132	556
Struwendorf	37	153
Tannenberg	44	202
Volkmannsdorf	247	929
Waltdorf	214	815
Wiesau	120	652
Winsdorf	73	294
Würben	77	381
Ziegenhals, Stadt	3 112	9 772

Landkreis Neustadt O. S.

Ort		
Alt Kuttendorf	127	542
Altzülz	57	244
Auenwalde	71	285
Brandewalde	297	1 286
Buchelsdorf	335	1 102
Burgwasser	239	880
Deutsch Müllmen	166	711
Deutsch Rasselwitz	928	3 194
Dirschelwitz	186	768
Dittersdorf	197	774
Dittmannsdorf	228	813
Dobersdorf	204	799
Eichhäusel-Neudeck	34	134
Ellguth	147	575
Ellsnig	76	260
Erbersdorf	137	555
Ernestinenberg	187	692
Fichtenwalde O. S.	56	239
Friedersdorf	358	1 446
Fröbel	197	840
Gershain	170	795
Glöglichen	60	239
Gräflich Wiese	643	2 121
Groß Pramsen	128	630
Hartenau	239	982
Haselvorwerk	34	153
Hegerswalde	32	148
Hinterwalde	59	295
Hohenschanz	46	186
Jägershausen O. S.	188	769
Jassen	114	420
Josefsgrund	31	156
Kammersfeld	181	758
Kerpen	127	602
Klein Pramsen	191	745
Klein Strehlitz	573	1 875
Körnitz	242	1 077
Kohlsdorf	139	627
Krähenbusch	134	542
Kramelau	148	647
Kranzdorf	213	809
Kreiwitz	137	527
Kröschendorf	102	404
Kunzendorf	393	1 370
Langenbrück	550	1 894
Legelsdorf	46	214
Leuber	312	1 241
Lichten O. S.	210	866
Lößtal	229	962
Mochau	161	745
Moschen	99	355
Mühlsdorf	55	233
Nassau O. S.	88	390
Neudorf	79	341
Neuhof	43	189
Neu Kuttendorf	28	138
Neustadt O. S., Stadt	5 715	17 339
Niederblasien	69	318
Niederrode (Kr. Neustadt O. S.)	91	382
Oberglogau, Stadt	2 080	7 581
Olbersdorf O. S.	149	591
Proben	60	284
Radstein	197	796
Repsch	123	504
Riegersdorf	398	1 462
Ringwitz	238	961
Rosenberg	101	422
Roßtal (Kr. Neustadt O. S.)	294	1 072
Roßweide	209	859
Schelitz	259	1 049
Schiegau	121	467
Schlagenhof	56	198
Schnellewalde	579	2 070
Schobersfelde	190	886
Schreibersdorf	143	583
Schwärze	23	119
Schweinsdorf	64	273
Schwesterwitz	103	449
Sedschütz	295	1 154
Simsdorf	152	598
Steinau i. Ob. Schles.	393	1 593
Stiebendorf	180	765
Stöblau	233	1 034
Teichgrund	118	459
Tiefengrund	67	282
Wackenau	106	373
Waldfurt	433	1 675
Walzen	448	1 897
Wiesengrund O. S.	340	1 262
Wildgrund	51	177
Willenau	72	303
Zeiselwitz	118	482
Zellin	449	1 449
Zülz, Stadt	1 013	3 786

Landkreis Oppeln

Ort		
Alt Baudendorf	500	1 678
Althaus	342	1 333
Alt Poppelau	847	2 938
Bergdorf	302	1 276
Birkental O. S.	83	398
Blumenthal	44	189
Bolko	2 211	8 347
Brünne	424	1 598
Buchendorf O. S.	116	470
Burkardsdorf	301	1 152
Carlsruhe O. S.	787	2 829
Dammfelde	540	1 865
Dechantsdorf	64	242
Derschau	158	608
Döbern (Oberschl.)	1 134	4 221
Ehrenfeld	1 046	4 270
Eichberge	183	631
Eichendorf (Oberschl.)	276	969
Eichgrund O. S.	69	294
Eichhammer	256	1 017
Eichtal	327	1 262
Eisenau	221	917
Ellguth-Turawa	240	1 057
Erlental O. S.	93	379
Falkendorf	162	578
Fallmersdorf	132	523
Fichten O. S.	208	754
Finkenstein	90	331
Frauendorf	385	1 444
Frei Proskau	268	1 106
Friedrichsfelde	68	277
Friedrichsgrätz	526	1 810
Friedrichsthal	384	1 402
Frühauf	239	1 066
Georgenwerk	91	315
Glockenau	307	1 419
Goldenau O. S.	129	643
Gräfenort	108	419
Grasen	160	687
Groschowitz	1 008	3 780
Groß Kochen	134	474
Groß Schimmendorf	186	707
Gruden	524	2 195
Gumpertsdorf	541	2 175
Heidefelde	152	638
Heinrichsfelde	150	614
Hermannsthal O. S.	320	1 148
Hinterwasser	278	1 211
Hirschfelde	156	569
Hitlersee	458	1 756
Hochfelde O. S.	236	940
Hopfental	179	729
Horst	167	592
Ilnau	492	1 906
Johannsdorf O. S.	73	310
Kleinberg	213	902
Klein Kochen	280	1 059
Klein Schimmendorf	112	501
Klink	59	230
Kosterbrück	862	3 533
Kniedorf	140	534
Koben	95	379
Königshuld	486	1 878
Kraust	265	1 057
Krappitz, Stadt	1 470	5 559
Kreuzthal	153	620
Kreuzwalde O. S.	188	736
Kupferberg	115	484
Kupp	347	1 233
Lenzen	94	377
Lichtenwalde O. S.	212	862
Liebenau	127	477
Liebtal O. S.	248	998
Lugendorf	831	3 001
Malapane	1 007	3 998
Malsdorf	437	1 792
Moosdorf	258	1 021
Mühlenbach O. S.	182	735
Münchhausen	60	241
Nakel	310	1 331
Neu Baudendorf	126	443
Neudorf	446	1 729
Neuhammer	90	376
Neuwedel	46	182
Oderfelde	36	171
Oderfest	185	845
Oderwiese	360	1 448
Oderwinkel	213	945
Plümkenau	98	347
Podewils	129	479
Preisdorf	200	877
Proskau	597	2 489
Raschau	177	723
Reichenwald	154	619
Reisern	297	1 214
Ringwalde	129	581
Rogau	415	1 767
Rothhaus	155	659
Rutenau	907	3 334
Sacken	174	666
Salzbrunn	163	602
Schalkendorf	900	3 209
Schlacken	228	962
Schönhorst	465	1 860
Schönkirch O. S.	153	653
Schulenburg	52	233
Seidlitz	53	199
Stobertal (Kr. Oppeln)	325	1 231
Süßenrode	61	230
Tarnau	473	1 870
Tauentzien O. S.	58	259
Tempelhof	47	200
Thielsdorf	195	844
Tiefenburg	252	1 079
Turawa	242	886
Vogtsdorf	399	1 645
Vorwerk O. S.	72	330
Walldorf	300	1 164
Winau	148	615
Winterfeld O. S.	208	860
Zedlitz	76	266

Landkreis Ratibor

Ort		
Antoschowitz	60	229
Beneschau, Markt	516	1 966
Berendorf	454	1 740
Bergkirch	248	954
Bergwalde	192	802
Bielau	107	464
Bobrownik	163	640
Bolatitz	690	2 409
Buchenau	680	2 630
Bunzelberg	149	590
Buslawitz	334	1 156
Deutsch Krawarn	1 156	3 966
Eichendorffmühl	256	997
Ellguth-Hultschin	299	979
Gammau	148	682
Gregorsdorf	200	870
Groß Darkowitz	265	1 022
Groß Hoschütz	390	1 612
Groß Peterwitz	827	3 174
Groß Rauden	640	2 486
Haatsch	484	1 940
Habergrund	347	1 258
Habicht	79	347
Herrenkirch	284	1 187
Herzoglich Ellguth	52	212
Hochlinden	147	589
Hohenau	111	437
Hoschialkowitz	369	1 347
Hultschin, Stadt	1 379	4 826
Janken	193	797
Jungbirken	233	891
Kauthen	387	1 369
Klebsch	190	700
Klein Darkowitz	241	1 001
Klein Hoschütz	348	1 262
Klein Peterwitz	141	511
Klein Rauden	173	680
Koblau	533	1 713
Köberwitz	510	2 077
Kornitz	115	460
Kosmütz	339	1 211
Kranstädt	1 087	3 872
Kreuzenort	453	1 692
Kriegsbach	239	949
Kuchelna	224	747
Lubowitz	87	359
Ludgerstal	1 158	3 880
Ludwigstal O.S.	33	133
Makau	247	1 013
Markdorf	667	2 606
Markersdorf	330	1 263
Mettich	104	422
Mosern	142	539
Ober Ottitz	58	237
Oderbrück	131	590
Oderfurt O.S.	186	829
Odersch	348	1 313
Oppau	184	670

Ort		
Paulsgrund	247	1 140
Petershofen	894	2 950
Preußisch Krawarn	340	1 434
Rainfelde	397	1 674
Ratiborhammer	935	3 521
Ratsch	58	280
Rittersdorf	112	506
Rodenbach	120	452
Rohow	157	560
Roschkau	156	645
Rotental	64	291
Ruderswald	894	3 185
Rudweiler	94	389
Salzforst	214	823
Sandau	450	1 588
Schammerau	250	1 068
Schepankowitz	537	1 998
Schillersdorf	375	1 416
Schlausewitz	98	391
Schondorf	109	448
Schreibersdorf	170	730
Silberkopf	109	495
Simsforst	73	278
Standorf	281	1 132
Strandorf	184	687
Streitkirch	391	1 609
Thröm	181	702
Trachkirch	229	990
Tunskirch	819	3 179
Waldeck	93	390
Weidental	50	222
Weihendorf	359	1 419
Wellendorf	503	1 870
Wreschin	178	715
Zauditz	225	869
Zawada b. Beneschau	108	377

Landkreis Rosenberg O.S.

Ort		
Alt Rosenberg	414	1 851
Ammern O. S.	542	2 585
Bischdorf	420	1 856
Bodland	896	3 420
Borkenwalde	501	2 124
Brückenort	420	2 146
Donnersmark	148	643
Föhrendorf	480	2 023
Freihöfen	378	1 546
Gnadenkirch	290	1 288
Grunsruh	649	2 989
Hedwigstein	351	1 498
Kiefernrode	474	1 929
Kiefernwalde	439	1 739
Kirchwalde	514	2 253
Landsberg O. S., Stadt	733	3 049
Lindenhöhe O. S.	381	1 724
Mühlendorf O. S.	285	1 155
Neudorf	482	1 900
Paulsdorf	437	2 017
Radau	311	1 283
Rosenberg O. S., Stadt	2 001	7 263
Sausenberg	450	1 625
Schloßwalden	669	2 585
Schoffschütz	162	687
Stoberbrück	327	1 223
Wittenau-Richterstal	611	2 854

Landkreis Tost-Gleiwitz

Ort		
Ackerfelde O. S.	291	1 164
Alt Gleiwitz	459	1 602
Althammer	217	873
Bachweiler	98	420
Bilchengrund	575	2 394
Birkenau O. S.	516	2 406
Böhmswalde	303	1 122
Borkental	46	212
Braunbach	325	1 406
Brunneck	161	803
Buchenlust	176	705
Burgfels	77	380
Dramastein	233	953
Dreitannen	31	111
Dürrwalde	44	191
Ebersheide	120	529
Eichenkamp	225	957
Einhof	215	920
Ellerbrück	66	251
Ellguth, Anteil v. Gröling	101	453
Ellguth-Tost	107	505
Fichtenrode	270	944
Flößingen	338	1 357
Föhrengrund	167	627
Gottschütz	110	457
Graumannsdorf	277	1 095
Grünwiese O. S.	70	316
Gutenquell	120	445
Hartlingen	383	1 460
Haselgrund	601	2 264
Herzogshain	125	578
Hirtweiler	52	226
Hohenlieben	304	1 463
Horneck	686	2 582
Hubenland	147	591
Hubertsgrund	137	708
Jasten	94	428
Kellhausen	30	151
Keßlern	89	410
Kieferstädtel, Stadt	538	2 120
Kirschen	81	378
Kleingarben	75	313
Klüschau	147	587
Kottenlust	161	695
Kressengrund	126	531
Laband	2 295	8 152
Lärchenhag	285	1 180
Langendorf	472	2 076
Lindenhain O. S.	289	1 217
Maiwald	65	343
Moorwies	14	66
Muldenau O. S.	160	702
Neubersdorf	206	747
Neubertsteich	81	308
Ostwalde	135	672
Paulshofen	43	186
Peiskretscham, Stadt	2 072	7 734
Probstfelde	92	400
Quarghammer	76	317
Reichenhöh	88	402
Rettbach	161	719
Rodenau O. S.	286	1 460
Rudgershagen	467	1 758
Sandhuben	63	290
Sandwiesen	288	1 134
Sarnau	110	512
Schakanau	322	1 179
Schönrode	157	766
Schönwald	1 203	5 120
Schreibersort	119	503
Schrotkirch	167	771
Schwieben	296	1 196
Solmsdorf	102	448
Stauwerder	203	999
Steineich	138	572
Steinrück	29	168
Stillenort	165	698
Stollenwasser	137	539
Strahlheim	213	938
Stroppendorf	1 160	4 345
Tost, Stadt	818	3 625
Vatershausen	157	653
Webern O. S.	14	61
Widdenau	93	424
Wieshuben	201	840
Wölfingen	80	360
Wohlingen	34	142
Wüstenrode	204	863
Zwieborn	139	637

Ortsnamen- und Bestandsänderungen der schlesischen Gemeinden

in der Zeit vom 1.1.1934 – 31.8.1938

Reg.-Bez. Breslau

Kleinerer Verwaltungsbezirk	alter Zustand (Gemeindename)	Art der Veränderung	neuer Zustand (Gemeindename)	Wirkungsdatum
5/2 Breslau	Altenrode (Niederschles.)	Namensänderung	Dreisteine	27. 2.37
"	Alt Schliesa	"	Alt Schlesing	26. 1.37
"	Bankwitz	"	Burghübel	27. 2.37
"	Barottwitz	"	Schmücken	26. 1.37
"	Benkwitz	"	Ruhlinden	2. 7.36
"	Bischkowitz	"	Loheichen	26. 1.37
"	Bischwitz am Berge	"	Linden am Berge	27. 2.37
"	Bogschütz	"	Lohbusch	26. 1.37
"	Boguslawitz	"	Schwarzaue	6. 1.36
"	Buchwitz	"	Buchen (Niederschles.)	27. 2.37
"	Duckwitz	"	Gutendorf (Kr. Breslau)	"
"	Dürrjentsch	"	Riembergshof	"
"	Gallowitz	"	Gallen	26. 1.37
"	Gnichwitz	"	Yorckschwert	"
"	Groß Bresa	"	Erlebusch	"
"	Groß Mochbern	"	Lohbrück	27. 2.37
"	Groß Nädlitz	"	Nädlingen	"
"	Groß Sägewitz	"	Segen	"
"	Groß Silsterwitz	"	Senkenberg	"
"	Groß Tinz / Klein Tinz	Zusammenschluß	Groß Tinz an der Lohe	1. 4.38
"	Guckelwitz	Namensänderung	Berghuben	27. 2.37
"	Guhrwitz	"	Burgweiler	"
"	Irrschnocke	"	Königsruh	16. 7.36
"	Jackschönau	"	Schwertern	27. 2.37
"	Jäschkowitz	"	Lengefeld	26. 1.37
"	Jäschwitz	"	Hannsfeld (Niederschles.)	27. 2.37
"	Janowitz	"	Waldschleuse	26. 1.37
"	Jerasselwitz	"	Gerlanden	"
"	Jürtsch	"	Jürgen	"
"	Kammelwitz	"	Kammfeld	27. 2.37
"	Kampfwasser	Wegfall durch Eingliederung	Wasserborn	1. 4.38
"	Karowahne	Namensänderung	Karben (Niederschles.)	26. 1.37
"	Kentschkau	"	Keltingen	"
"	Klarenkranst	"	Klarenwald	27. 2.37
"	Klein Nädlitz	"	Nädlau	"
"	Klein Rasselwitz	"	Grenzhorst	"
"	Klein Sägewitz	"	Kampfwasser	"
"	Klein Silsterwitz	"	Silingtal	"
"	Kniegnitz	"	Elfhofen	"
5/2 Breslau	Koberwitz	Namensänderung	Rößlingen	27. 2.37
"	Koslau	"	Kiesgrund	26. 1.37
"	Kottwitz	"	Jungfernsee	27. 2.37
"	Kreika	"	Rohrquell	26. 1.37
"	Krieblowitz	"	Blüchersruh	27. 2.37
"	Kristelwitz	"	Weidengrund	"
"	Krolkwitz	"	Weidmannsau	26. 1.37
"	Kundschütz	"	Zehnhufen	27. 2.37
"	Lorankwitz	"	Rolandsmühle	"
"	Magnitz	"	Magning	"
"	Malkwitz	"	Waldtal	26. 1.37
"	Marienkranst	"	Marienwald	27. 2.37
"	Meleschwitz	"	Fünfteichen	26. 1.37
"	Mellowitz	"	Teichlinden	"
"	Merzdorf	Wegfall durch Eingliederung	Liebethal	1. 4.38
"	Mörschelwitz-Rosenthal	Namensänderung	Rosenborn	27. 2.37
"	Münchwitz	"	Münchau	"
"	Naselwitz	"	Steinberge	"
"	Neu Schliesa	"	Neu Schlesing	26. 1.37
"	Ocklitz	"	Eichwall	"
"	Oderwitz	"	Schildern	27. 2.37
"	Oltaschin	"	Herzogshufen	26. 1.37
"	Paschwitz	"	Fuchshübel	27. 2.37
"	Pasterwitz	"	Pastern (Niederschles.)	"
"	Peltschütz	"	Buschfelde	"
"	Peterwitz	"	Petersweiler	"
"	Pollogwitz	"	Dreieichen	26. 1.37
"	Polsnitz	"	Brückenfelde	27. 2.37
"	Poppelwitz	"	Dreihöfen	"
"	Prisselwitz	"	Prisselbach	"
"	Probotschine	"	Probstaue	26. 1.37
"	Protschkenhain	"	Altenrode (Niederschles.)	"
"	Protsch-Weide	"	Weide	"
"	Puschkowa	"	Hubertushof	"
"	Queitsch	"	Leukirch	27. 2.37
"	Radwanitz	"	Wasserborn	26. 1.37
"	Rothsürben	"	Rothbach (Kr. Breslau)	27. 2.37
"	Ruhlinden	"	Lindenruh	31. 7.36
"	Sacherwitz	"	Sachern	27. 2.37
"	Sachwitz	"	Martinsgrund	"
"	Sadewitz	"	Schill	"
"	Sambowitz	"	Seydlitzaue	7. 7.36
"	Schauerwitz	"	Freienfeld	27. 2.37
"	Schiedlagwitz	"	Siedlingen	26. 1.37
"	Schimmelwitz	"	Zweibach	27. 2.37
"	Schmartsch	"	Dörfel (Niederschles.)	"
"	Schönbankwitz	"	Schönlehn	"
"	Schosnitz	"	Reichbergen	"
"	Schottwitz	"	Burgweide	"
"	Seschwitz	"	Trostdorf	26. 1.37
"	Silingtal	Wegfall durch Eingliederung	Senkenberg	1. 4.38
"	Stöschwitz	Namensänderung	Eichdamm (Kr. Breslau)	27. 2.37
"	Strachau b. Zobten	"	Silingau	26. 1.37
"	Strachwitz	"	Schöngarten	27. 2.37
"	Tschauchelwitz	"	Rübenau (Niederschles.)	26. 1.37
"	Tschechnitz	"	Kraftborn	12. 6.36
"	Tschirne	"	Großbrück	26. 1.37
"	Waldschleuse	Wegfall durch Eingliederung	Lengefeld	1. 4.38
"	Wasserjentsch	Namensänderung	Schönwasser	27. 2.37
"	Weigwitz	"	Roßweiler	"
"	Wessig	"	Bergmühle	"
"	Wilkowitz	"	Weizengrund	26. 1.37
"	Wilschkowitz	"	Wolfskirch	"
"	Wiltschau	"	Herdhausen	27. 2.37
"	Wirrwitz	"	Konradserbe	"
"	Woigwitz	"	Albrechtsau	26. 1.37
"	Woischwitz	"	Hoinstein	"
"	Yorckschwert	"	Altenrode (Niederschles.)	27. 2.37
"	Zaugwitz	"	Trutzflut	26. 1.37
"	Zehnhufen	Wegfall durch Eingliederung	Bergmühle	1. 4.38
5/4 Brieg	Alt Köln	Feststellung der Schreibweise	Altköln	12. 6.35
"	Neu Köln	"	Neuköln	"
"	Louisental	"	Luisental	10. 9.36
"	Tschöplowitz	Namensänderung	Gerlachshain	3. 2.37
5/5 Frankenstein i. Schles.	Gollendorf / Herbsdorf	Wegfall durch Eingliederung	Nieder Pomsdorf	1. 4.37
"	Olbersdorf b. Frankenstein i. Schlesien	Namensänderung	Groß Olbersdorf	18. 3.34
"	Reisezagel	Wegfall durch Eingliederung	Bärwalde	1. 4.37
"	Tepliwoda	Namensänderung	Lauenbrunn	5. 9.36
5/6 Glatz	Tschischney	Wegfall durch Eingliederung	Hallatsch	1. 4.35
"	Buchau / Kohlendorf	Zusammenschluß	Neurode, Stadt	15. 3.36
"	Falkenhain / Neufalkenhain	Zusammenschluß	Falkenhain	1. 1.36
Noch: 5/6 Glatz	Hallatsch	Namensänderung	Hallgrund	25. 2.37
"	Hartau, teilw. / Rückers / Walddorf	Zusammenschluß	Rückers	1. 4.37
"	Hartau, teilw. / Hermsdorf	Wegfall durch Eingliederung	Bad Reinerz, Stadt	"
"	Koritau	Namensänderung	Kartau	"
"	Labitsch	"	Neißenfels	"
"	Löschney	"	Talheim (Niederschles.)	"
"	Ludwigsdörfel	Wegfall durch Eingliederung	Reichenau	"
"	Markgrund	"	Königswalde (Kr. Glatz)	"
"	Morischau	Namensänderung	Neißtal	"
"	Nerbotin	"	Markrode	29. 1.37
"	Piltsch	Wegfall durch Eingliederung	Rengersdorf	1. 4.37
"	Pischkowitz	Namensänderung	Schloßhübel	"
"	Poditau	"	Neißgrund	"
"	Scheibe, teilw.	Wegfall durch Eingliederung	Glatz, Stadt	31. 1.36
"	Friedrichswartha / Glatz, teilw. / Scheibe, Rest	Zusammenschluß	Friedrichswartha	"
"	Schlaney	Namensänderung	Schnellau	1. 4.37
"	Straußeney	"	Straußdörfel	6. 1.37
"	Tscherbeney	"	Grenzeck	21. 1.37
"	Werdeck	Wegfall durch Eingliederung	Ullersdorf	1.10.36
"	Lewin, Stadt	Namensänderung	Hummelstadt, Stadt	17.12.38
5/7 Groß Wartenberg	Bukowine	"	Buchenhain	3. 2.37
"	Bunkai	"	Grünbach (Niederschles.)	"
"	Domaslawitz	"	Lindenhorst	"
"	Dombrowe	"	Eichenhain	6. 2.37
"	Drungawe	"	Wildheide	"
"	Ellguth-Rippin	"	Ostfelde	1.11.37
"	Klenowe	"	Hirschrode	13. 1.37
"	Kraschen-Niefken	"	Landeshalt	3. 2.37
"	Lassisken	"	Lichtenhain (Niederschles.)	"
"	Olschofke	"	Erlengrund (Kr. Groß Wartenberg)	6. 2.36
"	Tscheschen-Glashütte	"	Alt-Glashütte	3. 2.37

Kleinerer Verwaltungsbezirk	alter Zustand (Gemeindename)	Art der Veränderung	neuer Zustand (Gemeindename)	Wirkungsdatum
„	Tscheschenhammer (Niederschles.)	„	Grenzhammer (Niederschles.)	„
„	Wielgy	„	Weidendorf (Kr. Groß Wartenberg)	6. 2.36
„	Wioske	„	Mühlenort	„
5/8 Guhrau	Akreschfronze	„	Akrau	12.12.36
„	Bobile	„	Wandelheim	„
„	Groß Tschuder	„	Steinbrück (Schlesien)	„
„	Heinzebortschen	„	Nordingen	„
„	Kadlewe	„	Sandau (Schlesien)	„
„	Kaltebortschen	„	Grandingen	12.12.36
„	Klein Tschuder	„	Allhilf	29. 1.37
„	Kutscheborwitz	„	Birkenhöhe	12.12.36
„	Nieder Tschirnau	„	Nieder Lesten	29. 1.37
„	Ober Tschirnau	„	Ober Lesten	„
„	Ostrawe	„	Wallheim	12.12.36
„	Saborwitz	„	Waffendorf	„
„	Sandau (Schlesien)	„	Fallbach	1. 3.37
„	Sandeborske	„	Quelldorf	7. 1.37
„	Schwinaren	„	Altring	29. 1.37
„	Tscheschen	„	Finkenheide	12.12.36
„	Tscheschkowitz	„	Eichenhag	„
„	Tschilesen	„	Gepidau	29. 1.37
„	Tschirnau	„	Lesten	29. 1.37
„	Tschistey	„	Sandewalde	12.12.36
„	Tschwirtschen	„	Hortingen	„
„	Wehlefronze	„	Waldhagen	„
„	Woidnig	„	Waldfriedeck	„
5/9 Habelschwerdt	Herrnsdorf / Petersdorf	} Zusammenschluß	Herrnpetersdorf	1. 4.38
5/10 Militsch	Alt Hammer-Goschütz	Namensänderung	Heinrichshütte	2. 2.37
„	Birkweiler (Niederschlesien)	Wegfall durch Eingliederung	Donkawe	1. 4.37
„	Breschine-Sulau	Namensänderung	Birkweiler (Niederschlesien)	20. 4.36
„	Donkawe	„	Freihufen	2. 2.37
„	Bogislawitz	„	Altmühlgrund	11.11.36
„	Borsinowe	Wegfall durch Eingliederung	Wilhelminenort	1. 4.36
„	Brandtal	Namensänderung	Brandtal	12.10.36
„	Breschine-Freyhan	„	Grünweiler	3.12.36
„	Breslawitz	„	Burgwall (Schles.)	23.12.36
„	Brustawe	„	Eichensee (Niederschlesien)	2. 2.37
„	Buckolowe	„	Kurzbach	
„	Dambitsch	„	Ritterhof	3.12.36
„	Dammer	Wegfall durch Eingliederung	Kraschnitz	1. 4.37
„	Deutsch Damno	Namensänderung	Deutscheich	11. 9.35
5/10 Militsch	Deutschwalde / Grünweiler / Hellefeld (Niederschles.) / Neuvorwerk	} Zusammenschluß	Hellefeld (Niederschles.)	1. 4.38
„	Dirschken / Fürstenau / Klein Dirschken / Kurzbach	} „	Dirschken	„
„	Dobrtowitz	Namensänderung	Gutfelde	13. 5.36
„	Duchawe	„	Weinberge (Schlesien)	11.11.36
„	Erlgrund	Wegfall durch Eingliederung	Konradshöh	1. 4.37
„	Frankenthal	„	Mühlhagen	„
„	Goitke-Neudorf	Namensänderung	Adriansdorf	28. 2.36
„	Gollkowe	„	Deutschwehr	11.11.36
„	Gontkowitz	„	Seßnkirch (Kr. Militsch)	3. 2.27
„	Grabofnitze	„	Buchendorf (Schlesien)	30. 1.35
„	Grebline	„	Langendamm (Niederschles.)	2. 2.37
„	Groß Bargen / Klein Bargen / Rogosawe	} Zusammenschluß	Bargen	1. 4.37
„	Groß Gliesschwitz	Namensänderung	Freyersdorf	2. 2.37
„	Groß Kaschütz	„	Scholzhofen	3. 2.37
„	Groß Lahse / Klein Lahse	} Zusammenschluß	Lahse	1. 4.36
„	Groß Ossig	Namensänderung	Dirschken	3. 2.37
„	Groß Perschnitz / Klein Perschnitz	} Zusammenschluß	Perschnitz	1. 4.37
„	Groß Tschunkawe	Namensänderung	Preußental (Schlesien)	11.11.36
„	Guhre	„	Konradshöh	3.12.36
„	Heidchen	Wegfall durch Eingliederung	Eixdorf	1. 4.37
„	Herrnkaschütz	Namensänderung	Herrnhofen	3. 2.37
„	Jantkawe / Lindental	} Wegfall durch Eingliederung	Eixdorf	1. 4.37
„	Karbitz	Namensänderung	Eixdorf	3. 2.37
„	Karmine	Wegfall durch Eingliederung	Postel	1. 4.37
„	Kasawe	Namensänderung	Thomasort	2. 2.37
„	Klein Ellguth	Wegfall durch Eingliederung	Klein Peterwitz	1. 4.38
„	Klein Krutschen	Namensänderung	Gebhard	3. 2.37
„	Klein Ossig	„	Klein Dirschken	„
„	Klein Tschunkawe	„	Preußenfeld (Schlesien)	11.11.36
„	Kodlewe	„	Langhausen	2. 2.37
„	Körnitz	Wegfall durch Eingliederung	Beschau	1. 4.37
„	Kuschwitz	Namensänderung	Hellefeld (Niederschles.)	2. 2.37
„	Lahse	„	Mittenwald (Niederschles.)	3. 2.37
„	Lauskowe	„	Waldhöh	20. 4.36
„	Liatkawe	„	Laubendorf (Niederschles.)	2. 2.37
„	Lilikowe	„	Lilienthal (Kr. Militsch)	„
„	Lilienthal (Kr. Militsch) / Podasch	} Zusammenschluß	Podasch	1. 4.38

Kleinerer Verwaltungsbezirk	alter Zustand (Gemeindename)	Art der Veränderung	neuer Zustand (Gemeindename)	Wirkungsdatum
„	Marentschine	Namensänderung	Mansdorf	28. 2.36
„	Melochwitz	„	Mühlhagen	3.12.36
„	Mislawitz	„	Schwertfelde	10.12.36
„	Nesigode	„	Jagdhausen	„
„	Neudorf-Sulau / Schlenz	} Zusammenschluß	Neudorf-Sulau	1. 4.38
„	Lachmannshofen / Neufelde (Schlesien)	} „	Lachmannshofen	„
„	Nieder Wiesenthal / Ober Wiesenthal	} „	Wiesenthal	1. 4.37
„	Paradawe	Namensänderung	Neufelde (Schlesien)	11.11.36
„	Peadauschke	Wegfall durch Eingliederung	Freyhan	1. 4.37
„	Perschnitz	Namensänderung	Zobel	„
„	Peterkaschütz	„	Lachmannshofen	3. 2.37
„	Powitzko	„	Urdorf	11.11.36
„	Protsch	„	Kiefernwalde (Niederschles.)	3. 2.37
„	Przittkowitz	„	Gutweide	11.11.36
„	Altenau / Rackelsdorf	} Zusammenschluß	Altenau	1. 4.38
„	Radziunz	Namensänderung	Radungen	10. 9.35
„	Sandraschütz	„	Deutschwalde	3.12.36
„	Sayne	„	Seidorf (Kr. Militsch)	„
„	Schlabitz	„	Radolfsdorf	26. 2.35
„	Strebitzko	„	Hochrode	20. 4.36
„	Ujast	„	Kreisau (Kr. Militsch)	11. 3.35
„	Wensewitz	Wegfall durch Eingliederung	Hochrode	1. 4.37
„	Tschotschwitz	Namensänderung	Brandetal	23.12.36
„	Wallkawe	„	Walken	11.11.36
„	Wangersinawe	„	Wenkendorf (Schlesien)	„
„	Wanglewe	-	Meilershof	2. 2.37
„	Wembowitz	-	Friedrichshöh	„
„	Wiersebenne	„	Weidendorf	30. 1.35
Noch: 5/10 Militsch	Wiesengrund	Wegfall durch Eingliederung	Kanterwitz	1. 4.37
„	Wilhelminenort	„	Heinrichsdorf	1. 4.38
„	Willkowe	„	Wolfsbruch	11.11.36
„	Wirschkowitz	Namensänderung	Hochweiler	30.9.35
„	Zwornogoschütz	„	Hohenwarte (Schlesien)	11.11.36
5/11 Namslau	Böhmwitz	Wegfall durch Eingliederung	Namslau, Stadt	1. 7.36
„	Friedrichsberg	„	Sterzendorf	1. 4.37
„	Groditz	„	Gülchen	„
„	Johannsdorf	„	Steinersdorf	„
„	Minkowsky	Namensänderung	Seydlitzruh	3. 2.37
„	Mülchen	Wegfall durch Eingliederung	Windisch Marchwitz	1. 4.37
„	Neu Marchwitz	„	Groß Marchwitz	„
„	Niefe	Namensänderung	Neuenhagen (Niederschles.)	3. 2.37
„	Polkowitz	„	Ordenstal	„
„	Erdmannsdorf / Sophienthal	} Wegfall durch Eingliederung	Bachwitz	1. 4.37
5/12 Neumarkt	Belkau	Namensänderung	Weißenfeld (Schles.)	9. 1.37
„	Ellguth	Wegfall durch Eingliederung	Buchwald	1. 4.38
„		„	Schweinitz b. Kanth	„
„	Groß Saabor	Namensänderung	Hirschwerder	10.11.36
„	Illnisch-Romolkwitz	„	Ramfeld	„
„	Onerkwitz	Wegfall durch Eingliederung	Schmellwitz	1. 4.38
„	Pirschen-Stusa	Namensänderung	Pirschen (Kr. Neumarkt)	3. 2.37
„	Saarawenze	Wegfall durch Eingliederung	Krampitz	1. 4.37
„	Sablath	Namensänderung	Gräbendorf (Schlesien)	10.11.36
„	Tschechen	„	Erlenhain	„
„	Tschinschwitz	Wegfall durch Eingliederung	Damsdorf	1. 4.35
5/13 Oels	Bartkerey	Namensänderung	Buchenwalde	29.11.35
„	Buckowintke	„	Buchenwerder	„
„	Dobrischau	„	Reichenfeld	„
„	Döberle	„	Karlsburg	„
„	Domatschine	„	Sachsenau	„
„	Laubsky	„	Lauben	„
„	Loischwitz	„	Rehwinkel (Niederschlesien)	7. 5.36
„	Maliers	„	Malen	29.11.35
„	Ostrowine	„	Werden	„
„	Patschkey	„	Weidenfließ	„
„	Zantoch	„	Neuscholle	3. 2.37
5/14 Ohlau	Klein Kauern	„	Kauern	8. 5.34
„	Goy	„	Göllnerhain	11. 1.37
„	Graduschwitz	„	Grasau	10.12.36
„	Groß Dupine	„	Groß Eichau	„
„	Jankau	„	Grünau	11. 1.37
„	Kontschwitz	„	Hohenlinde (Schlesien)	10.12.36
„	Laskowitz	„	Markstädt	3. 2.37
„	Niefnig	„	Kresseheim	2. 2.37
„	Quosnitz	„	Quosdorf	3. 2.37
„	Radlowitz	„	Radwaldau	4. 2.37
„	Raduschkowitz	„	Freudenfeld	10.12.36
„	Schwoika	„	Silingental	10. 2.37
„	Stannowitz	„	Eisfeld (Schlesien)	10.12.36
„	Trattaschine	„	Hirschaue	21. 1.37
5/15 Reichenbach (Eulengebirge)	Nieder Panthenau / Ober Panthenau	} Zusammenschluß	Panthenau	1. 1.34
„	Preschiedrowitz	Namensänderung	Silinghain	17. 1.35
„	Gaumitz	Wegfall durch Eingliederung	Nimptsch, Stadt	1. 4.38
„	Kuchendorf / Langseifersdorf / Stoschendorf	} Zusammenschluß	Langseifersdorf	„
„	Mittel Peilau / Nieder Mittel Peilau / Nieder Peilau / Schlössel	}	Peilau	„
„	Nieder Faulbrück / Ober Faulbrück	} Wegfall durch Eingliederung	Mittel Faulbrück	„
„	Mittel Faulbrück	Namensänderung	Faulbrück	„

Kleinerer Verwaltungs-bezirk	alter Zustand (Gemeindename)	Art der Veränderung	neuer Zustand (Gemeindename)	Wirkungs-datum
»	Mlietsch	»	Lohetal	6. 7.36
»	Petrikau	»	Petersrode (Schles.)	17. 1.37
»	Pristram	»	Breitental (Schles.)	»
»	Ruschkowitz	»	Lohenstein	13. 5.36
»	Schobergrund	Wegfall durch Ein-gliederung	Gnadenfrei	1. 4.38
»	Stolbergsdorf	»	Peterswaldau (Eulengebirge)	»
5/17 Schweidnitz	Borganie	Namensänderung	Bergen (Kr. Schweidnitz)	3. 2.37
»	Groß Friedrichs-felde			
»	Klein Leutmanns-dorf			
»	Leutmannsdorf, Bergseite	Zusammenschluß	Leutmannsdorf	1. 4.37
»	Leutmannsdorf, Grundseite			
»	Ober Leutmanns-dorf			
5/17 Schweidnitz	Klein Rosen	Wegfall durch Ein-gliederung	Groß Rosen / Gutschdorf	1.10.37
»	Nieder Streit	Zusammenschluß	Streit	1. 4.37
»	Ober Streit			
»	Stanowitz	Namensänderung	Standorf	3. 2.37
»	Tschechen	»	Friedrichsrode (Niederschles.)	»
5/18 Strehlen	Dobrischau			
»	Kraßwitz	Zusammenschluß	Rummelsdorf	1. 4.37
»	Pleßguth			
»	Pogarth			
»	Gambitz	»	Karlsdorf	»
»	Neu Karlsdorf			
»	Haltauf	Wegfall durch Ein-gliederung	Kunern	»
»	Hussinetz	Namensänderung	Friedrichstein (Niederschlesien)	11. 2.37
»	Jakobsdorf	Wegfall durch Ein-gliederung	Siegroth	1. 4.37
»	Plottnitz			
»	Wonnwitz			
»	Jelline	Namensänderung	Hirschwaldau (Kr. Strehlen)	11. 2.37
»	Kaltenhaus	Wegfall durch Ein-gliederung	Tiefensee	1. 4.37
»	Katschwitz	»	Habendorf	»
»	Krentsch	Namensänderung	Lindenbrunn	17. 2.37
»	Mehltheuer-Podiebrad	»	Mehltheuer	11. 2.37
»	Naß Brockuth	»	Naß Brockguth	»
»	Neobschütz	»	Kaltwassertal	»
»	Ober Schreibendorf	Zusammenschluß	Schreibendorf	1. 4.38
»	Unter Schreibendorf			
»	Plohe	Wegfall durch Ein-gliederung	Birkkretscham	1. 4.37
»	Tschanschwitz	Namensänderung	Ohletal	11. 2.37
»	Warkotsch	»	Friedfelde	»
5/19 Trebnitz	Brockotschine	»	Moltketal	28. 1.37
»	Brodowze	»	Grabenfurt	13. 1.36
»	Bruschewitz	»	Möwengrund	1.11.37
»	Buckowine	»	Hartwasser	28. 1.37
»	Bunkai	»	Sachsenhof	13.11.36
»	Buschewitz	»	Ostwinkel	1.11.37
»	Domnowitz	»	Germanengrund	12.12.36
»	Grochowe	»	Waldwinkel	13. 1.36
»	Groß Biadauschke	»	Heidegrund	13.11.36
»	Groß Kommerowe	»	Hasdingen	12.12.36
»	Groß Wilkawe	»	Wolfswalde	28. 1.37
»	Jagatschütz	»	Jagdschütz	12.12.36
»	Kainowe	»	Friedrichskirch	13.11.36
»	Karoschke	»	Lindenwaldau	2. 2.37
»	Klein Biadauschke	»	Margaretenmühle	13.11.36
»	Klein Kommerowe	»	Waldkirch (Schlesien)	»
»	Klein Wilkawe	»	Friedensruh	28. 1.37
»	Kloch-Ellguth	»	Kloch-Felde	1. 2.37
»	Kodlewe	»	Teichdorf (Schlesien)	13.11.36
»	Koschnöwe	»	Ziegenfeld	13. 1.36
»	Krakawine	»	Luisengrund	13.11.36
»	Kryschanowitz	»	Weidebrück	»
»	Maltschawe	»	Kleinau (Schlesien)	»
»	Maluschütz	»	Erbenfelde	»
»	Nieder Frauen-waldau	Zusammenschluß	Frauenwaldau	1. 4.37
»	Ober Frauenwaldau			
»	Nieder Mahliau	»	Mahliau	»
»	Ober Mahliau			
»	Pawellau	Namensänderung	Paulskirch	1. 2.37
»	Pawelwitz	»	Wendelborn	»
»	Pinxen	»	Hagenau (Niederschlesien)	1.11.37
»	Probotschütz	»	Wiesenbrunn	13.11.36
»	Puditsch	»	Georgendorf (Schles.)	12.12.36
»	Radelau	»	Bergruh	28. 1.37
»	Ramischau	»	Fürstengrund (Niederschles.)	1. 2.37
»	Sackerschöwe	»	Buschwiese	13. 1.36
»	Sapraschine	»	Lindenhof (Schlesien)	»
»	Schawoine	»	Blüchertal	»
»	Schmark-Ellguth	»	Katharinengrund	1. 2.37
»	Skarsine	»	Sauerbrunn	13. 1.36
»	Skotschenine	»	Katzberg (Schlesien)	»
»	Tschelentnig	»	Wenigwasser	»
»	Wenigwasser	»	Bergfelde (Niederschles.)	3. 2.37
»	Werdermühle	Wegfall durch Ein-gliederung	Groß Ujeschütz / Kainove	1.12.35
»	Trebnitzermühlen	»	Schickwitz / Neuhof	1. 1.36
5/20 Waldenburg (Schles.)	Waldenburg in Schlesien, Stadt	Feststellung der Schreibweise	Waldenburg (Schles.), Stadt	13. 9.37
5/21 Waldenburg (Schles.)	Dittersbach, teilw.	Wegfall durch Ein-gliederung	Steinau	1. 5.34
»	Dittersbach, Rest	Zusammenschluß	Großhain	»
»	Neuhain			
»	Ober Salzbrunn	Namensänderung	Salzbrunn, Bad	9. 1.35
»	Friedersdorf	Wegfall durch Ein-gliederung	Heinrichau	1. 4.38

Kleinerer Verwaltungs-bezirk	alter Zustand (Gemeindename)	Art der Veränderung	neuer Zustand (Gemeindename)	Wirkungs-datum
»	Grund, teilw.	»	Jauernig	1.10.37
5/21 Waldenburg (Schles.)	Ober Waldenburg	Wegfall durch Ein-gliederung	Waldenburg i.Schles., Stadt-kreis	1. 4.34
»	Grund, Rest			
»	Toschendorf	»	Wüstewaltersdorf	1.10.37
»	Zedlitzheide			
»	Jauernig			
»	Neugericht	»	Hausdorf	1. 4.38
»	Rosenau	»	Raspenau	»
»	Schenkendorf	»	Kynau	1. 4.37
»	Steinau	»	Großhain / Reimswaldau	1. 4.38
»	Wäldchen	»	Erlenbusch	»
»	Gottesberg, Stadt	Festsetzung einer Zusatzbezeichnung	Gottesberg (Schles.), Stadt	10. 8.38
5/22 Wohlau	Bautke	Namensänderung	Eichdamm	11. 2.37
»	Belkawe	»	Sternblick	2. 2.37
»	Beschine	»	Hartfelde	17. 2.37
»	Bschanz	»	Schanzberg	2. 2.37
»	Glumbowitz	»	Alteichenau	11. 2.37
»	Gräschine	»	Steintal (Niederschles.)	»
»	Groß Baulwie	»	Ulmenau	2. 2.37
»	Groß Pogul	»	Groß Pogel	12. 2.37
»	Grottky	»	Berghain	2. 2.37
»	Kaschewen	»	Brunnwiese	»
»	Klein Baulwie	»	Röhrsborn	»
»	Klein Pogul	»	Klein Pogel	12. 2.37
»	Mersine	»	Maibach (Niederschles.)	2. 2.37
»	Nisgawe	»	Niederau (Niederschles.)	»
»	Norigawe	»	Fichtendorf	11. 2.37
»	Pavelschöwe	»	Paulshöhe	1.11.37
»	Petranowitz	»	Iseritztal	11. 2.37
»	Piskorsine	»	Kirchlinden (Kr. Wohlau)	»
»	Prosgawe	»	Grafenstein	»
»	Sagritz	»	Birkenhain (Niederschles.)	2. 2.37
»	Schilkowitz	»	Simonshöh	»
»	Schlanowitz	»	Föhrenwalde	11. 2.37
»	Wersingawe	»	Hohenau (Kr. Wohlau)	»

Reg.-Bez. Liegnitz

Kleinerer Verwaltungs-bezirk	alter Zustand (Gemeindename)	Art der Veränderung	neuer Zustand (Gemeindename)	Wirkungs-datum
5/23 Bunzlau	Nieder Mittlau	Wegfall durch Ein-gliederung	Liebichau	1.10.3
»	Baudendorf			
»	Neuöls	»	Altöls	1. 4.38
»	Klein Gollnisch	»	Eichberg	»
»	Königswalde	»	Herzogswaldau	»
»	Neu Warthau	»	Alt Warthau	»
»	Nieschwitz			
»	Nieder Groß Hart-mannsdorf			
»	Ober Groß Hart-mannsdorf	Zusammenschluß	Groß Hartmanns-dorf	»
»	Schöndorf			
»	Lorenzdorf	Zusammenschluß	Lorenzdorf	1. 4.38
»	Tschirne	Namensänderung	Tonhain	1.11.37
»	Ullersdorf a. Bober	Wegfall durch Ein-gliederung	Kroischwitz	1. 4.38
5/25 Freystadt i.Nieder-schles.	Alt Tschau	Namensänderung	Trockenau	30.11.36
»	Groß Dobritsch	»	Großboberau	»
»	Klein Dobritsch	»	Kleinboberau	»
»	Kuhnau	Wegfall durch Ein-gliederung	Scheibau	1. 4.38
»	Neu Tschau	Namensänderung	Schliefen	30.11.36
»	Niebusch	»	Bergenwald	22.12.36
»	Paganz	»	Kleinwiesdorf	30.11.36
»	Popowitz	»	Gutental (Schlesien)	»
»	Tschiefer	»	Zollbrücken	»
»	Tschirkau	»	Rehwald	»
»	Tschöplau	»	Waldruh	»
5/27 Glogau	Polkwitz, Stadt	Namensänderung	Heerwegen, Stadt	1.11.37
»	Alt Strunz			
»	Hinterwald (Niederschlesien)	Zusammenschluß	Deutscheck	1. 4.37
»	Merzdorf			
»	Arnsdorf	»	Herzogtal	»
»	Musternick			
»	Bannau			
»	Mürschau	»	Schönau	»
»	Schönau			
»	Bautsch			
»	Ehrenfeld	»	Ehrenfeld (Niederschlesien)	»
»	Beichau	Namensänderung	Oderhorst	30.11.36
»	Beitsch			
»	Deutsch Tarnau b. Beuthen a./Oder	Zusammenschluß	Hangwalde	1. 4.37
»	Beuthnig	Wegfall durch Ein-gliederung	Schwarztal	1. 4.38
»	Bielawe	Namensänderung	Lindenkranz	30.11.36
»	Bösau	Zusammenschluß	Friedrichslager	1. 4.37
»	Zöbelwitz			
»	Buchwald	»	Buchendamm	»
»	Thamm			
5/27 Glogau	Dammer	Zusammenschluß	Dorabusch	1. 4.37
»	Tarnau b. Kummernick			
»	Denkwitz	»	Buchenhang	»
»	Leutbach			
»	Doberwitz	»	Gutendorf (Niederschles.)	»
»	Weckelwitz			
»	Drogelwitz	»	Fließdamm	1.11.37
»	Golgowitz			
»	Druse	»	Wiesenbusch	1. 4.37
»	Hünerei			
»	Fähreichen	»	Kottwitz	»
»	Kottwitz			
»	Gleinitz	»	Haselquell	»
»	Stumberg			
»	Würchwitz			

Kleinerer Verwaltungsbezirk	alter Zustand (Gemeindename)	Art der Veränderung	neuer Zustand (Gemeindename)	Wirkungsdatum
"	Görlitz	} ,	Marienquell	
"	Quilitz	} Namensänderung	Rodenheide	30.11.36
"	Goile			
"	Grabig	} Zusammenschluß	Kaltenfeld	1. 4.37
"	Karitsch			
"	Grochwitz	Namensänderung	Heidegrund	1.11.37
"	Dalkau	} Zusammenschluß	Dalkau	1. 4.37
"	Groß Kauer			
"	Seppau			
"	Groß Logisch	} ,	Wiesau	1. 4.38
"	Leipe			
"	Ransdorf			
"	Wiesau			
"	Groß Würbitz	} ,	Dreißorf	1. 4.37
"	Klein Würbitz			
"	Pfaffendorf			
"	Gurkau	}	Bismarckhöhe	,
"	Sieglitz			
"	Gusitz	Namensänderung	Schenkfeld	1.11.37
"	Gusteutschel	} Zusammenschluß	Hahnenfeld (Niederschles.)	1. 4.37
"	Modlau			
"	Hochkirch	Wegfall durch Eingliederung	Groß Gräditz	} 1. 4.38
"	Groß Gräditz	Namensänderung	Hochkirch	
"	Jätschau			
"	Vogtshagen (Niederschlesien)	} Zusammenschluß	Friedenshagen	1. 4.37
"	Kattschütz			
"	Pürschen	} ,	Würchland	,
"	Würchland			
"	Klautsch	Namensänderung	Seehagen	1.11.37
"	Klein Gräditz	,	Niederfeld	,
"	Klein Tschirne	,	Alteichen	18. 2.36
"	Klemnitz	,	Roggendorf (Niederschles.)	1.11.37
"	Kosiadel	} Zusammenschluß	Dammfeld	1. 4.37
"	Kotzemeuschel			
"	Kottwitz	Namensänderung	Fähreichen	1.11.37
"	Kreidelwitz	,	Lindenbach	,
"	Krempine	,	Neuacker	30.11.36
"	Krolkwitz	,	Weißfurt	6. 1.37
"	Kummernick	,	Eichbach	1.11.37
"	Kuttlau	Verleihung einer Bezeichnung	Kuttlau, Marktflecken	18. 5.35
"	Laubegast	} Zusammenschluß	Laubegast	1. 4.37
"	Rodenheide			
"	Sperlingswinkel	Wegfall durch Eingliederung	Zerbau	1. 4.38
"	Lerchenberg			
"	Leschkowitz	Namensänderung	Fähreichen	30.11.36
"	Mahnau	Wegfall durch Eingliederung	Klein Logisch	1. 4.38
"	Malschwitz	Namensänderung	Wiesenberge	1.11.37
"	Mangelwitz	} Zusammenschluß	Buschacker	1. 4.37
"	Samitz			
"	Quaritz	Verleihung einer Bezeichnung	Quaritz, Marktflecken	18. 5.35
"	Meschkau	Wegfall durch Eingliederung	Quaritz, Marktflecken	1. 4.37
"	Quaritz, Marktflecken	Namensänderung	Oberquell, Marktflecken	1.11.37
"	Moßwitz	,	Brückenfeld (Niederschlesien)	,
"	Nieder Polkwitz	,	Sandhofen	,
"	Noßwitz			
"	Weidisch	} Zusammenschluß	Urstetten	1. 4.38
"	Zarkau			
"	Urstetten			
"	Priedemost	Namensänderung	Vorbrücken	1.11.37
"	Rädchen	} Wegfall durch Eingliederung	Hammer	1. 4.38
"	Tarnau am See			
"	Rauschwitz	Namensänderung	Rauschenbach	1.11.37
"	Reinberg b. Carolath	} Zusammenschluß	Carolath	1. 4.37
"	Carolath			
"	Reinberg b. Weißholz	Wegfall durch Eingliederung	Borkau	1. 4.38
"	Rietschütz	} Zusammenschluß	Roggenfelde	1. 4.37
"	Schabitz			
"	Salisch	Namensänderung	Hinterwald (Niederschlesien)	30.11.36
"	Schlatzmann	Wegfall durch Eingliederung	Kladau	1. 4.37
"	Schloin	} Zusammenschluß	Ziebern	1. 4.38
"	Ziebern			
5/27 Glogau	Schmarsau	Namensänderung	Vogtshagen (Niederschlesien)	30.11.36
"	Scherpau	,	Schwarztal	1.11.37
"	Trebitsch	,	Rodetal	1. 1.37
"	Tschepplau	,	Langemark (Kreis Glogau)	18. 2.36
"	Tschirnitz-Wegnersau	,	Ehrenfeld (Niederschlesien)	,
"	Tschopitz	,	Klettental	,
"	Weichnitz	,	Henzegrund	1.11.37
"	Wilkau	,	Wolfsau	,
"	Woischau	Wegfall durch Eingliederung	Borkau	1. 4.38
"	Schlawa, Stadt	Namensänderung	Schlesiersee, Stadt	7. 1.37
"	Porschütz	} Zusammenschluß	Altwasser (Niederschles.)	1. 4.38
"	Altwasser			
"	Aufzug	} ,	Aufzug	1. 4.37
"	Neuacker			
"	Zerbau	Namensänderung	Lerchenberg	1. 4.38
5/29 Görlitz	Heiligensee	Wegfall durch Eingliederung	Heiligensee, Kreis Bunzlau	1. 4.38
"	Kieslingswalde-Rachenau	Namensänderung	Kieslingswalde	21. 7.37
"	Mühlbock	Wegfall durch Eingliederung	Mühlbock, Kreis Bunzlau	1. 4.38
"	Nieda	Namensänderung	Wolfsberg (Niederschles.)	20. 1.37
"	Posottendorf-Leschwitz	,	Weinhübel	,
"	Schnellfurt	Wegfall durch Eingliederung	Schnellenfurt, Kreis Bunzlau	1. 4.38
"	Sercha	Namensänderung	Burgundenau	20. 1.37
"	Sohra	,	Kesselbach (Niederschles.)	,
*	Sohr Neundorf	,	Florsdorf	,
"	Tiefenfurt	Wegfall durch Eingliederung	Tiefenfurt, Kreis Bunzlau	1. 4.38
"	Wendisch Ossig	Namensänderung	Warnsdorf (Niederschles.)	20. 1.37
5/30 Goldberg	Blumen	} Wegfall durch Eingliederung	Lobendau	1. 4.37
"	Scharfenort			
"	Geiersberg	,	Wolfsdorf	1. 4.38
"	Georgenruh	,	Schönfeld	1. 4.38
"	Gohlsdorf	} ,	Panthenau	,
"	Pohlsdorf			
"	Groß Tschirbsdorf	Namensänderung	Sandwaldau	18. 2.36
"	Hänchen	Wegfall durch Eingliederung	Laasnig	1. 4.37
"	Rothbrünnig	,	Giersdorf	,
"	Knobelsdorf	,	Giersdorf	1. 4.38
"	Kopatsch	Namensänderung	Schneebach	11.12.36
"	Nieder Falkenhain	} Zusammenschluß	Falkenhain	1. 4.38
"	Ober Mittel Falkenhain			
"	Nieder Schellendorf	Wegfall durch Eingliederung	Baudmannsdorf	1. 4.37
"	Petersdorf	,	Konradsdorf	1. 4.38
"	Rädchen	,	Kaiserswaldau	1. 4.37
"	Ratschin	,	Tiefhartmannsdorf	,
"	Riemberg	,	Hohendorf	,
"	Rosenau	} ,	Neukirch	,
"	Taschenhof			
"	Sankt Hedwigsdorf	,	Modelsdorf	,
"	Schierau	,	Straupitz	,
"	Töppendorf	,	Alzenau	,
"	Tscheschendorf	Namensänderung	Georgenruh	18. 2.36
5/31 Grünberg i. Schles.	Hohewalde	,	Gabelsdorf	30.11.36
"	Karschin	,	Großheiden	22.12.36
"	Rothenburg a./Oder, Stadt	Feststellung der Schreibweise	Rothenburg (Oder), Stadt	26. 6.35
"	Saabor	Namensänderung	Fürsteneich	30.11.36
"	Sawade	,	Eichwaldau	22.12.36
"	Woitscheke	,	Schäferberg	30.11.36
(früher Kreis Bomst)	Droniki	,	Fleißwiese	18.10.37
"	Lupitze	,	Ostweide	,
"	Schenawe	,	Schönforst	20. 9.37
"	Sehussenze	,	Ostlinde	18.10.37
5/33 Hirschberg i. Rsgb.	Arnsberg	Wegfall durch Eingliederung	Schmiedeberg i. Rsgb., Stadt	1. 4.38
"	Dreschburg	,	Kupferberg (Riesengebirge), Stadt	1. 7.34
"	Nieder Berbisdorf	} Zusammenschluß	Berbisdorf	,
"	Ober Berbisdorf			
"	Warmbrunn, Bad	Verleihung einer Bezeichnung	Warmbrunn, Bad, Stadt	12. 9.35
"	Erdmannsdorf	} Zusammenschluß	Zillerthal-Erdmannsdorf	8. 4.37
"	Zillerthal			
"	Hermsdorf u. K.	Feststellung der Schreibweise	Hermsdorf (Kynast)	25.10.35
"	Querseiffen	Wegfall durch Eingliederung	Krummhübel	1. 4.38
5/35 Jauer	Alt Röhrsdorf	} Zusammenschluß	Alt Röhrsdorf	1.11.35
"	Wiesau			
"	Nieder Kunzendorf	} ,	Kunzendorf am Großhau	1.10.36
"	Ober Kunzendorf			
"	Schollwitz	,	Simsdorf	1. 4.37
"	Simsdorf			
"	Skohl	Namensänderung	Weidenwerder	18. 2.36
"	Tschirnitz	,	Dornberg	1.11.37
5/36 Landeshut i. Schles.	Blasdorf b. Schömberg	,	Tannengrund	22. 2.35
"	Grüssauisch Dittersbach	Wegfall durch Eingliederung	Liebau i. Schles., Stadt (Berthelsdorf)	1. 1.36
"	Ullersdorf	Wegfall durch Eingliederung	Liebau i. Schles., Stadt (Tannengrund)	1. 1.36
5/37 Lauban	Alt Scheibe	} Zusammenschluß	Volkersdorf	1. 4.35
"	Heide			
"	Neu Scheibe			
"	Volkersdorf			
"	Hartha	} ,	Karlsberg	1.10.38
"	Karlsberg			
"	Neu Bertelsdorf	Wegfall durch Eingliederung	Bertelsdorf	15. 3.36
"	Nieder Linda	Namensänderung	Nieder Linde	14. 1.37
"	Nieder Örtmannsdorf	} Zusammenschluß	Örtmannsdorf	1. 4.36
"	Ober Örtmannsdorf			
"	Ober Linda	Namensänderung	Ober Linde	14. 1.37
"	Schwerta	,	Schwertburg	,
"	Wiesa	,	Wiese (Niederschles.)	,
"	Wilka	,	Wilke	,
"	Zwecka	,	Erlbachtal	,
5/39 Liegnitz	Koischau	Wegfall durch Eingliederung	Eichholz	1. 1.34
"	Baben	,	Hochkirch	1. 4.37
"	Bienowitz	Namensänderung	Bienau	9. 1.37
"	Bischdorf	} Zusammenschluß	Rosenau	1. 4.38
"	Mankelwitz			
"	Rosenau			
"	Boberau	Wegfall durch Eingliederung	Pansdorf	,
"	Fischerende	} ,	Heinersdorf	1. 4.37
"	Klein Schildern			
"	Gränowitz	Namensänderung	Gründorf	9. 1.37
"	Groß Jänowitz	,	Blüchersfelde	,
"	Hummel			
"	Mittel Rüstern	} Zusammenschluß	Rüstern	1.10.37
"	Nieder Rüstern			
"	Ober Rüstern			
"	Johnsdorf	} ,	Pahlowitz	1. 4.38
"	Pahlowitz			
"	Klein Jänowitz	Namensänderung	Jahnsfeld	9. 1.37
"	Städtisch Kossendau	Wegfall durch Eingliederung	Klein Tinz	1. 4.38
"	Koiskau	} Zusammenschluß	Zobel	,
"	Zobel			

Kleinerer Verwaltungsbezirk	alter Zustand (Gemeindename)	Art der Veränderung	neuer Zustand (Gemeindename)	Wirkungsdatum
»	Koitz Überschau	} »	Koitz	»
	Liegnitzer Vorwerke	Wegfall durch Eingliederung	Barschdorf Liegnitz, Stadtkreis Prinkendorf	1. 4.37
»	Lindenbusch	»	Waldau	1.10.36
»	Mönchhof Romnitz	} Zusammenschluß	Mönchhof	1. 4.38
5/39 Liegnitz	Nieder Heidau Ober Heidau	} »	Heidau	1. 4.37
' »	Nieder Langenwaldau Ober Langenwaldau	} »	Langenwaldau	1. 4.38
»	Scheibsdorf Schlottnig	} »	Schlottnig	»
»	Schimmelwitz	Wegfall durch Eingliederung	Schmochwitz	1. 4.37
»	Sechshufen Langenwaldan Jakobsdorf b. Liegnitz	} Zusammenschluß	Nieder Langenwaldau » Jakobsdorf b. Liegnitz	» 1. 4.38
»	Seedorf	»		
»	Siegendorf	Wegfall durch Eingliederung	Arnsdorf	1.10.37
»	Tscharnikau-Tschierschkau	Namensänderung	Schwarzrode	9. 1.37
»	Groß Baudiß Weißenleipe	} Zusammenschluß	Groß Baudiß	1. 4.38
5/40 Löwenberg i. Schles.	Hänchen			
»	Nieder Kesselsdorf Ober Kesselsdorf	} «	Kesselsdorf	1. 4.34
»	Friedeberg a.Queis, Stadt	Änderung der Zusatzbezeichnung	Friedeberg (Isergeb.), Stadt	1. 9.34
»	Nieder Langenau Ober Langenau	} Zusammenschluß	Langenau	1. 1.35
»	Ober Hußdorf	Namensänderung	Hußdorf	29. 8.35
»	Gräflich Hernsdorf	Wegfall durch Eingliederung	Bad Flinsberg Bad Schwarzbach, Kreis Lauban	1.10.37
»	Gräflich Ullersdorf Krobsdorf	} Zusammenschluß	Krobsdorf	1. 4.37
»	Egelsdorf Steine	} »	Egelsdorf	»
5/41 Lüben	Heinzenburg	Wegfall durch Eingliederung	Groß Heinzendorf	1. 4.38
»	Jakobsdorf Wengeln	} Zusammenschluß	Jakobsdorf	»
»	Klein Rinnersdorf	Wegfall durch Eingliederung	Eisemost	»
»	Lübenwalde	»	Ober Gläsersdorf	»
5/42 Rothenburg (Ob. Laus.)	Alt Tschöpeln	Namensänderung	Lindenhain (Oberlausitz)	18. 2.36
»	Birkenstedt (Oberlausitz) Braunsdorf	} Zusammenschluß	Birkenstedt (Oberlausitz)	1. 4.38
»	Dobers Steinbach	} Wegfall durch Eingliederung	Sänitz	1. 4.38
»	Dubrau	Namensänderung	Eichenwald	30.11.36
»	Groß Petersdorf Mellendorf	} Zusammenschluß	Groß Petersdorf	1. 4.38
»	Jamnitz-Pattag Werdeck	} »	Neißebrück	»
»	Jenkendorf	Wegfall durch Eingliederung	Reichenau b. Priebus (Schlesien)	»
»	Klein Bogendorf	»	Bogendorf	»
»	Klein Priebus	Namensänderung	Buchwalde	1. 4.38
»	Leippa		Selingersruh	30.11.36
»	Lodenau Zoblitz	} Zusammenschluß	Zoblitz-Lodenau	1. 4.38
»	Merzdorf b. Priebus (Schlesien) Schönborn	} Zusammenschluß	Schönborn	1. 4.38
»	Neu Tschöpeln	Namensänderung	Birkenstedt (Oberlausitz)	18. 2.36
»	Quolsdorf b. Tschöpeln	Änderung der Zusatzbezeichnung	Quolsdorf b. Töpferstedt	18. 2.36
»	Raußen	Wegfall durch Eingliederung	Ziebern	1. 4.38
»	Tschöpeln	Namensänderung	Töpferstedt	18. 2.36
»	Wendisch Musta		Birkfähre	18. 2.36
5/43 Sprottau	Nieder Buchwald Ober Buchwald	} Zusammenschluß	Buchwald b. Sagan	1. 4.35
»	Nikolschmiede (Ob. Laus.) Schlesisch Nikolschmiede	} »	Nikolschmiede	1. 10.35
»	Ablaßbrunn	Wegfall durch Eingliederung	Hertwigswaldau	1. 4.36
»	Alte Forst, Kolonie	»	Neue Forst, Kolonie	1. 4.37
»	Deutsch Machen	»	Eckersdorf	1. 4.36
»	Heiligensee	»	Heiligensee, Kreis Bunzlau	1. 4.38
»	Herzoglich Zeisau Neuvorwerk	»	Neuhammer Gutsbez. Neuvorwerk, Forst	»
»	Nieder Briesnitz Ober Briesnitz	} Zusammenschluß	Briesnitz	1. 4.37
»	Ober Gorpe	Wegfall durch Eingliederung	Mednitz	»
»	Puschkau	Namensänderung	Hirtenau	18.12.36
»	Tschirndorf		Hammerfeld	1.11.37
»	Zehrbeutel (Ob. Laus.)	Wegfall durch Eingliederung	Halbau	1. 3.36

Reg.-Bez. Oppeln

Kleinerer Verwaltungsbezirk	alter Zustand (Gemeindename)	Art der Veränderung	neuer Zustand (Gemeindename)	Wirkungsdatum
5/45 Beuthen-Tarnowitz	Broslawitz Ptakowitz Groß Wilkowitz	} Zusammenschluß	Dramatal	1.10.36
»	Larischhof Miedar	»	Larischhof	»
»	Minchowitz	Namensänderung	Mechtal	5. 2.36
»	Mikultschütz		Klausberg	19.12.35

Kleinerer Verwaltungsbezirk	alter Zustand (Gemeindename)	Art der Veränderung	neuer Zustand (Gemeindename)	Wirkungsdatum
»	Rokittnitz	»	Martinau	5. 2.36
»	Stollarzowitz	»	Stillersfeld	»
»	Wieschowa	»	Randsdorf	27. 9.35
5/46 Cosel	Przewos	»	Fährendorf	12. 2.34
»	Kandrzin	»	Heydebreck O.S.	16. 3.34
»	Miesce	»	Luisental O.S.	6. 3.34
»	Raschowa-Rokitsch	»	Mittenbrück	11. 6.34
»	Niesnaschin	»	Scheinau	»
»	Czissek	»	Friedenau O.S.	18. 7.34
»	Czienskowitz	»	Schwerfelde	22. 8.34
»	Borislawitz	»	Saßstädt	8. 7.35
»	Dembowa	»	Eichungen	13. 9.35
»	Birawa	»	Reigersfeld	8. 5.36
»	Blazeowitz	»	Altweiler	29.11.35
»	Chrost	»	Schönhain O.S.	17. 2.36
»	Dobischau	»	Hochmühl O.S.	8. 6.36
»	Dobroslawitz	»	Ehrenhöhe	27. 3.36
»	Dzielau	»	Teilbach	20. 4.36
»	Dzielnitz	»	Füllstein	8. 5.36
»	Fischerei	Wegfall durch Eingliederung	Cosel, Stadt Klodnitz	1. 4.37
»	Gieraltowitz	Namensänderung	Gerolsdorf	»
»	Gnadenfeld Gnadenfeld II Riedgrund Vorsicht Warmunthau	} Zusammenschluß	Gnadenfeld	1. 4.38
»	Goschütz	Namensänderung	Meisenbusch	16. 5.36
»	Grenzburg Hirschgraben Teilbach Vierraben Wiesenstein	} Zusammenschluß	Grenzen	1.10.37
»	Groß Ellguth Neusiedel	»	Neusiedel	1. 4.37
»	Groß Neukirch Millowitz Schwerfelde	»	Groß Neukirch	31. 1.36
»	Grzendzin	Namensänderung	Grenzburg	8. 2.36
»	Jaborowitz	»	Holderfelde	16.11.35
»	Januschkowitz	»	Oderhain	20. 4.36
»	Kamionka	»	Steinbirn	8. 6.36
»	Karchwitz	»	Neusiedel	»
»	Komorno	»	Altenwall	»
»	Koske	»	Hohenflur	12. 6.36
»	Krzanowitz	»	Langlieben	15.11.35
»	Landsmierz	»	Neudeich	16. 5.36
»	Lanietz	»	Hirschgraben	8. 5.36
»	Lenartowitz	»	Waldbrücken	»
»	Lenkau	»	Wolfswiesen	26. 4.36
»	Libischau	»	Liebenbach	2. 7.36
»	Lichinia	»	Lichtenforst	16. 5.36
»	Lindenhag Oderhain	} Zusammenschluß	Oderhain	1. 4.37
»	Medar-Blech-hammer	Namensänderung	Blechhammer	14. 5.36
»	Mierzenzin	»	Maßdorf	8. 5.36
»	Mistitz	»	Schönblick	»
»	Ortowitz	»	Rehwalde O. S.	»
»	Ostrosnitz	»	Schneidenburg	16. 5.36
»	Pawlowitzke	»	Gnadenfeld II	2. 7.36
»	Poborschau	»	Eichhagen O. S.	12. 6.36
»	Podlesch	»	Unterwalden O. S.	8. 5.36
»	Potzenkarb	»	Rodemark	12. 6.36
»	Przeborowitz	»	Herberstein	8. 5.36
»	Radoschau	»	Drosselschlag	-8. 6.36
»	Rogau	Wegfall durch Eingliederung	Cosel, Stadt	1. 4.37
»	Roschowitzdorf	Namensänderung	Gräfenstein	20. 4.36
»	Roschowitzwald	»	Eichrode	8. 5.36
»	Rzetzitz	»	Riedgrund	7. 5.36
»	Sakrau	»	Rosengrund	16. 6.36
»	Schönblick Unterwalden O. S.	} Zusammenschluß	Schönblick	1. 4.37
»	Slawentzitz	Namensänderung	Ehrenforst	23. 6.36
»	Slawentzitz, Forst, Gutsbezirk	»	Hohenlohewald, Forst, Gutsbezirk	
»	Suckowitz	»	Mühlengrund	8. 5.36
»	Trawnig	»	Grünweide O.S.	16. 5.36
»	Tscheidt	»	Maxwaldau	8. 5.36
»	Urbanowitz	»	Kreuzlinden	20. 4.36
»	Wiegschütz	»	Neumannshöh	8. 5.36
»	Wielmirzowitz	»	Lindenhag	
»	Witoslawitz	»	Wiesenstein	16. 5.36
»	Wronin	»	Vierraben	8. 5.36
5/47 Falkenberg O. S.	Bauschwitz	»	Bauschdorf	28. 7.36
»	Borkwitz	»	Borkenhain O. S.	»
5/47 Falkenberg O. S.	Deutsch Jamke	Namensänderung	Mittenwalde O.S.	10. 6.36
»	Ellguth-Tillowitz	»	Steinaugrund	»
»	Floste-Woistrasch	»	Floste	28. 7.36
»	Golschwitz	».	Eichenried	»
»	Groditz	»	Burgstätte	»
»	Guschwitz	»	Buchengrund O.S.	»
»	Jamke	»	Heinrichshof (Oberschlesien)	19. 9.36
»	Korpitz	»	Korndorf	»
»	Mauschdorf	»	Mauschdorf	28. 7.36
»	Niewodnik	»	Fischbach O.S.	10. 6.36
»	Nikoline	»	Niklasfähre	28. 7.36
»	Norok	»	Wolfsgrund O.S.	10. 6.36
»	Pechwalde	»	Bauerngrund	1. 2.37
»	Piechotzütz	»	Pechwalde	28. 7.36
»	Plieschnitz	»	Fuchsberg O. S.	10. 6.36
»	Puschine	»	Erlenburg	28. 7.36
»	Raschwitz	»	Raschdorf O. S.	»
»	Raschdorf O. S.	»	Rauschwalde	3. 9.36
»	Sabine	»	Annahof	10. 6.36
»	Schaderwitz	»	Schadeberg	28. 7.36
»	Schedliske	»	Waldsiedel	10. 6.36
»	Scheppanowitz	»	Stefansfeld	28. 7.36
»	Scheppelwitz	»	Steffansgrund	10. 6.36
»	Schiedlow	»	Goldmoor	»
»	Stroschwitz	»	Straßendorf	28. 7.36
»	Tarnitz	»	Dornfeld	»
»	Weiderwitz	»	Weidendorf O. S.	»
»	Weschelle	»	Freudendorf	»
»	Wiersbel	»	Weidengut	

Kleinerer Verwaltungsbezirk	alter Zustand (Gemeindename)	Art der Veränderung	neuer Zustand (Gemeindename)	Wirkungsdatum
5/49 Groß Strehlitz	Sucho-Danietz	»	Trockenfeld	30. 1.34
»	Jeschona	»	Eschendorf	12. 2.34
»	Wierchleschz	»	Hohenwalde O. S.	8. 5.34
»	Annaberg	»	Sankt Annaberg	18. 7.34
»	Freidorf	Wegfall durch Eingliederung	Leschnitz, Stadt	1. 4.35
»	Bresina	Namensänderung	Nieder Birken	26. 9.35
»	Goradze	»	Waldenstein	»
»	Salesche	»	Groß Walden	»
»	Leschnitz, Stadt	»	Bergstadt, Stadt	3. 9.36'
»	Ujest, Stadt	»	Bischofstal, Stadt	»
»	Alt Ujest	»	Alt Bischofstal	»
»	Balzarowitz	»	Schönwiese O. S.	3. 7.36
»	Blottnitz	»	Quellengrund	»
»	Boritsch	»	Schildbach	7. 7.36
»	Borowian	»	Kruppamühle	21. 7.36
»	Centawa	»	Haldenau	»
»	Chorulla	»	Steinfurt O. S.	7. 7.36
»	Deschowitz	»	Odertal O. S.	8. 8.36
»	Dollna	»	Niederkirch	4. 7.36
»	Dombrowka	»	Klein Eichen O.S.	7. 7.36
»	Gonschiorowitz	»	Quellental	15. 6.36
»	Grabow	»	Weißbuchen	6. 1.36
»	Grodisko	»	Burghof	4. 7.36
»	Groß Pluschnitz	»	Marklinden	3. 9.36
»	Groß Stanisch	»	Groß Zeidel	3. 7.36
»	Kadlub	»	Starenheim	»
»	Kadlubietz	»	Annatal	4. 7.36
»	Kalinow	»	Blütenau	3. 7.36
»	Kalinowitz	»	Elsenruh	»
»	Karlubitz	»	Karlshorst O. S.	4. 7.36
»	Keltsch	»	Keilerswalde	»
»	Klein Stanisch	»	Klein Zeidel	3. 7.36
»	Klutschau	»	Schlüsselgrund	4. 7.36
»	Kolonnowska	»	Grafenweiler	4. 7.36
»	Krassowa	»	Klein Walden	»
»	Krempa	»	Ambach	3. 9.36
»	Kroschnitz	»	Auendorf	4. 1.36
»	Lasisk	»	Läsen	3. 7.36
»	Mallnie	»	Odergrund	21. 7.36
»	Niesdrowitz	»	Neubrücken	3. 7.36
»	Niewke	»	Groß Neuland	4. 7.36
»	Nogowschütz	»	Wangschütz	3. 9.36
»	Oderwanz	»	Oderhöh	3. 7.36
»	Oleschka	»	Nieder Erlen	4. 7.36
»	Olschowa	»	Erlenbusch O. S.	3. 7.36
»	Oschiek	»	Karlstal(Oberschles.)	3. 9.36
»	Poremba	»	Mariengrund	»
»	Posnowitz	»	Einsiedel O. S.	3. 7.36
»	Rosmierka	»	Groß Maßdorf	15. 4.36
»	Rosmierz	»	Angerbach O. S.	21. 7.36
»	Rosniontau	»	Kurzbach	3. 7.36
»	Roswadze	»	Annengrund	»
»	Schedlitz	»	Alt Siedel	4. 7.36
»	Schewkowitz	»	Frauenfeld	3. 7.36
»	Schimischow	»	Heuerstein	9. 9.36
»	Schironowitz	»	Grünheide O. S.	3. 7.36
»	Suchau	»	Strelau	12.11.36
»	Warmuntowitz	»	Niedersteine O. S.	3. 7.36
»	Zawadzki	»	Andreashütte	3. 9.36
»	Zyrowa	»	Buchenhöh	21. 7.36
5/50 Grottkau	Perschohkenstein	}Zusammenschluß	Perschkenstein	1. 1.35
»	Weidich			
»	Laskowitz	} »	Pillwösche	»
»	Pillwösche			
»	Satteldorf			
»	Klein Mahlendorf	}	Klein Mahlendorf	»
»	Bittendorf			
»	Gräditz	Wegfall durch Eingliederung	Matzwitz	»
5/50 Grottkau	Sarlowitz	Wegfall durch Eingliederung	Ottmachau, Stadt / Staubeoken Ottmachau, Gutsbez.	1. 4.35
»	Auwaldau	Namensänderung	Auenrode	22.12.36
»	Breitenfeld	Festsetzung einer Zusatzbezeichnung	Breitenfeld (Oberschlesien)	19. 9.36
»	Ellguth	Namensänderung	Neuensee	22. 7.36
»	Feldheim	Festsetzung einer Zusatzbezeichnung	Feldheim (Oberschlesien)	19. 9.36
»	Gauers	Namensänderung	Gauwald	22. 7.36
»	Graschwitz	»	Schöning	»
»	Groß Carlowitz	»	Groß Karlshöh	»
»	Hohenau	»	Hochdorf (Oberschlesien)	»
»	Kamnig	»	Steinhaus	»
»	Klein Carlowitz	»	Klein Karlshöh	»
»	Koppitz	»	Schwarzengrund	»
»	Laßwitz	»	Höhendorf	»
»	Lindenberg O. S.	»	Nittersdorf	10.12.36
»	Matzwitz	»	Mühlrain	22. 7.36
»	Mogwitz	»	Breitenfeld	»
»	Nitterwitz	»	Lindenberg O. S.	»
»	Ogen	»	Feldheim	»
»	Osseg	»	Auwaldau	»
»	Pillwösche	»	Weißbach	»
»	Reisewitz	»	Eichengrund	»
»	Starrwitz	»	Waldreuth	»
»	Tschauschwitz	»	Hohenau	»
»	Tscheschdorf	»	Lärchenhain	»
»	Woitz	»	Eichenau O. S.	»
5/51 Guttentag	Bzinitz	»	Erzweiler O. S.	»
»	Cziasnau	»	Teichwalde	»
»	Dzielna	»	Grenzingen	»
»	Glowtschütz	»	Eichwege	»
»	Goslawitz	»	Goselgrund	21. 7.36
»	Gwosdzian	»	Nagelschmieden	22. 7.36
»	Jezowa	»	Kreuzenfeld	»
»	Klein Lagiewnik	»	Hedwigsruh	»
»	Koschwitz	»	Heldehammer	»
»	Makowtschütz	»	Mohntal	»
»	Mischline	»	Bachheiden	10.12.36
»	Mollna	»	Waldwiesen	22. 7.36
»	Pluder	»	Wildfurt	2.12.36
»	Ponoschau	»	Hegersfelde	22. 7.36
»	Rzendowitz	»	Mühlental	»
»	Schemrowitz	»	Raunen	»
»	Schierokau	»	Breitenmarkt	»
»	Skrzidlowitz	»	Flügeldorf	»
»	Sorowski	»	Ostenwalde	»
»	Thursy	»	Iltenau	»
»	Warlow	»	Wiesenau O. S.	»
»	Wendzin	»	Windeck	»
»	Zwoos	»	Ahndorf O. S.	»
5/53 Kreuzburg O. S.	Bresinke	»	Birkdorf	13. 9.35
»	Borek	»	Waldungen	14. 9.35
»	Alt Tschapel	»	Stobertal	27. 5.36
»	Brinitze	»	Kiefernhain	»
»	Deutsch Würbitz	»	Niederweiden O. S.	»
»	Frei Tschapel	»	Freivorwerk	16. 7.36
»	Golkowitz	»	Alteichen	27. 5.36
»	Jaschkowitz	»	Auenfelde	»
»	Lowkowitz	»	Bienendorf	»
»	Polanowitz	»	Kornfelde	»
»	Proschlitz	»	Angersdorf	»
»	Roschkowitz	»	Röstfelde	24. 7.36
»	Schiroslawitz	»	Grenzfelde	27. 5.36
»	Woislawitz	»	Kirchlinden	»
»	Würbitz	»	Oberweiden O. S.	»
5/54 Leobschütz	Troplowitz, Dorf / Troplowitz, Städtel	Zusammenschluß	Troplowitz	1.10.34
»	Badewitz	Namensänderung	Badenau	28. 7.36
»	Bieskau	}Zusammenschluß	Altstett	1. 4.37
»	Deutsch Neukirch			
»	Boblowitz	Namensänderung	Hedwigsgrund	12. 6.36
»	Dirschkowitz	»	Dirschkenhof	»
»	Hratschein	»	Burgfeld	»
»	Jakubowitz	»	Jakobsfelde	»
»	Kaldaun	Wegfall durch Eingliederung	Osterdorf	1. 4.37
»	Kittelwitz	Namensänderung	Kitteldorf	12. 6.36
»	Leisnitz	Festsetzung einer Zusatzbezeichnung	Leisnitz O. S.	»
»	Osterwitz	Namensänderung	Osterdorf	»
»	Peterwitz	»	Zietenbusch	28. 7.36
»	Thomnitz	»	Thomas O. S.	12. 6.36
»	Thomas O. S.	Wegfall durch Eingliederung	Schönau	1. 4.37
»	Tschirmkau	Namensänderung	Schirmke	12. 6.36
»	Waissak	»	Lindau O. S.	»
»	Wanowitz	»	Hubertusruh	28. 7.36
»	Wehowitz	»	Wehen	12. 6.36
»	Zauchwitz	»	Dreimühlen	28. 7.36
»	Zülkowitz	»	Zinnatal	12. 6.36
5/56 Neisse	Friedrichseck	Wegfall durch Eingliederung	Ottmachau, Stadt Staubeoken Ottmachau, Gtsbez. } Kr. Grottkau	1. 4.35
5/56 Neisse	Stübendorf	Wegfall durch Eingliederung	Schwammelwits Staubeoken Ottmachau, Gtsbez. } Kr. Grottkau	»
»	Deutsch Kamitz	»	Hermannstein O. S.	18. 8.36
»	Dürr Kamitz	»	Dürnstein	»
»	Frankenfelde O. S.	}	Bechau	1. 4.38
»	Guttwitz			
»	Gostitz	Namensänderung	Gostal	18. 8.36
»	Jäglitz	»	Kleindorf	27.11.36
»	Kamitz	»	Grenztal	8.10.36
»	Korkwitz	»	Moockendorf	18. 8.36
»	Krackwitz	»	Wiesental O. S.	»
»	Lassoth	»	Grünfließ (Oberschlesien)	8.10.36
»	Lentsch	Wegfall durch Eingliederung	Bischofswalde	1. 4.38
»	Nieder Jeutritz / Ober Jeutritz	}Zusammenschluß	Rothhaus	»
»	Rothhaus			
»	Schlaupitz	Namensänderung	Schlaubental	18. 8.36
»	Schmolitz	»	Frankenfelde O. S.	»
»	Struwitz	»	Struwendorf	»
»	Weitzenberg	Wegfall durch Eingliederung	Groß Neundorf	1. 4.38
»	Wischke	Namensänderung	Lindendorf O. S.	18. 8.36
5/57 Neustadt O. S.	Altstadt	Wegfall durch Eingliederung	Zülz, Stadt / Josefsgrund	1. 4.38
»	Blaschewitz	Namensänderung	Niederblasien	18. 8.36
»	Bresnitz	»	Brese	15. 6.36
»	Broschütz	»	Schobersfelde	18. 8.36
»	Deutsch Probnitz	»	Kranzdorf	21. 7.36
»	Dobrau	»	Burgwasser	»
»	Grabine	»	Gershain	15. 6.36
»	Grocholub	»	Erbersdorf	»
»	Komornik	»	Kammersfeld	»
»	Krobusch	»	Krähenbusch	18. 8.36
»	Laßwitz	»	Hohenschanz	»
»	Leschnig	»	Hegerswalde	21. 7.36
»	Lobkowitz	»	Jägershausen O. S.	»
»	Lonschnik	»	Wiesengrund O. S.	15. 6.36
»	Mokrau	»	Nassau O. S.	»
»	Ottok	»	Auenwalde	2. 7.36
»	Pietna	»	Teichgrund	15. 6.36
»	Pogosch	»	Brandewalde	10.10.36
»	Probnitz	»	Proben	21. 7.36
»	Psychod	»	Waldfurt	15. 6.36
»	Rosnochau	»	Roßweide	10.10.36
»	Schartowitz	»	Fichtenwalde O. S.	18. 8.36
»	Schlogwitz	»	Schlagenhof	»
»	Schmietsch	»	Lößtal	2. 7.36
»	Schönowitz	Wegfall durch Eingliederung	Zülz, Stadt	1. 4.38
»	Twardawa	Namensänderung	Hartenau	15. 6.36
»	Waschelwitz	»	Tiefengrund	18. 8.36
»	Wilkan	»	Willenau	15. 6.36
»	Zabierzau	»	Hinterwalde	»
»	Zowade	»	Lichten O. S.	»
5/59 Oppeln	Dombrowka a./Oder	Festsetzung einer Zusatzbezeichnung	Eichtal	6. 1.34
»	Schönkirch	Namensänderung	Schönkirch O. S.	15. 1.34
»	Sczepanowitz	»	Stefanshöh	30. 1.34
»	Krzanowitz	»	Erlengrund	19. 2.34
»	Zelasno	»	Eisenau	3. 3.34

Kleinerer Verwaltungsbezirk	alter Zustand (Gemeindename)	Art der Veränderung	neuer Zustand (Gemeindename)	Wirkungsdatum
»	Chmiellowitz	»	Hopfental	8. 3.34
»	Dambinietz	»	Eichberge	18. 4.34
»	Chrosezinna	»	Reisern	21. 5.34
»	Szczdrzik	»	Hitlersee	18. 7.34
»	Chobie	»	Koben	28. 7.34
»	Zywodezütz	»	Oderwiese	1.10.34
»	Zlattnik	»	Goldenau O. S.	12. 9.35
»	Chroscütz	»	Rutenau	25. 9.35
»	Alt Budkowitz	»	Alt Baudendorf	19. 5.36
»	Alt Schalkowitz	»	Alt Schalkendorf	10. 8.36
»	Biadacz	»	Kreuzwalde O. S.	19. 5.36
»	Bierdzan	Namensänderung	Burkardsdorf	«
»	Birkowitz	»	Birkental O. S.	»
»	Boguschütz	»	Gottesdorf	»
»	Borrek	»	Wäldchen O. S.	»
»	Bowallno	»	Walldorf	»
»	Brinnitz	»	Brünne	»
»	Chronstau	»	Kranst	»
»	Chrzowitz	»	Oderfelde	»
»	Comprachtschütz	»	Gumpertsdorf	28. 4.36
»	Czarnowanz	»	Klosterbrück	10. 8.36
»	Dammratsch	»	Dammfelde	19. 5.36
»	Dammratsch-hammer	»	Dammfelder Hammer	»
»	Dammfelder Hammer / Eichendorf (Oberschles.)	Zusammenschluß	Eichendorf (Oberschles.)	1. 4.38
»	Danietz	Namensänderung	Bergdorf	19. 5.36
»	Dembio	»	Reichenwald	»
»	Dembiohammer	»	Eichhammer	»
»	Dombrowitz	»	Eichgrund O. S.	15. 6.36
»	Dometzko	»	Althaus	19. 5.36
»	Dyloken	»	Thielsdorf	10. 8.36
»	Dziekanstwo	»	Dechantsdorf	28. 4.36
»	Ellguth-Proskau	»	Frei Proskau	10. 8.36
5/59 Oppeln	Erlengrund / Frauendorf	Zusammenschluß / Namensänderung	Frauendorf	1. 4.37
»	Falkowitz	Namensänderung	Falkendorf	19. 5.36
»	Fallmirowitz	»	Fallmersdorf	»
»	Follwark	»	Vorwerk O. S.	28. 4.36
»	Glockenau / Gottesdorf	Zusammenschluß	Glockenau	1. 4.38
»	Gorrek	Namensänderung	Kleinberg	19. 5.36
»	Goslawitz	»	Ehrenfeld	»
»	Grabczok	»	Buchendorf O. S.	8. 6.36
»	Groß Döbern / Klein Döbern	Zusammenschluß	Döbern (Oberschles.)	1. 4.38
»	Groß Kottorz	Namensänderung	Groß Kochen	19. 5.36
»	Groß Schimnitz	»	Groß Schimmendorf	»
»	Grudschütz	»	Gruden	»
»	Halbendorf	Wegfall durch Eingliederung	Oppeln, Stadtkreis / Birkental O. S.	1. 4.36
»	Heinrichsfelde / Lerchenfeld	Zusammenschluß	Heinrichsfelde	1. 4.38
»	Jaschkowitz	Namensänderung	Johannsdorf O. S.	28. 4.36
»	Jellowa	»	Ilnau	19. 5.36
»	Kadlub-Turawa	»	Fichten O. S.	10. 8.36
»	Kempa	»	Mühlenbach O. S.	8. 6.36
»	Klein Kottorz	»	Klein Kochen	19. 5.36
»	Klein Schimnitz	»	Klein Schimmendorf	»
»	Kobylno	»	Lerchenfeld	»
»	Königshuld / Wengern	Zusammenschluß	Königshuld	1. 4.38
»	Kollanowitz	Namensänderung	Kniedorf	19. 5.36
»	Konty	»	Oderwinkel	»
»	Kossorowitz	»	Grasen	»
»	Krascheow	»	Schönhorst	10. 8.36
»	Krogullno-Gründorf	»	Stobertal	19. 5.36
»	Lendzin	»	Lenzen	»
»	Luboschütz	»	Lichtal O. S.	8. 6.36
»	Lugnian	»	Lugendorf	10. 8.36
»	Malino	»	Malsdorf	»
»	Muchenitz	»	Moosdorf	19. 5.36
»	Murow	»	Hermannsthal O.S.	10. 8.36
»	Neu Budkowitz	»	Neu Baudendorf	19. 5.36
»	Neu Schalkowitz	»	Neu Schalkendorf	10. 8.36
»	Ochotz	»	Frühauf	19. 5.36
»	Odertal O. S.	»	Oderfest	10. 8.36
»	Przywor	»	Odertal O. S.	19. 5.36
»	Sakrau-Turawa	»	Hochfelde O. S.	15. 6.36
»	Schodnia	»	Ostdorf O. S.	19. 5.36
»	Slawitz	»	Preisdorf	15. 6.36
»	Sowade	»	Hinterwasser	19. 5.36
»	Stefanshöh	Wegfall durch Eingliederung	Oppeln, Stadtkreis / Vogtsdorf	1. 4.36
»	Stobertal	Festsetzung einer Zusatzbezeichnung	Stobertal (Kr. Oppeln)	24. 8.37
»	Straduna	Namensänderung	Tiefenburg	10. 8.36
»	Tauenzinow	»	Tauentzien O. S.	19. 5.36
»	Wreske	»	Heidefelde	»
»	Zawisc	»	Winterfeld O. S.	»
»	Zirkowitz	»	Erlental O. S.	10. 8.36
»	Zlönitz	»	Glockenau	19. 5.36
»	Zuzella	»	Schlacken	»
5/61 Ratibor	Babitz	»	Jungbirken	10. 6.36
»	Barglowka	»	Bergwalde	21. 4.36
»	Benkowitz	»	Berendorf	10. 6.36
»	Bojanow	»	Kriegsbach	21. 7.36
»	Boleslau	»	Bunzelberg	10. 6.36
»	Borutin	»	Streitkirch	23. 6.36
»	Bresnitz	»	Eichendorfmühl	21. 4.36
»	Czerwentzütz	»	Rotental	»
»	Dollendzin	»	Ludwigstal O. S.	10. 6.36
»	Ehrenfeld	Festsetzung einer Zusatzbezeichnung	Ehrenfeld O. S.	»
»	Ehrenfeld O. S.	Wegfall durch Eingliederung	Mosern	1. 4.37
»	Gurek	Namensänderung	Waldeck	21. 4.36
»	Herzoglich Zawada	»	Rainfelde	»
»	Jankowitz-Rauden	»	Rodenbach	21. 4.36
»	Janowitz	»	Janken	»
»	Kranowitz	»	Kranstädt	»
»	Lassoky	»	Weidenmoor O. S.	10. 6.36
»	Lekartow	»	Mettich	21. 4.36
»	Leng	Wegfall durch Eingliederung	Rainfelde	1. 4.38
»	Markowitz	Namensänderung	Markdorf	21. 4.36

Kleinerer Verwaltungsbezirk	alter Zustand (Gemeindename)	Art der Veränderung	neuer Zustand (Gemeindename)	Wirkungsdatum
»	Mosurau	»	Mosern	1. 4.37
»	Niedane	»	Oderfurt O. S.	21. 4.36
»	Owschütz	»	Habergrund	»
»	Pawlau	»	Paulsgrund	»
»	Ponientzütz	»	Rittersdorf	»
»	Rennersdorf	Wegfall durch Eingliederung	Groß Rauden	1. 4.37
»	Ruda	Namensänderung	Rudweiler	21. 4.36
»	Rudnik	»	Herrenkirch	»
»	Schammerwitz	»	Schammerau	10. 6.36
»	Schardzin	»	Hohenau	21. 4.36
»	Schichowitz	»	Oderbrück	»
»	Schonowitz	»	Schondorf	»
»	Schymotschütz	»	Simsforst	10. 6.36
»	Slawikau	»	Bergkirch	21. 4.36
»	Solarnia	»	Salzforst	»
»	Stanitz	»	Standorf	10. 6.36
5/61 Ratibor	Stodoll	Namensänderung	Hochlinden	21. 4.36
»	Sudoll	»	Trachkirch	10. 6.36
»	Tworkau	»	Tunskirch	21. 4.36
»	Woinowitz	»	Weihendorf	»
»	Zabelkau	»	Schurgersdorf	»
5/62 Rosenberg O. S.	Basan	»	Wacholdertal	29. 7.36
»	Borkowitz	»	Borkenwalde	27. 4.36
»	Boroschau	»	Alteneichen	»
»	Botzanowitz	»	Grunsruh	»
»	Bronietz	»	Wehrenfelde	»
»	Busow	»	Forstfelde	»
»	Frei Kadlub	»	Freihöfen	»
»	Frei Pipa	»	Freihäuser	»
»	Groß Borek	»	Brückenort	»
»	Groß Lassowitz	»	Oberwalden	»
»	Grunowitz	»	Teichfelde	»
»	Jamm	»	Weidental	29. 7.36
»	Jaschine	»	Eschenwalde O. S.	29.11.34
»	Jastrzigowitz	»	Hartwigsdorf	26. 2.36
»	Klein Borek	»	Heidelsdorf	27. 4.36
»	Klein Lassowitz	»	Schloßwalden	»
»	Kneja	»	Heidewald	»
»	Koselwitz	»	Josefshöhe	29. 7.36
»	Kostellitz	»	Hedwigstein	27. 4.36
»	Kotschanowitz	»	Kiefernrode	»
»	Kraskau	»	Grasenau	»
»	Krysanowitz	»	Kreuzhütte	»
»	Kudoba	»	Kirchwalde	»
»	Laskowitz	»	Kiefernwalde	»
»	Leschna	»	Mühlendorf O. S.	»
»	Lomnitz	»	Gnadenkirch	29. 7.36
»	Lowoschau	»	Lauschen	27. 4.36
»	Neu Karmunkau	»	Neu Karmen	»
»	Oschietzko	»	Lichtenrode	27. 4.36
»	Poscholkau	»	Buschweiler	»
»	Pruskau	»	Preußenau	»
»	Radlau	»	Radelsdorf	?
»	Schiorke	»	Schorke	»
»	Schumm	»	Forstheim	29. 7.36
»	Seichwitz	»	Richterstal	»
»	Skronskau	»	Buchental	27. 4.36
»	Sternalitz	»	Ammern O. S.	»
»	Trebitschin	»	Rodewalde	»
»	Uschütz	»	Wittenau	29. 7.36
»	Wachow	»	Wallhof	27. 4.36
»	Wachowitz	»	Stoberquell	»
»	Walspek-Rosenhain	»	Rosenhain O. S.	29. 7.36
»	Wendrin	»	Liebeiche	»
»	Wichrau	»	Windenau	27. 4.36
»	Wienskowitz	»	Wiesbach O. S.	»
»	Wierschy	»	Stoberbrück	»
»	Wollentschin	»	Wollendorf O. S.	»
»	Wyssoka	»	Lindenhöhe O. S.	»
»	Zembowitz	»	Föhrendorf	»
5/63 Tost-Gleiwitz	Ziemientzitz	«	Ackerfeide O. S.	9. 1.35
»	Brzezinka	»	Birkenau O. S.	17. 1.35
»	Xiondslas	»	Herzogshain	19. 1.35
»	Bitschin	»	Fichtenrode	12. 2.36
»	Blaschowitz	»	Burgfels	»
»	Boguschütz	»	Gottschütz	»
»	Boitschow	»	Lärchenhag	»
»	Boniowitz	»	Wohlingen	»
»	Brynnek	»	Brunneck	»
»	Chechlau	»	Strahlheim	30. 4.36
»	Chorinskowitz	»	Schmiedingen	12. 2.36
»	Ciochowitz	»	Stillenort	»
»	Deutsch Zernitz	»	Haselgrund	»
»	Dombrowka	»	Steineich	»
»	Giegowitz	»	Steinrück	»
»	Groß Kottulin	»	Rodenau O. S.	»
»	Groß Patschin	»	Hartlingen	8. 8.36
»	Hanussek	»	Stollenwasser	12. 2.36
»	Jaschkowitz	»	Hirtweiler	»
»	Kaminietz	»	Dramastein	10. 8.36
»	Karchowitz	»	Gutenquell	12. 2.36
»	Kieleschka	»	Kellhausen	30. 4.36
»	Klein-Kottulin	»	Rodlingen	12. 2.36
»	Klein Patschin	»	Ellerbrück	»
»	Klein Pluschnitz	»	Reichenhöh	»
»	Klein Wilkowitz	»	Wölfingen	»
»	Koppinitz	»	Adelenhof	?
»	Koslow	»	Lindenhain O. S.	»
»	Kottlischowitz	»	Keßlern	»
»	Laskarzowka	»	Wieselheim	»
»	Latscha	»	Föhrengrund	»
»	Leboschowitz	»	Kleingarben	»
»	Lohnia	»	Hubenland	»
»	Lona-Lany	»	Wieshuben	»
»	Lubek	»	Borkental	»
»	Lubie	»	Hohenlieben	»
»	Nieborowitz	»	Neubersdorf	»
»	Nieborowitzer Hammer	»	Neubersteich	»
»	Niekarm	»	Dürrwalde	»
»	Niewiesche	»	Grünwiese O. S.	»
»	Ostroppa	»	Stroppendorf	»
»	Pawlowitz	»	Paulshofen	»

Kleinerer Verwaltungsbezirk	alter Zustand (Gemeindename)	Art der Veränderung	neuer Zustand (Gemeindename)	Wirkungsdatum
Noch: 5/63 Tost-Gleiwitz	Pilchowitz	Namensänderung	Bilchengrund	12. 2.36
„	Plawniowitz	„	Flößingen	„
„	Pniow	„	Schrotkirch	„
„	Pohlom	„	Ostwalde	„
„	Ponischowitz	„	Muldenau O. S.	„
„	Potempa	„	Wüstenrode	„
„	Proboschowitz	„	Probstfelde	„
„	Rachowitz	„	Buchenlust	„
„	Radun, Dorf	„	Zwieborn	„
„	Radun, Kolonie	„	Dreitannen	„
„	Retzitz	„	Rettbach	30. 4.36
„	Rodenau O. S. / Rodlingen	Zusammenschluß	Rodenau O. S.	1. 4.38
„	Rudnau	Namensänderung	Braunbach	26.10.36
„	Rudzinitz	„	Rudgershagen	12. 2.36
„	Sacharsowitz	„	Maiwald	„
„	Schalscha	„	Kressengrund	„
„	Scharkow	„	Sandhuben	„
„	Schechowitz	„	Böhmswalde	„
„	Schierakowitz	„	Graumannsdorf	„
„	Schieroth	„	Schönrode	30. 4.36
„	Schwientoschowitz	„	Einhof	12. 2.36
„	Schwinowitz	„	Ebersheide	„
„	Sersno	„	Stauwerder	„
„	Skaal	„	Webern O. S.	„
„	Slupsko	„	Solmsdorf	„
„	Smolnitz	„	Eichenkamp	„
„	Städtisch Lonczek	„	Moorwies	„
„	Tatischau	„	Vatershausen	„
„	Tworog	„	Horneck	„
„	Wischnitz	„	Kirschen	„
„	Woiska	„	Hubertsgrund	„
„	Wydow	„	Widdenau	„
„	Zawada	„	Bachweiler	„

Nachtrag
für die Zeit nach dem 1.1.1939

Nachtrag

Kleinerer Verwaltungsbezirk	alter Zustand (Gemeindename)	Art der Veränderung	neuer Zustand (Gemeindename)	Wirkungsdatum
5. Provinz Schlesien				
Reg.-Bez. Breslau				
5/8 Guhrau	Hengwitz	Wegfall durch Eingliederung	Pluskau	1. 4.39
5/10 Militsch	Gutfelde / Gutweide / Urdorf	Zusammenschluß	Urdorf	„
5/12 Neumarkt	Wohnwitz	Wegfall durch Eingliederung	Nippern	„
5/19 Trebnitz	Bergruh / Bolkohof	Zusammenschluß	Bolkohof	„
„	Groß Totschen / Klein Totschen / Moltketal	„	Moltketai	„
Reg.-Bez. Liegnitz				
5/25 Freystadt i. Nieder-Schles.	Alt Kleppen / Neu Kleppen	Zusammenschluß	Kleppen	1. 4.39
5/36 Landeshut i. Schles.	Oberkonradswaldau	Wegfall durch Eingliederung	Mittelkonradswaldau	„
„	Forst / Grüssauisch Hartau	Zusammenschluß	Hartauforst	„
Reg.-Bez. Oppeln				
5/46 Cosel	Mühlengrund / Stöblau / Rosengrund	Zusammenschluß	Rosengrund	1. 4.39
5/49 Groß Strehlitz	Hohenkirch (Oberschlesien) / Sankt Annaberg	„	Sankt Annaberg	„
5/50 Grottkau	Petersheide / Schönheide	„	Petersheide	„
5/56 Neisse	Klein Warthe	Wegfall durch Eingliederung	Mannsdorf	„
	Friedenthal-Giesmannsdorf	Namensänderung	Großgießmannsdorf (Kr. Neiße)	19. 8.39
5/57 Neustadt O. S.	Wiesenthal O. S.	Wegfall durch Eingliederung	Peterwitz	1. 4.39
	Achthuben		Schnellewalde	„
„	Kujau / Zellin	Zusammenschluß	Zellin	„
„	Siebenhuben	Wegfall durch Eingliederung	Riegersdorf	„
„	Brese / Ernestinenberg	Zusammenschluß	Ernestinenberg	„
5/59 Oppeln	Alt Schalkendorf / Neu Schalkendorf	„	Schalkendorf	„
„	Antonia / Malapane / Ostdorf O. S.	„	Malapane	„
„	Klosterbrück / Wäldchen O. S.	„	Klosterbrück	„
„	Lugendorf / Massow	„	Lugendorf	„
5/61 Ratibor	Weidenmoor O. S.	Wegfall durch Eingliederung	Bergkirch	„
„	Annaberg / Ruderswald / Schurgersdorf	Zusammenschluß	Ruderswald	„
5/62 Rosenberg O. S.	Donnersmark / Forstfelde	„	Donnersmark	„
„	Stoberquell / Wallhof	Wegfall durch Eingliederung	Mühlendorf O. S.	„
„	Alteneichen / Buchental	„	Bischdorf	„
„	Schorko / Freihäuser	„	Kiefernrode	„
„	Buschweiler / Lichtenrode	„	Freihöfen	„
Noch: 5/62 Rosenberg O. S.	Kirchwalde / Lauschen / Liebeiche	Zusammenschluß	Kirchwalde	1. 4.39
„	Heidelsdorf / Wehrenfelde	Wegfall durch Eingliederung	Brückenort	„
„	Grasenau	„	Bodland	„
„	Heidewald / Preußenau	„	Föhrendorf	„
„	Rosenhain O. S. / Schönwald	„	Lindenhöhe O. S.	„
„	Ellguth / Radelsdorf / Wollendorf O. S.	„	Ammern O. S.	„
„	Richterstal / Wittenau	Zusammenschluß	Wittenau-Richterstal	„
„	Forstheim / Stoberbrück	„	Stoberbrück	„
„	Rodewalde / Oberwalden / Sausenberg / Gohle	„	Sausenberg	„
„	Kreuzhütte / Neudorf	„	Neudorf	„
„	Karlsgrund / Wacholdertal	Wegfall durch Eingliederung	Borkenwalde	„
„	Neu Karmen / Windenau	„	Grunsruh	„
„	Marienfeld / Thule	„	Kiefernwalde	„
„	Josefshöhe / Weidental	„	Paulsdorf	„
„	Eschenwalde O. S. / Schloßwalden / Teichfelde	Zusammenschluß	Schloßwalden	„
5/63 Tost-Gleiwitz	Braunbach / Wieselheim	„	Braunbach	„
„	Adelenhof / Hohenlieben	„	Hohenlieben	„

349

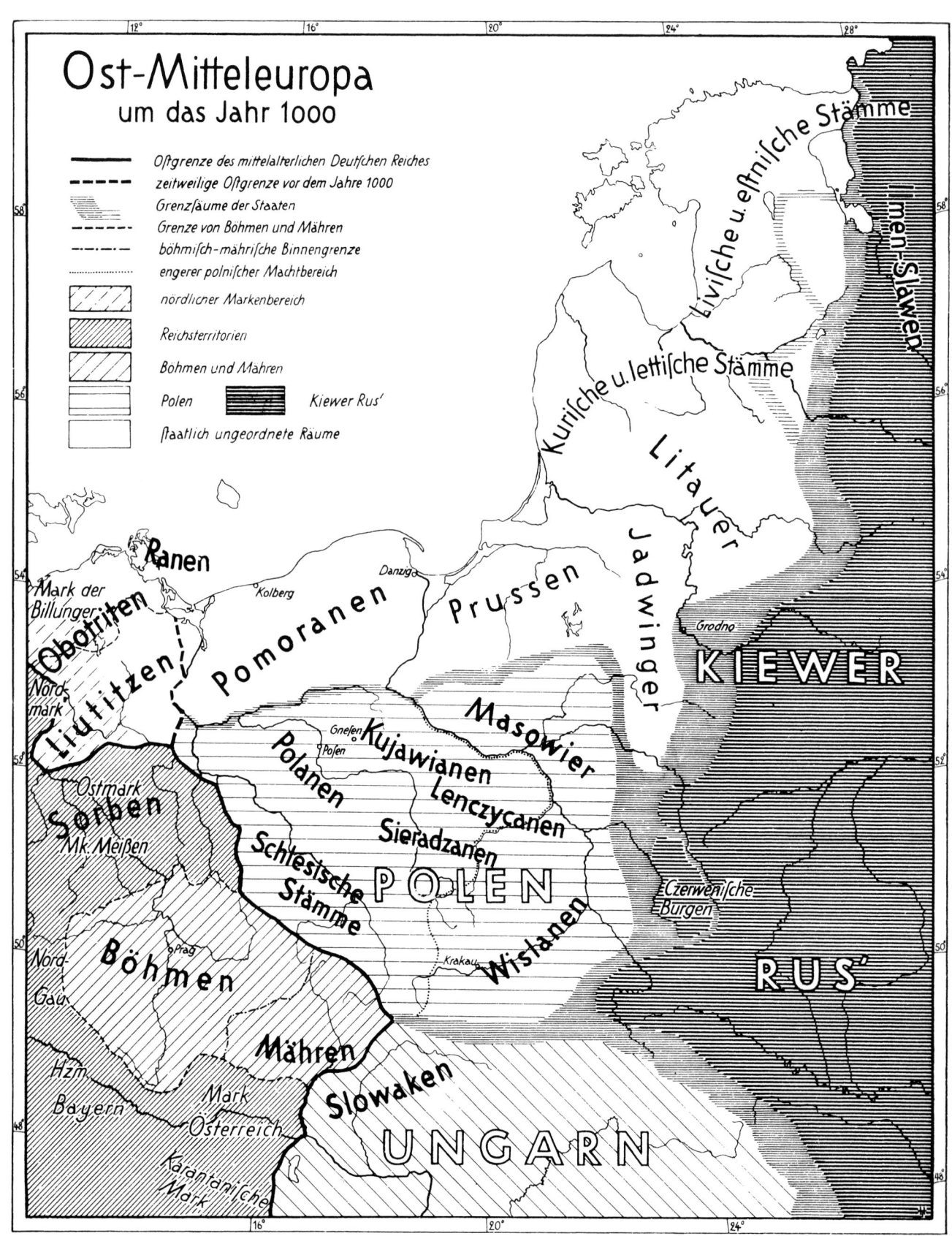

Ost-Mitteleuropa
um das Jahr 1000

Ostgrenze des mittelalterlichen Deutschen Reiches
zeitweilige Ostgrenze vor dem Jahre 1000
Grenzräume der Staaten
Grenze von Böhmen und Mähren
böhmisch-mährische Binnengrenze
engerer polnischer Machtbereich

nördlicher Markenbereich

Reichsterritorien

Böhmen und Mähren

Polen   Kiewer Rus'

staatlich ungeordnete Räume

Livische u. estnische Stämme

Ilmen-Slawen

Kurische u. lettische Stämme

Litauer

Jadwinger

Ranen

Mark der Billunger

Obotriten

Nordmark

Liutitzen

Pomoranen

Danzig

Kolberg

Prussen

Grodno

KIEWER

Gnesen

Posen

Polanen

Kujawianen

Masowier

Lenczycanen

Sieradzanen

POLEN

Czerwenische Burgen

Sorben

Ostmark

Mk. Meißen

Schlesische Stämme

Wistanen

Krakau

RUS'

Nordgau

Böhmen

Prag

Mähren

Slowaken

Hzm Bayern

Mark Österreich

Karantanische Mark

UNGARN

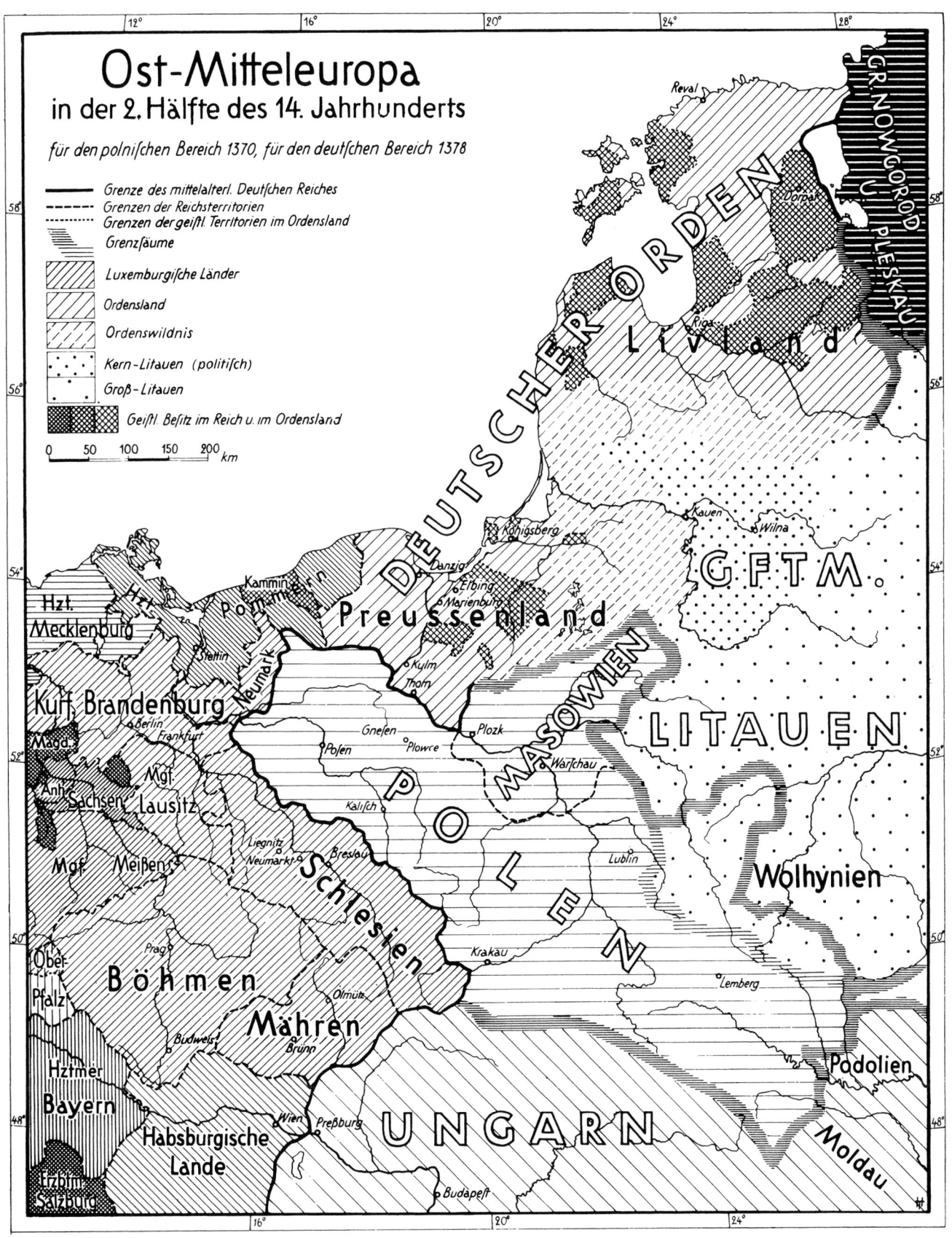

Ost-Mitteleuropa
in der 2. Hälfte des 14. Jahrhunderts

für den polnischen Bereich 1370, für den deutschen Bereich 1378

Grenze des mittelalterl. Deutschen Reiches
Grenzen der Reichsterritorien
Grenzen der geistl. Territorien im Ordensland
Grenzsäume
Luxemburgische Länder
Ordensland
Ordenswildnis
Kern-Litauen (politisch)
Groß-Litauen
Geistl. Besitz im Reich u. im Ordensland

0   50   100   150   200 km

351

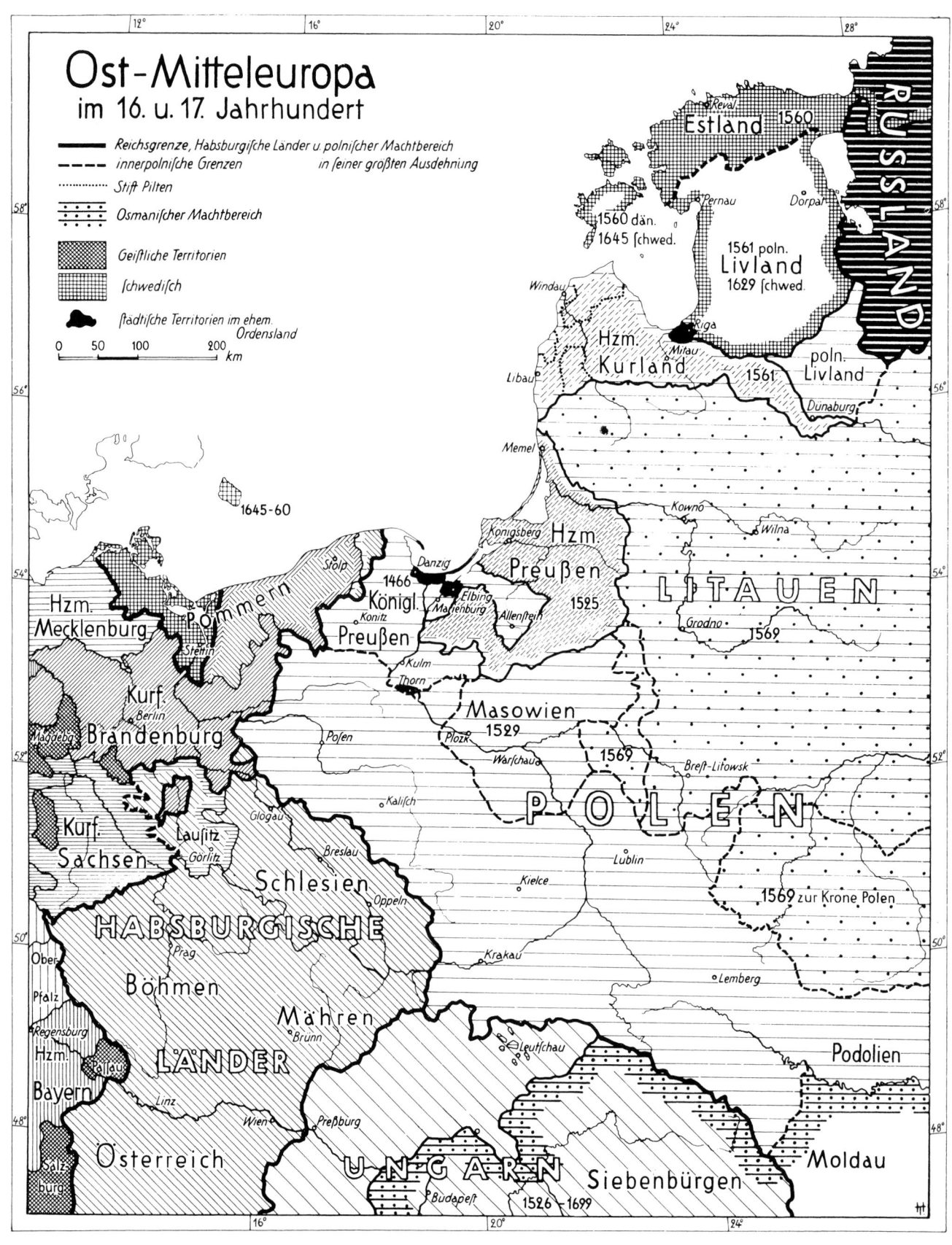

Ost-Mitteleuropa
im 16. u. 17. Jahrhundert

Reichsgrenze, Habsburgische Länder u. polnischer Machtbereich
innerpolnische Grenzen   in seiner größten Ausdehnung
Stift Pilten
Osmanischer Machtbereich
Geistliche Territorien
schwedisch
städtische Territorien im ehem.
Ordensland

0   50   100   200
                         km

RUSSLAND

Reval
Estland 1560
Pernau
Dorpat
1560 dän.
1645 schwed.
1561 poln.
Livland
1629 schwed.

Windau
Hzm.
Kurland
Riga
Mitau
Libau
1561
poln.
Livland
Dünaburg
Memel

Kowno
Wilna
LITAUEN
Grodno
1569

1645-60

Hzm. Mecklenburg
Pommern
Stolp
Stettin
1466
Königl.
Preußen
Konitz
Danzig
Elbing
Marienburg
Allenstein
Hzm.
Preußen
1525

Kurf.
Berlin
Brandenburg
Magdeburg

Kulm
Thorn
Masowien
1529
Posen
Plozk
Warschau
1569
Brest-Litowsk

POLEN

Kurf.
Sachsen
Görlitz
Lausitz
Glogau
Breslau
Oppeln
Kalisch
Lublin
Kielce
1569 zur Krone Polen

HABSBURGISCHE
Schlesien
Prag
Böhmen
Mähren
Brünn
LÄNDER
Krakau
Lemberg

Ober
Pfalz
Regensburg
Hzm.
Bayern
Passau
Linz
Wien
Preßburg
Leutschau
Podolien

Salzburg
Österreich
UNGARN
Budapest
1526-1699
Siebenbürgen
Moldau

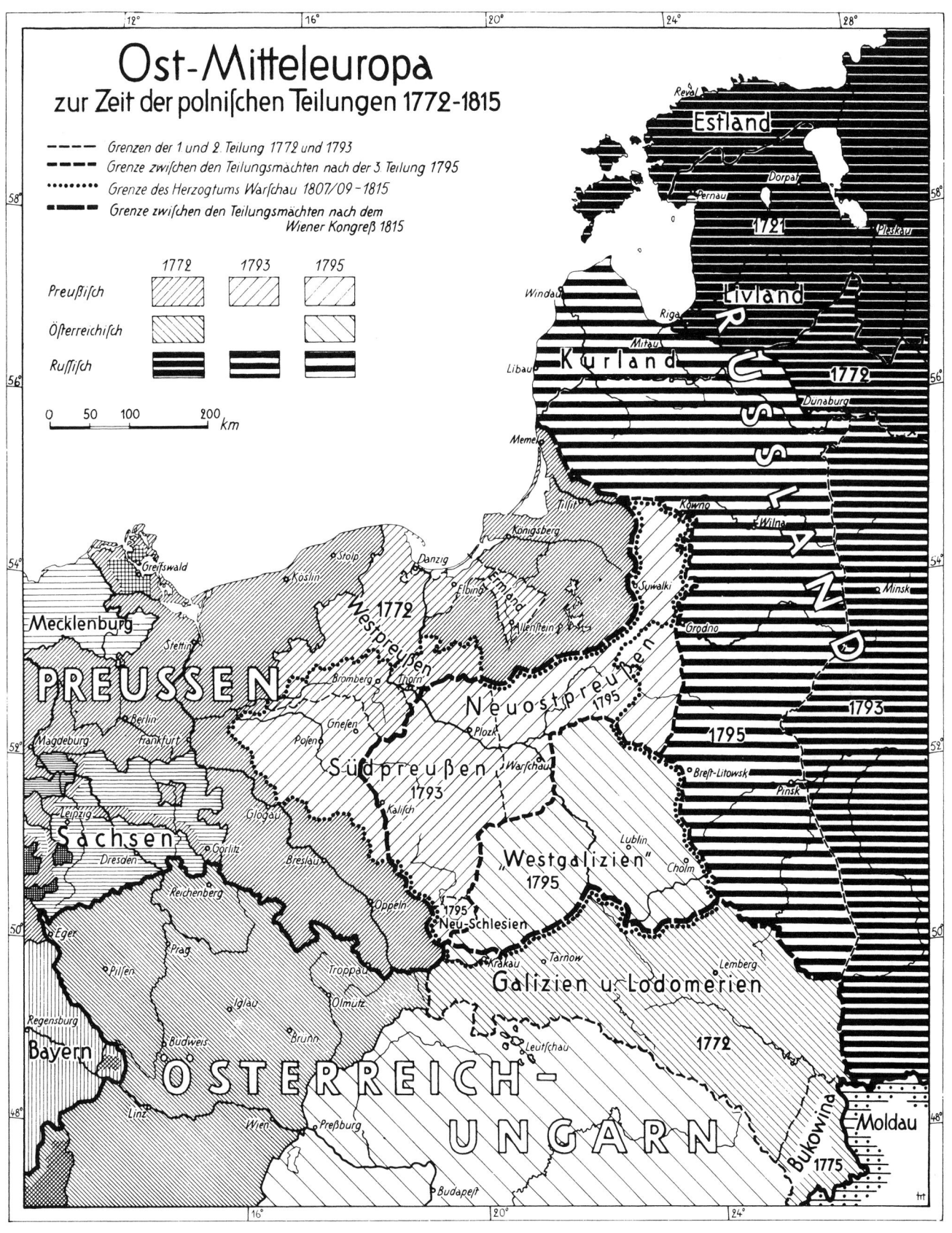

Ost-Mitteleuropa
zur Zeit der polnischen Teilungen 1772–1815

- – – – Grenzen der 1 und 2. Teilung 1772 und 1793
- – – Grenze zwischen den Teilungsmächten nach der 3. Teilung 1795
- ····· Grenze des Herzogtums Warschau 1807/09 – 1815
- – ▪ – Grenze zwischen den Teilungsmächten nach dem
  Wiener Kongreß 1815

	1772	1793	1795
Preußisch			
Österreichisch			
Russisch			

0   50   100   200 km

Revol

Estland

Dorpat

Pernau

1721

Pleskau

Windau

Livland

RUSSLAND

Riga

Mitau

Kurland

1772

Libau

Dünaburg

Memel

Tilsit

Königsberg

Kowno

Wilna

Suwalki

Minsk

Ermland

Danzig

Elbing

Allenstein

Grodno

1793

Stolp

Koslin

Westpreußen

1772

Thorn

Neuostpreußen

1795

1795

Greifswald

Mecklenburg

Stettin

Bromberg

Gnesen

Plozk

Breft-Litowsk

PREUSSEN

Berlin

Frankfurt

Posen

Südpreußen

1793

Warschau

Pinsk

Magdeburg

Kalisch

Leipzig

Glogau

Sachsen

Görlitz

Breslau

Lublin

Westgalizien

1795

Cholm

Dresden

Reichenberg

Oppeln

1795

Neu-Schlesien

Eger

Prag

Troppau

Krakau

Tarnow

Lemberg

Pilsen

Iglau

Olmütz

Galizien u. Lodomerien

1772

Regensburg

Budweis

Brünn

Leutschau

Bayern

ÖSTERREICH-

Linz

Wien

Preßburg

UNGARN

Bukowina

Moldau

1775

Budapest

353

Ost-Mitteleuropa
im 19. Jahrhundert (1815–1916)

Provinzgrenzen in Preußen u. innerdeutsche Staatengrenzen
Grenze des Deutschen Bundes (1815–1866)
Grenze zwischen den Teilungsmächten

0   50   100   150   200
km

Reval
Dorpat
Pleskau
Pernau
Windau
Riga
Libau
Mitau
Dünaburg
Ostseeprovinzen
Memel
Tilsit
Kowno
Wilna
Königsberg
Minsk
Stolp
Kaslin
Danzig
Greifswald
Elbing
Allenstein
Grodno
Mecklenbg.
Stettin
Bialystok
RUSSLAND
DEUTSCHES
Bromberg
Thorn
Ghzt.
Gnesen
Plozk
Berlin
Polen
Posen
Warschau
Brest-Litowsk
Frankfurt
Magdeburg
Preußen
Lodz
Kgr. Polen
Pinsk
Anh.
REICH
Kalisch
Leipzig
Dresden
Görlitz
Breslau
"Kongreß-Polen"
Lublin
Thür.
Sachsen
Reichenberg
Cholm
Eger
Oppeln
Kielce
Prag
1846
Pilsen
Krakau
Tarnow
Lemberg
Olmütz
Galizien
Iglau
Brünn
Budweis
Leutschau
Regensburg
Kaschau
Linz
Wien
Preßburg
Bukowina
ÖSTERREICH-UNGARN
Budapest
RUM.

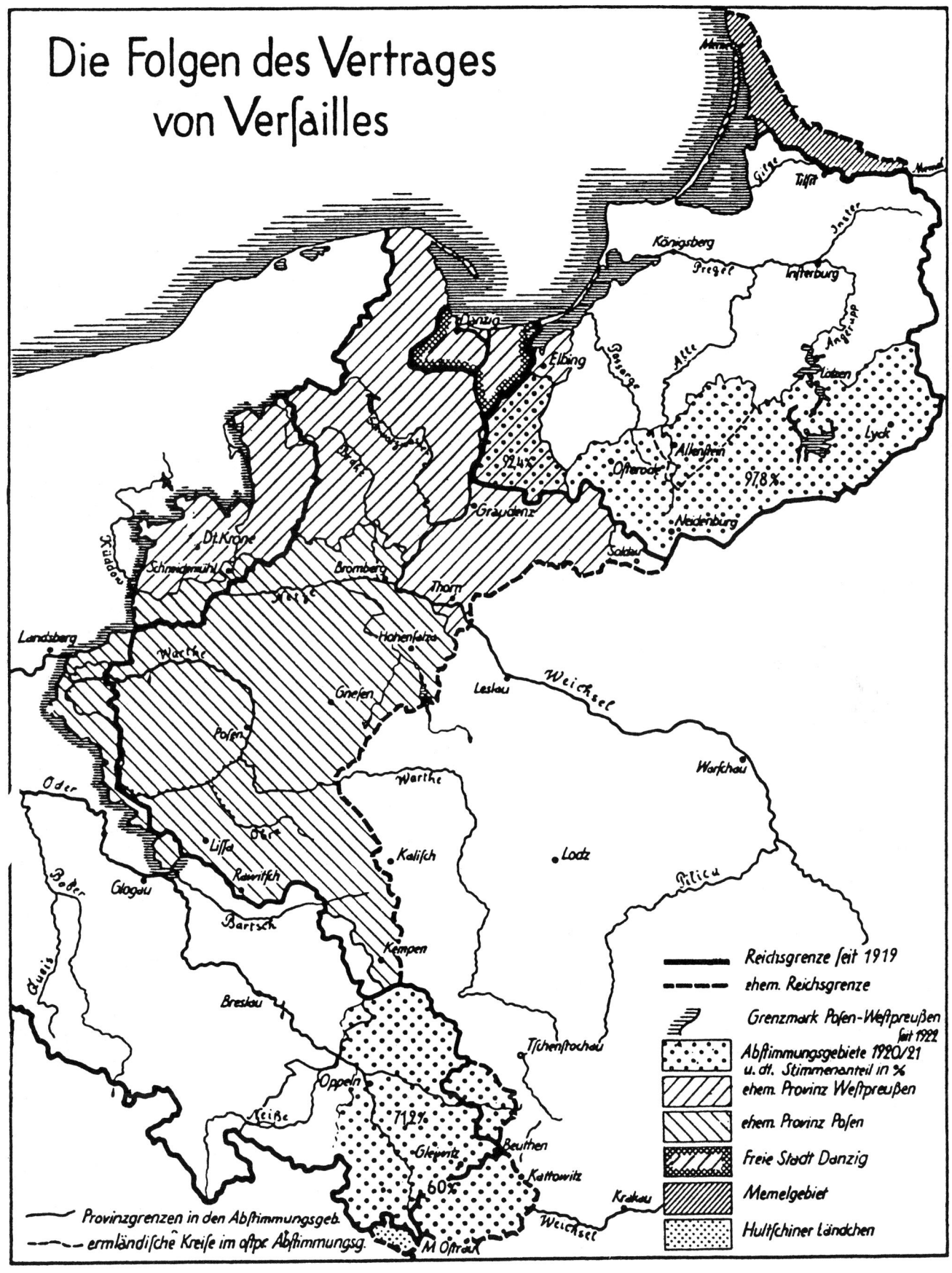

Die Folgen des Vertrages
von Verſailles

Danzig
Elbing
Königsberg
Inſterburg
Tilſit
Memel
Gilge
Pregel
Alle
Paſſarge
Angerapp
Lötzen
Lyck
Allenſtein
Oſterode
Neidenburg
Soldau
97,8%
92,4%
Graudenz
Thorn
Bromberg
Schneidemühl
Dt.Krone
Warthe
Netze
Weichſel
Leſlau
Warſchau
Hohenſalza
Gneſen
Landsberg
Warthe
Poſen
Oder
Liſſa
Obra
Rawitſch
Kaliſch
Lodz
Pilica
Glogau
Bober
Bartſch
Boſer
Queis
Kempen
Breslau
Tſchenſtochau
Oppeln
Neiſſe
71,9%
Gleiwitz
60%
Beuthen
Kattowitz
Krakau
M.Oſtrau
Weichſel

_____ Provinzgrenzen in den Abſtimmungsgeb.
- - - - ermländiſche Kreiſe im oſtpr. Abſtimmungsg.

▬▬▬▬	Reichsgrenze ſeit 1919
— — —	ehem. Reichsgrenze
▨	Grenzmark Poſen-Weſtpreußen ſeit 1922
⠿	Abſtimmungsgebiete 1920/21 u. dt. Stimmenanteil in %
▨	ehem. Provinz Weſtpreußen
▨	ehem. Provinz Poſen
▨	Freie Stadt Danzig
▨	Memelgebiet
⠿	Hultſchiner Ländchen

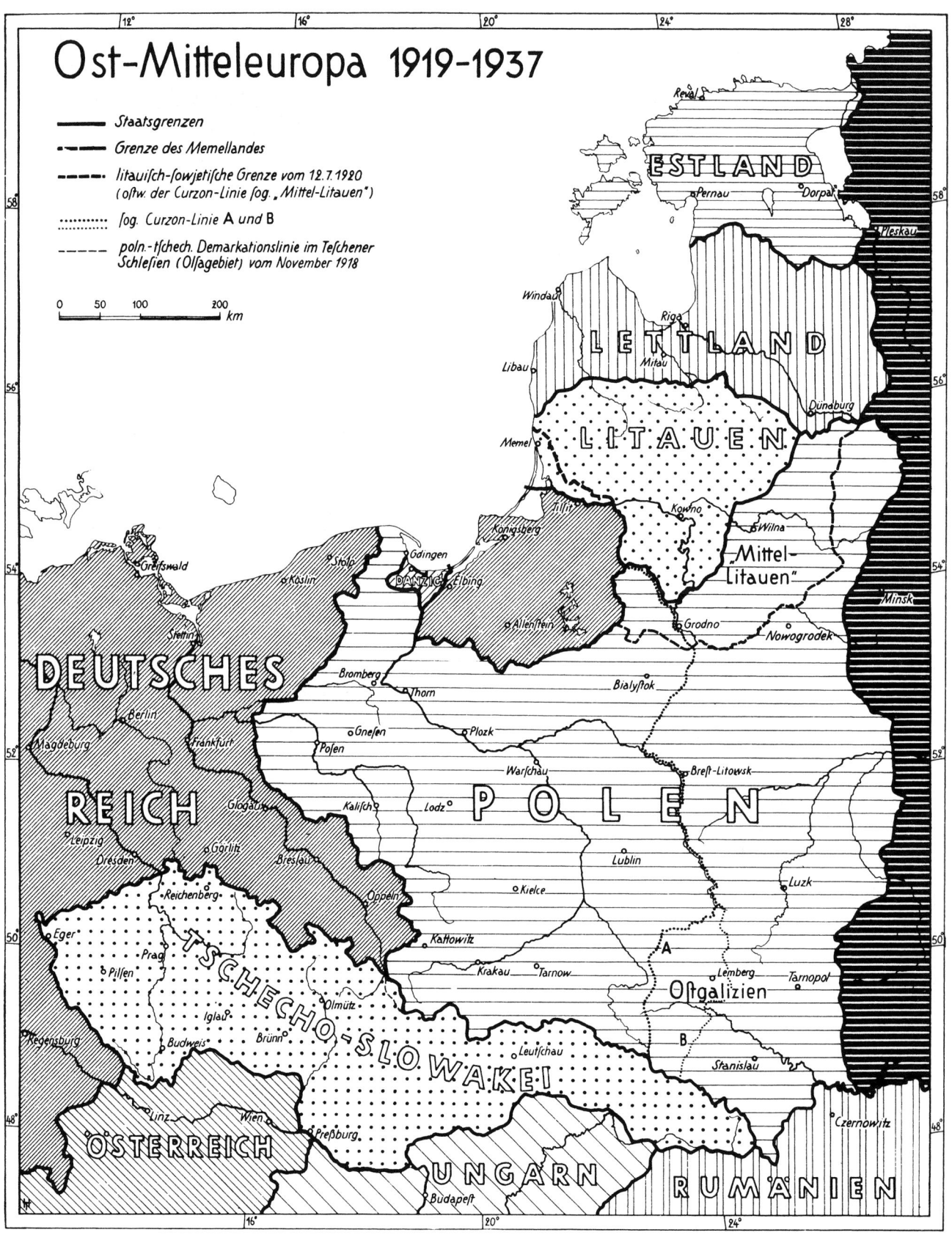

Ost-Mitteleuropa 1919-1937

Staatsgrenzen
Grenze des Memellandes
litauisch-sowjetische Grenze vom 12.7.1920 (oftw. der Curzon-Linie fog. „Mittel-Litauen")
fog. Curzon-Linie A und B
poln.-tschech. Demarkationslinie im Teschener Schlefien (Olfagebiet) vom November 1918

0   50   100   200
                 km

ESTLAND
Reval
Pernau   Dorpat
                        Pleskau
Windau
Riga
LETTLAND
Libau   Mitau
                Dünaburg
Memel   LITAUEN
        Tilfit   Kowno   Wilna   Mittel-
Königsberg   Litauen"
DANZIG Elbing   Grodno   Minsk
Gdingen   Nowogrodek
Stolp   Allenftein
Köslin
Greifswald
Stettin
DEUTSCHES   Bromberg   Bialyftok
Berlin   Thorn
Magdeburg Frankfurt Gnefen   Plozk
                    Pofen   Warfchau   Breft-Litowsk
REICH   Glogau   POLEN
Leipzig   Kalifch Lodz
Dresden   Görlitz Breslau   Lublin
                                        Luzk
Reichenberg   Oppeln   Kielce
Eger   Kattowitz   A
Prag Pilfen   TSCHECHO-   Krakau Tarnow   Lemberg Tarnopol
Iglau Olmütz   Oftgalizien
Regensburg Budweis Brünn SLOWAKEI Leutfchau   B   Stanislau
                                                      Czernowitz
Linz   Wien
ÖSTERREICH   Preßburg   UNGARN   RUMÄNIEN
                    Budapeft

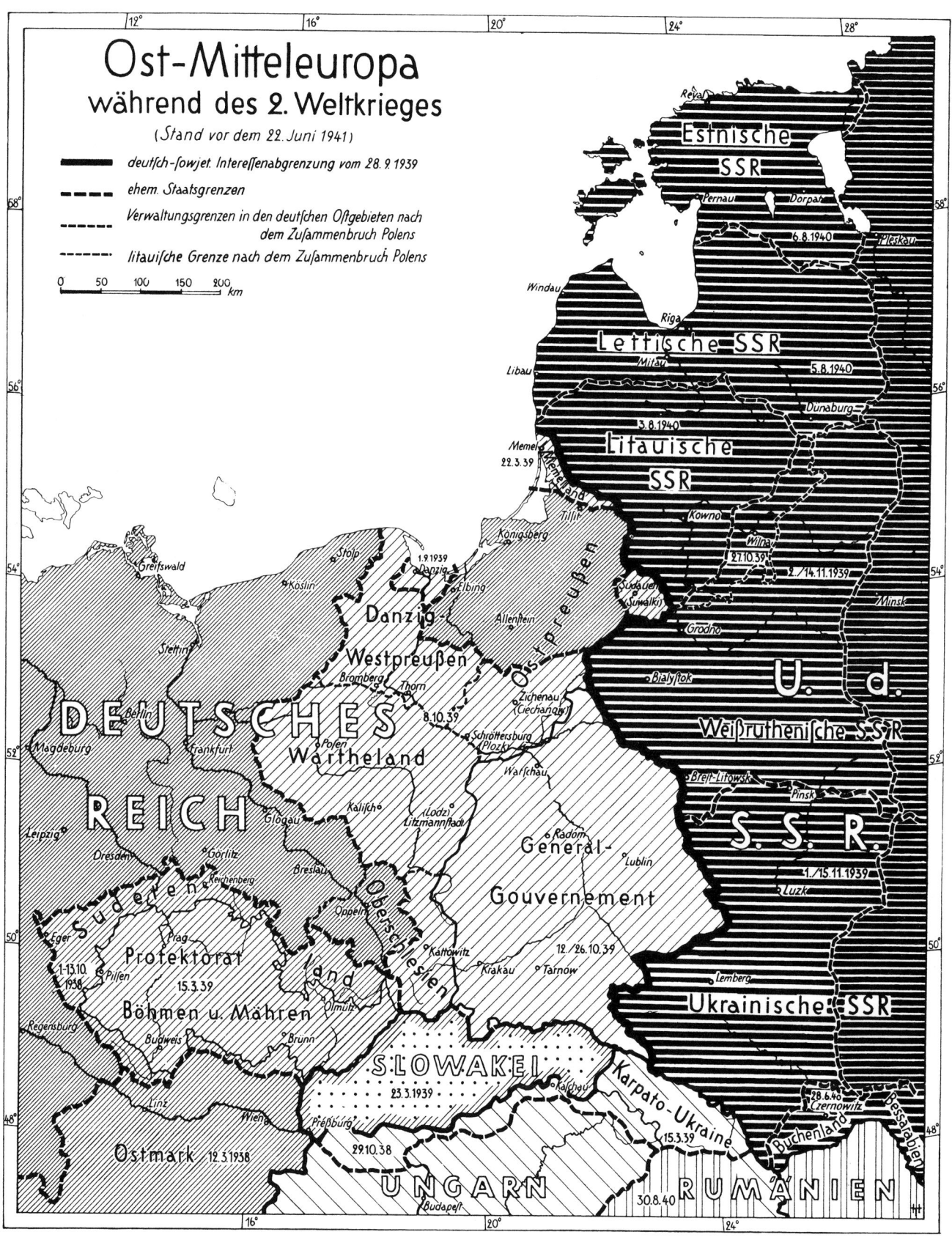

Ost-Mitteleuropa
während des 2. Weltkrieges
(Stand vor dem 22. Juni 1941)

— deutsch-sowjet. Interessenabgrenzung vom 28.9.1939
-- ehem. Staatsgrenzen
··· Verwaltungsgrenzen in den deutschen Ostgebieten nach
     dem Zusammenbruch Polens
-·- litauische Grenze nach dem Zusammenbruch Polens

0 50 100 150 200
km

Estnische SSR
Reval
Pernau
Dorpat
6.8.1940
Pleskau

Lettische SSR
Windau
Riga
Libau
Mitau
5.8.1940
Dünaburg

Litauische SSR
Memel
22.3.39
Memelland
Tilsit
3.8.1940
Kowno
Wilna
27.10.39
2./14.11.1939
Minsk

DEUTSCHES REICH
Greifswald
Stolp
Koslin
Stettin
1.9.1939
Danzig
Elbing
Königsberg
Ost-preußen
Allenstein
Suda(ien)
(Suwalki)
Grodno
Bialystok

Danzig
Westpreußen
Bromberg
Thorn
Zichenau
(Ciechanow)

U. d.
Weißruthenische S.S.R.

Berlin
Magdeburg
Frankfurt
Posen
Wartheland
Schröttersburg
Plozky
Warschau

S.S.R.
Breit-Litowsk
Pinsk
1./15.11.1939

Leipzig
Dresden
Görlitz
Reichenberg
Glogau
Kalisch
(Lodz)
Litzmannstadt
Breslau
Oppeln
Ober-schlesien
(Lodz)
General-
Gouvernement
Radom
Lublin
Luzk
12./26.10.39

Sudeten-land
Eger
Prag
Pilsen
Protektorat
15.3.39
Böhmen u. Mähren
1-13.10.
1938
Kattowitz
Krakau
Tarnow

Lemberg
Ukrainische SSR

Regensburg
Budweis
Brünn
Olmütz

SLOWAKEI
23.3.1939
Kaschau
Karpato-Ukraine
15.3.39
28.6.40
Czernowitz
Buchenland
Bessarabien

Linz
Wien
Preßburg
29.10.38
UNGARN
Budapest
RUMÄNIEN
30.8.40

Ostmark 12.3.1938

357

Ost-Mitteleuropa
nach den Beschlüssen von Jalta u. Potsdam (1945)

Staatsgrenzen
innerſowjetiſche Grenzen (de facto)
Grenzen von 1937
die Oder-Neiße-Linie u. ſowjet.-poln.
Demarkatioslinie in Oſtpreußen

0 50 100   200
                    km

Eſtniſche SSR

RSFSR

Reval

Pernau

Dörpat

Windau

Lettiſche SSR

Riga

Libau

Mitau

Dünaburg

Memel

Litauiſche SSR

Königsberg

unter RSFSR
Verwaltung

Kowno

Wilna

unter
polniſcher

Stolp

Köslin

Danzig

Elbing

unter polniſcher
Verwaltung

Allenſtein

Grodno

Weißruthenische SSR

Sowjetiſche

Berlin

Beſatzungs-

Magdeburg

zone

Frankfurt

Stettin

Thorn

Bromberg

Gneſen

Poſen

Plozk

Warſchau

Bialyſtok

Breſt-Litowsk

Leipzig

Dresden

Glogau

Verwaltung

Breslau

POLEN

Kaliſch

Lublin

Cholm

Kielce

BR.
DEUTSCH
LAND

Reichenberg

Prag

Oppeln

Krakau

Tarnow

Lemberg

Ukrainiſche
SSR

Eger

Budweis

Brünn

TSCHECHO-
SLOWAKEI

Linz

Wien

Preßburg

ÖSTERREICH

Budapeſt

UNGARN

RUMÄNIEN

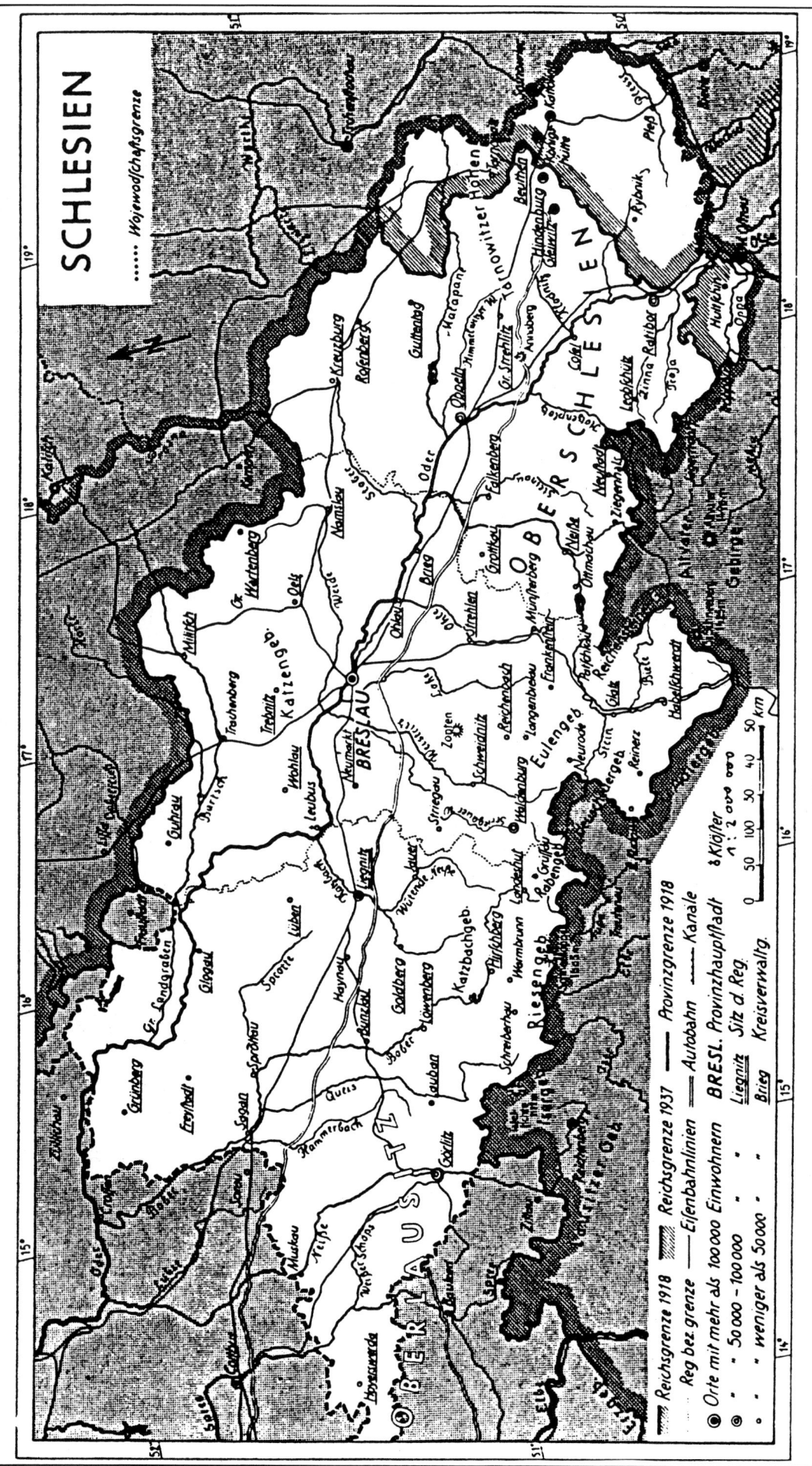

SCHLESIEN

Wojewodschaftsgrenze

Reichsgrenze 1918   Provinzgrenze 1918
Reg. bez grenze   Eisenbahnlinien   Autobahn   Kanäle
Orte mit mehr als 100000 Einwohnern   BRESL. Provinzhauptstadt
   "   50 000 – 100 000   "   Liegnitz   Sitz d. Reg.
   "   weniger als 50 000   "   Brieg   Kreisverwaltg.

8 Klöster A : 2 000 000

0   50   100   150   200   250 km

Raum für Eintragungen

Raum für Eintragungen